平凡社新書
888

カラー版
絵はがきの大日本帝国

二松啓紀
FUTAMATSU HIROKI

HEIBONSHA

カラー版　絵はがきの大日本帝国●目次

序章 絵はがきと「大日本帝国」のイメージ

第一章 勃興する島国――北清事変から日露戦争へ

第二章 広がる帝国の版図――台湾・樺太・朝鮮

序章　絵はがきと「大日本帝国」のイメージ

メディアとしての絵はがき

絵はがきはメディアである。見知らぬ土地の風景を我々に見せてくれる。小さな紙片にはさまざまな情報が凝縮されている。それが古いとなれば、未知なる過去への扉にもなる。本書では古い絵はがきをメディアとして捉え直した上で歴史教材の一つに加えてみたい。対象は日清戦争が始まった一八九四年から太平洋戦争が終わる一九四五年までの半世紀余とする。この間は「大日本帝国」が膨張を繰り返し、崩壊に至る過程でもある。そんな歴史について、古い絵はがきを道標に〝場（土地）〟と〝時〟の両面から立体的に追体験する。それが本書の狙いである。

そもそも絵はがきといえば、読者の方々は美しい風景を印刷した長方形の紙片を思い浮かべるだろう。どこかの観光地を訪れた際、お土産物の定番品として店先に並ぶ、あの品々だ。現在は技術が格段と進歩し、いつでもどこでも誰にでも気軽に撮影が楽しめる時代となった。インターネットを介して大量の画像と動画が溢れ、もはや写真や映像は貴重ではない。氾濫《はんらん》とさえいえる状況だ。それでも絵はがきの製作と販売は辛うじて成り立っている。そんな光景は不思議な気もする。自ら撮影した画像と絵はがきは異なって見えるのだろうか。

絵はがきは売る、そして選んで買う、さらには集める対象となってきた。規模こそ縮小したが、その基本パターンは全盛だった二〇世紀初頭と比べて見ても、さほど変わっていない。発行者（販売者）から差出人（購入者）へ、差出人から受取人へ、さらに受取人が複数の他者に見せる行為の繰り返しによって、情報が数珠繋《じゅず》ぎのように伝播していった。色鮮やかで魅力ある写真や絵は人びとの心を瞬時に摑んだ。速報性を備えたメディアでもあった。

メディアとしての絵はがきは一九世紀後半から二〇世紀初頭にかけて成立した。郵便は官製絵はがきに限られていたが、「ドイツ、オーストリア、スイスでは一八七〇年代から私製はがきの使用が認められ、一八八〇年代には風景絵はがきが出回るようになった……（中略）……フランスでも一九〇〇年のパリ万博によって爆発的な絵はがきブームが到来した。イギリスでも一八九〇年代終わりに、ボーア戦争をきっかけにようやく絵はがきが本格的に流行し始めた」（細馬宏通著『絵はがきの時代』）とある。いわば、規制緩和によって絵はがき市場への民間参入が可能となり、新しい出版、情報産業の花が開いた次第だ。

ブーム到来の背景には郵便制度の発達と印刷技術の普及によるところが大きい。全国均一料金で郵便物が配達されるサービスに加えて、大小の印刷工場が各地で操業し、色彩豊かな絵はがきを安価かつ大部数で製作した。事あれば、全国各地さらには世界に向けた情報発信さえ可能となった。日本でも一九〇〇（明治三三）年一〇月一日の郵便法（旧）施行に伴い、私製はがきの国内使用が認可され、絵はがきの時代が幕開けした。

こうした絵はがきの普及を後押ししたメディアが新聞だった。一九〇四（明治三七）年一月二日に報知新聞が女優川上貞奴《さだやっこ》らの肖像写真を掲載すると、読者や他紙を驚かせた。それが輪転機印刷による本格的な新聞写真の掲載としては初めてとされる。ただし、大部数を短時間で印刷するため、写真の解像度は粗く、紙面上の写真印刷は不鮮明になりがちだった。見えそうで見えない画像も多かった。一方で少部数に限れば、原版通りの印刷が可能となっていた。コロタイプ印刷（写真印刷の一種）や石版印刷などの複製技術が確立していたからだ。新聞のモノクロ情報では読者が欲求不満を感じやすい。不鮮明ゆえに、かえって知りたい欲求に駆られてしまう。新聞から生じた、読者の見たい欲求を満たしてくれるメディアが絵はがきだった。当時の読者は一ページ立ての写真誌のような感覚で購入したのかもしれない。

二〇世紀初頭のメディアを見る限り、紛れもなく新聞がマスメディアの主役だった。これに対して、絵はがきは小さなメディアとして新聞報道を補完するような脇役の地位を得た。大きな新聞がニュースを伝えたならば、小さな絵はがきが響く。そんな絵はがきもまた新聞と同じく、官憲が規制する対象となった。検閲制度の下、許容される表現はどこまでなのか。発行者は「表現の自由」と「表現の制約」を推し量りながら、そのビジネスを成立させた。個人撮影の写真や個人制作の絵とは根本的に異なった存在として発展を遂げていったといえる。絵はがきは一定の公共性を帯びつつ新聞や雑誌と同一線上にあるメディアだった。

日露戦争とニッポン

メディアとしての絵はがきは日露戦争が一大転機となった。国を挙げた総力戦であり、国民生活の隅々に影響を及ぼし、国民最大の関心事となった。開戦から間もなく出征兵士に向けた慰問用はがきの需要が急増した。逓信省は記念絵はがきの発行を決定し、一九〇四（明治三七）年九月五日の第一回戦役記念絵はがき（六枚一組）を皮切りに、翌年までに計四回、戦争終結後の一九〇六（明治三九）年五月六日にも戦勝を祝った第五回記念絵はがき（三枚一組）を発行した。また、戦勝ムードに乗り、凱旋記念の絵はがきも出た。それらは爆発的な売れ行きを見せ、長蛇の列で死者や負傷者が出る騒ぎさえ起こった。

官製記念絵はがきの人気に便乗する形で民間企業や新聞社もまた大量に製作した。日本軍が優勢に展開する戦闘場面やロシア兵を扱《こ》き下ろした風刺画が登場する。戦う相手は世界最強のロシア軍だ。戦争に対する国民の不安を和らげ、戦意高揚を図る狙いがあったのだろう。絵はがきを通して、国民が見たかった「戦争」を見せた側面もある。多くの場合、新聞報道に続き、戦勝報告を兼ねて販売される。時には新聞報道と変わらぬ速さで発行された。

戦勝を重ねて余裕が出てくると、国内向けの情報発信だけではなく、国外を強く意識した絵はがきが現れる。その典型がロシア兵捕虜の絵はがきだ。日本の武士道を世界に示そうと、「マツヤマ」（愛媛県・松山の俘虜収容所）をはじめ、全国各地の収容所において捕虜を「厚遇」する場面を写真家に撮影させ、絵はがきとして国内外に流布させた。日本人医師や看護婦との記念写真、散歩や音楽、飲酒を楽しむ姿、道後温泉で寛《くつろ》ぐ浴衣姿の捕虜を紹介する。実際に国際法上、捕虜を適切に扱ったと伝えられるが、絵はがきの宣伝効果もまた絶大だった。官民一体となったプロパガンダであり、メディアとしての力を存分に発揮した例だ。

実際、興味深い記述がある。著者は伝道医師として満洲に派遣されたスコットランド人ドゥガルド・クリスティー（一八五五～一九三六）で、一八八三（明治一六）年から一九二二（大正一一）年まで奉天に滞在した人物だ。時期は日本軍が徐々に優勢になりつつあった沙河会戦から奉天会戦にかけての頃だと思われる。

「沙河の両岸に対陣していた兵士たちの間には奇妙な交際があった。時刻を定めてロシヤ兵と日本兵とは同じ井戸や河の水に穿った孔《あな》から水を汲《く》み、挨拶や巻煙草を交換した。しかし一日中の他の時間では、機会さえあればお互に狙撃し合う間柄であった。数千枚の日本の絵葉書がロシヤ軍の中にバラまかれた。それは幸運にも捕虜となったロシヤ兵の日本における楽しい生活振を描いたものであった。これらの寓意的な絵は、疑いもなく利き目があった。次第に絵葉書と一しょにロシヤ語の小冊子が来るようになった。塹壕内の退屈な時間潰しに、字の読める者は喜んで字の読めない者に読んで聞かせた」（クリスティー著『奉天三十年』）とある。

日露戦争の絵はがきは日本が世界各国に意識されるきっかけにもなった。海外でも発行され、日本のプレゼンス（存在感）が高まる様子が分かる。日清戦争と北清事変（一九〇〇）の際にも擬人化されたニッポンが風刺画に頻繁に描かれているが、あくまでも脇役だ。たいていの場合、扱いが悪い。目が細くて吊り上がり、前歯が出ている。これが日露戦争以降は主役とはいかないまでも個性派俳優のような扱いとなる。欧米列強から見れば日本は極東の島国に過ぎない。そんな国が超大国ロシアを相手に戦争を始めたわけだ。それだけでも驚きなのに、予想を超えてロシアを打ち破ってしまった。まさに時代の寵児となった。絵はがきに限った話だが、とりわけフランスでは好意的に描かれている。ロシア皇帝ニコライ二世や米国大統領ルーズベルトと共に、明治天皇や東郷平八郎、大山巌、小村寿太郎らが風刺画（絵はがき）に登場する。

日露戦争の結果、風刺画の世界では日本の位置づけが大きく変わった。少なくともロシアと対等の存在となる。日本が「世界の一等国」を自認するよりも一歩早く、絵はがきの中のニッポンは欧米列強と並ぶキャラクターとして出世を遂げた。

多様性と国際色が豊かだった大正期

明治維新以降、富国強兵の道を突き進んだ「大日本帝国」は、日清・日露戦争を経て世界の表舞台に颯爽《さっそう》と姿を現した。その版図は日本列島にとどまらない。台湾の領有に始まり、南樺太、関東州（中国・遼東半島の先端）、朝鮮、南洋群島などの周辺地域を含めた一大帝国の様相を呈していた。日本人は新天地を求めて経済進出を繰り返し、満洲（現在の中国東北地方）やロシア沿海地方にも活動が及んだ。日本人が赴く地に必ず絵はがきがあった。台湾総督府や朝鮮総督府、樺太庁といった国の統治機関をはじめ、新聞社や民間企業、民間団体、写真館、書店までもが報道や宣伝、観光など、さまざまな目的をもって絵はがきの製作に携わった。

「大日本帝国」の絵はがきは、その舞台が日本（内地）であり、登場人物が日本人とは限らない。海外植民地（外地）は、亜熱帯の台湾から亜寒帯の南樺太に至り、多彩な自然や文化、風俗があり、日本人以外の民族が暮らしていた。異国情緒ある景色をはじめ、台湾原住民や北方先住民、朝鮮人が被写体となり、その未開性や非文明性、封建性を強調した。支配と従属の関係を固定化させる為政者側の意図が見えるが、それとは別に無邪気な好奇心から絵はがきを手にした購入者も多く、多民族・多文化という帝国の現実を感じ取ったのではないか。

大正に入ると、絵はがきの世界は国際色に彩られていく。日本に滞在する外国人が発行に至った例もある。第一次世界大戦では外国人捕虜を大量に受け入れるため、全国各地に俘虜収容所が開設された。徳島県鳴門市の板東《ばんどう》俘虜収容所や兵庫県の青野原俘虜収容所などが知られ、ドイツ兵捕虜とオーストリア＝ハンガリー兵捕虜がクリスマスカードやイースターカードを製作した。記念品として日本人の手に渡ったほか、捕虜自身が郵便に使用していた。また、シベリア出兵の絵はがきには、日本軍がパルチザンと戦った戦場風景と共に日本人がポーランド孤児やロシア難民を支援した足跡も描かれる。国が戦争に加担しながらも同時に人道的な立場から慈善活動を行う民間人が存在した事実を伝える。

大正期には日本経済の拡大に伴って、海外進出する企業が相次ぎ、世界地図を背景に自社製品や社屋を描くスタイルが定番となる。広告絵はがきの場合、少ない投資によって絶大な宣伝効果を得たといわれ、デザインに凝った品が多い。企業が郵便料金を払って顧客に発送するだけではなく、収集家が渇望する品ともなれば、イメージ戦略に極めて有効だった。中でも、創業間もない頃のカルピスは特筆に値する。第一次世界大戦後、戦禍に見舞われたドイツ・フランス・イタリアに住む画家を対象に「カルピス広告用ポスター及び図案懸賞」を実施し、入賞作と佳作の作品を絵はがきとして紹介する。世界と日本を跨ぐ広告宣伝となり、スケールの大きさが伝わってくる。大正の絵はがきは多様性と国際色が豊かだった。

帝国の拡大と縮小するイメージ

大正末期から昭和初期にかけて日本の絵はがきは成熟期を迎える。カメラと印刷機の普及によって粗製乱造ともいえるほど大量に発行された。一定の購入者が見込めるとなれば、エロとグロを含めて絵はがきにした。ありふれた写真やデザインだと売れ行きは期待できない。手にした人に「これを買いたい」と衝動的に思わせる必要がある。時々の流行や世相を織り交ぜながら、過激な表現になってもギリギリの許容範囲まで表現しようと試みた。絵はがきは、新聞や雑誌、書籍とは異なり、少ない投資でも発行が可能だ。その上、形状は決まっている。印刷しやすい上、流通にも有利だ。一枚でもヒットを飛ばせば、多額の利益が得られる代物だった。

しかし、検閲がある。過激であるほど売れやすくなる反面、発禁の危険性が高まる。ただし、絵はがきは投資が少ない。仮に発禁処分を受けたとしても損失は小さい。巨大な輪転機と大量の人員を要した新聞とは異なり、自ずと発行者の自主規制は甘くなる。だから過激な表現（多くはエロとグロ）の品も出回った。官憲の目をかいくぐり、一瞬にして姿を現した後、瞬く間に人びとの手に渡り、一儲けすると市場から姿を消した。神出鬼没なメディアでもあった。

そんな絵はがきの特性が最大限に活かされた出来事が関東大震災（一九二三）だ。東京の新聞社が被災し、発行さえ危ぶまれる中、焼失を免れた印刷工場が残っていた。震災発生から数日後には被災地と避難民を写した絵はがきが出回った。猛煙が迫る東京銀座、浅草十二階の倒壊現場、三越と丸善の惨状など、絵はがきを介して首都圏の被災状況が瞬く間に全国各地へと伝えられ、救援活動の輪が広がった。最速のメディアとして機能したわけだ。

一方で悲惨さを強調して一儲けしようとする輩《やから》も現れた。夥《おびただ》しい死体を撮影し、そのまま絵はがきとして販売に至った。さすがに「風紀を乱す」との理由から官憲の発禁処分を受けたが、人びとの手に渡った後だった。人びとの見たい、知りたい欲求は抑えられない。震災絵はがきの人気は根強く続き、裏通りで長く販売されたと言われる。百年近く過ぎた現在でも一枚数百円から千円程度で入手できる。震災当時、大量に印刷された経緯を物語る。

災害報道の一翼を担った絵はがきだが、昭和初期には変化を見せる。検閲が行き届くようになったのか、自己規制が強まったのか、明らかに多様性が失われている。絵はがきが描く世界は人びとの見たいイメージではなく、人びとに見せたいイメージへと置き換わり、どこか押しつけがましいメディアとなる。顕著な例が軍による絵はがきだ。満洲事変を機に国民世論を喚起しようと、絵はがきの製作に力を注ぐ。陸軍大臣の署名と花押が入った礼状では、満洲事変に至る経過や背後関係を地図入りで紹介し、数々の慰問品に対する丁寧な礼文を認《したた》める。軍は必ずしも強面とは限らない。世論の支持があったからこそ独走が可能となった。地方の師団や連隊もまた満洲事変の成果を宣伝する絵はがきを製作し、「満蒙特殊権益」の危機を訴える。国際色が消え失せてしまい、偏狭なナショナリズムが漂う。かつての魅力は損なわれ、絵はがきは単なるプロパガンダの小道具と化する。「大日本帝国」の版図が広がるに連れて、逆に描かれるイメージの世界は矮小化し、メディアとしての魅力は色褪せていった。

自画像か虚像か

日中戦争では日本軍の「勝利」と「躍進」を描いた絵はがきが繰り返し発行された。太平洋戦争の序盤では、真珠湾奇襲やシンガポール攻略が成功し、太平洋上に「大東亜共栄圏」が出現する。日本列島をはじめ、台湾、南樺太、朝鮮、満洲は赤く染まり、香港、シンガポール、フィリピン、ビルマなど、アジア各地に日章旗がはためく。「大日本帝国」の最終版だ。しかし、新たな占領地域によっては抗日武装勢力との闘争が繰り広げられていた。真っ赤に染まったというよりも、斑《まだら》な赤こそが「大東亜共栄圏」の実態に近かった。

絵はがきが描く世界はイメージに過ぎない。ある時代から断片のように切り取った「事実」だとしても時には嘘や演出も混じる。写真や絵の説明も正確ではない。発行者の「見せたいイメージ」と購入者の「見たいイメージ」が重なり、さらには検閲者の制約が加わって絵はがきの世界が創り出されてきた。その上で郵便によって人から人へと流布し、一種のマスメディアとして機能してきた。しかし、同時に絵はがきが描いていない世界は多い。例えば、軍部台頭のきっかけとなった五・一五事件と二・二六事件は一切登場しない。朝鮮の三・一独立運動や台湾の霧社《むしゃ》事件に至っては痕跡すら残っていない。そうであったとしても「大日本帝国」の一断面を捉える上で重要な資料になり得るだろう。そんな特性に留意しながら、本書では同時代の人びとが見てきた「大日本帝国」のイメージを読み解いていきたい。

本書が使用する絵はがきはタトウ（収納袋）六点を含む三九〇点に及ぶ。大部分は米国ニュージャージー州在住のドナルド及びミチコ・ラップナウ夫妻所有のラップナウ・コレクションに依拠している。夫妻は世界的な絵はがき収集家として知られ、自宅はプライベート博物館のようであり、コレクションは、時代順、テーマ別に分けて整理されている。個人蔵なので現在は非公開ながら、近い将来、夫妻は歴史教育や学術研究への有効活用を希望されている。夫妻とコレクションは補章で紹介する。

絵はがきを羅列したところで、過去の欠片《かけら》を寄せ集めたに過ぎないとの批判もあろう。だが、数々の欠片が解き放つ、微かな輝きを感じていただきたい。絵はがきに描かれた「大日本帝国」は自画像なのか、それとも単なる虚像なのか。歴史の美化を戒めつつ「大日本帝国」の旅に出てみたい。

（注）絵はがきは、発行元や発行年月日、製作時期が不明な場合が多い。可能な範囲で本文中に裏面の説明を添えた。戦前の表現や民族名、地名などに関しては、今日では不適切とされる表現も含まれるが、文脈上の混乱を招きかねない。原則として当時のままの表記とした。また読みやすさを優先し、必要に応じて絵はがきや資料からの引用文には適宜ルビを入れ、旧字・旧かなは現代表記に改めた。

第一章　勃興する島国

――北清事変から日露戦争へ

北清事変と欧米列強

幕末の動乱から明治維新を経て日本は富国強兵の道を突き進んでいた。欧米列強と比べて軍事力と経済力は遥かに及ばなかったが、明治後半になると、アジアの強国といえる存在に成長していた。朝鮮の支配を巡る日清戦争（一八九四～一八九五）は日本の軍事力を示す格好の舞台となった。「眠れる獅子」と恐れられた清国を新興国日本が簡単に打ち砕き、清国は予想外に弱いとの印象を欧米列強に植えつけてしまう。実は日清戦争以前、欧米列強による清国への進出は落ち着きを見せていた。しかし日清戦争の結果、清国の植民地化に拍車がかかった。そんな典型的な出来事が北清事変（義和団の乱）だった。

二〇世紀前後の絵はがきでは、擬人化された清朝が〝いじめられる中国人〟として、しばしば登場する。フランス語のこの一枚（①-1）は清国を巡る国際情勢を示す。北清事変を舞台に清朝皇帝を玉座から引き摺り下ろそうと、六人の小人たちが悪事を企てる。六人とは、頭に被る帽子と外見から判断して、米国・英国・ロシア・フランス・イタリア・日本だ。一方で右下の太った男が一人だけが罠に挟まって身動きが取れない。誰かといえば、これが英国だ。フランス語の意味は「ジョン・ブル（John Bull）が自らしかけた罠にかかり、ノコギリを引くのを見ることしかできず、歯ぎしりしている」となる。ジョン・ブルは大英帝国を擬人化した姿だ。

①-1　玉座をノコギリで切る列強

①-2　中国モンスターの解体

よく見ると、絵を解き明かす鍵は罠に描かれた小さな文字「トランスバール（TRANSVAAL）」にある。トランスバールとは南アフリカの地にボーア人（アフリカーナー、土着化したオランダ系移民）が建国した共和国であり、一八五二年から一九〇二年まで存在した。ダイヤモンドと金の鉱脈の領有を巡って、彼らと英国人との間でボーア戦争（第二次）が起こり、北清事変の際はその最中にあった。英国はアフリカ大陸南端に大量の兵力と物資を送っていた。清国の権益を増やす上で好機到来だというのに英国には余裕がない。仕事に取りかかる連中を見て、ジョン・ブルが地団駄を踏んで悔しがる。

フランスから見た憐れで滑稽な英国のイメージだ。

「中国モンスターの解体（Dissection du monstre chinois）」（①-2）にもジョン・ブルが登場する。モンスターはドラゴン（龍）であり、清朝皇帝を表す。一番手のコサック（ロシア）が「見ていろ。でも触るな」と言い放ち、ドラゴンに馬乗りになる。ほかの連中は身の丈に合ったナイフや刀で手や足を切り刻もうとする。対するジョン・ブルは巨大な包丁を持ち出し、尻尾を切ろうとする。遅れて来たのに厚かましい奴だ。では日本はどこにいるのかといえば、上部に小さく描かれ、ドラゴンの首を切りつけている。北清事変に派遣した兵力は日本軍が最も多く、その活躍も目覚ましかったから、とどめを刺す役なのかもしれない。

ドイツ語版「中国における戦争（Der Krieg in China）」（①-3）では弁髪《べんぱつ》の大男が五人の小男たちに嫌がらせを受けている。大男は清国、小男は英国、ロシア、ドイツ、フランス、日本だ。日本は東洋の一員にもかかわらず、西洋化して洋服を着る。「文明化」を遂げた証のようだ。大男の中国服は古い体制を表現する。そんな中国服の袖を日本がハサミで切り落とそうとする。台詞は「どうか、旦那様（皆さん）、これ以上、荒っぽい無遠慮なことはなさらないでください！」だ。同じくフランス語版「中国における戦争（La Guerre en Chine）」（①-4）もある。五人の小人たちが大砲を構え、弁髪の巨人に一撃を加えようとする。そんな小人たちに対して、城壁を守る巨人はグローブを身につけてボクサーの構えだ。台詞は「お前たち、もうやめよう。でないと俺は怒るぞ」だ。英語では北清事変を「ボクサー・リベリオン（Boxer

らしい。

Rebellion, ボクサーの反乱）」と呼ぶ。武術を身につけた義和団に由来し、その表現が広まったらしい。

風刺画においていじめられ役ながら、史実はどのように動いたのだろうか。中国は長い歴史を誇る大国だ。傍若無人に振る舞う欧米列強に対して、民衆の我慢は限界に達した。山東省を起源とする義和団は「扶清滅洋《ふしんめつよう》（清を扶《たす》けて洋を滅すという意味）」を掲げて、外国人やキリスト教会を次々と襲った。外国を排斥する暴動は瞬く間に各地へと広がった。清国は反乱を抑えるべき立場にあったが、欧米列強の存在をかねてから苦々しく思っていた。この義和団に清国の実権を握る西太后は同調した。一九〇〇年六月二一日、清国は欧米列強に宣戦布告した。義和団は北京の公使館区域を包囲し、一時は外国の排斥に成功したが、一連の展開は中国進出の機会を狙う列強にとって格好の口実となった。日本・米国・英国・フランス・ドイツ・ロシア・イタリア・オーストリア＝ハンガリーの八カ国連合軍が出動し、八月一四日に事件を鎮圧した。

責任は清国がすべてを負った。一九〇一年九月七日、ベルギー・オランダ・スペインの三カ国を仲介役とし、清国は計一一カ国と北京議定書を締結した。賠償金は総額四億五千万両。年利四パーセント、三九年間の分割払いとされた。過酷な条件であり、半植民地状態を強いられる結果となった。賠償金の内訳は、ロシアが一億三千万両余（全体の約二九パーセント）とされ、各国でも突出した。八カ国連合軍のうち日本は最大となる二万一六三四人（ロシアは一万五五

①－3
ドイツ語版「中国における戦争」

①－4
フランス語版「中国における戦争」

七〇人）の兵士を派遣しながら、その配分は三四七九万両（約七・七パーセント）にとどまった。当時の日本政府が国際信義を高める方針を優先したからだといわれる。

シリーズ「中国における戦争」からもう一枚取り上げたい。この絵はがき（①－5）では、米国や英国、ロシア、ベルギーなど、欧米列強が囃《はや》し立てる中、吊り目で歯が出た洋服姿の日本が大男（清国）

の弁髪を引っ張る。しかも日本の役どころは執行官だ。そんな日本が「ほら、債権者の方々だぞ。お前は借金を払えないのだから、金庫から降りろ！」と詰め寄る。肝心の金庫は空っぽだったはずなのに、大男は必死に金庫を守ろうとする。北清事変以降、弱体化の一途を辿る清国に代わって、日本はアジアの強国と認識された。二〇世紀前後に描かれた風刺画の多くは列強の〝新入り〟として扱う。とはいえ主役ではなく脇役か悪役に過ぎない。この一枚に限れば「債権者のお先棒担ぎ」だ。欧米列強から声援を受けて損な役回りを演じている。

①-5　債権者のお先棒担ぎ

北清事変以降の満洲と朝鮮

義和団の勢力は満洲に及ぶ。満洲は清朝発祥の地であり、長く封禁政策を実施してきたが、一九世紀後半には事実上の開放策に転じていた。一方でロシアの進出が著しく、満洲北部で東清鉄道を建設していた。この鉄道はシベリア鉄道に接続する重要路線であり、不凍港の確保を目指す極東政策の要《かなめ》だった。ロシアから見た場合、満洲の治安悪化は国益を損ないかねない、安全保障上の由々しき問題だ。北清事変を経てロシアは一九〇〇年一〇月までに満洲全土を占領した。北京議定書に調印した後も部隊を撤退させる気配を見せなかった。

ロシア軍の満洲駐留は日本にとって軍事的脅威にほかならない。日清戦争の勝利を経て支配下に収めた朝鮮半島が危うくなる。喉元にナイフを突きつけられているような状況だ。日本政府は再三に渡って北京議定書に基づく即時撤兵を求めたが、清国側と密約を結ぶロシアは一向に態度を改めず、「平和が回復され、鉄道の安全が保障されれば撤退する」との主張を繰り返した。

北清事変以降の極東情勢を描写した絵はがき「日本が皿に足をかけている（LE JAPON MET LES PIEDS DANS LE PLAT）」（①-6）がある。小人が「これは俺のものだ」とテーブル上の料理を踏みつけ抗議する。料理名は「朝鮮（CORÉE）」。この御馳走をナイフとフォークを手にした巨人が今にも食べようとする。小人も料理も口の中へと丸ごと入りそうな勢いだ。しかし、「朝鮮」を巡る対立は表向きの話に過ぎない。ロシアの本心は尻に敷くナプキン「満洲から撤兵する約束」にある。もちろん守るつもりはない。国際信義を重んじた日本にとって本当に許せない相手だ。

続いて「クマと小犬（L'OURS ET LE ROQUET）」（①-7）がある。凶暴そうなクマが連れ去ろうとする二人の人物は「朝鮮（CORÉE）」と「満洲（MANDCHOURIE）」だ。クマの左足に小犬が「待て」と必死に噛みつく。何とも弱々しい。フランス語の「ロケ（ROQUET）」とは、よく吼えるやかましい小犬という意味だ。クマは「邪魔しやがって、汚らしい小犬」と悪態をつく。静観する二人の紳士は英国と米国だ。もちろんクマはロシア、小犬は日本だ。大国ロシアは西のヨーロッパから東のシベリアまでを支配し、さらに極東から太平洋へと進出を図ろうとしていた。

この絵はがき（①-8）は細部に渡り手が込んでいる。日本人が見慣れた地図とは違って日本列島が逆さまだ。中国大陸からの視点だろう。周囲で大騒ぎしているのに弁髪の巨人（清国）は眠りから覚めない。彼の胸に「旅順（PORT-ARTHUR）」、腹に「満洲（MANDCHOURIE）」とある。頭の下には目覚まし装置がしかけられ、導火線は着火し、爆発の瞬間が刻一刻と迫る。二人の男が中央の朝鮮を巡って一戦を交えようとする。刀を振り上げる軍服姿の日本に対して、両足裸足のロシアが「靴を履くまで待て。小さなうぬぼれ者」と叫ぶ。

この一枚においても英米両国は傍観者として登場する。安全な高い塔から行方を見守る二人の人物だ。日露双方が激しく争えば、利するのは誰なのか。国際政治はつねに冷徹な論理で動いていた。「フランス共和国」を意味するモノグラム「RF（Rèpublique Française）」を冠した人物が左上に登場する。彼もまた傍観者に過ぎない。フランスにはナポレオン時代にロシアと戦って敗れた経験があった。日本が不利だとは思いつつも心の底では応援していたのかもしれない。

①-7　クマと小犬

①-6　日本が皿に足をかけている

①-8　小さなうぬぼれ者

日本は「小国」か「大国」か

日露戦争前の極東情勢について日本の立場から見てみたい。当時はシベリア鉄道の建設が着々と進み、ロシアのアジア進出が現実となっていた。

陸軍の山県有朋を中心に朝鮮は保護すべき「利益線」だと見なし、朝鮮がロシアの影響下に収まる展開は日本の独立を危うくすると考えた。釜山がロシアの勢力圏に入ったならば、対馬海峡を経て日露両国が直接対峙する構

①-9　その情勢

①-10　近代のダビデとゴリアテ

図となる。その結果、日本が大陸進出する機会は永遠に閉ざされてしまうと考えた。

ロシアが攻めて来る日を待つのか、危険を冒してでも日本が先に攻めるのか、対露戦略は喫緊の課題となった。だが、日本がロシアを相手に戦争するとなれば双方の国力差は明らかだ。一九〇〇年当時、人口は日本の約四四〇〇万人に対してロシアは約一億二五〇〇万人でほぼ三倍、常備兵力は日本の約二〇万人に対してロシアは約二〇〇万人でほぼ一〇倍だった。その上、国内総生産（GDP）では日本はロシアの三分の一程度しかない。日本の重工業化は発展途上にあり、武器と弾薬は外国からの輸入に依存し、連合艦隊の旗艦三笠でさえも英国製だった。

絵はがきでも日露両国の実力差が必要以上に強調される。パリで発行された「その情勢（LA SITUATION）」（①-9）を見ると、巨人兵（ロシア）に小さな大砲、小人兵（日本）に巨大な大砲と弾薬が控える。小人兵は大砲の照準を巨人兵に定める。ロシアは戦争の準備不足が目立ち、日本の臨戦態勢は整ったとも読み取れる。

「近代のダビデとゴリアテ（DAVID ET GOLIATH MODERNES）」（①-10）にもまた日本は小人としてロシアは巨人として登場する。勇敢か無謀か、小人が巨人に戦いを挑む。この作者は「気をつけろよ。小さいの。獲物はとても大きいぞ」と書き添える。旧約聖書によれば、羊飼いダビデは投石器を使って石を飛ばし、巨人兵士ゴリアテの額に命中させて倒す結末となる。弱小な者でも強大な相手を打ち負かせるという日本への応援メッセージとしても受け取れる。

これら二枚は日露戦争前か開戦間もない頃の発行だろう。ただし「小人＝日本」と「巨人＝

ロシア」の図式は事実ではなく、イメージ上に過ぎない。国内総生産で見る限り、確かに日露間で三倍の開きがあったが、一人当たりに換算すると、ほぼ同額だった。極東に限れば、陸軍の戦力は互角であり、日本の連合艦隊とロシアの太平洋艦隊の戦力を比べると、日本が少し上回っていたくらいだ。しかも地の利がある。島国なので攻めにくい。対するロシアは多くの国々と国境を接し、国内紛争も抱え、戦力を極東に集中できない事情を抱えていた。日本にも十分な勝算はあったのだ。完全な勝利は難しいとしても引き分けに持ち込める可能性は高かった。日露戦争のイメージといえば、強大なロシアを相手に小さな日本が無謀な戦いを挑んだかのように思いがちだが、どうやら真相は少し違う。

ちなみに日露両国は外交努力を続けていた。伊藤博文や井上馨らは「満韓交換論」を支持した。日本は大韓帝国を事実上の支配下に収めている。満洲におけるロシアの優位（鉄道経営）を認める代わり、韓国における日本の優位（保護国化）をロシアに認めさせ、日露協商の道を探った。一方のロシアは満洲を実効支配していた。満洲は交渉の対象外とし、韓国だけを議題にすべきとの立場が基本姿勢だ。結局、双方の主張は平行線のままだった。

日露交渉と同時に英国の動きがあった。長江流域に権益を有する英国にとってロシアの南下政策は不安定な要素だ。北清事変での出遅れは苦い経験であり、英国はアジアにおけるパートナーを求めていた。日本は英国との同盟かロシアとの協商か、もしくは二つの道を選べる立場にあった。日本政府は対露交渉を継続しつつ英国との同盟を選び、日英同盟が一九〇二（明治三五）年一月三〇日に成立した。日本は清国における英国の権益を、英国は清国と韓国における日本の権益を相互承認したほか、締結国が一国と戦争に至った際は中立を守り、二国以上との戦争に及んだ場合、他方は参戦するとした。

日英同盟は外交政策の転機点となった。日本人の自尊心を満足させる一大ニュースでもあり、

①-11　日英同盟

同盟成立を記念した絵はがきが数々発行された。日章旗とユニオンジャックを描いた単純な図柄（①-11）でも当時の人びとの心を引きつけた。ローマ字で記された「BANZAI!（バンザイ）」との言葉が印象深い。こうして冷静な議論が立ち消え、非戦論や反戦論は少数に追い込まれていく。反露感情を露わにした主戦論や開戦論が台頭し、戦争は不可避となる。

日露戦争の勃発

大韓帝国と満洲を巡る日露交渉は決裂した。一九〇四（明治三七）年二月四日の御前会議において開戦が決定された。日本政府は二月六日、ロシア政府に交渉中止と国交断絶を通告した。これが事実上の宣戦布告となった。「開戦やむなし」とする国内世論を背景に、日英同盟を後ろ盾とし、戦争の道へと足を踏み入れた。当時の新聞報道によれば、日本の連合艦隊は長崎県の佐世保を出港し、二月八日夜、清国の遼東半島南端の旅順港外に停泊するロシア艦隊を発見したとある。ただちに水雷艇が攻撃を開始し、一万トン級の戦艦二隻と六千トン級の巡洋艦を撃沈したと伝えた。

また、二月八日から九日未明にかけて、日本軍の陸上部隊は朝鮮半島の仁川《インチョン》への上陸に成功し、韓国の首都漢城に入った。二月九日午後、日本艦隊が仁川沖で港から出てきたロシア艦隊の砲艦二隻を砲撃し、自沈に追い込んだ。その戦果を伝える絵はがきが現存する。仁川港内の「露国巡洋艦ワリヤーグ沈没光景」（①-12）と「露国砲艦コレーツ沈没光景」（①-13）の二枚だ。軍の協力と許可なく、この種の写真は入手できない。裏面は「郵便はかき」の記述を除き何も記載がない。撮影と発行の時期は不明ながら、国民の戦意高揚を図る狙いで意図的に流布されたのだろう。これらの戦果を確認した上で、日本は二月一〇日、ロシアに対して正式に宣戦布告する。日本列島及び朝鮮半島沿岸部の制海権を確保し、朝鮮南部を占有するという初期の軍事目標を達成していた。

しかし、欧米列強は日本が善戦したとしても最後に勝つ国はロシアだと予測した。「国際選

①-12
露国巡洋艦ワリヤーグ沈没光景

①-13
露国砲艦コレーツ沈没光景

手権（CHAMPIONNAT INTERNATIONAL）」（①-14）では、「北のヘラクレス（L'HERCULE DU NORD）」と「日本のアパッチ（L'APACHE DU JAPON）」の二人がレスリング会場で対戦する。ヘラクレスはギリシャ神話の英雄であり、怪力の持ち主だ。アパッチはアメリカ・インディアンの一部族であり、好戦的との意味合いを含む。観客席で欧米列強と清国が試合展開を見守る中、白人代表の英雄がアジア代表の暴れ者を投げ飛ばそうとしている。さて二人の正体は一目瞭然であり、ロシア皇帝のニコライ二世と日本の明治天皇だ。では何を巡る国際選手権かといえば、敷布に答えが隠される。「朝鮮（CORÉE）」と記す。

日露戦争において陰の主役は朝鮮だった。朝鮮は中国の冊封体制から離脱していた。朝鮮国王高宗は一八九七年一〇月一三日、皇帝の座に就き、国号を大韓帝国と改めた。「国王」ではなく、「皇帝」との表明は、日本の天皇と中国の皇帝と同格であるとの意思表示だった。米国、英国、ドイツ、フランス、ロシアを含む欧米列強と国交を結び、歴とした独立国だったが、力がすべての国際政治を前に、その存在は掻き消されてしまう。

漢城の軍事占領を機に日韓議定書を交わした後、日本は韓国への影響力を一段と強めていく。日露戦争前後に描かれた数々の風刺画において、朝鮮（韓国）は弱々しい人物像に描かれている。このレスリング大会に至っては敷布の扱いだ。韓国の立場からすれば、日露両国は招かざる外国であり、どちらが勝利しようと不幸な運命が待ち受けていた。

欠かせなかった神頼みと借金頼み

日露戦争は日清戦争とは比較にならないほど大規模だった。国を挙げた総力戦となり、地方の隅々にまで影響を及ぼした。動員兵力では、日清戦争の二四万人余（死者一万三千人余）に対して、日露戦争は約一〇八万人（死者約八万四千人）を数えた。当時の日本の人口は四六〇

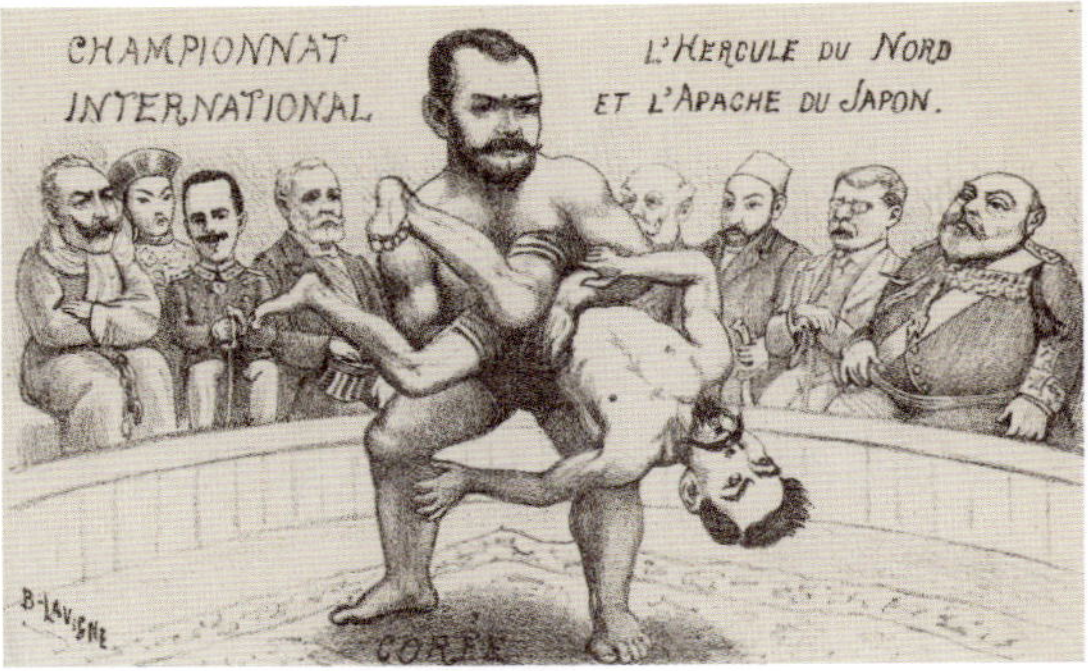

①－14　国際選手権

〇万人余であり、二〇代の男性を主な召集対象としていた点を考慮すれば、いかに多い数字だったかが分かる。朝鮮北部から満洲南部へと戦線が拡大するに連れて、予備役や後備役も臨時召集され、三〇代の男性までが戦争に駆り出されていった。

各地から兵士たちが集結し、大陸へ出征する代表的な場所が広島県の宇品港だった。彼らは宮島の厳島神社を参拝し、戦勝を祈願した。「日露戦争記念めしとり杓子」（①－15）は千畳閣（厳島神社末社・豊国神社本殿）の柱に杓子を打ちつけた場面だ。杓子は江戸時代の寛政年間から宮島定番の土産物として広まった。日清戦争の際、日本軍の最高統帥機関・大本営を広島城内に置き、明治天皇が指揮を執った。そんな戦争と関わりが深い地において、杓子の「飯取る」を「（敵を）召し取る」に引っかけ、記念品として販売したところ、たちまち出征兵士たちの人気を集めたという。日露戦争でも縁起を担ぎ、戦勝を祈願して杓子が奉納された。

戦意高揚の面から見ると、神頼みは欠かせないが、現実はドライだ。戦争には膨大な資金が

①‐15　日露戦争記念めしとり杓子

①‐16　日露の財政

必要となる。海上と陸上に加えて、もう一つの戦場といえる舞台があった。それはロンドンとニューヨークを中心とする国際金融市場だった。ここで日本がどう立ち振る舞い、他国からどのような評価を受けるかが、日露戦争の行方を決める上で大きな鍵だった。戦争の期間を一年間とすれば、最低でも四億五千万円の戦費が必要だと見積もった。これは当時の一般会計予算を遥かに上回る金額だ。内国債や増税によっても賄う見通しが立たない。当面の不足分を外国債（外国からの借金）で補おうとなったが、現実は甘くない。開戦から間もなく日本の公債は下落し、頼りだった同盟国の英国でさえも日本の勝利を懐疑的に見ていた。日本は窮地に立たされた。

そこで白羽の矢が立った人物が日本銀行副総裁の高橋是清（一八五四～一九三六）だ。英語力に長け、交渉能力にも優れていた。開戦とほぼ同時に高橋らの欧米派遣が決まったが、外国債の発行は絶望視されていた。そんな逆境下にあって彼の粘り強い説得が功を奏し、一九〇四（明治三七）年五月、ロンドンとニューヨークで英貨公債一千万ポンド（利率六分）の発行に漕ぎ着けた。日本軍が鴨緑江渡河作戦に成功し、朝鮮半島を確保した頃だ。後にロシア軍の撤退は敗走ではなく、戦略上の撤退だったが、そんな事実よりも「日本軍の勝利」が世界の投資家に印象づけられた。また、日本が発行する公債の半分に当たる五〇〇万ポンドを、ドイツ系米国人の銀行家ジェイコブ・シフ（一八四七～一九二〇）が引き受けると伝えられた。瞬く間に投資家の人気を呼び、日本の資金調達は成功に終わった。この背景には、日本の公債が外国政府債の中で最も有利だった点に加えて、ユダヤ人のシフがロシアのポグロム（ユダヤ人虐殺）に強い憤りを抱き、個人的に日本支持に傾いていたからだといわれる。

こうした高橋らの苦労をよそ目に「日露の財政」（①-16）は明るいタッチだ。英米を意識したのか、英語で「JAPANESE AND RUSSIAN FINANCIAL CONDITIONS（日本とロシアの財務状態）」と添える。大蔵省を前に「大判」や「小判」などの顔をした日本国民が列をなし、お金を預けようとする。まさに愛国心の表れだ。実際、日本は内国債にも頼っている。計六回に渡る公募で総額は六億七二〇〇万円余に上り、その引き受け先は金融機関を介して地方に行き渡った。小口や零細な保有者が多く、この絵の通りだった。しかも利率は五分を超え、条件は良い。一方のロシアは「カラ金庫」と「カラ財布」を前に軍服姿の男性が困り果てている。裏面には一九〇五（明治三八）年七月八日の消印がある。日本海海戦（五月二七日～二八日）の後であり、樺太占領戦（七月七日～三一日）が始まった翌日に当たる。

日本の金策は苦労の連続だった。海外から一回の資金調達だけでは戦費を賄い切れなかった。英貨公債の発行は計六回（うち戦時中は計四回、総額約八億円）、合計一一億七千万円（一億三千万ポンド）に及ぶ。一般会計ベースで見ると、日露戦争に費やした戦費は数年分の国家予算に匹敵し、一八億円余に膨れ上がった。一九〇七（明治四〇）年には金利が膨らみ、公債残高が内国債と外国債を合わせて計二二億七千万円に達した。日本の財政もまたロシアと同じく金庫も財布も空っぽ、それどころか借金まみれとなっていた。

描かれた戦場の「現実」

戦争が始まって数カ月の間、日本軍は連戦連勝した。第一軍が鴨緑江会戦（一九〇四年四月三〇日～五月一日）に勝利すると、戦場は朝鮮半島北部から満洲南部へと移った。遼東半島西部に上陸した第二軍は五月二六日朝に金州城を占領したのに続き、ロシア軍陣地がある南山に

①-17
南山石投戦争

①-18
敵前にて海水浴をなす

対して総攻撃を開始した。ロシア軍は塹壕に立て籠もって抵抗し、陥落は午後七時半になってからだった。こうして旅順とロシア本国との連絡線を遮断した。

そんな戦場を表現したかったのだろう。「南山石投戦争」（①-17）では、日本兵が塹壕のロシア兵に目がけて石を投げる。現実に起こった戦闘場面だったのかは定かではない。ただし、日露戦争を通して激しい戦闘ゆえに弾薬が尽き、一時休戦になる事態が度々あったと伝えられる。上層部か

①－19
露兵掠奪

①－20
リアオヤン

ら「無駄遣いするな」とのお達しが出るほどで、あながち石投げを一笑に付すわけにはいかない。補給を断たれた前線兵士の訴えを表したとも受け取れる。差出人は手書きで「もちろん日本が上だよ」と添え、一九〇四年八月二〇日の日付を記す。南山の戦いから三カ月後だ。裏面を見ると、宛先はニューヨーク市ブルックリン区、一九〇四年八月二二日発の東京印と九月一七日着のブルックリン印が確認できる。

「敵前にて海水浴をなす」

（①-18）の舞台は旅順付近の海岸だろう。悠然と海水浴を楽しみ、「ここに当ててみろ」とばかりに陣地のロシア軍を挑発する。日本軍の勇敢さを表現したとはいえ、演出が過ぎている。差出人は石投げの絵はがきと同一人物だ。裏面から一〇月八日発の東京印と一〇月二九日着のブルックリン印が確認できる。日本軍が二八センチ榴弾砲を旅順の戦線に配備し、攻勢に出ようとした頃だ。米国は日本の公債を大量に買い込み、日露戦争への関心は高かった。日本の絵はがきは重要な情報源の一つだったに違いない。石投げと海水浴はユーモアを交えつつ明るい武勇伝として描いた作品だ。これら二枚からは戦争に対する国民の不安を和らげようとする製作側の意図が読み取れる。

戦場となった舞台は主に朝鮮と満洲であり、日露両国にとっては異国の地だ。「露兵掠奪」（①-19）では、ある一家が荷物を肩に担いで必死に逃げようとする一方で、ロシア兵は断じて許さない。銃を携える一人の兵士が「待て」とばかりに荷物に手をかける。もう一人は抵抗する男性に左手を振り上げる。今にも殴りかかろうとする勢いだ。女性の両手には赤ん坊がいる。戦争の犠牲者は誰なのか。そんな疑念を抱かせる場面でもある。

しかし、現実の戦争はどうだったのかといえば、まるで地獄だった。連なる屍を描いた絵はがき（①-20）はパリで発行された。「リアオヤン（遼陽、LIAO-YANG）」と記す巨大な頭蓋骨に旭日旗《きょくじつき》が掲げられ、栄光とは言い難い勝利の姿だ。一九〇四年八月三〇日から九月三日までの間、「死傷者五万人」（一説によると、日本軍二万三千人余、ロシア軍二万人余）が出たと伝える。左側はロシア、右側は日本だ。満洲南部の遼陽を巡り、堅陣を築いたロシア軍二二万人を相手に日本軍一三万人が攻撃を繰り返した結果、予想を遥かに超えた死傷者が出てしまう。激しい消耗戦の末、九月四日、ロシア軍は奉天に向けて撤退を始めた。戦場跡には地平線の遥か彼方まで屍の山が続き、御馳走を狙うのか、空から烏《からす》の大群が押し寄せようとしている。

この絵は二通りの解釈が成り立つのではないか。一つは凄惨な戦場を通して平和を訴えるという素直な見方であり、もう一つは穿《うが》った視点ながら、文明化したアジアの「野蛮人」、すなわち黄色人種の日本人によって優秀な白人が大量虐殺されたという見方だ。文明人を誇る白人にとって信じがたい光景だったのかもしれない。

旅順を巡る日露の攻防

日露戦争の緒戦において日本海軍はロシア艦隊への奇襲攻撃を成功させた。ただし、一撃を加えたに過ぎない。旅順のロシア艦隊は戦闘能力を有したまま健在だった。日本にとっての最悪のシナリオは、ヨーロッパのバルチック艦隊（バルト海艦隊）と極東の太平洋艦隊が合流する展開だ。旅順湾は半島と半島に挟まれ、守りやすく攻めにくい。駐留するロシア艦隊の全滅は困難だとしても、その行動を最小限に抑え込む必要があった。海軍は海上封鎖を狙った旅順口閉塞作戦を立案し、一九〇四年二月二四日・三月二七日・五月三日の計三回に渡って実行しながら、いずれもロシア艦隊の返り討ちに遭って失敗する。

①‐21　可隣露助煮の壜詰

旅順口閉塞作戦を描いた「可隣露《かれんろ》助煮《すけに》の壜詰《びんづめ》」（①‐21）がある。大日本帝国海軍の軍人が「閉塞隊」と書かれた蓋《ふた》で「旅順口」と記す瓶に栓を閉める。ロシア兵が窮屈そうだ。英語の表記も凝っており、旅順を意味する「ポート・アーサー（Port-Arthur）」に引っかけて「'POOR' ARTHUR BOTTLED!!（哀れな瓶詰アーサー）」と記す。この絵は完全な虚構だった。現実の作戦は瓶詰めどころか蓋さえ閉められない状況にあった。

日本軍は失敗を悟ると、陸上から旅順攻略を目指す方針に転じる。これもまた困難な作戦だった。旅順一帯はロシア軍によって要塞化され、コンクリートで固められたトーチカを正面から破壊する以外に戦法がなかった。攻撃側には極めて不利な情勢が続き、一九〇四年八月の第一回総攻撃では参加した日本軍兵士五万七〇〇〇人余のうち一万五八〇〇人余が死傷した。屍の山をつくり、その屍の上を進軍する展開が続き、味方の遺体を土嚢《どのう》にしたといわれるほど凄惨さを極めた。もはや作戦とは呼べなかった。九月と一〇月の第二回総攻撃でも旅順要塞は依然

①－22
本日旅順陥落

①－23
乃木、ステッセル両将軍及びその幕僚会食後の撮影

①－24
松樹山における日露兵の骸骨を拾う光景

として健在であり、攻撃する度に犠牲を重ねていた。

旅順要塞を巡る苦戦が続く中、一〇月二日、バルチック艦隊がバルト海沿岸のリバーヴァを出港した。その二週間後となる一〇月一六日、極東に向かったとの報告が日本の軍部に届く。刻一刻と日本へ迫る。それなのに旅順は落ちない。焦燥感が募る。ついに一二月五日、乃木希典率いる第三軍が二〇三高地を占領し、陸上からロシア残存艦隊に砲弾を一斉に浴びせた。その後も攻撃を繰り返し、年が明けた一九〇五（明治三八）年一月一日、ロシア軍司令官ステッセル将軍が降伏を申し出た。死傷者は日本軍が五万九千人余、ロシア軍が四万六千人余に達した。勝敗どころか、事実上は両軍の壊滅だった。

旅順陥落は国民が待ち望んだニュースだった。「本日旅順陥落」（①-22）は報知新聞の発行だ。旅順港を背景に日本軍兵士たちが勝利を喜ぶ。二〇三高地の占領から日本の勝利は確実視されていた。事前に準備していたのだろう。裏面を見ると、旅順陥落から三日目の一月三日付東京の消印が押されている。

乃木とステッセルの会見は一月五日、水師営《すいしえい》にて実現する。「乃木、ステッセル両将軍及びその幕僚会食後の撮影」とある写真が絵はがき（①-23）となる。英語とロシア語を添え、日露両軍の軍人が帯刀したまま収まる。乃木はロシア軍人の名誉を重んじ、撮影は一回だけだった。日露戦争以降、水師営の会見写真は幾度も複製を重ね、日本人の武士道を示す証しとして活用された。絵はがきは小川一真出版部（東京）の発行だ。小川一真（一八六〇〜一九二九）とは明治から大正にかけて活躍した写真家だった。軍部と深い繋がりを持ち、戦争写真を通して著名人となる。その弟子も多く、小川一真の名の下、日本の名所や風俗、文化財だけではなく、日清・日露戦争、濃尾地震でも名作の写真を数多く残した。

戦勝からはほど遠い場面の絵はがき（①-24）も存在する。旅順の小川写真店が発行した。荒涼とした大地に馬車が一台あり、後方で数人の男たちが土を掘り起こす。荷車を囲むように日本人らしき軍人と和服姿の女性が一点を見つめる。説明は「松樹山における日露兵の骸骨を拾う光景」だ。眼を凝らして見ると、白い布切れの上に髑髏《しゃれこうべ》が置かれている。これもまた戦争の現実だった。撮影地の松樹山《しょうじゅ》は二〇三高地から東に位置し、激戦を繰り広げた要塞の一つだ。旅順が陥落する前日の一九〇四年一二月三一日に日本軍が占領している。松樹山の髑髏は勝利を目の前に亡くなった兵士たちの遺骨だった。

奉天会戦と日本海海戦

旅順陥落によって戦争は早期終結するかに思われた。そんな期待は脆《もろ》くも打ち砕かれてしまう。ロシア軍は満洲の北方へと後退し、奉天（現在の瀋陽《しんよう》）を新たな拠点として本国からの増援と補給を待った。対する日本軍は補給路が延び切っていた。早々に決戦へ持ち込む必要があると判断し、日本軍は奉天のロシア軍を包囲し、一九〇五年三月一日に総攻撃を開始した。攻める日本軍は二五万人、守るロシア軍は三一万人だ。日本軍の猛攻を前にロシアの満洲軍総司

① - 25　二人の偉大なる司令官

令官クロパトキンは三月九日、全軍に撤退命令を出した。その翌一〇日、日本軍は奉天を占領した。奉天会戦は「日露戦争の関ヶ原」と喩えられ、双方合わせて一三万人の死傷者を出した。

「二人の偉大なる司令官（Les Deux grands Capitaines）」（①-25）ではフランスの英雄ナポレオンと軍服姿の日本人が描かれる。大きな先輩が小さな後輩を諭している。台詞の意味は「おめでとう、友よ。でもモスクワまで行っては駄目だぞ」となる。時期は奉天会戦の直後、日本人は満洲軍総司令官大山巌大将、その彼が左足で踏みつける相手はクロパトキンだろう。

日露戦争から百年近く遡って一九世紀初頭、ナポレオンはヨーロッパの大半を勢力下に収めていた。敵対する英国の通商断絶を図るため、ヨーロッパ各国に大陸封鎖令を出したにもかかわらず、ロシアが一向に従わない。ナポレオンは必勝を期し、一八一二年六月、七〇万人近い大軍を率いてモスクワに攻め込んだ。圧倒的な兵力を誇るも、シベリア寒気団、すなわち「冬将軍」には敵《かな》わなかった。兵士の半数以上が死亡し、ナポレオンの失脚へと繋がった。そんな失敗から得た教訓をナポレオン自ら伝える場面だったわけだ。

ロシア軍には戦況が不利だと判断すれば、後方に撤退しつつ兵力を温存し、補給を整えた上で再び都市を包囲するという伝統的な戦法があった。「勝った」と調子に乗って進軍を続けると、補給路を断たれて手痛い反撃に遭う。そこがロシア軍の狙い目だ。とはいっても奉天会戦を終えた段階で日本の兵力も財力も尽きていた。モスクワ遠征は思いもよらなかった。

①－26　東郷平八郎とネルソン提督

奉天会戦によって陸上の戦いは決した。日本は講和の道を模索したが、ロシアには切り札となるバルチック艦隊が健在だった。しかし、極東を目指すとなれば遥かに遠い。幾度もの食糧と燃料の補給が必要となる。これを日本の同盟国・英国は支配下の港でことごとく拒否した。バルチック艦隊の航海は七カ月以上、距離にして三万三千キロ以上に及び、十分な休養が取れない水兵たちの士気は著しく低下する。しかも、バルチック艦隊とは日本側の呼称に過ぎない。その実態は旧態依然とした旧型艦から未完成の新造艦まで含まれた寄せ集めの艦隊だ。そもそも遠征を考慮していない。乗組員が訓練不足だった上、艦船の定員さえ満たしていなかった。

これを迎え撃つ連合艦隊は整備が万全であり、将兵の士気は最高潮に達していた。「敵艦隊ラシキ煤煙見ユ」との電報を受けると、ただちに作戦行動に移った。一九〇五年五月二七日、対馬海峡に現れたバルチック艦隊に一斉攻撃を開始する。二八日までに殲滅させ、バルチック艦隊三八隻のうち目的地のウラジオストク港に無事到着した艦は三隻だけだった。ロシア側の戦死者は四八〇〇人余、捕虜は最高司令官のロジェストヴェンスキー提督を含む六一〇〇人余を数えた。日本の一方的な勝利であり、世界の海戦史上でも稀に見る戦果だった。

日本海海戦の大勝利を記念した絵はがき（①-26）が「近事画報社」から発行された。本来は女性雑誌『婦人画報』で知られる出版社だ。一九〇五年六月に創刊された女性雑誌で編集長は国木田独歩が務めた。裏面に差出人が一九〇五年一〇月二三日の日付を添える。右上の外国人男性は英国海軍のホレーショ・ネルソン提督だ。彼は圧倒的に不利な状況を覆し、フランス・スペインの連合艦隊を相手にトラファルガー海戦（一八〇五年一〇月二一日）を勝利に導いた。自らは戦闘中に旗艦ビクトリー号上で壮絶な死を遂げ、英国史上最大の英雄となった。左下に描かれる、もう一人の人物は連合艦隊司令長官の東郷平八郎だ。奇《く》しくも日本海海戦はトラファルガー海戦から一〇〇周年に当たった。東郷は「東洋のネルソン」と称され、海外では「アドミラル・トーゴー」として人気を呼んだ。

戦勝に沸く日本人と三越

日露戦争は国家の存亡を揺るがす一大事だと喧伝された。大多数の国民は本気でそう信じ、戦争に惜しみなく協力した。幸いにして日本本土は戦場にならずに済んだが、「ロシア軍が攻めて来るかもしれない」との不安が根強くあった。そんな心情との裏返しだったのだろうか、戦勝報告がある度に全国各地でお祭り騒ぎのような提灯行列を繰り広げられた。日露戦争後に発行された絵はがきからは強い緊張から解き放たれた国民の心情が読み取れる。

縁日の露店を描いた一枚（①-27）は、日本髪に着物姿の女性と兵士二人が吹き矢でロシア軍の船を落下させる。想定する舞台は日本海海戦、陸海軍の兵士、銃後を守る女性を表現したのだろう。三者が一体となって手にした勝利だった。戦勝によって日本人としての一体感を味わい、国民意識が芽生えた。そんな感情は子どもの遊びにも影響する。「少年の日露擬戦」（①-28）では、圧倒的な強さを誇る「日本軍」と敗走する「ロシア軍」が描かれる。英語で「Children's play（子どもたちの遊び）」や「Japan-Russia war（日露戦争）」と添える。戦争ごっことはいえ、かなり手厳しい。ロシア軍がそうであったように敵はしぶとい。倒れた相手でも

① - 27
縁日の露店

① - 28
少年の日露擬戦

① - 29
時機に因み
たる商店

①－30
東京湾観艦式記念

①－31
三越呉服店の凱旋門

「日本軍」は徹底的に打ちのめす。

戦勝気分を表す「時機ニ因ミタル商店」（①－29）もある。店名は「勝利堂」だ。正面玄関の幟《のぼり》は「征露まんちう」や「亡露大まけ売出し」との宣伝文句を散りばめ、敗戦国ロシアを扱《こ》き下ろす。「亡露」は「ボロ」の当て字だ。では「屠露々そば」は何かといえば、「とろろそば」に引っかけて「ロシアを屠殺する」となる。そば屋にふさわしい単語がなかったのか、英語は「Macaroni shop（マカロニ・ショップ）」としている。

こうした「時機に因みたる商店」の代表格は三越だった。株式会社三越呉服店が設立された日は一九〇四（明治三七）年一二月六日、まさに二〇三高地を陥落させた翌日となる。販売促進の機会に日露戦争を積極的に活用している。戦勝によって国民の一体感が強まり、「愛国」の訴えは抜群の効果を得た。旅順陥落を祝って日本初の花自動車を運転したほか、日本海海戦の勝利を記念して全館にイルミネーションを施し、装飾した陸海軍の凱旋門でも注目された。

一九〇五（明治三八）年一〇月二三日に連合艦隊一六五隻が東京湾に集結して観艦式が挙行されると、三越は記念絵はがき（①-30）を発行する。一九〇六（明治三九）年四月三〇日に凱旋観兵式が青山練兵場で行われた際にも記念絵はがき（①-31）を手がけている。東郷平八郎大将の一行が三越呉服店（東京・日本橋）正面の凱旋門前を通過する中、大群衆が英雄をひと目見ようと押し寄せる。戦争が終結した後も戦勝ムードが続く時代の雰囲気が覗える。戦勝と絵はがきと販売促進を巧みに組み合わせ、売り上げアップに繋げる広報戦略を展開した。

ちなみに今も三越本店の正面玄関前に座す二頭の獅子像のルーツを辿ると、百年以上も前の日露戦争に遡《さかのぼ》る。それはロンドンのトラファルガー広場に建つネルソン提督記念碑の獅子像（四頭）を模した特注品だ。日英同盟の影響も大きい。トラファルガー、ネルソン、東郷平八郎、日本海海戦の順に連想したと思われる。

三越は三井家の呉服店事業を引き継ぎ発足したが、その歴史は事実上始まったばかりだ。当時は三井家から暖簾《のれん》分けされた新しい会社に過ぎない。それが日露戦争という好機を得て上昇ムードに乗って飛躍を遂げていく。

ルーズベルトとポーツマス講和条約

日本は戦争の長期化を恐れ、ロシアは日本海海戦の大敗北に戦意を喪失した。第三者の米国は日本の戦時国債を大量に購入していたから、日本の財政破綻はあってはならない結末だった。日本海海戦を好機と見た米国は日本の意向を受けて、ロシアに講和を勧告した。ロシアは当初拒否したが、破談寸前で三者の思惑が一致して講和会議（一九〇五年八月一〇日〜九月五日）の実現に至った。舞台は米国東海岸ニューハンプシャー州の港町ポーツマス、仲介役は米国のセオドア・ルーズベルト大統領だ。講和会議を扱った絵はがきを見る限り、圧倒的な存在感を示す米国に対して、日本とロシアの存在感は些か薄い。

「平和の仲裁人（L'ARBITRE DE LA PAIX）」（①-32）はパリで発行された。消印の日付は一九〇五年七月一〇日、日本軍が樺太占領戦を展開していた頃だ。白黒の絵に肖像写真を貼り付けた単調なデザインながら、日本・ロシア・米国の三国関係を的確に捉える。会議の行方はルーズベルトの手中にある。その両手で明治天皇とニコライ二世の人形を操り握手させる。

同じくルーズベルトを仲裁人として描く絵はがき（①-33）がある。T・ビアンコ（T. Bianco）のコレクションだ。ルーズベルトは士気盛んな明治天皇を制し、剣を持つロシア皇帝ニコライ

①－34　小村寿太郎とヴィッテ

①－32　平和の仲裁人

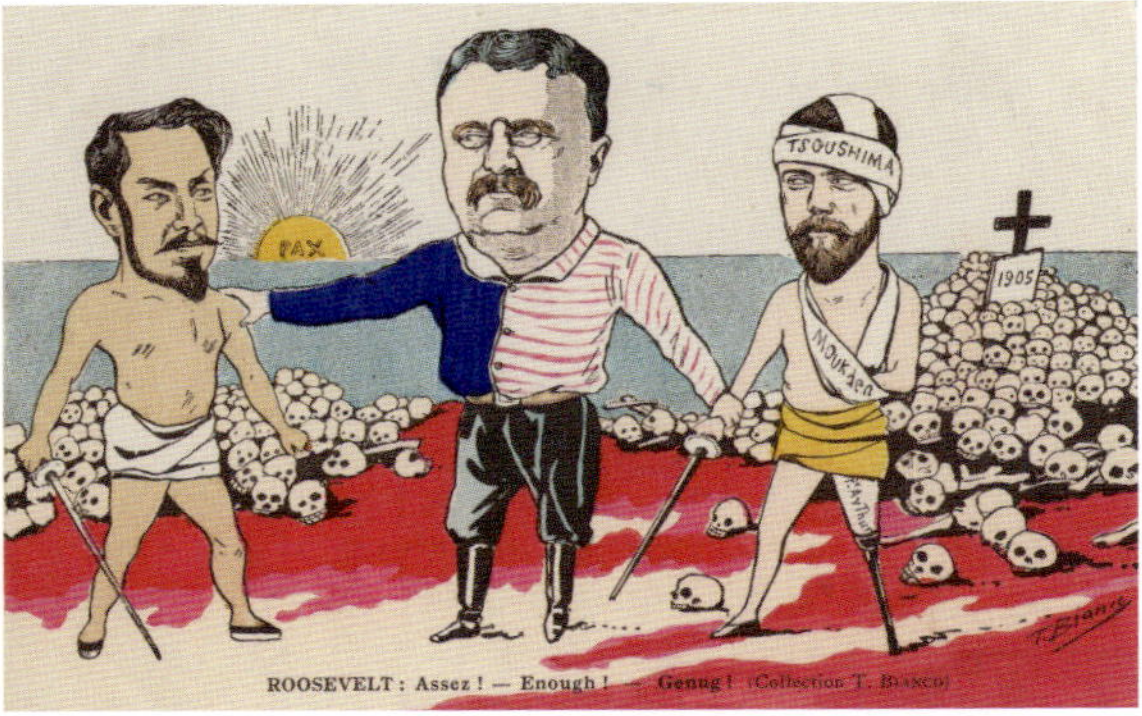

①－33　無傷の明治天皇と満身創痍のニコライ二世を制するルーズベルト

二世の右手を握り、「もう十分だ」といい、戦いを終わらせる。無傷の明治天皇に対して、ニコライ二世は満身創痍だ。ニコライ二世に巻かれた包帯はそれぞれ負傷した場所の地名を表している。左脚は「旅順（P. ArThur）」で失い、左手は「奉天（MOUKden）」で負傷し、最後に頭部を「対馬（TSOUSHIMA）」で痛めたとある。二人の後方に築かれた骸骨の山を見ると、日本よりもロシアが多い。水平線の太陽に記す「平和（PAX, パックス）」とは、強国が押しつけた平和との意味だ。ただし、米国の実力はこの段階で未知数であり、「米国の（Americana, アメリカーナ）」とは断っていない。さて、平和の太陽はどこまで昇るかは分からない。

ポーツマス講和会議の交渉場面を描写した絵はがきもある。テーブルに着く二人（①-34）は日本全権の小村寿太郎（一八五五～一九一一）とロシア全権のセルゲイ・ヴィッテだ。「近代日本外交の体現者」と評される小村だが、小柄であり、身長は一五〇センチに満たなかったともいわれる。明治の日本人男性の平均身長は一五〇センチ台だったから、低いとはいえないが、巨漢のヴィッテと並ぶと、やはり小さかった。小村に「旅順とサハリン」、ヴィッテに「無賠償」の手かせがはめられ、署名したものの双方は歯ぎしりをしており悪い前兆だと記される。

ヴィッテは日本が疲弊する国情を見透かして会議に臨み、敗戦国にもかかわらず、強硬姿勢を貫いた。大韓帝国の自由処分、満洲からの両軍撤退、遼東《リャオトン》半島の租借権と東清鉄道の南満洲支線（後の南満洲鉄道）の譲渡という、日本が求めた最低限の条件は大筋で認めた。ただし、樺太の割譲と賠償金の支払いを巡って激しく対立した。一時は交渉決裂かと思われたが、米国

日露戦争後の日本

の強い働きかけによって日露双方が譲歩し、講和の道が開かれた。ロシアが支払う賠償金は一切無い代わり、北緯五〇度以南の樺太を日本に譲渡する条件で落ち着いた。

日露両国は一九〇五年九月五日、講和条約に調印した。立役者のルーズベルト大統領は国際平和に貢献したと高く評価され、その翌年にノーベル平和賞を受賞した。一方の日本は日本海海戦で大勝利を手にしたとはいえ、支払い能力を超える外国債を発行済だ。国際金融市場がこれ以上の借金を許すわけもなく、日本の戦争継続は財政面から見て不可能だった。日露戦争前の「満韓交換論」と比べてみた場合、ポーツマス講和条約の成果は大きな前進だった。「日露戦争後の日本」の地図が示すように、台湾や南樺太に加えて、後に併合する大韓帝国を含めると、巨大な「大日本帝国」が生まれようとしていた。

プロパガンダの効果もあって、日本海海戦の「大勝利」は国民の心に強く焼きつけられていた。国民の大多数は窮乏生活に甘んじ、出征兵士を送り出し、その犠牲は計り知れない。父を失い、息子を失い、夫を失ったのだ。そんな思いを代弁して新聞各紙は「反講和」を煽る。条約を調印した当日には「講和反対」を訴え、日比谷焼き打ち事件が起きている。確かに日本は勝った。ただし薄氷の勝利であって、米国という絶対者が存在して得た講和だった。いつの間にか、そんな事実も忘れ去られ、日本の勝利はまるで白人優勢の時代が終わったかのごとく語られていく。

作家司馬遼太郎は、小説『坂の上の雲』の「あとがき」において、明治維新から日露戦争に至るまでの三〇年余は長い日本史の中でも特異であるとし、「これほど楽天的な時代はない」と評した。

ポーツマス講和条約の成立から太平洋戦争の敗北までの年月は、戦勝の余韻から抜けられない四〇年だったといえる。

ロシア兵俘虜収容所と「マツヤマ」

日露戦争を通して、日本は多くのロシア兵捕虜を抱える事態となった。「日本の軍病院に搬送中の負傷したロシア人（WOUNDED RUSSIANS BEING CONVEYED TO JAPANESE MILITARY HOSPITALS）」（①－35）は撮影が一九〇四年二月八日、場所が「CHEMULPO（済物浦、仁川の旧称）」となっている。英米両国を意識したのか英語表記しかない。朝鮮服を着た男性や着物姿の女性が見守る中、日章旗が掲げられ、白いガウンを着たロシア人らしき人物と担架が写る。

①‐35　日本の軍病院に搬送中の負傷したロシア人

①‐36　松山における露国俘虜収容所大林寺の光景

①－37
松山における露国俘虜負傷者の食後の散歩

①－38
伊予松山（山越）露国将卒の墓

①－39
松山道後温泉場及び露国俘虜将校浴後の休憩

二月八日といえば、日露戦争の開戦日だ。仁川港には、英国や米国、ドイツ、フランスなど各国軍の艦船が寄港していた。二月九日、日本軍によってロシア軍艦船二隻が撃沈されると、英国やフランスの艦船が生存者の救助に向かう。この時、ロシア軍の巡洋艦ワリヤーグの戦傷兵二四人（うち二人が死亡）が仁川日本赤十字社臨時病院に収容された。ただし、彼らは宣戦布告前日に日本の管理下に入った者なので、捕虜として扱われなかった。撮影は二月八日とある。ワリヤーグの戦傷兵とは即断できないが、ごく初期の捕虜である事実は間違いない。

仁川沖海戦から一ヵ月余を経て三月一八日、最初の俘虜収容所が愛媛県松山市に誕生する。続いて、香川県丸亀市（七月）、兵庫県姫路市（八月）、京都府福知山市（九月）にも開設され、収容所は全国延べ二九ヵ所を数えた。戦争中、日本軍が拘束したロシア兵捕虜は七万九三六七人に達し、七万二四〇八人（うち将校一四四九人）が日本国内に移送された。終盤になると、ロシア兵に厭戦気分が漂っていた背景もあって、予想よりも捕虜の数は大幅に上回った。

日本政府は国際法の精神に則り、ハーグ陸戦条約（一八九九年七月「陸戦ノ法規慣例ニ関スル条約」）に準拠してロシア兵捕虜を扱う方針を示し、一貫して彼らを「厚遇」した。例えば、ロシア兵捕虜一日当たりの食費を挙げた場合、兵卒で日本兵のほぼ二倍、将校で四倍に近かった。もっぱらこれは国際法に基づく義務ではなく、日本側の自発的な措置であり、和食に不慣れなロシア兵に洋食を出すための配慮だった。何よりも当時の日本政府は国際世論を意識した。法を守り、人道に徹する文明国であると世界に見せたかった。そこで捕虜の絵はがきが一役も二役も買う。

収容所でも最も有名な舞台が「マツヤマ（松山）」だ。「日本松山における露国俘虜収容所大林寺の光景」（①-36）では、門前に日本兵が立ち、相当数の捕虜が収容されている。大林寺は歴代藩主の菩提寺を務めた寺院であり、松山最初の収容所だ。松山大学編『マツヤマの記憶』によると、この大林寺を皮切りに、雲祥寺、勧善社（西本願寺の教導施設）、妙圓寺、松山市公会堂、妙清寺、出淵町（木村屋敷）、雄群《おぐり》（松山市病院）、正宗寺、法龍寺、衛戍《えいじゅ》病院、一番町（元大林区署）、仮設病院（松山城北収容所）の収容所が次々と開設されたとある。

勝利を重ね、余裕もあった。「日本松山における露国俘虜負傷者の食後の散歩」（①-37）では、ロシア兵捕虜が松葉杖で立っていたり、地べたに寝ていたりしている。清潔な病院着を着て、散髪も行き届く。松葉杖の捕虜は笑みを浮かべている。しかし、「厚遇」したとしても不可避の現実があった。前線では激しい戦闘が続き、瀕死の重傷を負ったロシア兵捕虜が戦場から「マツヤマ」へと送り込まれてきた。日本赤十字社の医師や看護婦が医療活動に当たったが、その甲斐なく九八人が命を落とし、手厚く埋葬された。「伊予松山（山越）露国将卒の墓」（①-38）は完成間もない墓地を捉えた一枚だ。彼らの故郷である北を向き、小高い丘に九七基（撮影時）の墓標が整然と並ぶ。

松山の評判は際立った。日本軍に捕まった際、「マツヤマ」と叫ぶロシア兵もいたほどだ。将校と比べて兵卒は制約も多かったが、一定の自由が認められ、買い物をしたり、散歩や遠足、

①-40　世界のマツヤマ

①-41　クマ退治

海水浴を楽しんだりした。ロシア兵捕虜と松山市民との間にさまざまな交流が生まれ、最たる例が小川一真出版部発行の「松山道後温泉場及び露国俘虜将校浴後の休憩」（①-39）だろう。温泉に浸かった後、浴衣姿で寛ぐロシア兵捕虜を捉える。多い時は一日に三〇〇人から四〇〇人のロシア兵捕虜が入浴したと言われ、日露戦争中の道後温泉は史上最高の収益を上げた。

当時、松山市の人口は約三万人、対するロシア兵捕虜は最大四千人だった。彼らには中立国フランスを経由して一定の給金が支払われており、日本人と比べて購買力が非常に強かった。そんな彼らに食べ物や娯楽以外に使い道はなく、松山の地域経済は潤った。ミカンが箱ごとで

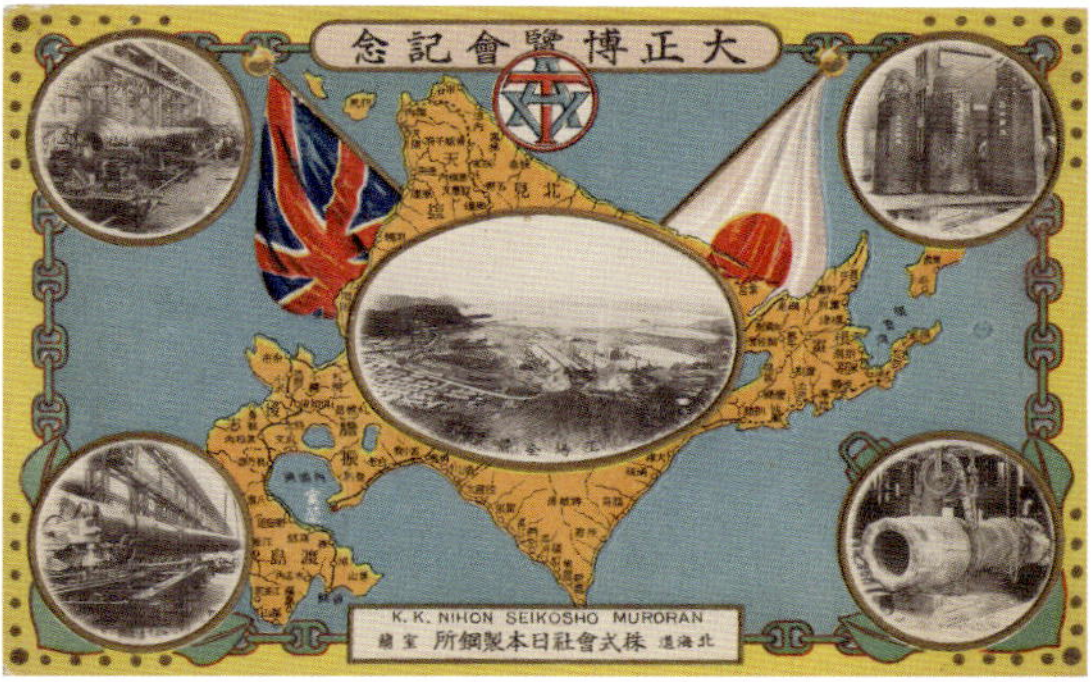

①-42　株式会社日本製鋼所

飛ぶように売れたり、遊郭が賑わったりした。捕虜と松山は共存共栄の関係でもあった。「マツヤマ」の名は捕虜収容所の模範として世界各国に知れ渡った。スウェーデンの都市マルメで日本を描いた絵はがき（①-40）が一九一一年に発行されている。日露戦争前後の極東情勢を示し、ロシア兵と思われる人物が朝鮮半島を手にする。地図はデフォルメしているが、明らかに西日本を表している。都市名を挙げると、神戸（KOBE）や大阪（OSAKA）、長崎（NAGASAKI）、門司（MOJI）とあり、その中に「松山（MATSUYAMA）」の名前が確認できる。日露戦争から六年を経て、北欧の国でもマツヤマの名が知れていた。日本のイメージ戦略の成果だった。

日英同盟の結実

日露戦争の勝利に英国による協力は不可欠だった。クマ退治（①-41）のように、日英同盟によってロシアに勝利したと捉える戦争観が日本人に芽生えていた。ユニオンジャックを手にした日本人女性と日章旗を手にした英国人女性の二人が巨大な黒いクマを下敷きにする。もちろんクマはロシアだ。哀れなイメージとして描かれる。

日本の英国依存は際立っていた。日本海軍は主に英国から最新鋭の軍艦を輸入して海軍力の増強を図ってきた。日本海海戦で活躍した主力艦のほとんどは英国製であり、アームストロング社かヴィッカーズ社に発注していた。さらに弾丸の火薬類はアームストロング社、戦艦や巡洋艦の主砲と副砲も輸入に頼り、連合艦隊の旗艦三笠でさえヴィッカーズ社の建造だった。こうした兵器の外国依存は近代化が早い半面、リスクを伴う。頼りとする英国は地理的に遠く離れていた。万が一にも部品供給が途絶えたならば、最新の武器が瞬く間に鉄の塊となる。日清・日露戦争を経験した日本が軍需産業の国産化を目指すのは当然の成り行きだった。

となれば、兵器の材料となる鉄鋼の製造を自ら手がけるしかない。日露戦争以降、将来の国防を見据え、民間の力によって巨大な製鋼所を興そうとする機運が高まっていた。北海道の室蘭が最適地とされた。近くの噴火湾一帯（内浦湾）から砂鉄が産出し、良質な炭鉱に恵まれる上、室蘭港は石炭の積み出し港として整備されていたからだ。室蘭の「株式会社日本製鋼所」（①-42）は一九〇七（明治四〇）年一一月一日に設立し、一九一一年一月、営業を正式に開始した。大正博覧会（一九一四）の開催を記念した自社宣伝用の絵はがきとなる。北海道の地図を詳細に描き、中央の写真は室蘭港近くの工場、その周囲に並ぶ四枚の写真は製造中の砲身や大砲だ。特に右上の「鋼塊」が興味深い。「百砘《トン》鋼塊」「七拾五砘鋼塊」「五拾砘鋼塊」とある。

いかに巨大な製造品だったかが伝わってくる。また、稚内《わっかない》—音威子府《おといねっぷ》間と根室—釧路間の鉄道路線は点線だ。建設途上にあり、北海道の発展を予感させる。

日本製鋼所は日英両国の国旗が示すように両国の合弁事業だった。資本金を一千万円とし、北海道炭鉱が五〇〇万円、アームストロング社とヴィッカーズ社がそれぞれ二五〇万円ずつ出資した。資金も技術も英国頼みだったが、日本製鋼所は発展を遂げていく。一九一九（大正八）年一二月には北海道製鉄を合併し、銑鋼一貫体制を確立した。室蘭は鉄鋼業の一大生産地となり、官営だった九州の八幡製鉄所と並ぶ存在となった。

黄禍論とサンフランシスコ大地震

ヨーロッパ諸国から見れば日本はユーラシア大陸の東端に位置する島国に過ぎない。あくまでも興味関心は清国にある。天然資源に恵まれ、人口も多く、市場としても魅力的だったから当然だろう。だが一方で日露戦争に勝利した日本は侮れない「極東の帝国」となっていた。「黄禍《こうか》——ヨーロッパの悪夢（Le péril jaune - Cauchemar Européen）」と題した三枚一組の絵はがきがある。T・ビアンコ（T.Bianco）のコレクションだ。一枚目（①-43）は、英国国王のエドワード七世、ドイツ皇帝のヴィルヘルム二世、オーストリア皇帝のフランツ・ヨーゼフ一世、イタリア国王のエマヌエーレ三世らの六人が全員ベッドの上で眠る。そんな時、「天空の帝国」から兵士たちが舞い降りて来る。彼らの狙いはロシア皇帝のニコライ二世にある。二枚

① - 43
黄禍——ヨーロッパの悪夢

① - 44
一人目の目覚め

① - 45
全員の目覚め

目「一人目の目覚め（PREMIER RÉVEIL）」（①‐44）ではサムライ姿の明治天皇が先頭に立ってニコライ二世に銃口を突きつける。透かさず彼は応戦しようと銃を手にしたが、ほかの五人は深い眠りについたままだ。やがて「天空の帝国」から黄色い人びとが怒濤のごとく押し寄せる。さて三枚目「全員の目覚め（RÉVEIL GÉNÉRAL）」（①‐45）が大変だ。誰も彼もが銃や刀を手に持ち、ヨーロッパ列強に襲いかかる。ここまで来ると手遅れだ。

①‐46　サンフランシスコ大地震

清国は最後の「植民地分割」の舞台だった。ヨーロッパ各国が租借地を有し、鉱山開発や鉄道敷設など数々の利権を手にしていた。しかし、日露戦争では、劣っているはずの黄色人種、つまり日本人が優秀な白人であるロシア人を打ち負かしてしまった。そうなると日本人に続いて同じ黄色人種である中国人が目覚めるかもしれない。日本人と中国人が共闘するとなれば、もっと恐ろしい結果を招く。黄禍論は瞬く間に白人国家へと広がっていった。

こうした黄禍論に米国もまた影響を受けた。日露戦争が始まった当初、セオドア・ルーズベルト大統領は親日的な態度を示していたが、ポーツマス講和会議の頃から日本に対する姿勢が微妙に変化したといわれる。米国は建国以来、外交や安全保障の重点をヨーロッパに置き、艦隊を大西洋に集中配備していた。日露双方の海軍力が牽制し合う限り、従来の戦略に揺るぎはなかった。それが日本海海戦によって極東の軍事情勢が一変する。ロシア艦隊は太平洋上から一掃され、日本の海軍力だけが突出した格好となる。フィリピンやハワイを拠点にアジアへの進出を図る米国にとって、日本は明らかに安全保障上の危険要素となりつつあった。

太平洋を挟み、日米両国の緊張が高まりつつあった頃だ。一九〇六年四月一八日、米国西海岸の都市サンフランシスコで大地震が発生し、日本にもいち早く報じられた。報知新聞号外をそのまま掲載した絵はがき（①-46）がある。燃え広がるサンフランシスコ（桑港）の市街地を背景に「明治三十九年四月十九日桑港の大地震（十八日発）桑港に大地震起《おこ》れり其《その》損害高は一億弗《ドル》に上り市街は今焼失しつつあり而《しか》して死したる者三百人にして市役所及び其他の公共建築物は崩壊し全市の焼失予期せらる」と伝える。火災は三日間続き、死者は約三千人を数え、二二万〜三〇万人の市民が家屋を失った。

日本は官民挙げて多額の義援金を米国に送金したが、予想外のしっぺ返しを食らう。サンフランシスコ市教育委員会は一〇月一一日、地震被害による校舎不足を表向きの理由として日本人及び韓国人移民の児童を白人から隔離し、東洋人専用の小学校に入学させる方針を決定した。米国で渦巻く「日本脅威論」の影響もあった。こうした「日本脅威論」が「日米開戦論」に変質するまでに、さほどの時間を要しなかった。日本人にも大国の清国とロシアを倒した自負がある。次なる敵は米国だと公言する強硬論が一部の支持を集めていた。日露戦争が終わって間もないというのに日米戦争の種が芽生えつつあった。

第二の黒船「白船」

日米関係が急速に冷え込もうとする中、セオドア・ルーズベルト大統領は外交・軍事上のミッションとして米国海軍大西洋艦隊の「世界一周航海」(期間は一九〇七年一二月一六日～一九〇九年二月二二日、航程は六万九千キロ余、乗組員は一万四千人)を開始した。戦艦一六隻を中心に編制した大艦隊は南米最南端のマゼラン海峡を通り、大地震の傷跡が残るサンフランシスコに回航した後、オーストラリアやフィリピンを経て、日本、セイロン、エジプト、地中海から大西洋を抜けて米国に戻る計画だ。その軍事力を誇示する狙いがあった。塗装を白で統一した船の外観から「グレート・ホワイト・フリート(Great White Fleet, 白い大艦隊)」と称された。

対する日本は明治四〇年帝国国防方針(一九〇七年四月策定)では米国をロシアに次ぐ仮想敵国に挙げていた。一触即発の危険性もあったが、そんな心配は無用だった。日本政府が米国政府に招請し、大西洋艦隊の寄航を前に国を挙げて歓迎準備を進めていた。幕末の「黒船」に

①－47
スペリー提督

①－48
旗艦コネチカット号

①－49
旗艦コネチカット艦上の日米両司令官の握手

①-50　横浜でゲイシャ・パフォーマンスを見物するスペリー提督と水兵たち

①-51　横浜（米軍水兵たち）

ちなんで、「白船」の愛称で呼び、大西洋艦隊を率いた提督の名前が偶然にも幕末の「ペリー」によく似た「スペリー（チャールズ・スペリー少将）」だった。新聞各紙は日米友好を基本姿勢に終始好意的に報道した。ペリーの黒船来航とスペリーの白船を対比しつつ、日本にとって米国は「近世開国の指導者」とまで絶賛した。

日米戦争の可能性は机上の話だった。当の日本政府にも軍にも全くその気はなかった。逓信省は「米国艦隊歓迎記念」の絵はがき（二枚組）を事前に準備し、艦隊到着の前日となる一九〇八（明治四一）年一〇月一七日に発行している。一枚は艦隊司令長官スペリー提督の肖像（①-47）、もう一枚は旗艦コネチカット号（①-48）だ。日米友好の印として艦隊乗組員に贈呈された。一般にも販売され、かなりの人気を集めた。

日本近海に姿を現した大西洋艦隊は日本の嚮導《きょうどう》艦隊に導かれ、一〇月一八日朝、横浜近海に達した。戦艦三笠をはじめとする接待艦隊一六隻（戦艦六隻・巡洋艦一〇隻）が迎え入れ、午前九時過ぎ、礼砲が轟く中、米国の大艦隊は威風堂々と横浜港に到着した。ただし、当時の横浜港は大型船が接岸できない。東京湾に錨を下ろした後、艦隊の乗組員たちはランチ（小型艇）に乗り換えてから上陸した。海軍の司令官がスペリー提督を直接出迎えた様子は「旗艦コネチカット艦上の日米両司令官の握手」（①-49）とある通りだ。

スペリー提督の横浜到着を歓迎するため、専用の桟橋を設け、一行を乗せる人力車と馬車を待機させた。上陸した一行は、この一枚（①-50）のように横浜公園の歓迎式典に臨んだ。スペリー提督は横須賀鎮守府司令官の上村彦《かみむらひこ》之丞《のじょう》や連合艦隊司令長官の伊集院五郎らと並び、一点を見つめる。実はその先に「ゲイシャ・パフォーマンス（Geisha performance）」、つまり芸者の舞踊があった。横浜市内は艦隊の乗組員を歓迎する人びとであふれ、盛大な歓迎ぶりを示す一枚（①-51）もある。巨大な日章旗と星条旗が街中を埋め尽くし、お祭り騒ぎだった。和服の女性と人力車の右手に米軍水兵が見え、横浜観光を楽しんでいる。

①-52　スペリー提督一行の参内

大西洋艦隊は国賓級の扱いだった。「スペリー提督一行の参内」（①-52）は馬車で皇居に向かう場面だ。明治天皇は一〇月二〇日、千種の間において一行と謁見し、スペリー提督を御前に招いて握手した。正午から始まった「豊明殿の御陪食」の席上では、玉座の正面に提督の席が設けられ、総理大臣の桂太郎首相や韓国統監の伊藤博文らも列席した。ルーズベルト大統領の電報と明治天皇の勅語には共に日米両国の親善を願う趣旨の内容が記されていた。

日本の祝賀ムードの影響もあり、大西洋艦隊の訪日

①－53　大西洋艦隊と芸者

を祝った記念絵はがきは官民を問わず、多数発行された。芸者三人と日米の国旗を中央に据え、戦艦一六隻の写真を配置した一枚（①－53）がある。急いで製作したのか、写真を貼り合わせただけだ。裏面に「非売品」とあり、米国艦隊の乗組員や関係者に配ったのかもしれない。大西洋艦隊は一〇月二五日まで横浜港に碇泊した。横浜と東京で大歓迎を受け、すっかり日本贔屓になった者もいた。日米戦争に至る可能性が低かったにせよ、日米両国に険悪な雰囲気が芽生え始めていた事実に変わりがない。それを友好的な歓迎によって米国の疑念を払拭しようと努めた。日本は冷静に外交上の勝利を収めた。

第二章　広がる帝国の版図
——台湾・樺太・朝鮮

初めての海外植民地、台湾

近代化を遂げた日本が初めて勝利した外国が清国だ。長年の友好国であり尊敬する対象だったが、日清戦争を通じて簡単に打ち破った記憶が日本人に植えつけられ、清国は「近代化が遅れた国」として侮蔑の対象になったともいわれる。講和会議での難交渉を経て、一八九五（明治二八）年四月一七日、下関条約が調印された。朝鮮の独立、遼東半島・台湾・澎湖諸島の割譲、二億両《テール》（日本円で約三億一千万円）の賠償金が認められたが、六日後の四月二三日、日本に冷や水を浴びせる事態が起こった。ロシア・ドイツ・フランスによる三国干渉だ。日本は三千万両と引き換えに遼東半島を還付した結果、初めて手にする植民地が台湾となった。

台湾割譲とは言っても書面上に過ぎない。ヨーロッパ列強は虎視眈々と新たな植民地の獲得を狙っていた。外国の介入を招けば台湾は危うい。折しも現地で独立運動が起こり、武力制圧以外に台湾領有の道はなかった。日本軍は一八九五年五月二九日に台湾上陸戦を開始した。六月一七日に始政式を挙行し、台湾総督府を置いた。しかし、住民の抵抗は予想以上に激しかった。台湾平定宣言を出す一一月一八日までの間、日本軍が投入した兵力は約七万六千人、戦死者一六四人、戦病死者は四六四二人を数え、その実態は「第二次日清戦争」だった。

台湾は九州とほぼ同じ面積の島だ。人口は約三〇〇万人を数えたが、清朝は統治困難な「化《け》外《がい》の地」として放置してきた。医療、衛生、治水、鉄道、道路、教育など、あらゆる面の整備が遅れ、一九世紀末に開発が始まったばかりだった。台湾統治には膨大な予算が必要となり、フランスへの売却論が出たほどだ。しかも台湾と中国沿岸部との経済的な結びつきは強く、日本の投資が中国本土に環流しているとの批判もあった。そんな台湾を題材とした絵はがきは総督府の検閲下にあり、原住民を被写体とし、必要以上にその「未開性」を強調した場面が多い。内地に見せたかった外地の姿だった。

これら二枚は原住民シリーズからだ。アミ族を紹介した一枚（②-1）には「独特の髪飾　半裸体で男らしく活発に踊る」とある。アミとは「北方」を意味し、原住民で最大の人口を誇った。平地を中心に居住し、同化がいち早く進んだ。注意深く見ると、踊るアミ族の後方に白い一本の線、つまり電線が描かれる。右端に電柱もある。さりげなく日本の「文明化」を示す。電信電話網は警察が活用した。原住民が反乱を起こしたならば、すぐに応援が駆けつけた。電信電話は台湾統治に欠かせない機器の一つとなった。

続いて「頭目の前に集った蕃人たち」（②-2）はパイワン族を捉える。彼らの社会には厳格な身分制度が存在し、頭目・貴族・勇士・平民の四階級に区分された。この一枚は最高位にある頭目が「皆の者」と呼びかける場面だ。未開性を強調した上で、これから日本人が文明化を促すというストーリー展開を暗に示す。裏面に「台北生蕃《せいばん》屋本店」の印刷発行と記す。「生蕃」は漢族に同化しなかった者を意味し、野蛮や未開と同義の言葉として使われた。

日本の統治時代の台湾原住民はアミ・タイヤル・パイワン・ブヌン・ツオウ・ヤミ・サイセ

②－1
独特の髪飾 腰飾 半裸体で男らしく活発に踊る

②－2
頭目を前に集った蕃人たち

ットの七種族に区分された。独自の文化や宗教、言語を持つ彼らを、台湾総督府はアメとムチを併用しながら日本の統治機構に組み込もうとした。台湾総督の権限は、行政・司法・立法・軍事に及び、「土皇帝」と呼ばれるほど絶大だった。初代樺山資紀《すけのり》から、二代桂太郎、三代乃木希典へと続き、第四代に児玉源太郎が就任した。

　児玉は時間をかけて台湾原住民を「誘導」

し「進化」させる可能性もあるが、必要とあれば「絶滅」すべき対象だと論じ、殖産の推進を訴えた（一九〇〇年二月・殖産協議会）。ただし、児玉は陸軍大臣や内務大臣など要職との兼任期間が長く、「留守総督」と呼ばれた。その在任中、実質的な権限は民政長官（就任時は民政局長）である後藤新平（一八五七～一九二九）に委ねられた。後藤は一八九八（明治三一）年三月から一九〇六（明治三九）年一一月までの八年間にわたって台湾の統治に当たった。その哲学は「生物学的植民地論」として知られ、日本の習慣や組織、制度を強引に持ち込む発想ではなく、現地の実情を徹底的に調査した上で、そこに適合した植民地経営を展開した。その後、台湾の発展に大きく寄与し、「台湾近代化の父」と称された。

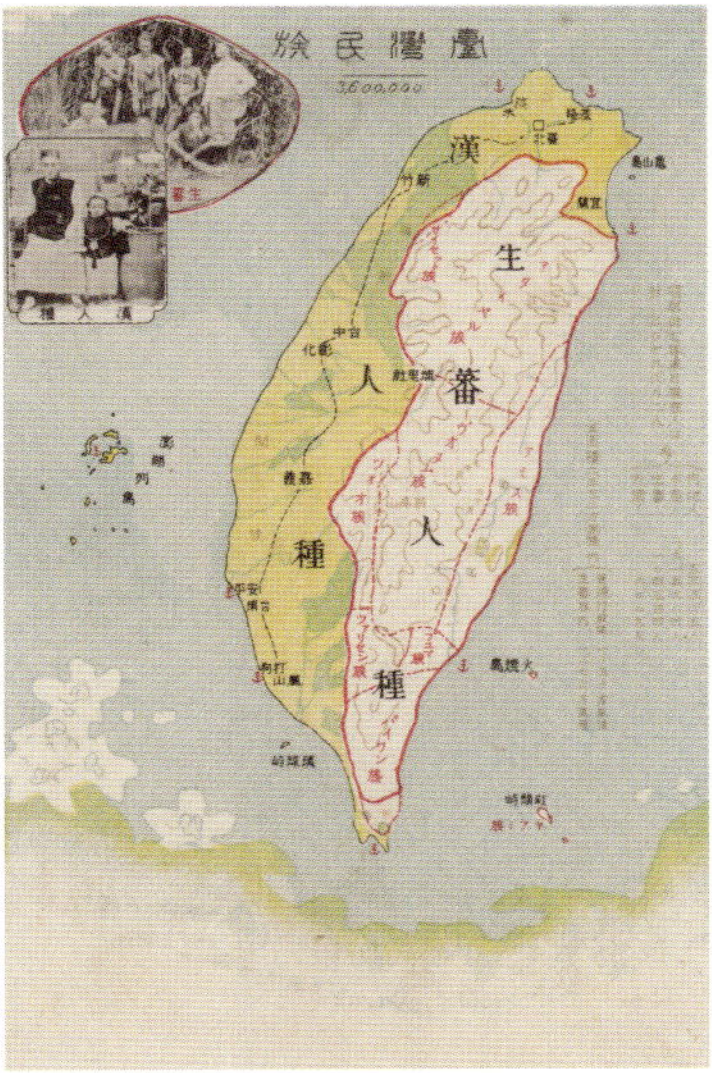

②-3　台湾民族

台湾の東西分断

清朝時代を通して、台湾原住民は「文明」から隔離される代わり、独自の居住圏と生活文化を維持してきた。このため、日本の統治は文化干渉にほかならず、生存権を脅かされた原住民が抵抗する動きは当然の成り行きだったが、台湾総督府は警察力をもって徹底して反乱を抑え込む。一八九八（明治三一）年一一月五日に「匪徒刑罰令」を布告し、一九〇二（明治三五）年までの五年間で台湾人口の一パーセントを超える三万二千人余を処刑した。日本における植民地経営の模範とされた「児玉・後藤政治」のもう一つの姿だった。

そんな背景を物語る絵はがき「台湾民族」（②‐3）がこの一枚であり、「東京写真印刷合資会社」の発行だ。台湾原住民の居住区域について、東半分が「生蕃人種」、西半分が「漢人種」だと明確に線引きする。人口構成を見ると、一九〇四（明治三七）年末の人口は三〇七万九六九二人だ。その内訳は日本からの「内地人」が五万三三六五人、漢族系の「本島人」が二九一万五九八四人、原住民を意味する「生蕃人」が一〇万四三三四人、外国人が六〇〇九人とある。全面積二三三二方里（一方里は約一五・四二平方キロ）のうち、「普通行政区」は一〇五六方里強、「生蕃界内」は一二七六方里強で、日本の統治が及ぶ範囲は台湾全土の半分にも満たなかった。

②‐4　蕃界鉄条網

地図上の台湾は東西に分断されていた。実際の現場が「蕃界鉄条網」（②－4）から伝わってくる。いわば「野蛮」と「文明」の境界線だ。原住民の暴動に頭を痛めた台湾総督府は「保護」を建前に高電圧を流した鉄条網を随所に張り巡らせ、原住民を「蕃界」内に押しとどめた。

②－5　明治43年生蕃討伐につき帰順する生蕃人の頭目。後ろにいるは通訳人

銃を携えた警察官が出入り口を監視し、境界線附近に大砲や地雷を備えた。原住民が日本人を恐れたのではなく、日本人が原住民を恐れ、その安全を守るための措置を講じたのだ。

一九一〇年代に入ると、山岳地帯の奥深くまで日本の統治が浸透する。武力に頼らず、平和的な解決も試みられていく。日本人と一緒に原住民を捉えたこの一枚（②－5）は懐柔策の成功例だ。説明に「明治四十三年生蕃討伐につき帰順する生蕃人の頭目。後にいるは通訳人」と添える。台湾総督府始政第一六回（明治四四年）の記念印が押される。前列に民族衣装をまとう原住民五人、後列に三人が並ぶ。詰襟の制服を着た中央の人物は日本人だろう。

ただし、なぜ台湾総督府が危険を冒してまで原住民

②－6　角板山蕃童教育所

の多い山岳地帯にこだわったのかといえば、その目的の一つが天然樟脳《しょうのう》にあったと考えられる。防虫剤や生薬《しょうやく》、工業原料となる樟脳は大量の需要が見込まれ、台湾の財政を潤した。樟脳はクスノキの葉や枝などを原料とし、山岳地帯の奥地に行くほど未開の原生林が広がっていた。そこには良質の樹木が豊富に存在し、まさに宝の山だった。殖産の一環として、台湾の山岳地帯にクスノキの一大プランテーションが築かれ、二〇世紀初頭の「大日本帝国」は世界最大の樟脳生産国となっていた。

理蕃政策による「近代化」と「皇民化」

台湾原住民は従ったと見せた後も事あるごとに抵抗した。長期的に見ると、台湾総督府は武断統治ではなく、教育や医療、殖産を中心とする理蕃政策が有効だと考えるに至った。特に教育には力を入れ、統治初期の一八九六（明治二九）年九月から原住民対象の日本語教育を実施している。「蕃童」（原住民の子ども）を派出所・駐在所に集めて教育する方式を採用し、台湾各地に「蕃童教育所」を設置する。暴動の抑止力として子どもを人質にすると同時に、教育によって「文明化」を促し、日本の協力者を育成する狙いもあった。原住民には授業料免除や教科書配布などの措置を講じたため、漢族系の「本島人」よりも早く、彼らの「皇民化」が進んだといわれる。

②-7　台湾生蕃プユマ族蕃学校生徒

　理蕃政策の成果を表す場面として、台湾北西部の「角《かっ》板山《ばんざん》蕃童教育所」（②-6）が描かれる。和服姿の児童たちが背筋を伸ばして着席する。日本の子どもではなく、原住民の子どもであり、窓際に立つ白い制服の男性は教員ではなく、治安と教化を受け持つ警察官だ。教室の後方に吊された地図は「大日本帝国」の版図を示す。本州、四国、九州、北海道、朝鮮、南樺太、千島列島が描かれる。天井には万国旗を飾り、豊かな国際色を演出する。

「台湾生蕃プユマ族蕃学校生徒」（②-7）もまた日本の教育が台湾の隅々に行き渡った様子を強調する。プユマ族は主に台湾南東部に住む原住民だ。よく見ると、後列左側に学帽を被った日本人らしき人物が写り、最前列の生徒一〇人は誰も靴を履いていない。和服ではなく民族衣装を着る。プユマ族は「文明化」の途上にあったのかもしれない。

教育と並び、台湾総督府は保健医療にも力を入れた。台湾は水道の整備と公衆衛生の立ち後れが目立ち、「台湾熱」と呼ばれたマラリアをはじめ、赤痢やペスト、コレラ、チフス、天然痘など、あらゆる感染症が蔓延《まんえん》していた。特に原住民の死亡率は極めて高く、平均寿命は三〇歳代とも四〇歳代ともいわれた。

こうした現状を知った数々の日本人が台湾に渡って近代化に寄与した。代表的な人物として高知県幡多郡川崎村出身でキリスト教宣教師の井上伊之助（一八八二〜一九六六）が挙げられる。伝道と共に原住民に対する医療活動に尽力したとされ、彼の著作『生蕃記』（一九二六）の「序」において、キリスト教指導者の内村鑑三が賛辞の言葉を寄せている。「私の知る範囲において君は台湾生蕃の霊魂救済をその生涯の事業としている唯一の日本人である。君の父君は台湾で製脳業に従事中生蕃人の殺す所となった、そして君は日本人として父の仇を報ゆるの心をもって生蕃人救済にその一生を委ねられたのである。まことに基督《キリスト》信者らしき復讐《ふくしゆう》の方法」と絶賛した。ここでいう製脳業とは、樟脳を生産する事業であり、台湾統治の初期において日本人が樟樹を求めて山岳地帯に進出し、原住民との間に軋轢が生じた背景を物語る。

無名であっても台湾の近代化に貢献した日本人は多い。大正期に発行された絵はがき「タッパン療養所における福島巡査の蕃人診療」（②－8）は原住民に尽くす献身的な日本人を表す。長髪を束ねた男性はツォウ族（鄒族）、聴診器を手にする白衣姿の人物は日本人だ。「巡査」が診療した訳ではなく、撮影を意識したポーズだろう。実際は公衆衛生の分野を担った。タッパンは漢字で「達邦」と表記し、ツォウ族最大の集落がある地だ。こうした活動の積み重ねによって、原住民への教育と医療が行き届き、その寿命が飛躍的に延びた。

こうして理蕃政策が結実した姿が「皇澤に浴したる南蕃スボン社」（②-9）となる。「皇澤」は天皇の恩恵であり、スボン社はパイワン族の一集落を指す。山奥にも関わらず、藁葺き屋根の住宅に日章旗が掲げられ、この姿こそが「皇民化」が進んだ証しだと伝える。続いて「進化せる蕃人の一族」（②-10）もまたパイワン族の肖像写真だ。民族衣装の人物と一緒に日本髪で着物姿の女性が収まる。彼女が手にする日傘は「進化」を表す小道具、後列左側に写る白い服装の男性は警察官だろう。ここでいう「進化」とは「皇民化」や「日本化」にほかならない。

台湾に関する数々の絵はがきを見ていくと、日本の台湾統治は警察政治だと称されたように、警察官の登場頻度が高い。「白い制服を着た人物」として、近代化の最前線に立った存在としてパターン化される。日本人は近代化の伝道師であり、台湾原住民は導かれる存在だ。この構図こそが為政者が見せたいイメージであって、すべては台湾総督府の管理下に置かれていた。というのも、特別の事情がない限り、原住民の生活圏「蕃界」への立ち入りは許されなかった。当時の交通事情から見て「蕃界」への移動は相当の労力を要した。しかも写真機材や撮影技術を持つ者はごく少数に過ぎず、印刷施設となれば都市部に限られた時代だ。したがって台湾総督府による写真や絵はがきの管理と検閲は容易だったと考えられる。台湾は日本人の功績によ

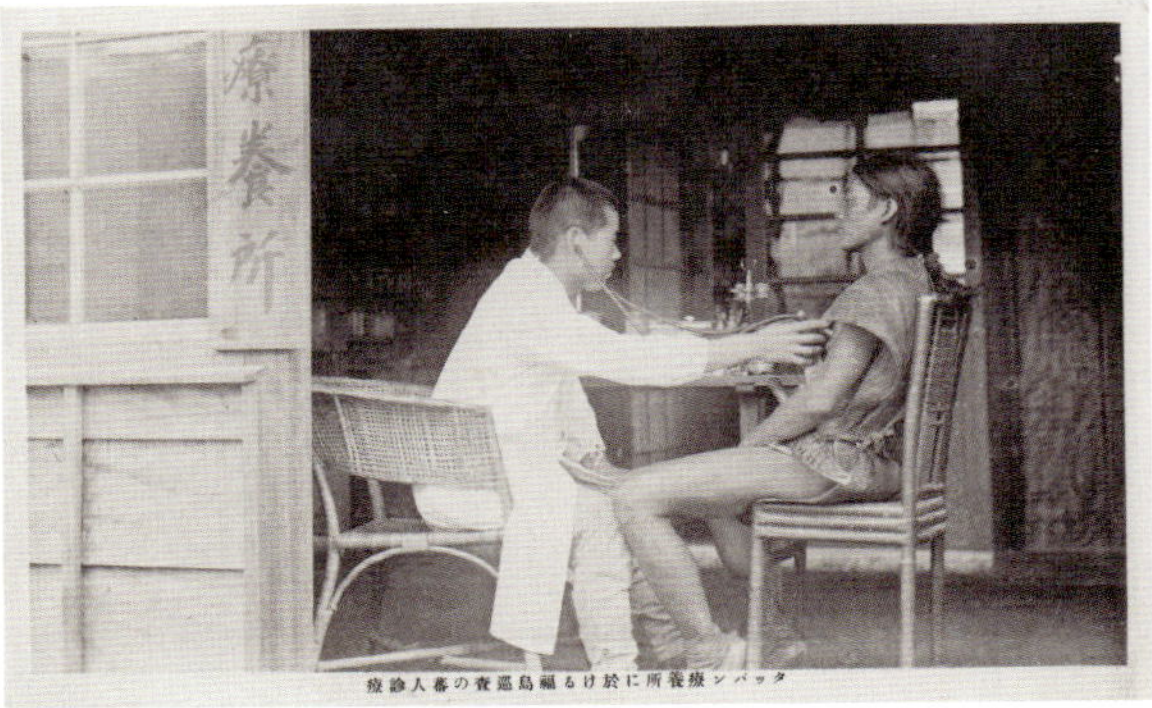

②－8
タッパン療養所における福島巡査の蕃人診療

②－9
皇澤に浴したる南蕃スボン社

②－10
進化せる蕃人の一族（パイワン族）

って近代化を成し遂げた。それこそが「大日本帝国」が描く自画像だった。

台湾からの内地観光団

台湾統治の中で異彩を放つ事業があった。「啓蒙」と「教化」を狙いに原住民から指導者を選抜し、日本本土を訪問する「内地観光」だ。理蕃政策の一環として、観光地を巡る旅程に軍事施設や軍事演習の見学が

②‐11a　（台湾蕃人観光団）両国停車場にて休憩

②‐11b　明治45年５月15日の神田消印（裏面）

必ず組み込まれ、研修旅行のような内容だった。この「観光」には宗主国日本の国力を悟らせ、参加者の見聞を部族内に行き渡らせる狙いがあった。原住民を対象にした内地観光は一八九七（明治三〇）年八月から一九二九（昭和四）年四月までの間、計九回に渡って実施され、当初は最も反抗的なタイヤル族を中心に編成された。

そんな彼らを捉えた絵はがきが残る。「台湾蕃人観光団」（②-11a）は当時の記録と服装で判断する限り、一九一二（明治四五）年四月に来訪した内地観光団（五三人）の一行ではないかと推察できる。説明に東京の「両国停車場にて休憩」とあり、民族衣装を着た原住民たちが雨傘を手に腰を下ろす。彼らは不安そうな表情を浮かべ、引率役の警察官らしき人物が写る。五月五日には東京・日本橋の百貨店白木屋を訪問したとの記録が残っている。

裏面（②-11b）もまた興味深い。消印を見ると、「明治四五年五月一五日」に東京の神田郵便局で押印され、翌一六日に横浜郵便局を経て配達された経過が分かる。神奈川県横浜市山手町の「共立女子神学校」の教員「アルオード先生」に宛てた礼状だ。ローマ字表記の文章を平仮名と漢字に直すと、「尊敬する先生、イエスタデイ（昨日）には初めてお目にかかりまして、私は満足でした。これからアメリカのことについて尋ねますから教えて下さい。さいなら。タカシ・ヨコイ」となる。ヨコイ氏がこの絵はがきを選んだ理由は不明ながら、英語の「The Aborigines of Taiwan（台湾原住民）」にその意図が感じられる。米国における「インディアンと白人」と日本における「台湾原住民と日本人」を重ね合わせたのかもしれない。

原住民に対する優越感は否定できないとはいえ、素朴な好奇心を抱いていた面もあった。内地観光は原住民が日本文化を学ぶ場であると同時に、日本人もまた異文化に触れる機会となった。しだいに親近感を抱き、彼らを「野蛮人」ではなく、「大日本帝国」を構成する一員として捉えるようになった。皇太子裕仁親王（後の昭和天皇）は大正期に台湾を行啓した際、臣民である原住民に対する呼称「蕃族」が不適切だと指摘し、後に彼らを「高砂族《たかさご》」と改める契機となった。太平洋戦争では、高砂義勇隊の活躍が知られる。

しかし、台湾統治は一筋縄ではいかなかった。一九三〇（昭和五）年一〇月二七日、日本人警察官による原住民への侮辱事件を機に台中州能高郡の霧社《むしゃ》一帯で三〇〇人余が武装蜂起した。後にいう、霧社事件だ。原住民が駐在所を襲撃したほか、霧社公学校で開催中だった運動会を襲い、女性や子どもを含めた日本人一三二人と着物を着ていた台湾人二人を殺害した。暴動は拡大の一途を辿り、台湾総督府が鎮圧に乗り出し、警察部隊と台湾軍（現地の日本軍）を出動させる事態となった。大砲や機関銃、飛行機まで投入し、掃討戦を繰り広げた末、一二月になって鎮圧に至った。霧社一帯は理蕃政策が最も進んだ地域の一つだと思われていただけに日本側の衝撃は大きかった。事件の中心人物とされたモーナ・ルダオ（一八八〇～一九三〇）は明治末期に内地観光に招かれた一人だった。

台湾の砂糖とバナナ

日本統治下の台湾では、道路や鉄道、水道など、インフラの整備が進み、島の風景は大きく様変わりした。その一方で植民地台湾の存在は内地に住む日本人の生活にも影響を与えた。その典型が食文化であり、砂糖とバナナが代表格だ。台湾総督府の奨励もあって砂糖とバナナの生産量は飛躍的に増え、内地へ大量に移送される。大正に入ると、街角にカフェやフルーツパーラーが登場し、少し贅沢ながら庶民もまた南国の味を楽しめる時代が訪れていた。

台湾の製糖業において重要な役割を果たす明治製糖は、東京高等工業学校（現在の東京工業大学）教授だった相馬半治（一八六九〜一九四六）らが関わり、一九〇六（明治三九）年一二月二九日に創立する。創業間もない一九一〇（明治四三）年九月には新しい工場建設に取りかかるほどの好成績を収めた。晴れ晴れしく完成した工場を紹介した絵はがき（②-12）がこの一枚だ。説明の「台湾第三工場」とは台南の総爺工場だ。事務所、修理工場、停車場、郵便局、医務室、小学校、倶楽部、宿舎など大小七六棟の建物を有し、一九一二（明治四五）年一月から稼働する。当時、日本人の砂糖消費量は欧米諸国と比べて格段と少なかったが、相馬らは将来の需要増を確実視していた。その読み通り、急成長を遂げた明治製糖は、樺太や朝鮮、満洲、スマトラへも進出し、台湾製糖、大日本製糖、塩水港製糖と並び、四大製糖の一角を占めた。製糖業の発展によって大量に砂糖が国内市場にもたらされると、チョコレートやキャラメル、

②－12
台湾第三工場

②－13
（台中）盛況を極むるバナナ市場

②－14
バナナの船積

キャンディーなどの新商品が次々と開発され、日本の製菓業の源流となる。

製糖業に加えて、日本人にお馴染みの南国の味「バナナ」もまた台湾なしには語れない。「(台中)盛況を極むるバナナ市場」(②‐13)では、仲買人たちが真剣な表情で竹籠に満載したバナナを計量する。説明に「台中州年産額は全島の六〇パーセント、八百万円の巨額に達す」とある。撮影時期は内地への移出が急増した大正期だと思われる。台湾バナナは一般家庭にある畑の片隅や空き地で栽培され、島内で消費する程度だったが、台湾と日本を結ぶ定期航路が整備されてから、内地での需要が飛躍的に高まった。

鶴見良行著『バナナと日本人』によると、商品としてのバナナが最初に日本に上陸したのは一九〇三(明治三六)年四月、日本郵船の「西京丸」だとある。また、篠竹製の魚籠に詰めて七籠を台湾北部の基隆から神戸に送り、一籠(三〇キロ)に七〇銭の値がついたとの記録が残る。日露戦争以降、日本人の食生活が豊かになるに連れて果物全体の需要が高まり、バナナは果物の王様となった。台湾バナナは果物の端境期を見越して栽培され、日本人の味覚に合わせて甘くて柔らかい果肉になるように改良が重ねられた。栽培地は北部から南部へと広がり、プランテーション化が進む。こうして大量に移出される光景が「バナナの船積」(②‐14)だ。「台中台湾青果同業組合」が発行している。一九二四(大正一三)年一二月には販路拡大を狙い、この組合に加えて輸出商と生産者が共同出資して半官半民の台湾青果株式会社を設立し、日本のバナナ市場を独占した。バナナは「一本丸ごと食べるのが夢」と言われるほどの高級品となった。

戦前の砂糖とバナナはまさに植民地台湾が生み出した産物だった。甘い味覚は日本人の舌を唸らせ、「大日本帝国」の豊かさを象徴した。

盤石となる台湾統治

台湾は日本の統治が始まっておよそ一〇年にして財政の独立を果たし、植民地の優等生となった。始政二〇年を迎えると、さらなる安定を見せた。その象徴が台湾総督府の新庁舎だ。新旧庁舎を比較した絵はがき（②-15）がある。一九一六（大正五）年六月一七日、「始政第二十一回紀念」として、台湾総督府が発行した二枚組のうちの一枚だ。星型の枠内に安東貞美総督（六代）と下村宏民政長官の肖像を掲載する。台湾統治において総督と民政長官は一対として捉えられた。

新庁舎の起工式は一九一二（明治四五）年六月一日に行われた。三年後に主要部分の工事が完了し、一九一五（大正四）年六月二五日に上棟式が営まれた。五階建てで中央に高さ六〇メートルの塔を備え、赤煉瓦が映えるルネサンス様式で台湾最大の建造物だった。新庁舎は一九一九年六月三〇日に完成し、一〇月二九日に初の文官総督となる田健治郎《でんけんじろう》総督（八代）が就任した。その後、この一枚（②-16）のように台湾総督府は台北の観光名所として取り上げられる。説明には「台湾総督府壮麗周囲を圧して立つ、巍々《ぎぎ》として聳《そび》ゆる高塔は皇威を表徴する如《ごと》

②－15
新旧の台湾総
督府庁舎

②－16
（台北）台湾
総督府

②－17
(東宮殿下行啓)
台覧の生蕃盛
装

く遠く数里の外より望むとき唯《ただ》皇恩の洽《あまね》きに感激する」と記し、その存在感は際立った。田健治郎は内地延長主義を唱え、「内台融合」の総仕上げとして皇太子裕仁親王（当時は摂

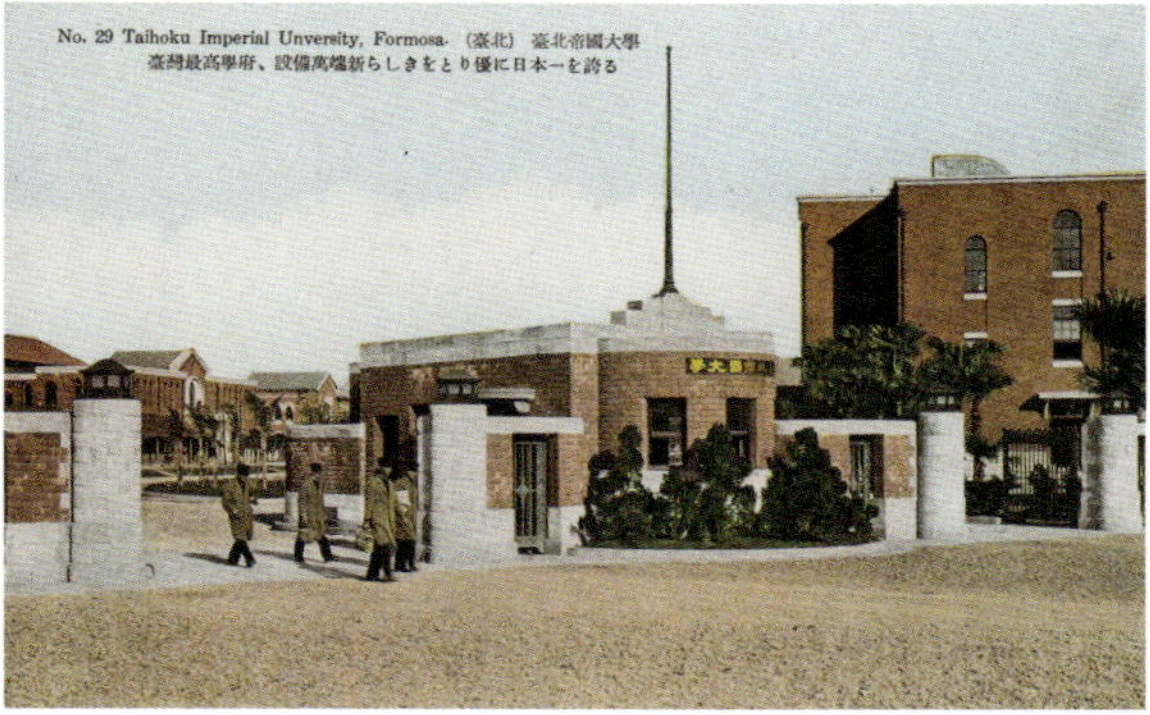

②-18 （台北）台北帝国大学

政宮）の台湾行啓を実現させる。滞在は一九二三（大正一二）年四月一六日から二七日までの一二日間で、御召艦金剛は排水量二万六千トン級の超大型戦艦だった。巨大な戦艦と巨大な建物（総督府）の主《あるじ》である将来の天皇は、まさに「大日本帝国」の存在そのものだった。「東宮殿下行啓」を捉えた一枚（②-17）では、説明に「台覧の生蕃盛装」と添える。『昭和天皇実録』によれば、四月一八日午後四時五〇分、御泊所において、タイヤル、サイセット、ブヌン、ツオウ、パイワン、アミの各種族から召集された男女五〇〇人が奉拝し、アミ族の男子二九人と女子二一人が舞踊を披露したとある。絵はがきの場面は皇太子の御前での盛装だった。

　台湾統治は盤石となり、台湾の教育拡充を求める声も出たが、植民地教育は諸刃の剣《つるぎ》になりかねない。読み書き算盤程度の初等教育を熱心に進めようとする反面、高等教育

の実施には慎重な意見が多く、台北帝国大学の開学は一九二八（昭和三）年三月一六日になって、ようやく実現した。京城帝国大学よりも四年遅く七番目の帝大だった。初代学長に就任した東洋史学者幣原坦《しではらたいら》は外交官の幣原喜重郎の兄であり、植民地教育の推進派だった。開学に際して「台湾は、我邦の南端に位し、一衣帯水を隔てて南支那大陸に対し、また海を挟んで南洋の諸島と相連なっている」（『自由通信』台北帝国大学概説）とし、台北帝国大学を南方の中心として日本文化の伝播を図るべきだと説いた。

この「台北帝国大学」を紹介した絵はがき（②-18）がこの一枚だ。赤煉瓦の建築物が構内に並び、説明に「台湾最高学府、設備万端《ばんたん》新らしきをとり優に日本一を誇る」と添える。台北市の東南「富田町」に位置し、正門から椰子の並木道が続き、熱帯の雰囲気が漂っていた。一九三六（昭和一一）年一月一日には医学部が設置され、文政、理、農、工と合わせて計五学部の大学へと発展した。台北帝国大学の学生は「台大生」として親しまれ、社交界にはパナマ帽にエナメル靴で現れたと伝えられる。当初は内地出身者が入学者の大半を占めたが、台湾の現地人も徐々に増えていった。まさに台湾統治の集大成だった。

地獄の島「サハリン」の行方

一九世紀後半に入ると、ロシア帝国は東方のシベリアを目指し、日本は北方の蝦夷《えぞ》へと進出を図った。日露両国は不明瞭だった国境を確定しようと、一八五五年二月七日（西暦）に日露和親条約を締結した。千島列島の択捉島は日本領、得撫《うるつぷ》島以北はロシア領と定め、樺太（サハリン）の領有問題は未確定とした。続いて一八七五（明治八）年五月七日、日露両国は樺太・千島交換条約を署名し、千島列島は日本領、樺太はロシア領となった。

ロシア人作家チェーホフの『サハリン島』（一八九五）は「サハリンの南部三分の一が無条件でロシヤのものになったのは、やっと一八七五年以降のことであり、それ以前は日本領とされていた……（中略）……日本人がサハリンの南部にあらわれたのは、やっと今世紀の初頭になってからであり、それ以前ではない」（原卓也訳）と指摘する。

日本人の興味関心はもっぱら漁業にあるとし、冬に堪えるのが苦手だった。気候条件の厳しい樺太には定住せず露営のように過ごし、菜園も作らなければ、家畜も飼わなかった。チェーホフは一八九〇（明治二三）年七月から樺太に渡って詳細に調査した。ロシアから見れば、樺太は東の端であり、政治犯を送り込む最果ての地に過ぎない。そんな事情もあって、費用がかかる道路や鉄道、港などのインフラ整備はほとんど進まなかった。チェーホフは樺太を「地獄のようだ」とまで形容した。

日本もまた樺太に固執したわけではない。日露戦争中でも樺太領有は蚊帳の外に置かれていた。主戦場は朝鮮と満洲にあり、朝鮮を巡る争いだったからだ。日本が勝利を重ねたといってもロシア領には一切触れていなかった。日本海海戦以降、仲介役の米国側の働きかけもあった。日露講和の交渉を有利に進める上で樺太占領の是非が議論され、ロシア領の一部を占領する戦

②-19
樺太占領地における捕虜収容所の光景

②-20
樺太戦後の光景

果が不可欠だとする最終判断に至った。一九〇五（明治三八）年七月七日、樺太南部の女麗《めれい》に上陸し、七月三一日までに全島を占領する。樺太における戦いは日本の一方的な展開で進み、全体から見ると、付け足しのような戦争だった。

　そのためか、戦争直後の「樺太占領地における捕虜収容所の光景」（②-19）には緊迫感が感じられない。真新しい軍服を着たロシア兵が整列させられ、日本兵が慌ただしく点呼を取る。微笑みを浮かべる捕虜さえ確認できる。殺戮が繰り返された満洲の戦場とは対照的に、樺太の戦いは短期的かつ小規模な戦闘で終わった。攻める側は新設の独立第一三師団、守る側もまた急ごしらえの守備隊だ。ロシア兵は戦争に敗れながらも平和を実感した瞬間だった。ただしロシア捕虜を虐殺したという証言もあり、偽装した場面だったのかもしれない。

兵士の姿とは裏腹に女性や幼い子どもを描いた「樺太戦後の光景」（②-20）では、不安や戸惑いといった表情が読み取れる。彼らにとって、日本の占領は故郷が「異国」へと変わった瞬間でもあった。かつては流刑地だったとはいえ、長年の苦労を経て生活基盤を築いた地だ。日露戦争開戦時の樺太にはロシア人約三万六千人と北方先住民約四千人が暮らしていた。日本人と入れ替わるように、彼らのほとんどが北樺太（ロシア領）かロシア本土へと移っていった。なお、これら二枚は樺太占領から三年後の一九〇八（明治四一）年八月に発行された。

②-21　樺太残留露人

一方で日本領となった南樺太にとどまるロシア人がいた。「樺太残留露人」（②-21）では鬚を生やした男性四人と一匹の犬が写る。樺太の写真館での撮影

②-22　樺太境界画定

のようだ。手前の盆栽は日本への親近感を示している。ただ彼らがいったいどこの誰だったのかは記載されていない。

北緯五〇度の国境線

ポーツマス講和会議が始まった一九〇五年八月一〇日の段階では樺太領有の行方は流動的だった。八月二三日、初代樺太民政署民政長官の熊谷喜一郎（文官）が亜港（アレクサンドロフスク）に上陸し、この日を始政記念日とした。八月二八日には樺太民政署を設置した。北樺太の亜港に本署、南樺太の大泊（コルサコフ）に支署を置く。亜港は樺太西海岸の都市で島のほぼ中央に位置し、間宮海峡に面しシベリアを狙う軍事拠点になり得る地だった。結局のところ、九月五日の条約締結によって、北緯五〇度以南が日本領、北緯五〇度以北がロシア領となる。大泊の支署を本署へ格上げし、日本の樺太統治が正式に始まった。

しかし、南北の国境線は地図上の話であって現実の国境線は未画定のままだった。日露両国は北海道の日本郵船小樽支店で樺太国境画定会議を開き、一九〇六年一一月一三日から二一日にまでの間、計四回に渡る協議を重ねた結果、北緯五〇度上の密林地帯を一〇メートル幅で伐採した上で国境を制定することで合意した。東のオホーツク海沿岸から西の間宮海峡に至る約一三〇キロに渡って国境を策定する作業が始まった。

「樺太境界画定」（②-22）はその一場面となる。テントの下、男性五人が机上で会談する。その後方で斧を手にした作業員たちが森林伐採に従事する。猛獣が来襲し、蚊やアブに悩まされ、人気《ひとけ》がない山間地で困難な作業が続いた。並々ならぬ苦労もあって、現場の日本人とロシア人は協力し合い、スムーズに事が運んだ。この一枚は明治記念博覧会の開催を記念した絵はがきで「明治四十年九月」の日付が入る。国境を策定している間、樺太民政署は発展的な解消を遂げ、新たな統治機関として樺太庁が一九〇七（明治四〇）年四月一日に発足した。こうして完成した国境線を示した「樺太西海岸日露境界五十度材木線」（②-23）

②-23　樺太西海岸日露境界五十度材木線

では男性二人が立ち、一直線上に森林が伐採された様子が分かる。

日露両国は一九〇八（明治四一）年四月一〇日、樺太島日露境界画定書の調印に至った。国境問題の解決を見た後、八月一〇日、樺太庁は南部沿岸の大泊から内陸部の豊原に移転した。治安上の問題はなく、台湾や朝鮮のように軍事色が強い総督府制を採用しなかった。というのは、占有していたロシア人の大半が南樺太から去った経緯に加えて、北方先住民の人口は小規模だったからだ。歴代長官は初代を除き文官が就任している。日本人を新たに入植させ、開拓する事業を中心に据え、樺太統治は初期から経済開発に力点を置いた施策の実行が可能だった。

樺太発展の象徴

樺太は自然条件が厳しい半面、森林や石炭、石油といった天然資源に恵まれていた。国境線が定まると、軍事衝突の不安は解消され、日本企業の経済進出が相次いだ。最初に注目された産業が林業と製材業だった。樺太はエゾマツやトドマツといった針葉樹に覆われていた。ポーツマス講和条約を経て、東清鉄道の南満洲支線が譲渡され、満洲と朝鮮を繋ぐ鉄道建設が進められていた。枕木の大量需要が見込まれる中、樺太の沿岸部を中心に森林伐採が行われた。「造材流送の景」（②-24）のような光景が随所に見られた。樺太産の木材は良質だった。しかし、大消費地から遠く、島内の陸上交通は未発達だったため、瞬く間に樺太の林業は行き詰まる。

そこで輸送コストがかかる木材ではなく、パルプに加工してから内地へ移出する産業へと置き換わった。「日本の製紙王」と呼ばれる大川平三郎（一八六〇〜一九三六）は樺太庁長官の平岡定太郎の勧めもあって、一九一三（大正二）年一二月に樺太工業株式会社を創立した。間宮海峡に面する西海岸の泊居《とまりおる》に本社を置き、パルプ製造、石炭採掘、電力供給などの事業を多角的に展開した。そんな会社の中核が「泊居工場」（②－25）だ。建物は鉄筋コンクリート建で敷地面積は約二万三八〇〇平方メートル、従業員は数百人だった。

②－24　造材流送の景

しかし、樺太工業は創業当初から倒産の危機に陥った。一九一四（大正三）年五月に泊居工場の起工式を終えながら、第一次世界大戦によってヨーロッパに発注した機械の輸送が滞り、操業が一年以上も遅れたからだ。その災いの種だった世界大戦が長期化すると、逆に日本の製紙業界に好影響をもたらした。欧米諸国からのパルプや紙類の海運が途絶えたため、空前の特需に沸いたのだ。樺太工業の場合、工場建設に費やした二五〇〇万円が一年で回収できるほど資金繰りが一気に好転した。

②－25
樺太工業株式会社泊居工場全景

②－26
泊居市街

②－27
ニシン大漁と沖揚の盛況

好況となれば、労働力も不足する。泊居工場の操業に前後して内地からの移住者が急増し、一九一五（大正四）年六月二六日には泊居町が誕生した。学校や病院、寺、神社が次々と建ち並び、「泊居市街」（②-26）のように急成長を遂げた。大通りの背景に工場の煙突があり、黒煙が立ち込める。日傘を差した女性三人が歩き、呉服店に「御中元大売出し」の幟が立つ。泊居はパルプ製造と共にニシン漁も盛んな土地柄だった。街は繁栄し、最盛期には人口が一万人を超えた。そんな発展の礎を築いた人物として、大川平三郎の銅像が町の中心部に建立された。

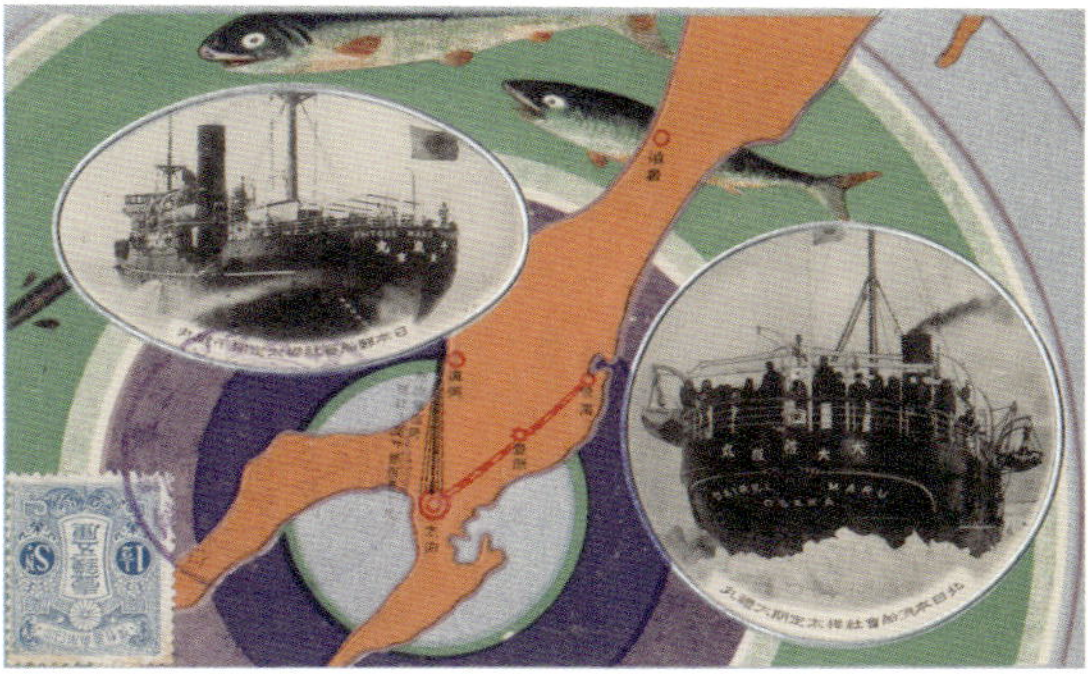

②-28　砕氷船の「千歳丸」と「大禮丸」

樺太沿岸部は良質な漁場に恵まれていた。場所は特定できないが、「鰊《にしん》大漁と沖揚の盛況」（②-27）とある光景は樺太の風物詩だった。馬に牽かせた荷車を海上の小型船に近づけてニシンを積み替える。ニシンを筆頭に、カニや鮭、鱈、エビ、昆布といった漁業も盛んに行われ、チェーホフが形容した「地獄の島」は「宝の島」へと変貌を遂げていった。「木材」「パルプ」「ニシン」は樺太の絵はがきにも頻繁に登場する。まさに発展の象徴だった。

内地とつながる最北の島

樺太は北海道と密接な関係にあった。その北海道もまた明治末期から大正期にかけて開拓途上にあり、最北端の稚内に至る鉄道は全線開通していなかった。樺太へ向かうには、北海道の函館や小樽をはじめ、横浜、大阪、神戸から出る樺太航路を利用する以外に交通手段がなく、北日本汽船と日本郵船が主に運航を担った。その上、樺太に到着してからも沿岸部から内陸部への移動は困難を極めた。泥濘《ぬかるみ》の悪路しかなく、平坦地が少ない。森林に覆われた山岳地帯が広がるばかりで樺太の渡航者は可能な限り船を利用した。

絵はがき（②-28）は樺太の交通事情を端的に表す。樺太庁が一九二一（大正一〇）年八月二三日に発行した「樺太始政第十五年紀年絵葉書」（三枚組）からの一枚で、印刷は東京神田の冨士印刷社だ。地図上の赤い線は大泊から豊原を経由し、栄浜《さかえはま》に至る全長九二キロの泊栄線を示す。二隻の船は共に砕氷船で、右は北日本汽船の「大禮丸《たいれい》」、左は日本郵船最新の貨客船「千歳丸」だ。二隻は厳寒の冬でも凍りついた氷の海を力強く押し割って航行した。「大禮丸」は小樽を出港し、大泊・真岡・野田を経由し泊居に到着した。「千歳丸」は函館を出港し、小樽・大泊を経て真岡に至った。

「樺太地図」（②-29）も樺太庁の発行だ。樺太と北海道の交通事情がよく分かる。樺太庁鉄道を示す赤い線は東西に各一本だが、航路は充実している。樺太沿岸部の都市や島々を結び、北海道へと繋がる。南の北海道は、樺太とは対照的に鉄道網が発達する。北端に延びる宗谷本線は北海道から樺太に至る連絡線として位置づけられた。この絵はがきが発行された段階では、旭川から浜頓別《はまとんべつ》まで開通している。稚内まであと一歩だった。

樺太交通の鍵となる宗谷本線は一九二二（大正一一）年一一月一日、稚内まで全線開通した。これに伴い翌年の一九二三年五月一日、稚内と大泊を結ぶ稚泊《ちはく》連絡船が就航する。樺太庁の「始政第十七年記念絵葉書」（二枚組、八月二三日発行）として「大泊稚内間連絡船対馬船」（②-30）を見る。真岡―小樽間が「二四二浬《カイリ》二十一時間」（一浬は一・八五二キロ）、大泊―小樽間が「二二七浬十九時間」、大泊―稚内間が「九〇浬八時間」であり、「東京、豊原間旅行時間五十七時間」と紹介する。東京から樺太までの距離は相当の時間を要したとは言え、内地から樺太に至る交通事情は劇的に改善された。林業や漁業の出稼ぎ労働者だけではなく、旅行者も増え、身近に樺太観光が楽しめるようになった。

そんな代表的な観光地が豊原の「官幣大社樺太神社」（②-31）だ。樺太庁鉄道の豊原駅から一直線に「神社通り」が伸び、樺太神社に近づくと、まずは巨大な鳥居を目にした。鳥居をくぐり抜けた後、石段が延々と続き奥に本殿が建つ。鬱蒼《うつそう》とした森に囲まれる中、境内には玉砂利が敷き詰められ、厳粛な雰囲気が漂っていた。三人の女子学生たちが幼い子どもの手を引き、仲良く参拝に向かう後ろ姿が印象深い。白っぽい服装から見て季節は夏だろう。

豊原は樺太の政治・経済・文化の中心地だった。鉄道の駅を中心に都市計画が進められ、札幌市と同じく「碁盤の目」に沿った街並みが広がっていた。そして駅と並び、もう一つの中核として樺太神社が一九一〇（明治四三）年八月一七日に創立されたのだ。規模は大きく、境内や附属する山林や畑地を含めると、総面積は七〇万五千平方メートル余（うち境内は約七万二千平方メートル余）を超えた。やがて樺太神社は観光名所となり、絵はがきの定番となった。

②－29　樺太地図

②－30
東京、豊原間
旅行時間57時間

樺太の北方先住民

　樺太は人口こそ希薄だったが、多様な北方先住民が暮らす島だった。南部はアイヌ、北部はギリヤークとオロッコが主な生活圏としてきた。彼らは島内での移動を繰り返し、狩猟や漁猟などを営み、近代国家の国境とは無関係に暮らしてきた人びとだ（本来はギリヤークはニヴフに、オロッコ

②－32　樺太アイヌ

②－31
官幣大社樺太神社

はウィルタに置き換えるべきだが、本書は混同を避けるため絵はがきの表記に合わせて旧称のギリヤークとオロッコを使用する)。

北方先住民でも樺太アイヌ(②-32)は日露関係に翻弄された人びとだ。日本政府はロシアと千島樺太交換条約(一八七五)を締結した際、「保護」を名目に掲げて樺太南部の亜庭湾周辺に居住していた樺太アイヌ(一〇八戸八四一人)を北海道の宗谷地方へと移住させた。生活環境が激変した彼らはコレラと天然痘の流行で人口が激減してしまう。日露戦争を経て南樺太が日本領になると、彼らは再び宗谷海峡を渡ったといわれる。氷上に立つ二人は数少ない生存者だったのかもしれない。そして日本が敗戦すると、彼らの住まいはソ連領となった。

北方先住民は、台湾原住民のような武装蜂起は見られなかったが、統治者から見れば移動を繰り返す生活様式は好ましくない。樺太庁は一九一二年から集住方式を採用し、彼らの定住化を図る。一九二七年一月に北方先住民集落「オタスの杜《もり》」を南樺太北部の敷香《しすか》町に整備した。「オタス島」と呼ばれ、四方が川に囲まれる敷地約二七万坪(〇・八九平方キロ)に「ギリヤーク」と「オロッコ」の集落を配置した。

絵はがきに描かれた北方先住民シリーズからの一枚「オタスの森《ママ》オロッコ部落の夏の家」(②-33)がある。説明に「松の皮を剝いで作られたもの。しかし今は夏冬共に住みながら永久的なものとなっている」と添える。続いて「樺太オロッコ土人と家屋」(②-34)では、家屋を背景にオロッコの一家と思われる九人が収まる。黒いスーツ姿の男性、中国風の服を着た男女、白いワンピースを着た少女もいる。多文化性が漂う一方で徐々に同化する姿も読み取れる。台湾を描いた絵はがきとは異なり、指導者としての日本人は登場しない。

樺太庁敷香支庁編『オロッコ（其他）土人調査』（一九三三）によれば、オタスの杜にはギリヤークとオロッコの集落があった。ギリヤークは幌内《ほろない》川に面する場所で一六棟一八家族八七人が「板倉式家屋と少数の天幕を張って」住み、オロッコは敷香川に面する場所で一四棟一七家族七八人が「少数の家屋と多数の原始的な家屋」に住んでいたと記述される。オタスの杜は官憲の保護が行き届き、彼らが住みたいと思う憧れの地だとする。絵はがきが描いた通りだった。

しかし、これは事実と少々異なっている。オタスの杜に築かれた集落は見せるための施設だった。いわば〝観光村〟だ。彼らは「文明化」するに連れて、暖房設備が整った近代的な家屋を好み、観光客が訪れると洋服から民族衣装に着替え、記念撮影に応じたと伝えられる。絵はがきは日本人が見たかった「先住民」の世界だ。彼らは「定住」と引き替えに生存が保障されたに過ぎない。日本の開発で生活圏が損なわれ、定住する以外に選択肢がなかったのだ。

一方の日本人にとって北方先住民は好奇の対象だった。時には見世物となり、「オタスの人種展覧会」（②‐35）として絵はがきにもなる。説明に「ギリヤーク、オロッコ、ニクブン等々の先住土人の安住地、オタス土人の集り」と添える。この元になった写真はN・ヴィシネフスキー著『トナカイ王　北方先住民のサハリン史』（二〇〇六）に掲載される。同書の説明に「左から、立っている3人目プィフブヴィク、座っている2人目ウズルグシ」とある。このウズルグ

②－33
オタスの森オロッコ部落の夏の家

②－34
樺太オロッコ土人と家屋

②－35
オタスの人種展覧会

②－36 「ケーブル」（左上）と「ケーブル布設の実況」

シはギリヤークで、日本名は「中村チエ」（中村千代と思われる）だった。終戦を機に彼女は日本へと送還され、長男イチロウはシベリアの収容所で死亡した。旧ソ連抑留中死亡者名簿（厚生労働省）に出身地不詳の「ナカムラ　イチロ（ロウ）」の名前が記される。一九四五（昭和二〇）年一一月二一日、チチンスク地方（チタ州・ザバイカル地方）の「三〇〇三第二四収容所・第五支部」で死亡したとある。彼女が抱く赤ん坊もしくは横に座る男の子がイチロウかもしれない。母と息子の生きた唯一の証しが、この一枚の写真（絵はがき）となった。

内地樺太間の電話開通

「地獄の島」とまで形容された樺太は日本の経済開発を経て富を生み出す「宝の島」となった。漁業や林業だけではなく、パルプ業や製紙業が著しい急成長を遂げた。石炭や石油の採掘も行われ、資源に乏しい日本を根底で支えた。鉄道網と道路網の整備が進み、懸案だった陸上交通の課題も解決した。豊原や大泊、真岡といった都市を中心に、内地や朝鮮からの出稼ぎ労働者が押し寄せ、昭和初期には島内の人口が三〇万人を超えた。

しかし、最後のインフラ整備として樺太と内地を結ぶ長距離電話回線が残っていた。技術や費用の課題が多く、なかなか実現に至らなかった。そんな樺太住民の悲願が実現する時がついにやって来た。一年半の工事期間を費やし、北海道の猿払《さるふつ》村から宗谷《そうや》海峡を経て、樺太の深海村・女麗までの区間約一六三キロに海底ケーブルが敷設され、一九三四（昭和九）年一二月一一日に完成した。東京から仙台、青森、函館、札幌、稚内、大泊へと順に、豊原までの約一七〇〇キロが電話線で繋がった次第だ。

内地樺太間電話開通の記念式典は、東京・札幌・豊原の三カ所同時に開催された。式典に合わせて、札幌逓信局が記念絵はがき（三枚組）を発行した。そのうち「ケーブル」と「ケーブル布設の実況」を紹介した一枚（②-36）では、海上の海底ケーブル敷設船からブイ（浮標）を連ねた小船が紹介される。水圧や電気抵抗などといった難題を抱えながら「パラガッタ」と呼ばれる天然ゴムを加工した絶縁体を新たに開発し、国産で最新の海底ケーブルを使用しての開通だった。この絵はがきは樺太の発展が最高潮に達した瞬間を捉えた一枚だった。

樺太は日中戦争から太平洋戦争にかけても成長を続けた。人口が四〇万人を超え、一九四三年四月一日には内地編入され、北海道や沖縄などとほぼ同格の扱いとなった。植民地の地位を脱したわけだ。しかし、太平洋戦争末期の一九四五年八月八日午後一一時、スターリンによって日ソ中立条約が一方的に破棄された後、八月一一日、ソ連軍は北緯五〇度の国境を越えて南樺太に侵攻した。一つの都道府県が侵略を受けたに等しく、朝鮮や台湾の状況とは根本的に異なっている。

②-37　集団自決が起こる真岡郵便局

終戦後も悲劇は終わらなかった。八月二〇日に樺太・真岡町で集団自決事件が起きている。舞台となった真岡郵便局が「本町通りの賑い（真岡）」（②-37）に写る。乗り合いバスの右手に見える建物が局舎だ。自転車店の看板と呉服店の幟《のぼり》があり、通行人も多く、その後の悲劇を微塵も感じさせない。ソ連軍が迫り来る中、職場を死守しようと郵便局内の電話交換台に向かった女性交換手九人が「皆さん、これが最後です。さようなら、さようなら」との言葉を残し、青酸カリを飲み自ら命を絶ったとされる。しかし、最後は苦しむ呻き声が聞こえてきたという。後に現場に一二人の交換手がいて、そのうち三人が生存していた事実が判明した。この集団自決は「真岡郵便局事件」として語り継がれ、「北のひめゆり」とも称される。輝かしい海底ケーブルの敷設が悲劇の伏線となった。

韓国行啓から韓国併合へ

日露戦争に際して大韓帝国が中立を宣言していたにもかかわらず、日本軍は首都漢城を軍事占領してしまう。一九〇四（明治三七）年二月二三日に日韓議定書を締結し、韓国の「独立」と「領土保全」を日本が保証する代わり、韓国内で軍事上必要となる拠点の使用を認めさせた。その後、第一次と第二次に渡る日韓協約を結んだ結果、日本は韓国を事実上の保護国とし、外交権を接収した。一九〇五年一二月二一日には統監府を漢城に設置し、初代統監として伊藤博文が就任した。

その後、追い詰められた韓国皇帝高宗は一九〇七年六月、オランダのハーグで開催中だった万国平和会議に密使を送り、日本の不当性を訴えようとしたが、会議への参加は固く閉ざされた。高宗は日本側から厳しく追及されて退位に至る。七月二四日、司法・行政権を含む内政権の掌握と韓国軍の解散を定めた第三次日韓協約（秘密覚書）が成立し、韓国は事実上、日本の植民地となった。明治以降、日本は朝鮮を絶対的な防衛圏と認識してきただけに、長年の懸案が解消した瞬間だった。一方の韓国から見れば、「国辱」にほかならず、瞬く間に義兵運動が広がった。

初代統監の伊藤博文は日韓関係の改善を図ろうと、明治天皇に面会し、皇太子嘉仁《よしひと》親王（後の大正天皇）の韓国行啓を願い出た。治安が懸念されたが、皇太子の韓国行啓が実現する。その記念絵はがき（②‐38a）では、日章旗と太極旗を背景に「大日本帝国皇太子殿下」（嘉仁親王）と「大韓国皇帝陛下」（二代皇帝純宗）の肖像を描く。嘉仁親王は一〇月一六日に仁川に上陸し、伊藤や純宗らの出迎えを受けた後、一七日から一九日まで漢城に滞在し、皇室相互の親交に努めた。この時、嘉仁親王は当時一〇歳だった韓国皇太子李垠と親しくなり、朝鮮語を学ぶきっかけになったと伝えられる。

裏面（②‐38b）を見ると、消印から投函は一九〇七（明治四〇）年一〇月二〇日龍山（現在のソウル）、到着は一〇月二四日、仙台だと分かる。「韓国統監府鉄道管理局」の職員が差し出した一枚だ。嘉仁親王が韓国に到着して四日後の投函であり、一人の在韓日本人として「日韓親善」を願ったのかもしれない。結局のところ、皇太子の韓国行啓は日本による政治パフォーマンスの範囲を超えなかった。義兵運動は収まらず、かえって韓国側の反感を招いてしまう。

その後、日本政府は韓国併合の準備を着々と進めていく。そんな最中、一九〇九（明治四二）年一〇月二六日午前九時二五分頃、伊藤博文（枢密院議長）が満洲のハルビン駅ホームに降りた時、突如として銃声が鳴り響いた。三発の弾丸が伊藤に命中し、午前一〇時頃に絶命した。狙撃した韓国人安重根はその場で逮捕された。日韓併合の方針に揺らぎはなかった。日本政府はロシアや英国、米国など欧米列強の了解を取りつけた後、日韓両国代表の調印を経て一九一〇（明治四三）年八月二九日、韓国併合条約の発効に漕ぎ着けた。韓国の財政から内政、外交、軍事に至るまで一切の統治権を日本に委ねる内容だった。日本各地では「日韓合邦祝賀提灯行

②‐38a　「大日本帝国皇太子殿下」と「大韓国皇帝陛下」

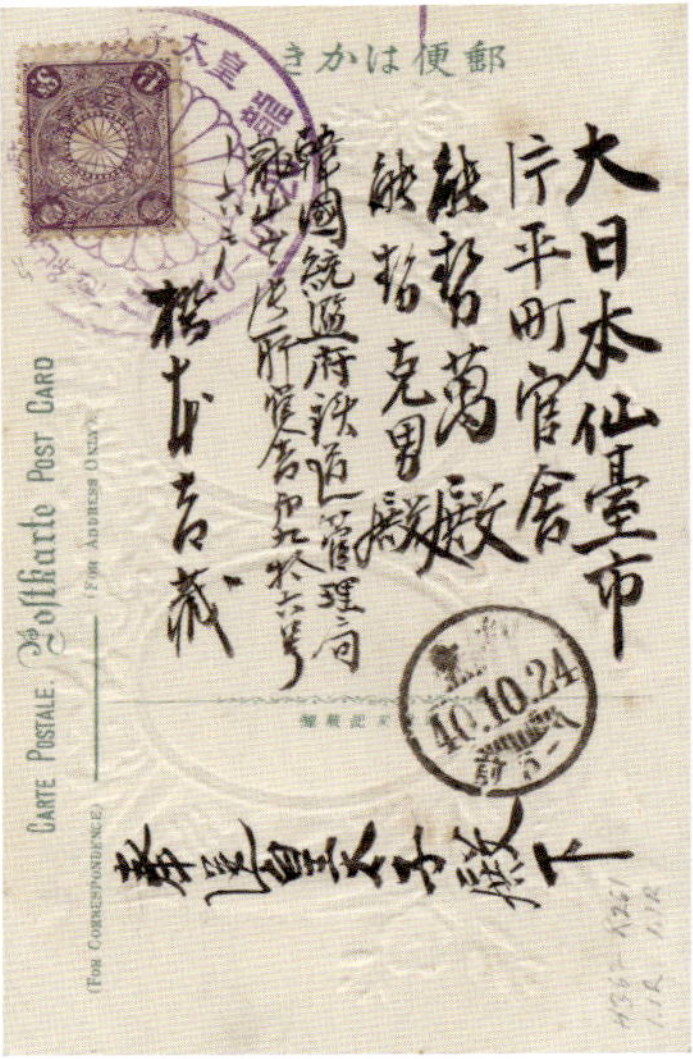

②‐38b　明治40年10月20日の龍山消印（裏面）

列」（②‐39）のようにお祭り騒ぎが繰り広げられた。対外的には日韓双方が希望した「対等合併」だったと強調する。

日本政府は韓国併合によって従来の大韓帝国政府と統監府を統合し、新たに朝鮮支配の最高機関として朝鮮総督府を設置した。朝鮮総督は天皇直隷で陸海軍大将から任命され、立法や司法、行政、軍事に渡って絶大な権限を握った。その朝鮮総督府が一〇月一日の始政を記念した絵はがき（二

②－39
日韓合邦祝賀提灯行列

②－40
内地及び朝鮮の児童遊戯の図

枚組）のうちの一枚「内地及び朝鮮の児童遊戯の図」（②－40）がある。一見すると、「日韓友好」を演出したように思える場面ながら、日本の露骨な強硬姿勢が表れている。紅白の花が咲く木の下、男女八人が仲良く手を繋ぎ、服装は洋服とチマ・チョゴリ、日朝双方の人びとを登場させる。ただし、中央の女の子は両手に日章旗を二本掲げる。韓国併合後なので大韓帝国の太

②-41　京城南大門通一丁目

極旗は描かれない。記念印の年号は韓国の「隆熙《りゅうき》」ではなく「明治」であり、地名は「漢城」から日本式に改称した「京城」だ。まさに、この日この地で日本の統治が始まった事実を示す絵はがきだった。

新しい日本と古い朝鮮

韓国併合によって在朝日本人は「支配者」の地位を得るが、それ以前の日本人は外国人として遠慮がちに暮らしていた。朝鮮政府が一八八〇（明治一三）年四月に漢城での日本の公使館設置を認めた後、清渓川《チョンゲチョン》以南の南村（南山）において日本人の居住が始まった。そこは湿地帯であり、上流階級が住む清渓川以北の北村と比べると悪条件の場所だった。その後、日清戦争を経て日本人が政治経済の勢力を伸ばすに連れて、南山一帯は改良工事を重ね、二〇世紀初頭には近代的な日本人街が出現する。韓国併合後の一九二〇（大正九）年には京城の総人口約二五万人のうち日本人が約六万五千人（約二六パーセント）を占めている。日本人街だった南村と朝鮮人街だった北村の地位もイメージも逆転してしまう。

植民地朝鮮の躍進を印象づける絵はがきは数多く、その一例として「京城南大門通一丁目」（②-41）がある。ルネサンス様式の巨大建築物が立ち並び、舗装された道路に市電が走る。日本の統治があってこそ近代都市としての未来が約束される。そんな意図が読み取れる一枚だ。また、京城の日本人街といえば「本町」（②-42）だった。説明に「街角に聳《そび》え立つビルディングの巨躯《きょたい》。本町一丁目入口の雑沓」とあり、旭日を冠したゲートが立ち、スズラン模様の街灯が並ぶ。「二階貸室アリ」や「シノサキ」といった日本語の看板があふれ、洋服姿の日本人で賑わう。本町は「朝鮮の銀座街」とも呼ばれ、日本の百貨店や銀行、飲食店、食料品店、服飾店が集中し、日本人による日本人のための生活空間が生み出された。

②-42　京城本町一丁目入口

　近代的な日本人街とは対照的に、朝鮮人街を題材にした絵はがきでは古さを強調するパターンが目立つ。例えば、藁葺き屋根の民家が無数に並ぶ「京城鮮人町」（②-43）は、日本人街とは対極にある「京城」の風景だ。撮影時期は特定できないが、朝鮮総督府の検閲の下、ほぼ

②－43
京城鮮人町

②－44
朝鮮東萊市場索戦の実況

同時期に「新しい朝鮮」と「古い朝鮮」の絵はがきが流通していた点は着目すべきだろう。「新しい朝鮮＝日本人街」と「古い朝鮮＝朝鮮人街」の図式を固定化し、「支配する日本人」と「従属する朝鮮人」の関係を印象づける上で絵はがきは一役買ったのかもしれない。

一方で「支配」と「従属」の関係では言い尽くせない絵はがきもある。「東萊《トンネ》温泉場・温泉消費百貨店」が発行した「朝鮮東萊市場索戦の実況」（②－44）では、巨大な縄を囲むように群衆が集まり、民衆の熱気が伝わってくる。一九二〇年代に釜山《プサン》鎮《チン》・東萊の伝統行事「綱引き」を撮影した場面だと思われる。東萊の綱引きは全長一〇〇メートルの大縄を使い、朝鮮最大級を誇った。雌と雄の大縄を中央で組み上げた後、東西に分かれて引き合い、数千人の参加者が二時間かけて勝敗を決めた。横断幕には「西軍勇士大歓迎」と記され、朝鮮人に交じって日本人らしき警察官の姿が確認できる。

当時、釜山の人口は約六万人だ。その三分の一に当たる二万人近くが見物に押し寄せた。東萊の綱引きは縄を作る過程が重要であり、幅広い年齢層が参加し、細い縄を少しずつ太くしたという。豊作と安寧を願い、共同体の結束を強める狙いがあった。それゆえに朝鮮総督府が最も警戒した。治安を乱す行為とされたためか、東萊の綱引きは一九三〇年代半ばに途絶えてしまう。

②-45　宮津から朝鮮北部へ

朝鮮航路と朝鮮博覧会

朝鮮は有望な市場だった。人口密度が高い半面、多くの産業は発展途上にあり、小資本でも成功する余地が残されていたからだ。そんな期待を抱かせる絵はがき（②-45）が京都府の「宮津実業協会」の一枚だ。一九二四（大正一三）年四月一二日に開通した丹後鉄道・宮津線（宮津‐舞鶴間）と日本三景の天橋立を描く。重要な点は、宮津を起点に朝鮮北部の清津・城津（現在の金策）・元山の三都市に至る航路だ。宮津は神戸や横浜と並ぶ良港になり得る地であり、朝鮮北部との貿易が盛んになると喧伝された。当時の京都府は、宮津港を新たな拠点としつつ、朝鮮との貿易を促進させたい考えだった。描かれた朝鮮航路は朝鮮総督府の命令航路であり、朝鮮郵船が国の補助金を得て貨客併用の連絡船を就航させた。軍港としての性格が際立つ舞鶴（東舞鶴）に対して、宮津は民間貿易港として地域経済の活路を見出そうとした。

昭和に入ってからも朝鮮の経済発展は著しかった。朝鮮総督府の始政二〇年を記念した朝鮮博覧会が一九二九（昭和四）年九月一二日から一〇月三一日までの間、「京城旧景福宮」で実施された。朝鮮開催の博覧会としては最大規模となった。「十万余坪」（約三三万平方メートル）といわれる広大な会場に、台湾や樺太、満洲をはじめ、東京や大阪、広島、北海道、名古屋など内地の道府県と市が競って特設館を設けている。会期中に九八万六一七九人の有料入場者を数え、優待者や無料招待者を含めて入場者は百数十万人に達した。

京都の商工業者もまた売り込みを図ろうと朝鮮博覧会に参加した。九月三日付の京都日出新聞は「朝鮮博の呼物京都特設館竣工」「大いに京都を宣伝」との見出しで、開幕を前に京都館は「典雅な建物で早くも人気の中心となっている」とし、『京都へ』と題する美麗なパンフレットを数万部を同館において配布し広く京都の産業及神社仏閣等を写真で宣伝する」と伝えた。

京都館（二四〇坪）では、西陣織や京友禅、清水焼、京扇子などの特産品を並べ、在朝日本人だけではなく朝鮮人の富裕層を明らかに狙った。そんな一端を伝える絵はがきがこの一枚「（朝鮮博覧会）京都館及び満蒙館」（②-46）となる。小旗を持つ案内役を先頭に朝鮮服を着た男性たちが列を成して歩く。彼らは大切な顧客でもあった。

②-46　（朝鮮博覧会）京都館及び満蒙館

朝鮮総督府主催の朝鮮博覧会は官民挙げた盛り上がりを見せた。開催を告知する絵はがき（②-47）は鮮やかな図案だ。中央の会場風景を囲むように、石炭と鉄鋼、鉄道とバス、重工業、農林漁業、郵便、金融などを表したイラストを配置し、近代化を遂げる朝鮮を連想させる。朝鮮博覧会は産業振興と文化普及を謳うと同時に、宗主国日本と植民地朝鮮の従属関係を視覚的に植えつける意図があったと指摘されるが、それだけでは捉え切れない面もある。

博覧会の理念はともかく、主催者は現実問題として入場者を増やす対策に迫られる。大勢の入場者なくして成功とはいえない。在朝日本人ばかりを顧客として相手にしていると、入場者は伸び悩む。それゆえに娯楽性に富んだ催しを盛り込み、朝鮮人の誘客を積極的に図った。コンサートや演劇のほか、遊園地にも力を入れた。「子供の国」（約八千坪）と称し、「世界一周」が楽しめる小型の汽車が周囲を走り、メリーゴーランドや飛行塔、サークリング（回転式遊具）、海底旅行館、猛獣狩館が人気を集めた。

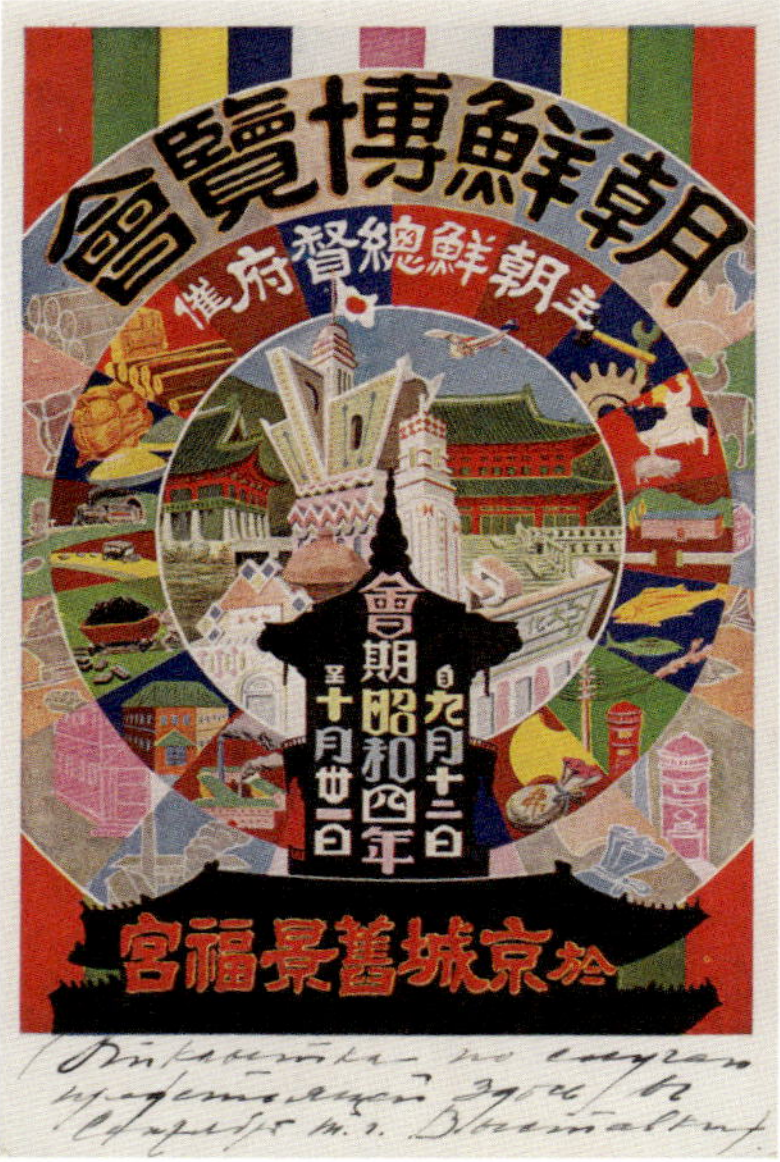

②－47　朝鮮博覧会

植民地支配は弾圧の歴史だけではない。時には娯楽によって魅惑した。

朝鮮総督府の宣伝媒体

大正デモクラシーの影響は外地にも及び、一九一九年三月一日の三・一独立運動を機に朝鮮総督府の武断政治に対する批判が内地でも起こった。穏健派で知られた海軍大将斎藤実《まこと》が朝鮮総督に就任すると、文化政治への転換を図り、数々の宥和策を実行する。結果として朝鮮の

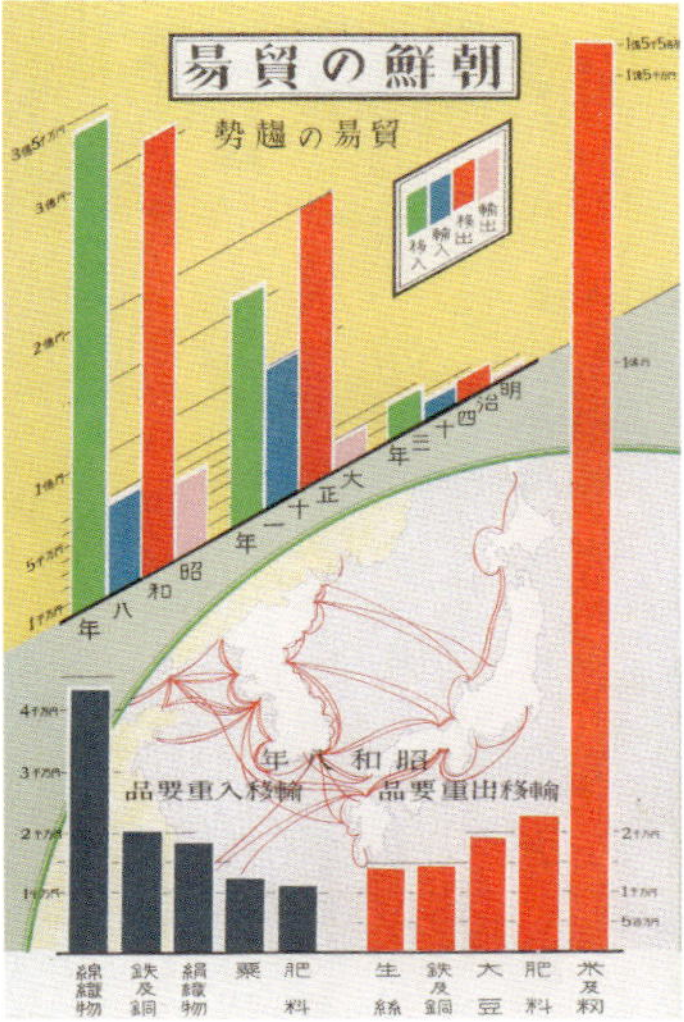

②-49　朝鮮の貿易

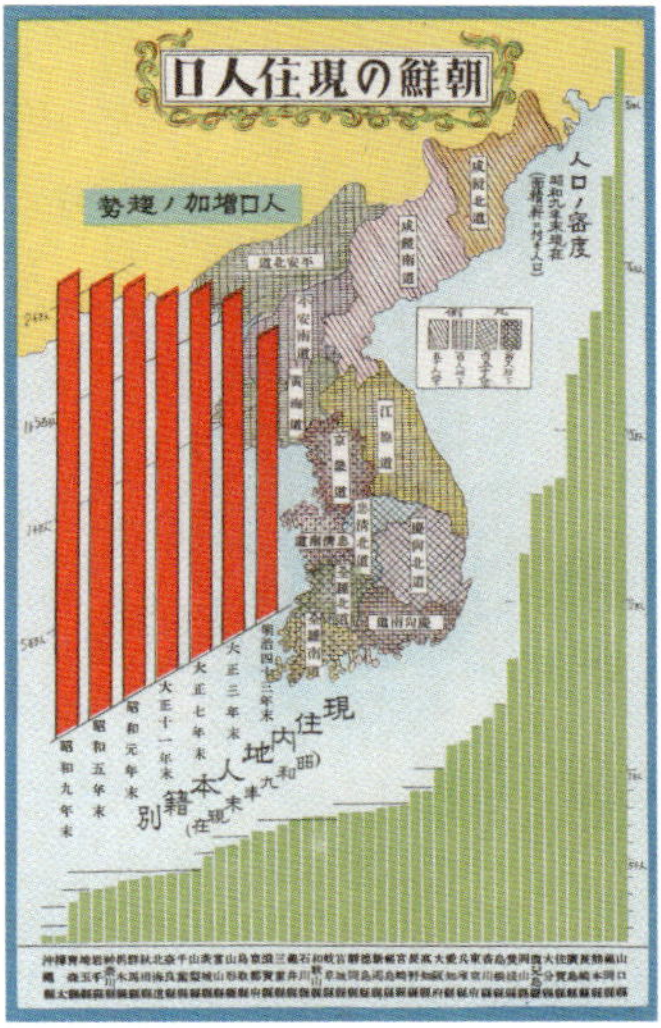

②-48　朝鮮の現住人口

②-50　上空から見た朝鮮総督府

経済発展に繋がり、大正期から昭和初期にかけて人口や貿易額が飛躍的に増大した。そんな「躍進」を伝えようと、朝鮮総督府は統計資料を駆使し、カラー刷りの絵はがきを発行する。広報戦略の一環ながら緻密なデザインと盛り込まれた情報量には圧倒される。

「朝鮮の現住人口」（②‐48）では韓国併合が行われた一九一〇（明治四三）年末の人口は約一三〇〇万人だったと分かる。大正に入ると、人口は一五〇〇万人に達し、その後も一貫して増加傾向にあった。日本の朝鮮統治が始まってから二〇周年を迎えた一九三〇（昭和五）年末になると、人口は二千万人を超える。わずか二〇年間で七〇〇万人も増えた訳だ。また、日本人移民の増加も見られた。「現住内地人本籍別」とある棒グラフは、在朝日本人の出身地を道府県別に示す。朝鮮に近い道府県が多く、第一位の山口県が五万人余、第二位の福岡県が四万人余、第三位の熊本県が三万人余となっている。山口県の下関と朝鮮南部の釜山を結ぶ関釜《かんぷ》連絡船が充実した事情も大きかった。朝鮮の「人口ノ密度」は、咸鏡北道や咸鏡南道などの北部は人口が希薄であり、京畿道や全羅南道などの南部・西部に人口が集中する様子が覗える。

「朝鮮の貿易」（②‐49）では海外からの輸出入と内地からの移出入が増えた経過を示す。輸移出重要品として、米及び籾《もみ》、肥料、大豆、鉄及び銅、生糸を挙げ、米及び籾が突出して多い。大正から昭和初期にかけて、豊かになった日本人は白米を常食するようになっていた。米騒動（一九一八）の後、朝鮮総督府は朝鮮を日本の食糧供給地と位置づけ、産米増殖計画（一九二〇～一九三四）を実施した。絵はがきを通して、その実績を強調したのだろう。さらに「貿易の趨勢」を見ると、一九一〇（明治四三）年・一九二二（大正一一）年・一九三三（昭和八）年の順を追って移入と移出が共に急増している。背景に描かれる日朝の地図では、航路が網の目のように繋がる。日本海沿岸は明らかに「表日本」であり、「躍進」する朝鮮の恩恵を受けていた。

朝鮮総督府は統計絵はがきをシリーズ化し、日本によって朝鮮の近代化が促された経過を解説した。安価な割に効果的だったのだろう。しかも統計や数字は客観性を帯びているように見える。プロパガンダとしては有効だったが、その効果が怪しい例もある。

一九二六（大正一五）年一〇月一日に竣工した朝鮮総督府庁舎の鳥瞰図（②-50）は日本航空輸送株式会社が製作し、朝鮮総督府が発行した絵はがきだ。左側の伝統的な建物が李氏朝鮮の勤政殿（景福宮の正殿）であり、右側の近代的な建物が朝鮮総督府となる。発行者の意図は「古い朝鮮」と「新しい朝鮮」の対比にあったと思われる。さらに空からかつての王宮を見下ろす構図から強烈なメッセージが読み取れる。しかし、これが皇居ならば、紛れもなく「不敬」となる。真上からの撮影ではないとはいえ、誤解を招きかねない一枚だ。

三越に迫った三中井

日本統治下の朝鮮では日本企業の進出が相次いだ。特に日本の百貨店業界は人口が多い朝鮮を新たな市場として着目した。三越百貨店は一九一六（大正五）年一〇月五日、京城出張所を

②－51　（京城名所）三越百貨店

京城本町に開設し、本格的な朝鮮進出を図る。日本で培ったブランド力を発揮し、当初は在朝日本人を主な顧客として売り上げを伸ばした。陳列する最新の製品やファッションを通して、日本の優位性を示す国策上の狙いもあったが、昭和初期には朝鮮人社会にも大量消費時代の幕が開こうとしていた。東京に倣って京城の街にもモダンガールやモダンボーイが闊歩した。そんな豊かな朝鮮人は日本の百貨店業界にとって大切な顧客となっていた。

　昭和初期の京城では、日本系の三越、三中井《みなかい》、丁子屋、平田と、朝鮮系の和信という五大百貨店があり、激しい競争を展開していた。人口増と都市化が進み、一九三〇年時点の総人口は約三五万人余（日本人は約九万七千人余）に達し、都市圏が形成されていた背景が大きい。市バスや市電の都市交通が整備され、京城周辺の住民が中心部へ行き来する現象が顕著に表れた。その結果、一店舗当たりの商圏が広がり、来店者数が増えた次第だ。各百貨店は改装や増築を繰り返し、三越もまた業界トップの意地を見せて京城支店の移転改装に力を入れた。

「京城名所」として紹介される「三越百貨店」（②-51）は改装間もない京城支店だ。旧店舗から移転して、一九三〇年一〇月二四日に本町一丁目の京城府庁舎跡地に新たな店舗を開業した。地上四階（一部五階）・地下一階、近代ルネサンス様式の鉄筋コンクリート造で総面積は約七六〇〇平方メートル（約二千三〇〇坪）に及び、当時はかなりの大型店だった。京城支店は内地の店舗と変わらない品揃えを誇り、屋上に市街地を一望できる庭園を設けたほか、温室や茶室、美術ギャラリーまで備え、四階のホールと大食堂は連日賑わった。

しかし、当時の京城でブランド力を持つ百貨店は三越だけではない。「三中井」ブランドも強かった。「三中井」は、近江商人の中江家が江戸時代から神崎郡金堂村で営む呉服小物店「中井屋」を起源とし、旅順陥落から間もない一九〇五年一月、朝鮮の大邱《テグ》に創立した三中井商店が大陸進出の第一歩となる。当初は現地の朝鮮人向けに雑貨を販売し、中江勝治郎・久次郎（西村姓）・富十郎・準五郎の四兄弟が経営に携わった。その後、韓国併合を経て京城本町に本店を開き、急増する在朝日本人の人気を呼び、業績を伸ばした。一九二二（大正一一）年一月には株式会社三中井呉服店（本社・京城）が誕生し、長男の勝治郎が社長に就任した。

三中井最大の魅力は京都の雰囲気が漂う最新の呉服ファッションにあった。呉服の一大拠点

②-52　盛観を誇る三中井百貨店

だった京都に仕入部を設けた上で各支店の仕入れを一括管理し、朝鮮の百貨店業界における確固たる地位を固めていく。京城の名所として「盛観を誇る三中井百貨店」(②-52)のように絵はがきに紹介される存在にもなった。昭和通りから撮影した改装後の京城本店だ。一九二九(昭和四)年三月に白亜の新築ビル(新館)が完成し、続いて新館と旧館の全面改装を終え、一九三三年九月二〇日に落成式が挙行された。地上六階・地下一階、近代ルネサンス様式の鉄筋コンクリート造で、高い天井に豪華なシャンデリアを吊り下げ、中央に朝鮮初のエスカレーターを設置した。店舗の延べ床面積は八二六三平方メートルと三越京城支店よりも広く、その存在は際立った。

三中井百貨店は中江勝治郎社長の米国視察が大きく影響したといわれ、機能的な商品陳列に力を注ぎ、「明るく親しみのある」店舗を目指した。

②-53　大同大街三中井百貨店、康徳会館（新京）

主力の呉服をはじめ、洋服、靴、鞄、玩具、文房具、電気器具、ベビー用品、食料品など、あらゆる売り場を備え、六階に食堂、屋上に遊園地を設けていた。現在のデパートと比べても遜色がない。京城市民にとって「三中井に行けば、何でも手に入る」という、そんな憧れと羨望の的の百貨店だった。

京城本店の全面改装と同じ頃、三中井百貨店は建国間もない満洲国の首都新京に支店を開店する。その後、改装して鉄筋コンクリート造の地上四階となり、新京の名所として絵はがき（②-53）に取り上げられる。左側の白い建物が新京支店であり、幹線道路「大同大街」に面していた。三中井は満洲も重要な進出先とした。三中井百貨店の絵はがきは二枚共に自社の宣伝用ではなく、観光用である点が特徴だ。それだけ当時の知名度は高かった。

三中井は滋賀県の五個荘金堂町に本部を置き、軍の大陸進出と歩調を合わせるように、朝鮮から満洲へ、満洲から中国へと進出を図った。京都本社・京城本店・新京店を無線で結び、国際的な経営管理を構築していたといわれ、店員を「商戦士」と呼び「二等兵」から「元帥」に至る軍隊さながらの職階制度を取り入れた。最盛期を迎える一九四〇年には、朝鮮において京城・釜山・平壌・大邱・咸興・元山・群山・木浦・大田・光州・清津、興南・晋州・新義州の一四都市、満洲において新京・奉天・哈爾浜・牡丹江の四都市、中国において北京・南京の二都市に及ぶ販売網を築き上げた。三中井ブランドの下、短期のうちに国際的な一大百貨店王国が出現した。

しかし、大陸に輝いた栄光は束の間に終わってしまう。「大日本帝国」の歩みと同じく、終戦によってすべての経営基盤を失い、三中井は消滅する。現地化を進めた経営方針がかえって災いとなったのだ。三中井繁栄の痕跡は東近江市五個荘金堂町に残っている。

第三章　極東の覇者

——第一次世界大戦とシベリア出兵

先の大戦から得た教訓

日露戦争はヨーロッパを主戦場とした第一次世界大戦との共通点が多く、第零次世界大戦だったとする歴史観もある。欧米各国は観戦武官や従軍記者を満洲の戦線に派遣し、その惨状を目の当たりにした。国家の破滅に繋がり兼ねず、戦争を根底から問う性質を帯びていたが、それを教訓とするどころか、観戦を通じて新たな軍拡に役立てただけだった。日露戦争の終結から第一次世界大戦の勃発までは九年間に過ぎない。この間、日本軍は新兵器の開発に力を注いだ。

旅順攻囲戦のように要塞を巡る戦いは攻撃と守備の双方が消耗を繰り返す。突破口となる手段の一つとして偵察や観測に適した気球が注目された。日露戦争でも実戦配備され、「軍用軽気球」（③-1）が絵はがきに登場する。一九〇九（明治四二）年七月三〇日に臨時軍用気球研究会が設立された後、多くは陸軍の大演習を記念し、新兵器の宣伝目的で製作された。気球には兵器としての認識が薄い。田園地帯に大勢の見物客が集まり、のどかな雰囲気さえ漂う。だが、将来の空中戦を見据えた軍事訓練だった。

新たな兵器開発と並び、日本が直面した課題は戦死者の慰霊だ。日露戦争の死者は八万四千人を超え、国家による慰霊は国民の総意だった。その国民的英雄である乃木希典と東郷平八郎が、旅順の白玉山（標高約一三〇メートル）に表忠塔を建設しようと提唱した。この白玉山は

A MILITARY BALLOON.
軍用輕氣球

③ - 1
軍用軽気球

旅順白玉山表忠塔石材作業

③ - 2
旅順白玉山表
忠塔石材作業

Scholars of the Kyoto Second Commercial School at Port Arthur, —The Memorial Tower, May 17, 1916.
京都市立第二商業學校滿韓周遊團（其一） 旅順白玉山表忠塔ニ於テ

③ - 3
京都市立第二
商業学校満韓
周遊団

二〇三高地に近く、眼下に旅順港が見渡せる位置にあった。まさに日本の勝利を信じて命を落とした英霊たちが眠る地だったのだ。

表忠塔の建設は一九〇七（明治四〇）年七月三日に始まった。コンクリート工事を施せない高地にあり、「旅順白玉山表忠塔石材作業」（③-2）のように手作業で石を運ぶ難工事が続き、二年余を経て一九〇九年一一月二八日に完成した。高さは六六・八メートル、内部に九層の鉄製螺旋《らせん》階段と二一個の窓を備えた。ほかに難攻不落を誇った東鶏冠山北堡塁《ほるい》や、旅順攻略最大の激戦地だった二〇三高地に記念碑も建立する。さらに砲台跡や要塞跡を整備したほか、戦没したロシア兵を慰霊するための露国忠魂碑も建立し、旅順は日露戦争の一大聖地となった。当初は慰霊的な意味合いが強かったが、しだいに観光地として定着していった。

旅順の観光化は満洲に至る航路の充実が大きい。修学旅行の行き先にも選ばれ、この一枚（③-3）は京都市立第二商業学校の満韓周遊団の記念写真だ。撮影は一九一六（大正五）年五月一七日、説明に「旅順白王《ママ》山表忠塔ニ於《おい》テ」とある。表忠塔を背景に黒い学帽と学生服の生徒たちが収まる。当時は修学旅行をはじめ、学校の運動会や同窓会、式典などの写真を多く複写したい場合、絵はがき印刷が広く行われていた。焼き増し用の印画紙が高価だったからだ。『京二商三十年史』（一九四〇）によると、一九一六年五月一二日から三一日までの間、教諭三人による引率の下、三年生三四人が修学旅行として朝鮮と満洲へ渡ったと記録される。当時の商業学校では大陸で活躍する経済人を養成する狙いもあり、朝鮮や満洲を重視した授業が盛んに行われていた。それにしても修学旅行の実施時期が気になる。第一次世界大戦の最中に生徒たちは満洲に渡っている。彼らの無邪気な表情を見る限り、大戦がいかに遠かったかが覗える。

大正に入ると、数々の有名人が旅順を訪れている。作家田山花袋《かたい》（一八七一～一九三〇）もそんな一人だ。南満洲鉄道から招待され、『満鮮の行楽』（一九二四）を執筆した。旅順を訪れた際、ロシア軍の陣地に日本軍が三方から押し寄せる様子が一目で分かるといい、敵の中軸をなした防御陣地に表忠塔と納骨堂がある点に着目して「日本軍の勝利の一大表象」と評した。

戦前の「先の大戦」とは、日露戦争を意味した。旅順は英霊が眠る悲劇の現場であり、一度は訪れたい「聖地」となっていた。しかし、時が流れるに連れて痛ましくも夥しい死は過去の記憶へと追いやられ、勝利と栄光を語る場と化した。「先の大戦」を教訓にしたとは言い難い。

短期戦と予測された世界大戦

日本は富国強兵の道を突き進み、日清・日露戦争を経て欧米列強の仲間入りを果たした。そんな象徴だった明治天皇が一九一二（明治四五）年七月二九日（公式発表では七月三〇日）に崩御した。皇太子嘉仁親王が践祚《せんそ》し、「大正」と改元する。大多数の国民にとって、「現人神《あらひとがみ》」である明治天皇の死は悲しみよりも戸惑いと驚きをもって受けとめられた。新しい時代の幕は開いた。日本が望もうと望むまいと大正もまた戦争の時代となった。

③-4　エトレンヌ　1915年

一九一四年六月二八日、ボスニアのサラエボで二発の銃声が響く。一発はオーストリア＝ハンガリー帝国の帝位継承者フランツ・フェルディナント大公、もう一発は大公妃の命を奪う。犯人はボスニア系セルビア人青年だった。ヨーロッパでは重要人物の暗殺が多発していた。当初はありふれたテロ事件の一つとして受けとめられ、各国政府は犯人逮捕によって収束に向かうと楽観視した。だが、こうした大方の見方に反してオーストリア＝ハンガリーは七月二八日、セルビアに宣戦布告する。これが予想外の事態を招く。大戦前のヨーロッパは相互不信の連鎖が起こり、秘密裏に同盟や協商が網の目のように結ばれ、どの国が敵か味方か判別がつかないほどに情勢は複雑怪奇だった。軍事均衡が一気に崩壊し、宣戦布告し合う最悪の事態に陥った。

ドイツは同盟国のオーストリア＝ハンガリー側に立ち、オーストリア＝ハンガリーと対立していたロシアはセルビア側に立った。そんなロシアはフランスと同盟関係にあった。一九一四年八月四日にドイツがベルギーに侵入すると、危機に陥ったベルギーを救援するため、英国がドイツに宣戦布告した。ヨーロッパ各国の首脳は日露戦争を通じて、近代兵器の破壊力を十分に理解していた。人間には理性がある。ゆえに抑止力が働き、大戦は短期終結すると期待したのだ。

ドイツ皇帝ヴィルヘルム二世は開戦に際し、出征兵士を前に「諸君はクリスマスには故郷に戻れるだろう」と演説した。根拠なき恐るべき楽観的な予測だった。大戦の行方を甘く見た国はドイツだけではない。

③-5　連合国と同盟国の綱引き

フランスで発行された「エトレンヌ　一九一五年(Etrennes 1915)」(③-4)にも明るい雰囲気が漂う。赤い服を着ているが、クリスマスツリーを背負った人物の正体は悪い子を罰する「黒いサンタクロース」(クネヒト・ループレヒト)なのかもしれない。彼は悪い子のドイツを懲らしめ、良い子の連合国に「勝利一九一四・一九一五」と記した紙を渡そうとしている。「エトレンヌ」とは日頃お世話になっている人への年末の心付けのことだ。お年玉や贈り物の意味もある。

泥沼化する戦争の現実から、あまりにかけ離れていた。

綱引きの試合風景を描いた一枚（③-5）は「BELLICO 1914」と題している。左側に同盟国のドイツとオーストリア＝ハンガリーの二カ国、右側に連合国のベルギー・セルビア・英国・日本・フランス・ロシアの六カ国を描く。各国の位置関係が巧妙だ。ドイツとベルギーが先頭に立って戦う。日本は英国の後方にいるが、存在感が薄い。中央の男性は審判役なのか、戦況を見つめる。実はこの人物がイタリアだ。ドイツとオーストリア＝ハンガリーと三国同盟を結びながら中立を宣言し、一九一四年の段階では参戦していなかった。

しかし、連合国はイタリアに対して「未回収のイタリア」（オーストリア＝ハンガリー領内のイタリア人居住地）の割譲を条件に参戦を働きかけた。イタリアは三国同盟を破棄し、一九一五年五月二三日、連合国として参戦した。後に「イタリアの裏切り」とも呼ばれる。この「BELLICO」はイタリア語で「戦争の」という意味だ。題名を訳すと「戦争の一九一四年」となる。イタリアは同盟国か連合国のどちらにつくべきか、試合の行方を見ていたに過ぎない。

青島攻略戦の光と影

第一次世界大戦はヨーロッパを主戦場とし、日本が進出の機会を狙う中国大陸は手薄な状況にあった。これを絶好の機会と捉えた第二次大隈内閣は日英同盟を口実に参戦方針を固めた。対英交渉の結果、山東半島のドイツ膠州《こうしゅう》湾租借地を中国に還付するため、日本が一旦確保するという名目などを掲げた上で一九一四（大正三）年八月二三日、ドイツに宣戦布告した。日英連合軍（実質は日本軍）は九月二日に中国・山東半島に上陸し、青島要塞を目指す。大量の犠牲者を出した旅順攻略戦での苦い経験を生かし、青島攻略戦は「慎重作戦」と揶揄されるほど周到に準備を重ね、一〇月三一日に総攻撃を始めた。

青島要塞を守るドイツ軍は約五千人、攻める日英連合軍は久留米の第一八師団を中心にその一〇倍の五万人を超えたといわれる。ドイツ軍の守備隊は軍人として一定の責務を果たした後に降伏する方針だった。しかし、日英連合軍は強力な榴《りゅう》弾《だん》砲や加農《カノン》砲による砲撃を徹底するあまり、青島の市街地にある建物の半数近くが被害を受けたと伝えられる。

一一月七日に青島は陥落した。翌八日夜の東京市内では提灯行列が英国大使館を目指して行進した。「青島陥落記念東京市祝捷会の光景」（③-6a）は八日夜に続いて実施された一一日の提灯行列だ。裏面（③-6b）を見ると、東京・双葉町の差出人カミヤ氏が一一日の様子について、日比谷公園で東京市主催の祝勝会が開かれ、夜に入って花電車や提灯行列が繰り出し、「万歳」の声が「千代田の城」（皇居）まで響き渡ったと記す。宛先は米国マサチューセッツ州アトルボロのブリッグス・ホテル（Briggs Hotel）に滞在するテラシマ氏、投函地の消印は一九一四年一一月一二日を示す。差出人の文章は、米国の「同胞諸氏」、つまり在米日本人も東京と同じく祝杯で夜を徹しているのではないかと結ぶ。この一枚で注目すべき点は発行の速さだ。新聞とほぼ変わらない。

③－6a
青島陥落記念東京市祝捷会の光景

③－6b
大正３年11月12日の消印（裏面）

戦勝ムードとはほど遠い絵はがき（③－7）もある。説明に「（大正三年十二月十八日）征独軍凱旋及東京駅開通当日の光景貴婦人の花売」と添える。晴れがましい日だというのに表情は暗い。一人の女性に至っては髪が乱れたままだ。なぜ街頭に出て花を売っているのかと不思議に思う。対独戦の勝利と東京駅の開業が重なるといえば、街は祝賀ムード一色だったはずだ。

青島攻略戦は日本側の

③-7
貴婦人の花売

③-8
日独戦死者一千余名を青島忠魂碑内に納骨の光景

圧倒的な勝利に終わったと思われがちだが、青島要塞は堅固だった。しかも守る相手は伝統と格式を誇るドイツ陸軍だ。さすがに攻める側も無傷では済まされず、日本軍の戦死者は一千人以上を数えた。彼女たちが沈痛な表情を浮かべた理由は「日独戦役戦死者一千余名を青島忠魂碑内に納骨の光景」（③-8）にあるのかもしれない。荷車に積まれた箱があり、白い手袋を身につけた兵士たちが手渡しで忠魂碑に遺骨を納める。提灯行列に沸く男性たちと花売りに出る貴婦人たち、そして納骨される無名の戦士たち、どれも「遠い」と思われた戦争の姿だった。

ドイツから見たニッポン

日本はドイツを一つの手本に近代化の道を歩んできた。大日本帝国憲法をはじめ、軍事、医療、工業など、さまざまな分野において「教え」を受けてきた。日本は「東洋のプロイセン」と称され、ドイツは〝先生〟であり、日本は〝生徒〟だった。第一次世界大戦の開戦から間もない一九一四年八月四日、日本は中立を宣言した。ドイツはこれを歓迎し、同盟国としての参戦を期待する声すらあったが、日本は中立を覆して日英同盟を名目に宣戦布告した。ドイツからすれば裏切り行為にほかならない。それゆえに第一次世界大戦中にドイツで発行された絵はがきには「反日」「嫌日」「侮日」の感情を露骨に表した品が多い。

「七番目の悪党(SCHUFT No.7)」(③-9)では旭日旗を右手に担いだ日本軍人が描かれる。ドイツの膠州湾(KIAUTSCHOU)租借地を爪の伸びた汚い左手で摑もうとする。目が吊り上がり、歯が出た人物はステレオタイプ化した日本人にほかならない。しかも肌の色は黄色い。ひしひしと憎悪が伝わってくる。

続くこの一枚(③-10)では軍服を着たサルが日本だ。ドイツ語の大意は「厚かましくもずるがしこい日本が、ここで(ドイツの膠州湾租借地)を盗もうとしている。だが、我々の青い奴ら（ドイツの警察）は、その領土をどうするつもりだろう。おや、それ（フランス）を殴っている！」となる。二人の争いに乗じてテーブルのケーキをくすねようとする。その名前は「膠州」だ。ここに深い意味がある。実は長い年月を費やし、丹精込めて作ったおいしいケーキだった。

膠州湾租借地は膠州湾及びその周辺約五五二平方キロを指す。ドイツ人宣教師二人の殺害事件を口実にドイツが占領し、一八九八年三月の独清条約で九九年間に渡って中国から租借した植民地だ。租借地内にある青島は貧しい漁村だったが、ドイツは東洋艦隊の母港を建設し、アジア戦略に欠かせない軍事基地とした。そればかりではない。鉄道や港湾、道路、上下水道、医療など、あらゆるインフラ整備に投資した結果、青島は清潔な近代都市として生まれ変わっていた。ドイツ風の街並みが広がり、まさに青島はドイツ人の街だった。そんな甘いケーキを食べようとした矢先に友人と思っていた日本が攻め込んできた。

巨人としてドイツを描いた一枚（③-11）ではベルギー・フランス・ロシア・英国・モンテネグロ・セルビアの六カ国を正面にして戦う。そんな中でただ一人、卑怯者がいる。背後から日本が短刀を振り上げてドイツに襲いかかろうとする。台詞の意味は「彼（ドイツ）が親愛なる皆様の頭を数えると、それは六人ではなく、〝七人〟だと分かる」だ。友好国と思っていた日本が敵に回ってしまった。七といえば、ラッキーセブンと思いがちだが、この場面では七に不吉なニュアンスが含まれている。

③-9　7番目の悪党

日本を人間や動物として描いた絵はまだ好意的だった。「ドイツの難局（AUS DEUTSCHLANDS SCHWERER ZEIT）」（③-12）では強い憎悪を感じる。ドイツはハリネズミ、フランスはニワトリ、英国はライオン、ロシアはクマに喩える。仏英露三カ国は攻撃を加えようとドイツを包囲し、より厳しくなる状況を表す。日本はヨーロッパ各国の仲間ではない。どこにいるのかといえば、右上に巣を張る蜘蛛だ。ドイツ語の「蜘蛛（シュピンネ）」には「陰険なやり方で獲物を狙う」との意味がある。ドイツから見て、青島攻略戦は日本がしかけた卑怯な戦争だった。正面から勝負すれば、日本に「絶対に勝つぞ」という警告としても読み取れる。イメージの世界ながら第一次世界大戦中の日本はドイツから相当に嫌われていた。「愛弟子」ゆえに憎しみも倍増した。そうかといって国際政治は力が支配する世界だ。弱肉強食はやむを得ない。相手に隙を見せたら自分がやられる。日本の「裏切り」は冷徹な判断であり、欧米列強から学び取った手法だった。

③ - 10
厚かましくも
ずるがしこい
日本

③ - 11
6人ではな
く“7人”

③ - 12
ドイツの難局

日本は南の太平洋にも目を向けていた。英国と協定を結び、ドイツ領だったマリアナやパラオ、マーシャル、カロリンなど各諸島を軍事占領した。いわゆる南洋群島だ。一九一四年一二月二八日に軍政を敷き、南洋群島の統治を始めた。英国は日本に対し領土的な野心を警戒しつつ、その軍事力を最大限に利用しようと図った。同盟の陰で微妙な駆け引きが続いた。

戦争のアイドルたち

ヨーロッパを主戦場に連合国と同盟国が激しい戦闘を繰り広げる中、戦争はアジアやアフリカの植民地にも飛び火した。「戦争は早期に終わる」との予測を裏切り、泥沼化の様相を見せ始めていた。そんな戦争の暗さを打ち消すかのように、絵はがきの世界では明るいタッチのイラストが描かれ、愛くるしい犬やあどけない少年少女が登場する。

犬のぬいぐるみを描いた「連合国（THE ALLIES）」（③-13）は米国のニューヨークのスタンダード・アート社（STANDARD ART CO.）の発行だ。その売り上げによる収益を連合国への支援に充てる狙いがあった。イラストでは犬がそれぞれの国旗を掲げる。右から順に、セルビア、ロシア、ベルギー、フランス、英国、アイルランド、イタリア、日本となる。端っこの日本が弱々しい。イタリアが連合国に加わっているので一九一五年以降の発行だろう。

当時の米国ではドイツ軍の潜水艦攻撃によるルシタニア号沈没事件（一九一五年五月七日）を機に対独感情が悪化していたが、中立の姿勢を崩さなかった。ドイツに宣戦布告するのは一九一七年四月六日になってからだ。その後の歴史を考えると、犬のぬいぐるみに擬した連合国とは痛烈な皮肉でもある。外見とは裏腹にその本性は獰猛だったからだ。

少年たちを描いた年賀状（③-14）は戦争ごっこの場面だ。軍服を着た一人の少年が指揮を取り、四人の少年が「万歳」と勝利を喜び、手前の少年二人が泣いている。その下にドイツ帝国の国旗が落ちる。裏面の消印は一九一五（大正四）年一月四日であり、米国に宛てた実逓便だ。アジア・太平洋地域の日独戦は終結したが、ヨーロッパ戦線の行方は不透明だった。

黒髪に着物姿の少女を描いた「幼き後援者」（③-15）もある。いかにも日本風の雰囲気が漂う。戦争とは無関係に思えるが、実は違う。英語は「A modest supporter of the Allies（慎み深い連合国の支持者）」、フランス語は「Enfant Japonais（日本の子ども）」と記す。裏面を見ると、発行がYMCA（キリスト教青年会）の日本婦人後援会、説明に「日本婦人は我が勇敢なる連合国軍人を慰籍《いしゃ》せん為に之《これ》を贈る」とある。絵の作者は東京・神田生まれの日本画家鏑《かぶら》木清方《ききよかた》（一八七八～一九七二）だ。水野年方に師事し、京都生まれの上村松園らと並び、近代日本を代表する美人画家として評価が高かった。

犬のぬいぐるみと少女二枚の絵はがきを見比べると、ぬいぐるみの旗が八本、少女の旗は一本減って七本だ。少女の日章旗に重なる旗はロシアの国旗（上から白・青・赤の三色旗）ではない。よく似ているが、セルビアの国旗だ。連合国の主力を担ったロシアが脱落している。

第一次世界大戦中の一九一七年一一月七日にロシア革命が起こり、世界初の社会主義政権が

③ - 13　連合 8 カ国の犬

③ - 15　幼き後援者

③ - 14　少年たちの戦争ごっこ

誕生した。新政権を担ったソビエトは一九一八年三月三日、ドイツやオーストリア＝ハンガリーなどの同盟国と講和条約（ブレスト＝リトフスク条約）を締結し、連合国から離脱した。鏑木の作品はロシア革命後に創作したのだろう。あどけない日本の少女は崩壊したロシア帝国を除き、七ヵ国だけを支持するとの表明でもあった。その後、連合国のシベリア出兵が起こるだけに意味深な印象を受ける。

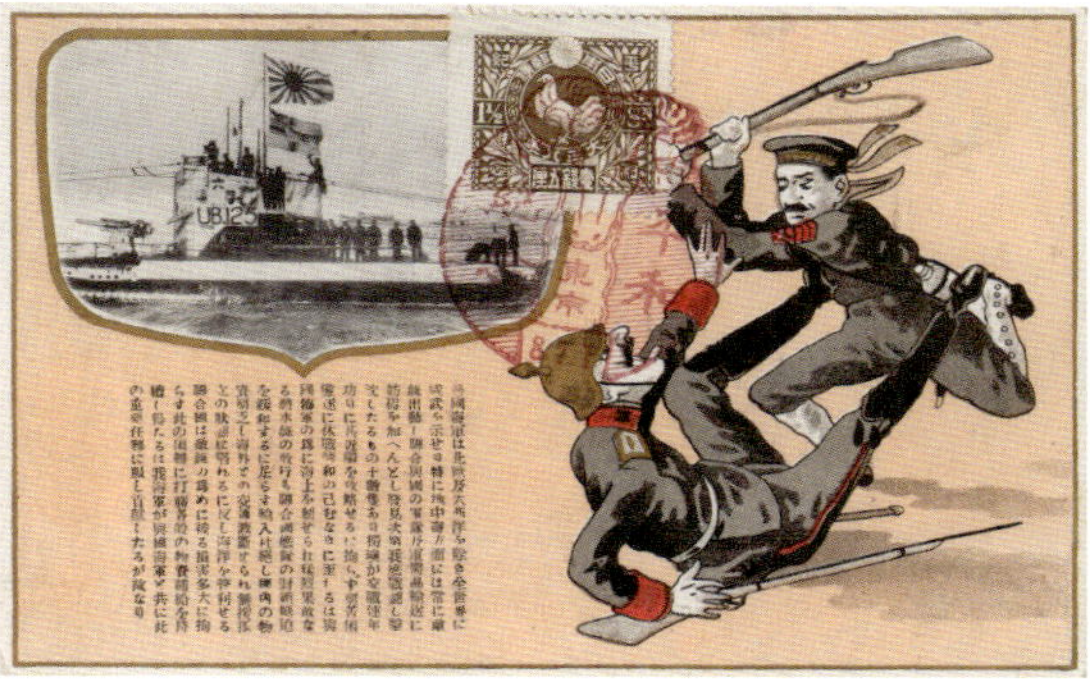

③－16　ドイツ兵を襲う日本兵

日本艦隊の地中海派遣

第一次世界大戦では、戦車や飛行機、潜水艦、毒ガス、火炎放射器といった新兵器が次々と投入された。それでも決定的な勝敗に欠き、連合国と同盟国の兵士たちはモグラのように塹壕に立て籠もった。戦線は膠着状態が続き、戦争が長引くほど連合国に有利だった。海軍力に勝る連合国は大西洋や地中海の制海権を掌握し、同盟国に対する海上封鎖作戦を実行に移す。大戦中盤に入ると効果が徐々に現れ、ドイツ国内の食糧事情が極端に悪化した。兵士を除く七六万人余の餓死者

（大戦中）が出たといわれる。ドイツは米国の参戦を恐れ、無警告無差別の攻撃を自粛してきたが、その我慢も限界に達した。

ドイツは一九一七年二月一日、中立国の船舶を含めて無制限潜水艦作戦の再開を宣言する。非人道的な海上封鎖作戦に対抗する非人間的な無差別攻撃だった。連合国と中立国の船舶被害が相次ぎ、日本の船舶も例外ではなかった。ドイツに対する国際非難が高まる中、英国は日本に対して艦隊の派遣を要請する。潜水艦を巡る対独戦は青島攻略戦とは意味合いが違う。新たな参戦口実を得た寺内内閣は二月一〇日、「国際正義」の観点から日本軍艦隊の地中海派遣を決定した。巡洋艦一隻と駆逐艦一二隻で「第二特務艦隊」（「第一特務艦隊」はインド洋に派遣）を編制し、英領マルタ島を拠点に対潜水艦戦と輸送護衛の任務に当たった。

ドイツ軍の潜水艦（Uボート）は神出鬼没だった。北海や地中海、大西洋に現れ、対抗手段を持たない民間船舶を恐怖に陥れた。大戦中、英国が七八〇万トン、フランスが九〇万トンの船舶を失った。中立国であるにもかかわらず、ノルウェーが一一八万トン、スウェーデンが二〇万トンの被害を受けている。日本の反独感情を表した絵はがき（③-16）がこの一枚だ。左上の写真はドイツ軍の潜水艦であり、戦利品だ。旭日旗をドイツ帝国海軍の戦旗の上に掲げる。怒りが冷めない日本兵がドイツ兵に銃を振り上げて襲いかかる。そして、次の文章を載せる。

「帝国海軍は北欧及び大西洋を除き全世界に威武を示せり。特に地中海方面には常に敵艇出動し連合與国の軍隊の軍需品輸送に妨害を加えんとし、発見次第我艦戦闘し撃沈したるもの十数隻あり。独墺が交戦連年功りにその近隣を攻略せるにかかわらず、窮苦困憊ついに休戦講和の已むなきに至れるは與国海軍の為に海上を制せられ、猛烈果敢なる潜水艇の敢行も連合国艦隊の封鎖厭迫を緩和するに足らず。輸入壮絶し国内の物資窮乏し、海外との交通遮断せられ無援孤立の状態に陥れるに反し、海洋を管利せる連合国は敵艇のために被る損害多大にかかわらず、この困難に打勝各般の物資補給を持続し得たるは我海軍が與国海軍と共にこの重要任務に服し貢献したるが故なり」とある。要するに、地中海において日本海軍が同盟国の潜水艦と勇敢に戦った結果、連合国は艦艇の被害を受けながらも物資補給の継続が可能になったと訴えている。

派遣された「第二特務艦隊」は、英領マルタ島を拠点に三四八回の護衛と三六回の戦闘を展開し、連合国船舶七八八隻を護送した。日本海軍はその活躍を内外に示し、「国際貢献」の先駆けとなった。その陰で日本軍将兵七八人が戦死し、墓碑が英領マルタ島に建立された。皇太子裕仁親王（後の昭和天皇）がヨーロッパ歴訪の途上で慰霊に訪れている。

戦犯扱いにされたUボート

第一次世界大戦は突然の幕切れを迎える。一九一八年一一月三日、ドイツのキール軍港で無謀な出撃命令を拒否した水兵たちが反旗を翻した。それを機に革命の火の手がドイツ全土へと広がった。皇帝ヴィルヘルム二世の退位が一一月九日に宣言され、その二日後の一一日午前五時にフランスのコンピエーニュの森で休戦協定が成立した。大戦を通じて兵士と民間人を含め

③-17　零三号（旧名ウ一一五五号）

て約三七〇〇万人が死傷したとされ、あまりにも遅い「平和」の訪れだった。

休戦直後、世界中の人びとを恐怖に陥れたUボートが連合国に接収された。その数は一四〇隻に及び、これらを戦勝国の港湾に戦利品として飾って栄誉を讃える構想だった。Uボートは〝戦犯〟扱いだ。日本側にも新旧艦艇を含めて七隻の割り当てがあり、一九一八年一二月一九日に引き渡しを受け、英国南部ハリッジ軍港から横須賀港への回航計画が実行に移された。

休戦時の潜水艦保有数は英国一三〇隻、米国八〇隻、フランス七五隻に対して、日本は一八隻に過ぎない。日本の潜水艦力は明らかに劣勢だった。回航計画は軍事機密を入手する狙いもあった。同時に「悪魔」の兵器と戦った日本海軍の「正義」を国民に訴える上で、Uボートは格好の見世物となる。ただし、ヨーロッパから日本までの航程は遥かに遠い。割り当てのUボートは整備が放棄され、艦内配置図面さえも無かった。計画遂行は困難が予想されたが、日本海軍の回航員たちはドイツ語の辞書を片手

③-18　芝浦に回航したる旧独戦利潜水艦

に整備と修理を繰り返し、航行可能な状態に復元した。

日本海軍は一二月二八日から順次曳航《えいこう》を開始する。ドーバー海峡とジブラルタル海峡を経て、翌年の一九一九年三月に英領マルタ島に到着、ここでようやく凱旋の途に就いた。その後、スエズ運河を渡り、英国支配下のアデン、コロンボ、シンガポールなどに寄港し、六月一八日、横須賀港に七隻が姿を現した。Uボートの回航に半年以上も費やしたのだ。

六月一九日付の東京朝日新聞は敵艇を率いて特務艦が凱旋したと伝える。記事は「十八日、戦利独潜艇七隻とともに久しく地中海で独艇撃滅の任に当って居た、第二特務艦隊の日進以下第二十二、第二十三駆逐隊の艦船を横須賀に迎える。軍港に立ち罩《こ》めた朝霧は徐々に霽《は》れ渡って、洋々たる海波は燦として麗光に栄えた……」（『大正ニュース事典』Ⅳ）と記す。登舷礼が行われ、午前一一時過ぎには七隻すべてが繋留された。その様子を捉えた「零三号」（③-17）からは、Uボートが駆逐艦の右舷に張りつくような状態で繋留され、水兵三人の姿が確認できる。説明に全長二一四フィート（約六五・三メートル）、幅二一フィート（約六・五メートル）とある。

特務艦隊の凱旋を記念してUボートの絵はがきが発行された。東京で一般公開されると、「芝浦に回航したる旧独戦利潜水艦」（③-18）のように、「凶悪」な姿をひと目見ようと大勢の見物客が訪れた。一九一九（大正八）年夏の撮影だ。幼い子どもの手を引きながら日傘を手にした着物姿の女性が写る。のどかな日常を実感すると同時に、将来の不安を抱かせる一枚でもある。その後、名古屋でも公開され、溢れんばかりの人びとが岸壁に押し寄せた。

Uボートの絵はがきはすべて一定の検閲を経て流布している。海軍の活躍を伝えるだけではなく、最新の軍事技術を国民の目に曝し、恐怖を植えつけ、さらなる軍事開発が必要であると悟らせた。その後、Uボートを解体した上で徹底的に調べ、連合国間の協定に基づき全艦を廃棄した。一方で日本海軍はドイツ人技術者を招き、次世代型潜水艦の開発に取りかかった。

世界大戦下の俘虜収容所

日本政府は参戦した段階から外国人捕虜（俘虜）が出ると予想し、戦時捕虜を国際法に則って処遇する方針だった。一九〇七年一〇月改定のハーグ陸戦条約（日本は一九一一年一一月六日に批准）によれば、将校に労役を課さず、捕虜の給与は収容国が一時立て替え、下士官と兵卒には生活物資を支給する代わりに労役を課せるとした。また、捕虜の収容国が収容所の運営や監視に伴う負担軽減を図るため、捕虜に一定の自治を認める場合もあった。

開戦から間もなく、日本軍はドイツ支配下の膠州湾租借地と南洋群島を攻略し、総数四六八九人の捕虜を抱えた。大半はドイツ兵で占められたが、一部にオーストリア＝ハンガリー海軍の巡洋艦「カイゼリン・エリーザベト」の乗組員を中心に約三〇〇人のオーストリア＝ハンガリー兵捕虜も含まれていた。彼らは同盟国として青島攻略戦に参戦した兵士だった。

日本の捕虜収容所は、青島が陥落する以前の一九一四年一〇月六日、福岡県の久留米に設置され、捕虜第一陣が到着した。ドイツ兵捕虜の多くは中国各地に商業で赴任中に召集された者が多かった。青島陥落から四日後の一一月一一日には東京・松山・丸亀・徳島・熊本・大阪・姫路・名古屋・福岡の九カ所、一二月三日には静岡・大分の二カ所で収容所が開設された。日本人は概して紳士的に接したが、大戦の泥沼化によって収容所生活の長期化は避けられず、捕虜の精神的な負担は大きかった。しかも捕虜にとって日本は想像を超えた東洋の異国だ。一部の収容所ではストレスから脱走騒ぎや暴力沙汰が起こっている。

日露戦争中の日本では、ロシア兵捕虜が娯楽や温泉、飲酒に興じる場面を絵はがきにしてプロパガンダに活用した。ところが、第一次世界大戦中は宣伝工作を狙った絵はがきを見ない。イースターやクリスマスに際して、捕虜が自主製作した品々が残るだけだ。日独の風景を対比したこの一枚（③-19ａ）はキリスト教のイースター（復活祭）を祝うカードだ。小高い丘陵を背景に赤い屋根の集落を描く。これはドイツ人の郷愁を誘う典型的な風景だ。金髪の女性が

③ - 19a　ドイツと日本の風景

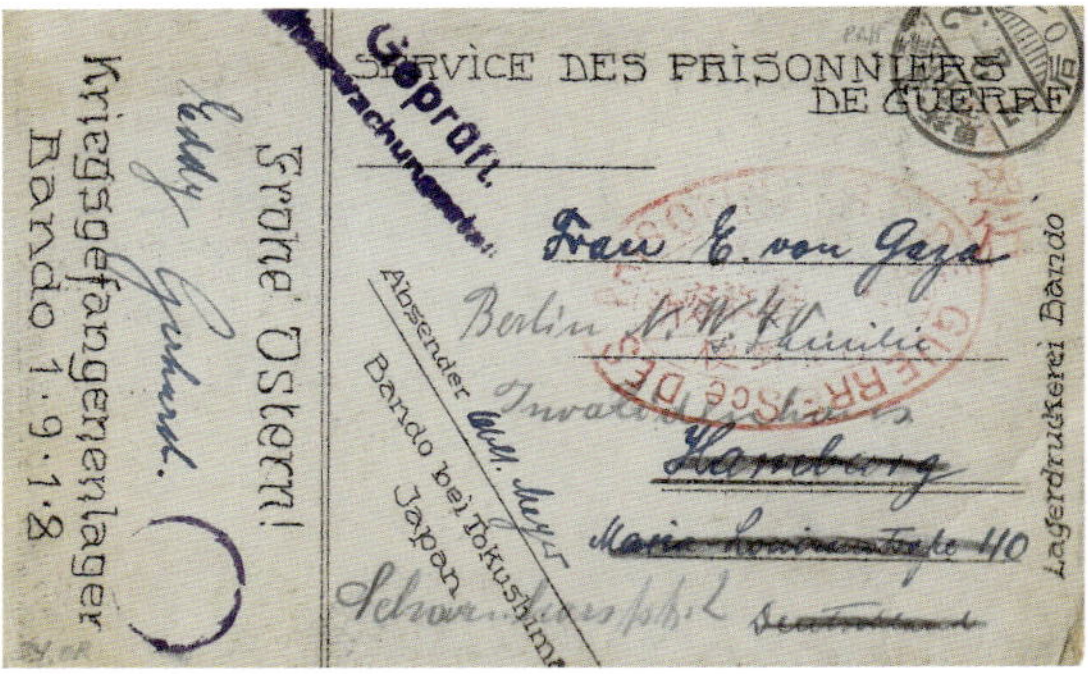

③ - 19b　大正 7 年 2 月 2 日の徳島板東消印（裏面）

遠くを眺めながら日本の収容所で過ごす夫や恋人を思い浮かべているのかもしれない。対する軍服姿の男性は囚われの身だ。鉄条網の向こうに見える景色は富士山だ。美しいとはいっても捕虜にとって異国の地に変わりはない。一日も早く故郷に帰りたい。そんな思いが伝わってくる。

裏面（③ - 19b）を見ると、板東俘虜収容所の許可印に加えて一九一八（大正七）年二月二日付「徳島・板東」の消印が押される。一枚のはがきを送るだけでも検閲と許可の繰り返しだった。徳島県から「独逸行《ドイツ》」とある。宛名は既婚女性に対するドイツ語の敬称「Frau（フラウ）」で始まる。妻か母親に宛てたのだろうか。ハンブルグの住所が消された後、差出人とは異なる筆跡でベルリンの住所が書き加えられている。女性は戦時中の混乱で引っ越したのかもしれない。一九一八年の復活祭は三月三一日だった。

この差出人が過ごした板東俘虜収容所は一九一七年四月から一九二〇年四月まで運営された。徳島・丸亀・松山三カ所の収容所を統合して徳島県板野郡板東町（現在の鳴門市）に新設され、約五万七千平方メートルの敷地に約一千人の捕虜が収容された。所長の松江豊寿（一八七二～一九五六）は会津藩士の長男として生まれ、賊軍の悲哀を味わった体験から捕虜の心境を察し人道主義に徹した。「バンドー（板東）」を舞台にベートーベンの交響曲第九番が初演されたほか、ドイツ菓子やソーセージなどの食文化が伝えられ、地域住民との間に国際交流が芽生えた。

③ - 20　俘虜製作品展覧会

その一環として「俘虜製作品展

覧会」が板東公会堂で行われ、案内状（③-20）が残る。一九一八年三月八日から一八日（実際は一九日まで開催）までの間、絵画・工作展示会を開催するとある。美術部門に二七人が二二〇点、工芸部門に一〇八人が二四七点を出品し、日本人と在日ドイツ人を合わせて会期中の来場者は五万九五人を数えた。作品の即売もあり、ほとんどが完売した。

一一月に入って戦争が終結すると、捕虜の帰国が現実味を帯びてくるが、自国が敗れたドイツ兵捕虜の思いは複雑だ。そんな折に板東俘虜収容所の捕虜が製作した「WEIHNACHT

③-21a　1918年のクリスマス　日本

③-21b　戦争捕虜郵便（裏面）

1918（クリスマス一九一八年）」（③-21a）は音楽を奏でながら仲間と共に静かな夜を過ごす場面だ。裏面（③-21b）には日本語の「郵便はかき」とフランス語の「SERVICE DES PRISONNIERS DE GUERRE（戦争捕虜郵便）」が明記される。収容所が公認した絵はがきだった。

ドイツ兵の板東俘虜収容所とは対照的に、オーストリア＝ハンガリー兵捕虜を収容した兵庫県の青野原俘虜収容所はあまり知られていない。加古川中流の「青野原台地」に位置し、一九一五年九月から一九二〇年一月まで存在した。敷地面積は二万二六八〇平方メートルあり、当初はドイツ兵二五一人、オーストリア＝ハンガリー兵捕虜二二六人が収容された。ここの捕虜もまた絵はがき（一〇枚一組）を製作し、一九一八年一二月一四日から一九日までの捕虜製作品展覧会で販売した。このうちの一枚（③-22）は、鎖にクリスマスの飾りをつけて囚われの身である状況を表現している。一人は読書を楽しみ、もう一人はパイプを燻《くゆ》らせる。

捕虜が描いた絵はがきを見る限り、板東でも青野原でも比較的自由な表現が許されている。故郷を思う心情をストレートに吐露した品々は本来ならば発禁処分にされても不思議ではない。厳しい監視と検閲を建前としながら現場の収容所は捕虜に対して寛容に接したのだろう。長きに渡った第一次世界大戦が終結すると、捕虜の本国送還が全国各地の収容所で順次始まった。板東や青野原の捕虜は神戸港から帰国の途に着いている。平和が訪れ、役割を終えた収容所は一九二〇年四月一日をもってすべて閉鎖された。

③－22　青野原俘虜収容所の捕虜

南洋の珍客と日本観光

ドイツ領だった南洋群島は日本の軍政下に置かれた。第一次世界大戦中にもかかわらず、日本は占領を既成事実化する狙いもあり、各島の首長や実力者を選抜して内地観光団を編成した。「文明化」が進んだ日本本土の見聞を広め、その威武を示す上で絶好の機会になると考えたからだ。

南洋群島からの第一回内地観光団（一九一五年七月）はクサイ島（現在のコスラエ島）の二三人によって編成された。彼らを乗せた運送船「南海丸」は七月二〇日にトラック島を出港、二八日午後四時、横須賀港に到着した。八月一日午前一〇時五〇分、一行が東京駅から降りると、大勢の市民から大歓迎を受けた。翌八月二日付の時事新報は「南洋貿易会社から寄贈された真岡縦縞白地の単衣《ひとえ》に、黒絽に丸に南の字の五つ紋付羽織」（『大正ニュース事典』II）との姿で、自慢のパナマ帽を被り、二等貸し切り車両に乗って来たとある。午後一時からの昼食は豪華で、

③－23
南洋の珍客自ら軍用電話をかけて不思議がる

③－24
南洋の珍客蓄音機に感嘆す

記事には「牛肉のスチウ、鰆《さわら》の蒸し物に蕎麦を附け合わせ、それに辛味入りの薄塩汁をかけたものと、肉と馬鈴薯の吸物に枝豆の塩茹で」（同）とある。口に合わなかったのか、蕎麦と枝豆は大部分を残した。翌二日から宮城遥拝《ようはい》を皮切りに、軍事施設や靖国神社のほか、帝国劇場、上野動物園、浅草などを次々と訪れた。東京見物を存分に楽しんだ後、一行は三越呉服店で土産物を買い込み、一四日午後、帰路に就いた。

観光団を取材した新聞記者たちは注意深く観察している。彼らが頭上の飛行機を見て驚き

「何という鳥か」と尋ねると、記者は文明の利器を理解していないとし「奇問である」と断じた。数字の概念がない点を挙げながら未開性を強調すると同時に、その先進性にも気づく。一行の中にはヨーロッパへの渡航経験がある国際人がいたのだ。英語、フランス語、ドイツ語、スペイン語を巧みに操り、英字新聞「ジャパンタイムズ」を読みこなしたと言う。南洋群島は太平洋を航行する船にとって交通の要衝だった。ドイツ以前はスペインが支配していた。為政者が入れ替わる度に〝接待〟を受け、彼らもまた新しい支配者を値踏みしたのかもしれない。

南洋群島からの内地観光団を捉えた絵はがきがある。これら二枚は「東京麻布山田写真館内写真通信会」が大正初期に発行している。年代は記載されていない。「南洋の珍客自ら軍用電話をかけて不思議がる」(③-23)では、軍人が囲む中、帽子を被って白いスーツを着た男性が受話器を手にする。日付は八月二三日だ。もう一枚「南洋の珍客蓄音機に感嘆す」(③-24)は温泉宿の場面だ。黒いスーツ姿の男性の前に蓄音機とレコードを置き、浴衣を着た異国の人たちが畳の上に座る。日付は八月二五日だ。彼らは「文明」の機器に興味津々だったようだ。

内地観光団は一九一五年から一九三九年(一九二〇年を除く)までの間、毎年一回ずつ訪日し、延べ約六六〇人が参加した。日本が見せたい軍事や文明の拠点を数週間に渡って巡り、娯楽を交えながら研修を行う方式だった。観光団が訪れる場所には見物客が絶えなかった。「大日本帝国」の権威を参加者に印象づける狙いがあったとされる。ただし、それだけでは言い尽くせない面もある。案内役付きの団体旅行を成しており、近代的な日本観光の先駆けでもあった。

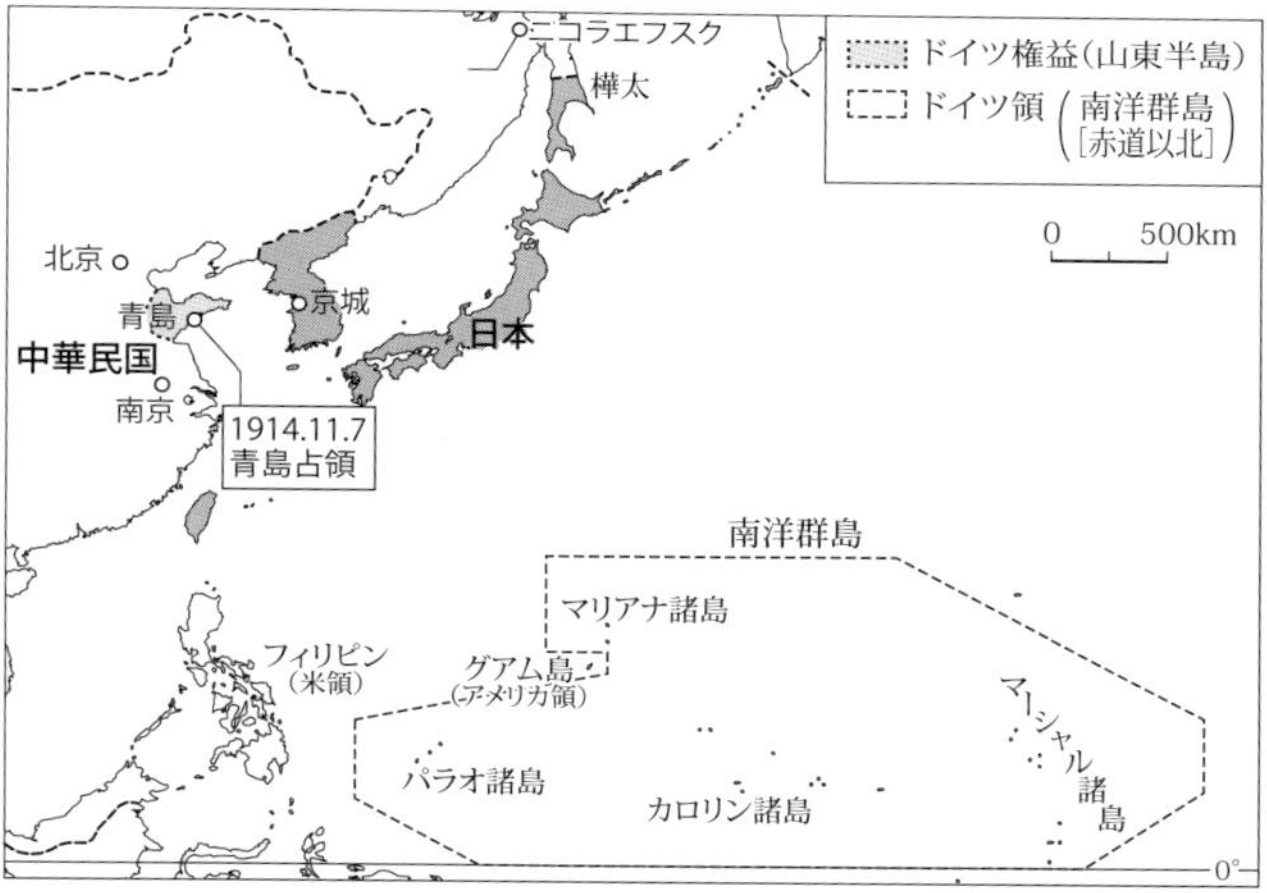

第一次世界大戦後の日本

「暗黒南洋」から「宝の島」へ

一九一九年一月一八日にパリ講和会議が始まった。世界二七カ国が代表を送る中、戦勝国の米国・英国・フランス・イタリア・日本の五カ国が重要事項を決定する建前だったが、実質的には米英仏の三カ国が権限を握っていた。戦後処理を巡って参加国の間で激しい対立が生じる一方で、日本は淡々と交渉を進めた。山東半島の旧ドイツ権益の継承と旧ドイツ領の南洋群島（赤道以北）の統治が認められ、会議参加の目的はほぼ達した。六月二八日にはベルサイユ宮殿で調印式が行われ、新しい国際秩序の幕が開いた。

国際連盟から南洋群島の委任統治が正式に認められた後、一九二二年四月一日、南洋庁がパラオ諸島のコロール島で発足した。「第

③-25　南洋興発株式会社製糖工場の図（サイパン島）

一次世界大戦後の日本」の地図（一七三頁）を見ると、朝鮮や台湾、南樺太に南洋群島が加わり、広大な「海洋帝国」の様相を呈していた。だが、南洋群島は六〇〇余の島々に約五万人が住む程度であり、人口は希薄だった。加えて産業がなく、太陽が照りつける常夏の南国風景とは裏腹に「暗黒南洋」だと称された。

そんな南洋群島の開発に貢献した人物が、後に「砂糖王」と呼ばれる松江春次（一八七六〜一九五四）だ。板東俘虜収容所で所長を務めた陸軍少将松江豊寿の弟に当たる。米国で最新の製糖技術を学び、台湾の製糖会社では抜群の経営手腕を発揮した。松江春次は東洋拓殖株式会社（東拓）の出資を受けた後、倒産した会社の製糖業を引き継ぎ、一九二一（大正一〇）年一一月二九日、南洋興発株式会社（南興）を設立する。本社をサイパン島チャランカノアに置き、三年余で立て直した後、密林のジャングルを開墾し、サトウキビ畑を拡大していった。

「南洋興発株式会社製糖工場の図（サイパン島）」（③-25）は軽便鉄道を使って大量にサトウ

③－26
桟橋砂糖荷放の景

③－27
（南洋サイパン島）北ガラパン街二丁目通り

③－28
パラオ鰹節製造工場

キビを運び込む場面だ。説明に「東拓の姉妹会社にして南洋において甘蔗の栽培及製糖業を営む」と添える。「甘蔗《かんしょ》」はサトウキビであり、南興の経営が軌道に乗り始めた頃の撮影だろう。続いて「桟橋砂糖荷放の景」(③-26)からは大型船が接岸できない様子が分かる。一旦桟橋に砂糖袋を集積した後、艀《はしけ》を使って沖合の大型船まで運搬する作業が必要だった。二枚共に製糖業の好調ぶりが伝わってくる。

南興は製糖業を主軸としながら多数の傍系企業を有し、水産や鉱業、製油、貿易、交通運輸など、さまざまな事業を展開した。内地からの日本人労働者が急増し、発展した街がサイパン島のガラパンだ。近代的な街並みが形成され、人口は一万人を超え、「南洋の東京」と称された。中心地の「北ガラパン街二丁目通り」(③-27)は多くの人びとで賑わう。日本人商店なのだろう。「くすり」や「二関物産店南洋土産」という日本語が確認できる。

南洋群島の周辺海域は豊かな漁場に恵まれていたが、当時は冷蔵や冷凍の技術が未発達だった。新鮮な魚介類を内地へ運ぶ手立てがなく、現地で加工品にしてから内地へと輸送する方法が考えられた。その代表が鰹節《かつおぶし》だ。保存性に優れ、高値で売れた。一九三五年一月一六日、南興の水産事業部門が独立するかたちで南興水産株式会社が誕生した。鰹漁船六〇隻余を所有し、パラオやサイパン、トラック、ポナペ(現在のポンペイ)などで鰹節工場を運営した。南洋群島をはじめ、オランダ領東インドや北ボルネオを含む、いわゆる「南洋」で生産された鰹節は「南洋節」と呼ばれ、鹿児島県の枕崎や静岡県の焼津《やいづ》と並ぶブランド産品として急成長を遂げる。

その後、国家統制が強まり、産業開発や拓殖移民を担う国策会社として南洋拓殖株式会社（南拓）が一九三六年一一月二七日に設立された。本社はパラオ諸島コロール島に置き、南興水産株式会社はその系列下に編入された。この南拓が発行した「パラオ鰹節製造工場」（③-28）では、白いシャツを着た従業員たちが黙々と作業に励んでいる。高額な給与が約束され、内地から出稼ぎ労働者が次々とやって来た。「暗黒南洋」の風景は一変し、「宝の島」となった。

身近なヨーロッパの街、ウラジオストク

ロシアのウラジオストクといえば、かつての日本人にとって最も身近なヨーロッパであり、親しみを感じる街の一つだった。日本語では「浦潮斯徳」と記し、略して「浦潮」「浦塩」「浦塩鹽」と書いた。その始まりはロシアの軍用輸送船「マンジュール（満洲）」の部隊が上陸した一八六〇年六月二〇日（ロシア暦）とされる。ヨーロッパ系だけではなく、中国人や朝鮮人の進出が目覚ましく、国際色豊かな街だったといわれる。一八八〇（明治一三）年五月三一日には正式に市へと昇格し、一八九一（明治二四）年五月三一日にはシベリア鉄道の起工式が行われた。

ウラジオストクは一大生産地であるヨーロッパから遠く離れていたため、現地では慢性的に日用品や食料品が不足していた。現地の購買意欲は高く、海外からの輸入品を常に求めていた。そんな経済事情を知り、商魂たくましい日本人商人たちが北の荒海を渡っていった。二〇世紀

③－29
ウラジオストク全景

③－30
スエトランスカヤ街

③－31
スエトランスカヤ街クンストアルベルス百貨店

初頭には三千人規模の日本人街が出現し、商店や会社、銀行、学校、寺院などを構えた。

日露戦争を機に大半の日本人が引き揚げたが、ポーツマス講和条約の成立以降、ウラジオストクと敦賀を結ぶ定期船が再開し、再び日本人街は活気を呈した。シベリア鉄道の全線開通を経て、一九一三年には人口が九万四九三五人を数え、一〇万人都市が目前となった。この時、ロシア人は五万三九五七人、中国人は二万六七八七人、朝鮮人は八二一〇人、日本人は一八三〇人を数えた。極東の地に近代的な国際都市が誕生したのだ。

こうしたウラジオストク在住日本人の足跡を示す絵はがきは数多い。「ウラジオスク全景」（③-29）では、ヨーロッパ風の美しい街並みが広がる。日本語に加えてロシア語と英語の説明も添える。市内でもアレウツカヤ街は日系商店が集中し、洋服屋や理髪店、写真館、旅館、果物商、雑貨商、料亭、銭湯が軒を並べ、着物姿の日本人が闊歩した。青森県産のリンゴは高値でもロシア人の人気を集めたといい、商売の種は尽きなかった。

「スエトランスカヤ街（スヴェトランスカヤ通り）」（③-30）は東西に延びるメイン・ストリートだ。通りに日本の横浜正金銀行がウラジオストク支店を構えた。この支店はシベリア出兵時に極東からの金銀搬出に従事した。反革命軍が日本から武器や弾薬を購入するため、二〇トンの金塊を持ち込んだ逸話でも知られる。スヴェトランスカヤ通りで最も目立つ建物が「クンストアルベス百貨店（クンスト・アリベルス商会）」（③-31）の本店だった。一八八五年の建築とされ、アリベルスは何でも揃うといわれたドイツ系の高級百貨店であり、ハバロフスクやブラゴベシチェンスク、アレクサンドロフスク（亜港）、ニコリスク・ウスリースキー、ハルビンなどに支店を持ち、二〇世紀初頭には極東の一大販売網を築いていた。

第一次世界大戦では日本とロシアは連合国として参戦した。ウラジオストクを中継点にシベリア鉄道を経由して、日本からヨーロッパへ大量の軍需物資が輸送された。かつて日本にとって軍事的脅威だった鉄道が逆に莫大な富をもたらす輸送ルートとなった。シベリア出兵以前には一時滞在者を含めると、約五千人の日本人がウラジオストクに住んでいた。

そんな経済交流を定期船と鉄道が支えた。大阪商船の『航路案内』（一九一九）によると、敦賀港とウラジオストク港を結ぶ船は毎週土曜の午後四時に出航し、月曜午前一〇時にウラジオストクに到着したとある。復航の船は毎週水曜正午に出て、金曜午前六時に着いた。四二時間の船旅で、片道が一等四五円、二等二五円、三等洋食付一二円・和食付一〇円だった。さらに、ウラジオストクからシベリア鉄道に乗り継げば、日本から最短一二日間でモスクワに着く。そこを中継点に、ヨーロッパのベルリンやウィーン、パリ、ローマの主要都市へと鉄道が続いた。日本から見てウラジオストクはまさに「ヨーロッパの玄関口」だった。

戦争だったシベリア出兵

戦争に明け暮れたロシア国内では、食糧や生活物資が極端に不足し、国民の不満は頂点に達した。一九一七年三月八日に首都ペトログラードで起こった市民のデモは拡大の一途を辿り、三月一五日に皇帝ニコライ二世は退位、三〇〇年間続いたロマノフ王朝は崩壊した。この三月革命（二月革命）で発足した臨時政府もまた十一月革命（十月革命）によって倒され、ボルシェビキのソビエト政権が誕生した。この革命は日本にとって大きな痛手となった。というのは、日露戦争以降、両国の関係は急速に改善していたからだ。一九〇七年から一九一六年までの間、計四回に渡って日露協約を結び、満洲とモンゴルを巡る利害調整から第三国を意識した軍事同盟へと発展していた。

友好ムードを反映して、ロシア沿海州の都市に多くの日本人が住んでいた。日本政府は「居留民の保護」を理由に一九一八年一月一二日、戦艦二隻「石見」「朝日」を主力とする艦隊をウラジオストクへ派遣した。表立った軍事行動を控えたが、四月四日に日本人の貿易会社「石戸商会」の社員三人が殺傷される事件が起こり、翌五日、日本海軍の陸戦隊約五〇〇人がウラジオストクに上陸した。ただし、この段階では本格的な出兵に至っていない。

しかし一九一八年五月に新たな問題が生じる。シベリアを通過中だったチェコスロバキア軍団（チェコ軍団）がハンガリー捕虜との小競り合いからソビエト政権と対立し、ウラジオストクをはじめ、シベリア鉄道の沿線を占領してしまう。チェコ軍団とは、大戦中にロシアの捕虜となったチェコ人とスロバキア人に加えて、政治的な理由からロシア領内に逃れてきた難民の子孫で編成された部隊だ。彼らにとって祖国を支配するオーストリア＝ハンガリー（同盟国）は敵であり、革命前のロシア軍（連合国）の一翼を担った。ロシアに協力し、祖国独立を目指そうとする矢先にロシア革命が起こり、新たなソビエト政権が誕生した。

チェコ軍団はソビエト政権と改めて合意し、ウラジオストクから米国に渡り、連合国側としてフランスへ向かう予定だった。シベリアで足止めにされたチェコ軍団の危機説が流れ、英仏伊の連合国が日米両国に出兵を求めてきた。当初、日本政府は慎重な姿勢を崩さなかったが、米国のウィルソン大統領が共同出兵を持ちかけてくると態度を急変させた。寺内内閣はチェコ軍団救済を名目に掲げて八月二日に出兵を宣言した。三日に英軍、九日にフランス軍、一二日に日本軍、一九日に米軍がウラジオストクへと上陸する。

日本軍が上陸した八月一二日撮影の「チェコ軍司令部前において連合軍代表武官の敬礼交換式及び分列式の光景」（③-32）がある。建物にフランスの国旗と日本の旭日旗が掲げられている。日本軍の行進を後方から捉えた場面だと思われ、拡大して見ると、群衆の中に着物姿の女性が多数確認できる。日本軍は現地ロシア人への配慮もあり、華美な歓迎を自粛するように要請していたが、ウラジオストク在住の日本人はひと目見たかったのだろう。八月一六日の「日本海軍分列式（三笠）」（③-33）では巨大な旭日旗とラッパ隊を先頭に長い列が続く。

シベリア出兵とは、英仏両国が主戦場であるヨーロッパ戦線を有利に導くため、新たな戦端を開こうとしたに過ぎない。それに便乗した日本だったが、ソビエト政権の実力を侮り、気がつけば抜け出せなくなっていた。一方で大正デモクラシーの影響から革命に共鳴する国民感情があったともいわれ、そんな雰囲気を払拭する意図が働いたのだろう。革命軍を否定的に捉え

③ - 32
チェコ軍司令部前において連合軍代表武官の敬礼交換式及び分列式の光景

③ - 33
日本海軍分列式（三笠）

③ - 34
赤軍に撃退されたる白軍がクーノタング駅百露里の地点を爆破され進行停止の困難に落入る

③‐35　赤章を捨て白腕章に早変りの露人夫婦

た絵はがきが乱発されている。その一つの例に機関車が転覆した場面の絵はがき（③‐34）がある。説明に「赤軍に撃退されたる白軍がクーノタング駅百露里の地点を爆破され進行停止の困難に落入る」と添える。赤軍の破壊工作によって白軍が足止めされたらしい。

　革命軍は赤軍、反革命軍は白軍と呼ばれ、日本を含む連合国はこの白軍を支援した。ハバロフスクの市民を紹介した絵はがき（③‐35）では「赤章を捨て白腕章に早変りの露人夫婦」とある。善良な一般市民が革命軍を嫌って反革命軍に転じたような印象を与える。しかし、事実は微妙に異なっている。元の写真は『西伯利亜出征第十四師団記念写真帳』（一九二〇年九月）に掲載される。「星野屋」（栃木県宇都宮市）の発行で、下野新聞従軍記者関幸之丞の撮影とある。

　同書によれば、撮影地は哈府（ハバロフスク）で「赤章を捨て白腕章を附せる露西亜人」とある。パルチザンが入城してから市民全員が忠誠を示す証しとして赤い腕章をつけて日本軍の

③－36　日本キリスト教青年会同盟軍隊慰問部の所在地

排斥を企てていた。だが、日本軍が入城すると一転して白い腕章をつけて忠誠を誓った。逆らえば即座に殺される。同書は「事大主義になれる彼等は憐れなり」と記し、市民に同情を寄せる。

日本軍はシベリア出兵に際して約七万二四〇〇人（最大兵力）を派遣し、このうち戦闘員は四万四七〇〇人だとされる。他国と比べて突出していた。派遣先をウラジオストク周辺に限るとした日米合意を破り、日本軍の進軍先はバイカル湖畔のイルクーツクに達し、東シベリアと満洲北部の鉄道沿線と主要都市を占領した。当時の状況が「軍隊慰問部」の所在を示した絵はがき（③－36）からも覗える。発行は「東京市神田区表猿楽町十番地」の「日本基督《キリスト》教青年会同盟軍隊慰問部」だ。軍の進軍に伴って民間団体も戦争協力した経緯を物語る。出兵は「シベリア出兵時の日本軍占領地域」（一八六頁）のように広範囲に及んだ。

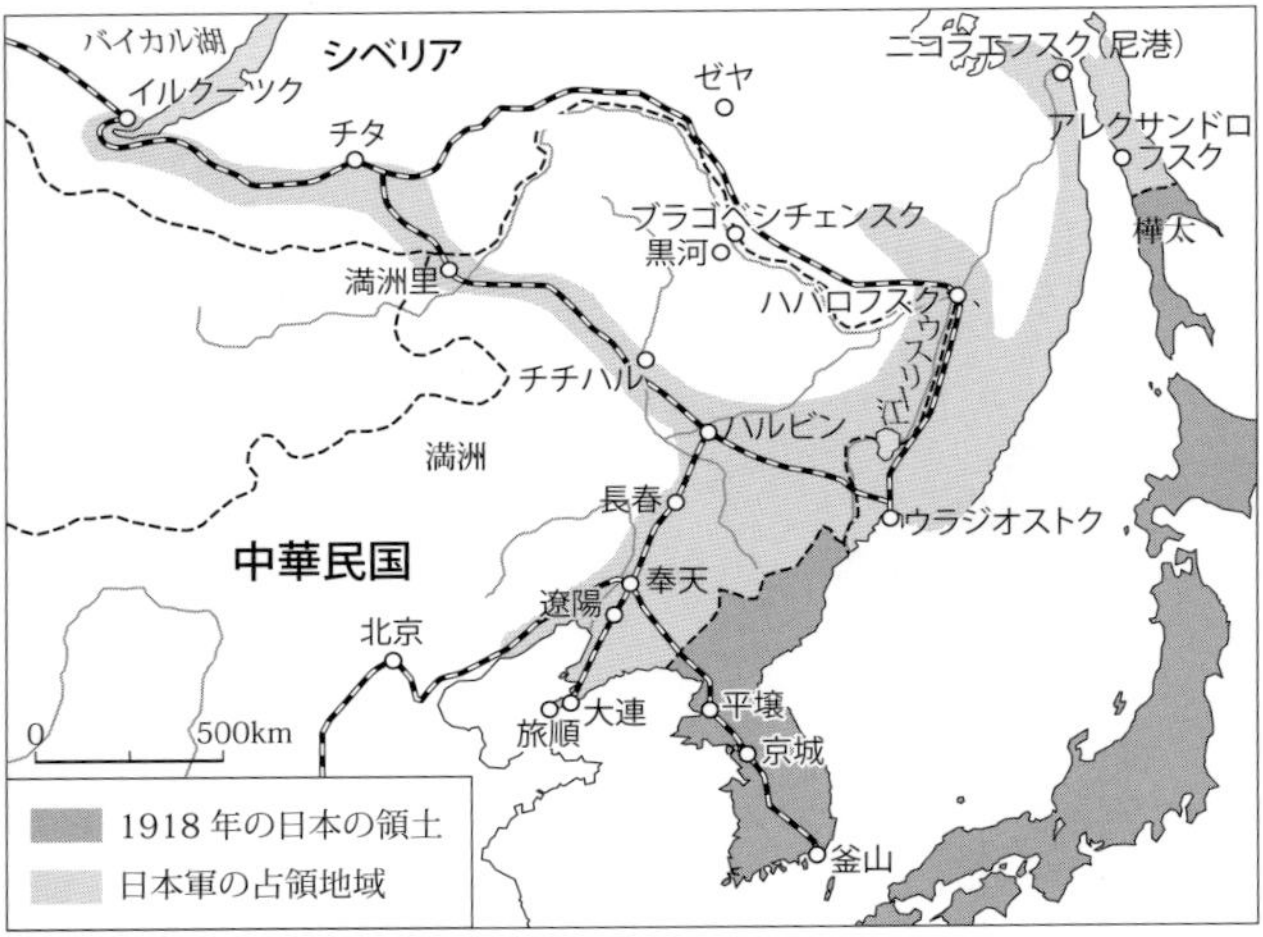

シベリア出兵時の日本軍占領地域

日本はシベリア出兵が善良なロシア人を助ける「正義」の戦いであると主張した。それを裏付けようと、派遣部隊は新聞記者や写真家を同行させ、戦地で撮影した写真を絵はがきにして流布させている。だが、今も昔も収集家の人気はない。押しつけのイメージが強すぎたからだろう。そしてシベリア出兵の場合、描かれない世界もまた多かった。実際、ロシア人にとって連合軍の内政干渉は侵略と見なされ、革命云々より以前に祖国を守る戦いへと変質していった。シベリア各地で市民が武装蜂起し、連合軍を相手にゲリラ戦を挑んできた。

　しだいに目の前のロシア人が「敵」か「味方」の判別がつかなくなっていった。出征した日本軍兵士の手紙や手記には、革命軍に同情を寄せ、何のための戦いなのか分からないと明かす文面も綴られている。日本軍のある部隊は「パルチザン掃討戦」と称し、村人を大量虐殺している。イワノフカ事件（一九一九年三月二二日）と呼ばれ、一説には犠牲者は二九〇人を超えたとされる。皮肉にもロシア革命はシベリア出兵という外圧によって成就した面がある。ソ連にとって、シベリア出兵は祖国を守るための「戦争」となった。後に「侵略」した日本への報復として、シベリア抑留の伏線となっていく。

日本人の大量虐殺「尼港事件」

遺体の写真は感情的な反応を引き起こす。それが同胞の惨殺体となれば、強い憎悪が込み上げてくる。「尼港黒龍江より引き揚げたる日本軍民の死体」（③‐37）は損傷が激しく、男女の区別さえ難しい。パルチザンによって惨殺され、遺体が川に投げ込まれたと伝えられた。

舞台となった街はニコラエフスク（現在のニコラエフスク・ナ・アムーレ）だ。黒龍江（アムール川）の河口付近に位置し、北樺太の対岸にあった。漢字で「尼港《にこう》」と記し、二〇世紀初頭の人口は一万五千人を超えた。この尼港と小樽を定期船が行き来し、日本の漁船が頻繁に寄港した。約三五〇人の日本人が暮らし、日本領事館も開設されていた。シベリア出兵の際は日本軍と反革命派の支配下にあり、陸軍の守備隊（第一四師団歩兵第二連隊第三大隊、茨城県水戸市）と海軍の無線電信隊が駐留した。

しかし、世界情勢は大きく変わった。第一次世界大戦が終結すると、連合国はシベリア出兵

③-37　尼港黒龍江より引き揚げたる日本軍民の死体

の大義名分を失った。チェコスロバキアは一九一八年一〇月二八日に独立宣言し、シベリアのチェコ軍団は早期帰国を望む。英国とフランスは一九一九年秋から派遣部隊の引き揚げを開始し、米国もまた一九二〇年一月五日に撤兵を決めた。連合国と入れ替わるように革命派が極東へと勢力を伸ばす中、依然としてニコラエフスクは反革命派が抑え、日本軍の部隊（三七〇人余）は健在だった。

この状況が突如として急変する。一九二〇年一月、二三歳のヤコフ・トリャピーツィン率いる約四千人のパルチザンがニコラエフスクを包囲したのだ。反革命派の戦意は喪失しており、日本軍が矢面に立って交戦した。時は真冬、間宮海峡は結氷している。海上からの援軍が望めず、完全に孤立した。人員に勝る敵を前に勝ち目はなく、二月二四日、日本軍の部隊は休戦を余儀なくされた。

その後、トリャピーツィンは恐怖政治を敷き、反革命派とされたロシア人を次々と処刑する。

③-39　尼港殉難者三宅海軍少佐

③-38　尼港殉難者石田領事

反革命派と繋がる日本人もまた殺害するとの憶測が流れ、追い詰められた日本人は三月一二日未明、パルチザンに最後の戦いを挑む。その最中、日本領事館は全焼し、民間人三八四人（うち女性一八三人）を含む七三五人が亡くなった。日本軍の部隊はニコラエフスク港に駐留する中国軍艦隊の砲撃を受け、街に住む朝鮮人からも襲撃を受けたと伝えられる。そして、あの惨殺体を捉えた絵はがきの発行に至った次第だ。

　犠牲者の中に「尼港殉難者」として注目を集めた人物がいる。一人は石川県出身の石田虎松副領事（③-38）だ。決起翌日となる三月一三日に男女二児と妻と共に自決した。殉職後に昇進し、説明に「領事」とある。もう一人は兵庫県出身の三宅駸五《みやけしんご》海軍少佐（③-39）だ。海軍無線電信隊を率いてニコラエフスクに駐在していた際、事件に巻き込まれたと伝えられる。領事館を死守しようと抵抗した後、石田副領事らと共に戦死した。

事件前からパルチザンの動きは現地で察知され、日本政府も日本軍も詳細な報告を受けていた。それにもかかわらず休戦の報を受けて楽観視し、事態を甘く見ていた。事件の発生後も断片的に情報が届いていた。だが、間宮海峡の解氷を待ち、原敬《たかし》内閣は四月九日に救援軍の派遣を閣議決定した。その現地到着は虐殺から三カ月ほど後の六月三日になってからだった。

ニコラエフスクの惨事は「尼港事件」としてセンセーショナルに報じられた。すべての元凶はパルチザンにあると強調された。現地特派員が帰国してから各地で報告会を開き、どの会場でも大盛況となった。当時の熱気を反映して事件を伝える絵はがきが発行された。「ニコライスク兵営焼跡（我軍の死力を尽し籠城せし所）」（③-40）は惨劇を物語る一枚だ。尼港事件で「悪行」の限りを尽くした犯人（③-41）もまた絵はがきとなる。説明には「パルチザンの首領トリヤピーチン女参謀長ニーナその他幹部」とある。元の写真が『西伯利《シベリ》出征紀念写真帳尼港写真実写』に掲載される。事件との関係が深い水戸市で発行された写真集だが、その説明は「パルチザン幹部」との表現にとどめている。

尼港事件はキャンペーンのように国民的関心事とされた。事件発生から間もない一九二〇年八月には日活が映画『尼港最後の日』を公開した。続いて九月には東京・浅草公園で尼港遭難実況展覧会が開かれた。パノラマとジオラマを使って無実の日本人やロシア人がパルチザンに

③-40
ニコライスク兵営焼跡

③-41
パルチザンの首領トリャピーチン女参謀長ニーナその他幹部

よって殺害されるまでの一部始終を再現した展示だった。この時、浅草の会場で「尼港遭難実況展覧会記念絵葉書」（一七枚組）が販売され、そのうちの三枚を紹介したい。

一枚目の「残存日本人及び露国良民獄内虐待の光景（女子房）」（③-42）では、女性や子どもが獄舎に押し込められている。二枚目の「パルチザン軍首領の尼港市民に対する宣言並びにその暴行の光景」（③-43）では赤旗を手にする人とパル

③－42
残存日本人及び露国良民獄内虐待の光景（女子房）

③－43
パルチザン軍首領の尼港市民に対する宣言並びにその暴行の光景

③－44
残存日本人及び露国良民が黒龍江河岸において虐殺されつつある光景

チザンに捕えられる人びとが描かれる。三枚目の「残存日本人及露国良民が黒龍江河岸において虐殺されつつある光景」（③-44）ではパルチザンが市民の殺害に及ぶ。イメージを描いた絵はがきが流布し、革命派の凶悪性を増幅させた。

③-45　尼港殉難者招魂碑

犠牲者の追悼施設を建立する機運も高まり、尼港殉難者招魂碑の絵はがき（③-45）も残る。尼港、亜港（アレクサンドロフスク）、デカストリー（泥港）、札幌の都市を地図上に記し、「薩哈嗹《サガレン》派遣軍凱施紀念歩兵第二十五聯隊」の記念印が押印される。日付は一九二一（大正一〇）年七月だ。この連隊は札幌を拠点とし、尼港事件を受けて、北樺太占領を任務とした薩哈嗹州派遣軍（一九二〇年七月編成）に参加している。尼港事件の慰霊碑（殉難碑）は札幌市だけではなく、小樽市、茨城県水戸市、熊本県天草市にも建立された。このうち水戸市は守備隊だった軍人三〇五人、天草市は民間人を中心に一一〇人が犠牲となった。

当初、尼港事件は同胞を見殺しにした「国家的大恥辱」として、軍と政府が批判に曝されていた。それが、いつの間にか批判の矛先はパルチザンに向かっていた。本来ならば、尼港事件はシベリア出兵の失敗が招いた犠牲だった。しかし、そんな側面は完全に忘却され、「パルチザンの蛮行」であるとのイメージが擦り込まれていった。ここでメディアとしての絵はがきが一定の影響力を持ったのだろう。

火が点いた国民の怒りは収まらず、日本政府はシベリアから撤退する時機を逸し、一九二二(大正一一)年一〇月二五日になって全面撤退した。北樺太に関しては尼港事件を理由に一九二五年五月一五日まで保障占領を続ける。

ポーランド孤児の救済

ポーランドの領土は一八世紀後半に計三回に渡ってロシア・プロイセン・オーストリアの三国に分割された。祖国を失ったポーランド人は自由と独立を求めて抵抗を繰り返したが、ことごとく失敗に終わる。ロシアの支配地域において多くのポーランド人が政治犯として逮捕され、シベリアに流刑された。その後、シベリアの地で世代を重ねていった。

第一次世界大戦では、ロシア支配下の旧ポーランド領がドイツ軍の猛攻を受け、敗退するロシア軍が焦土作戦の一環としてポーランド人を東へ強制退去させた。その結果、シベリアのポーランド人は一五万人から二〇万人に膨れ上がった。さらにロシア革命が起こると、連合国はシベリアに出兵し、ロシア情勢の先行きが不透明となる。シベリアのポーランド人はロシアの内戦と混乱に巻き込まれ、行き場を失ってシベリア各地を放浪した。

一方で、ヨーロッパでは大きな動きがあった。第一次世界大戦の休戦協定が成立し、ポーランドは一九一八年一一月一一日、念願の独立を果たす。この勢いに乗って、ポーランドは失われた領土の回復を狙い、誕生間もないソビエトの領内への侵攻を開始した。ポーランド・ソビエト戦争（一九二〇年四月二五日～一九二一年三月一八日）と呼ばれる戦争だ。これによってシベリアのポーランド人を取り巻く状況が一層複雑になり、難民化に拍車がかかる。

最大の犠牲を払ったのがポーランド人の子どもたちだった。両親を失ったり離れたりして、多くが孤児となる。この絵はがき（③-46）が捉えた裸足の姿は、鉄道で流れ着いたポーランド孤児ではないかと推察される。中央に支援者と思われる女性、背景に貨車、左右両端に日本兵らしき姿が確認できる。写真と裏面から判断して、シベリア出兵時のウラジオストク駅で撮影された可能性が高い。説明に「ザンパンクダサイ」「キャラメルクダサイ」と記す。特に「キャラメルクダサイ」は、ポーランド孤児が発したとされるお決まりのフレーズだった。

孤児は餓死寸前だった。命の危険が迫っていた。一九一九年一〇月一〇日、ウラジオストク在住のポーランド系住民を中心にポーランド救済委員会が設立され、会長にアンナ・ビエルケヴィチ（一八七七～一九三六）が就く。当初は米国の支援に期待したが、米軍と米国赤十字社は撤退を決めていた。次なる支援国と期待したのが日本だ。日本軍は尼港事件もあってシベリアに駐留していた。ウラジオストクから日本に至る海上ルートが確保され、孤児救済は可能だと判断された。

③－46　ザンパンクダサイ　キャラメルクダサイ

③－47　最後のポーランド孤児慰安会

日本赤十字社と日本政府、さらに日本軍の対応は迅速だった。第一次の孤児救済は一九二〇（大正九）年から一九二二（大正一〇）年にかけて計五回に渡って実施された。そのうち第一回の一行五六人を乗せた日本軍の輸送船「筑前丸」は一九二〇年七月二二日、福井県の敦賀港に到着した。孤児の大半は長い放浪生活を経て疲れ果てていた。ボロボロの服を身につけ、靴さえ履いていない子もいた。そんな彼らを敦賀の人びとは親身になって迎え入れた。その後、孤児たちは東京府豊多摩郡渋谷町の児童施設「福田会育児院」に移り、日本赤十字社の看護の下、心身の回復を図った。

③-48　大阪梅田駅に第2回到着のポーランド孤児の可憐なる光景

こうして元気になった孤児を紹介する絵はがき（③-47）が残る。説明に「最後のポーランド孤児慰安会」とある。福田会において一九二一年三月一九日に撮影し、「東京麻布山田写真館内写真通信会」が発行した。横浜港から中継地の米国へ向かう直前、最後の会食を楽しむ一場面だろう。ポーランド孤児は日本の生活にすっかり馴染んだように見える。日本人の誰かにお祭りの縁日で買ってもらったのか、キツネのお面を被った少年が印象深い。

ポーランド・ソビエト戦争が終結すると、ポーランド救済委員会はシベリア鉄道による孤児の帰国を試みたが、到着前に孤児全員が行方不明となる。そこで一九二二（大正一一）年八月五日、再び日本ルートを使った第二次ポーランド孤児救済の実施に及ぶ。第二次は大阪を拠点に計三回に渡り、大阪市立公民病院看護婦寄宿舎で過ごし、天王寺動物園や大阪見物を楽しんでいる。その第二回（八月一四日敦賀着）の一行を捉えた絵はがき（③-48）がある。「東京市浅草区三間町時事画報社」の発行だ。説明に「八月十五日大阪梅田駅に第二回到着のポーランド孤児の可憐なる光景」と添え、日章旗と赤十字旗を手にした姿を描く。夏の太陽が地面を照りつける猛暑の時期だというのに、前列の五人は靴を履いていない。黒人として描かれたポーランド孤児もいる。

第一次と第二次のポーランド孤児救済は一九二〇年七月から一九二二年九月にかけて実施された。第一次の三七〇人は横浜港から米国を経由し、第二次の三九〇人は神戸港から英国を経由して帰国した。そんな孤児たちが最初に上陸した地が敦賀だった。白砂青松の「気比の松原」が印象深かったと伝えられ、「ツルガ」の名は人道の地として語り継がれていく。

出兵が招いたロシア難民

連合国が始めたシベリア出兵は明らかな失敗に終わった。ソビエト政権は予想に反して盤石だった。英国や米国、フランス、イタリアなどの連合国が次々と撤兵する中、日本一国だけがシベリアに駐留し続けた。しかし、具体的な成果を得られないまま多額の軍事費を費やすばかりだった。加藤友三郎内閣は一九二二（大正一一）年六月二三日、ロシア沿海州からの撤退を閣議決定し、八月二六日から派遣部隊の撤退を開始した。日本軍が全面撤退した一〇月二五日とほぼ同時にウラジオストクは革命派の手に落ち、反革命派の兵士やその家族を中心に編成された船団が日本を目指してきた。

一九二二年一〇月二四日付の大阪毎日新聞夕刊（京城来電）は「元山へ続々と亡命ロシア人」との見出しで「二十二日午後七時三十分、浦塩から遁れた露国人三百六十七名が能登丸で元山に着いた」（『大正ニュース事典』Ⅴ）と報じる。上陸許可は日本領事館の証明書と見せ金一五〇〇円を所有する者に限るとされ、大部分は船内にとどまった。

続いて一〇月二七日付の東京朝日新聞（元山特電）は「悲惨な元山入港の白軍」として、トングス号一行四九三人の惨状を伝える。「哈爾賓に亡命せんとして元山に入港したのであるが、一行中には婦女子九十二名、負傷兵二百名あるが、医師なきため治療の方法なく、重傷者は瀕死の状態にある……（中略）……衣類、家具の持ち合わせなく、大半は無一物……（中略）……臨月の妊婦あり、分娩して大混雑を演ずる一方では飢えに泣く子供もあって、その悲惨の光景実に形容の出来ない」（『大正ニュース事典』Ⅴ）と克明に描写する。

ロシア難民を乗せた船が朝鮮北部の元山に続々と到着し、その数は九千人余に達した。朝鮮総督府と日本赤十字社朝鮮本部は、現地の元山救護団と愛国婦人会と協力して難民への救済活動を始めた。内地でも支援を呼びかける民間の動きがあった。その一つが東京市西大久保の希望社だった。大正期に強い影響力を持った社会事業団体で、障害者や高齢者、ハンセン病患者、アイヌへの支援といった社会貢献活動を展開していた。希望社は一般市民から支援を募る目的で「元山に於ける露国避難民の惨状」と題した絵はがきを発売する。値段は「スタンプ附五枚

③ - 49
凍える幼い子どもたち

③ - 50
室内に保護されたロシア難民たち

③ - 51
小さな棺桶と遺体

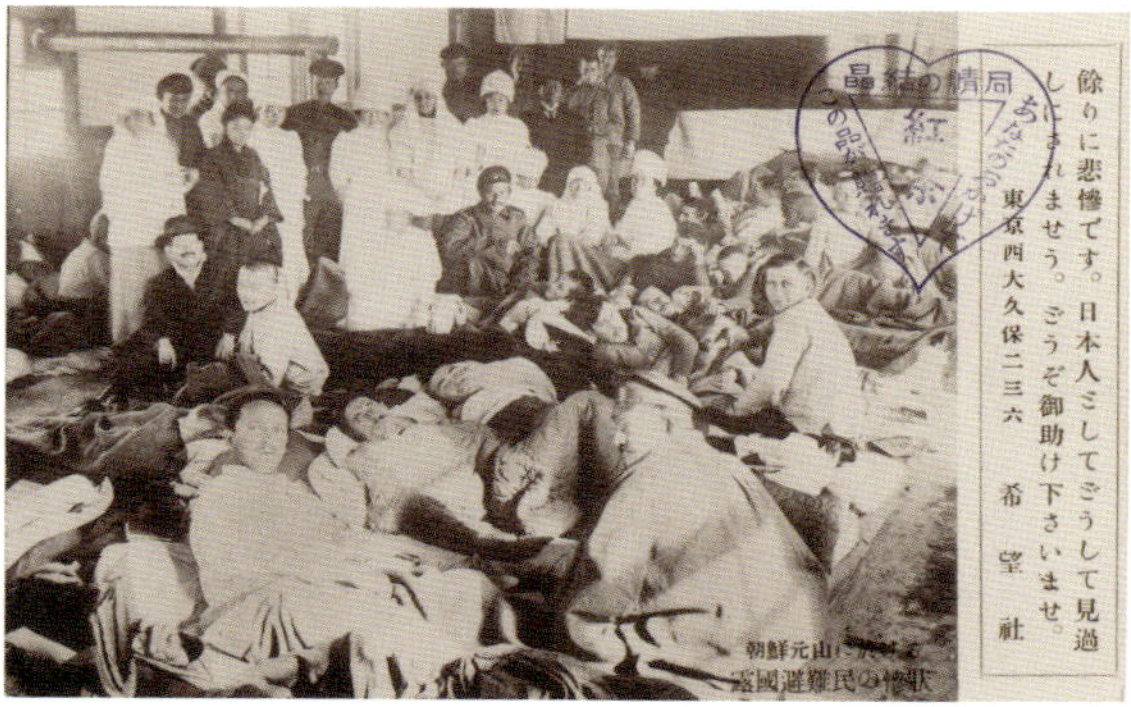

③ - 52
難民収容所の内部

③ - 53
極寒の屋外テント

一組代金五十銭送料二銭」で、その売上金を、毛糸、紅茶、ミルク、タオル、石鹸の購入費に充ててロシア難民に届ける趣旨だった。希望社は「余りに悲惨です。日本人としてどうして見過しにされましょう。どうぞ御助け下さいませ」と呼びかける。

この時の絵はがきが五枚一組で揃っている。一枚目（③-49）は元山に上陸して間もない頃の撮影だろう。寒空の下、凍える子どもたちを捉える。二枚目（③-50）は室内に保護された様子だ。一方で三枚目（③-51）は亡くなった子どもが小さなお棺に収まっている。何かの荷箱を代用したのか、棺桶に使われた板は薄い。八端十字架の一種「六端十字架」から正教徒だと分かる。葬儀の参列者は悲しさよりも疲れ切った表情を浮かべる。四枚目（③-52）では狭苦しい空間に軍服姿の男性が詰め込まれ、後方に看護師が並ぶ。急遽収容所に転用した建物なのだろう。朝鮮北部の一一月は氷点下になった。屋内に全員を収容し切れず、健康に問題がないとされた難民は屋外でのテント生活を余儀なくされた。五枚目（③-53）からは雪が積もる屋外で寝泊まりした状況が覗える。こうした視覚的な訴えは文字中心の新聞報道と連動して効果があったと思われる。杓子定規だった入国許可も一定緩和された。ただし、日本には亡命の受け入れや移民の取り扱いの経験がなく、難民は不安定な立場に置かれた。

日本赤十字社の救済活動は一九二三年八月まで続いたが、九月一日に関東大震災が発生した。震災の避難民の救済を優先するため中断に至る。一方で震災に伴う国際援助の手が差し伸べられる中、米国やフランスなどの入国査証（ビザ）の規制が一時的に緩み、ロシア難民が日本から脱出する機会を得た。その後、彼らの大半は「第三国」へと旅立った。

複雑な政治状況があり、ポーランド孤児とロシア難民を巡る日本の対応をどう評価するかは難しい。しかし、それでも百年前の日本人が良心に従って始めた行動だった。そんな光を感じる以上に、シベリア出兵の影は暗くて長いともいえる。

第四章　近代日本の可能性

——産業発展と豊かさ

人車鉄道と温泉旅行

明治維新から間もない一八七二（明治五）年一〇月一四日、日本初の鉄道が新橋―横浜で正式に開業した。鉄道は文明開化の象徴であり、産業発展の要とされた。官民を問わず、明治時代には全国各地で次々と鉄道会社が開業した。そんな発展を続ける最中にあって何とも不思議な鉄道が存在した。人力車ならぬ、人の力で動く人車鉄道だった。

「熱海人車鉄道」とある二枚の絵はがきが残る。機関車の姿はどこにも見当たらない。前方から捉えた一枚（④-1）はなだらかな坂道に差しかかろうとする場面だ。疲れ切った様子で車夫たちがマッチ箱のような客車を引っ張っている。続いて後方から捉えた一枚（④-2）もある。三人の車夫が一台の客車を押し、車内に乗客の姿が確認できる。これら二枚は明治末期から大正期にかけて発行されたと見られる。人車鉄道が熱海から姿を消した後、かつての風物を紹介する絵はがきだった。購入した人はノスタルジックな余韻に浸ったのかもしれない。さらに現代人から見れば、理解しがたい不思議な光景となる次第だ。

現在の熱海は全国有数の温泉地として知られる。東京から新幹線で五〇分とかからない。それが明治時代は丸一日を費やした。当時は旅館が数十軒の温泉街に過ぎない。小田原から熱海に至る熱海街道は断崖絶壁の悪路だ。鉄道や馬車、人力車を乗り継ぐ必要があった。それでも熱海の夏は東京よりも涼しく冬は温暖だったので、富裕層を中心に人気を集めた。地元では一

④-1
前方から見た
熱海人車鉄道

④-2
後方から見た
熱海人車鉄道

日も早く鉄道を開通させたかったが、簡単に実現しそうにはない。代わって工事費が安くて早く完成する人車鉄道の採用となった。

熱海人車鉄道（正式名称「豆相人車鉄道株式会社」）は、日清戦争後の一八九六（明治二九）年三月一二日に全線開通した。熱海—小田原間（約二五・六キロ）を結び、一日に六往復、一両の定員は四〜六人、熱海から小田原まで約四時間を要した。運賃は片道五〇銭で温泉宿に一泊する費用とほぼ同額だった。相模湾沿いの路線は曲がりくねり、急斜面もあって乗り心地は悪かった。それでも丸一日の行程が約四時間と短くなった。開通当初の利用客は多く、車夫の給与も恵まれていた。だが、何かと効率が悪く、鉄道会社は新たな設備投資を行い、人車鉄道から軽便鉄道へと切り替えた。

芥川龍之介著『トロッコ』（一九二二）に当時の様子が覗える場面がある。小田原―熱海間の軽便鉄道の工事に際し、トロッコを使って枕木や土砂を運搬したらしい。上りは「トロッコも三人の力では、いくら押しても動かなくなった。どうかすれば車と一しょに、押し戻されそうにもなる事がある」とし、下りは「トロッコは三人が乗り移ると同時に、蜜柑畑の匂《におい》を煽《あお》りながら、ひた辷《すべ》りに線路を走り出した」と記す。人車鉄道に乗車した場合も、これに似た乗り心地だったのだろう。

鉄道全盛の時代が到来していた。それでも人車鉄道は熱海に限らず、観光や輸送を目的に全国各地で次々と開業した。一八九九（明治三二）年頃から増え始め、大正初期に最盛期を迎えた。伊佐九三四郎著『幻の人車鉄道』によると、会社数や路線延長距離で最高に達した一九一二（大正元）年には北海道一社・岩手県一社・栃木県六社・千葉県三社・静岡県二社の計一三社が運行していたとある。伊佐は「人車鉄道は近代日本の形成期に生まれた経済発展の透き間を埋めるユニークな文化遺産だが、それは万事能率万能、ハイテク、スピードばやりの昨今からみれば、まことに間の抜けたポンチ絵（漫画）のような存在」だと評価する。人車鉄道は役割を終えると、蒸気機関車に置き換わるか、そのまま姿を消してしまう。富国強兵と近代化を連想させる「大日本帝国」の絵はがき群にあって、ほっとさせてくれる。

国際電信の一大転換

鉄道と並び、電話もまた文明開化の象徴だった。その事業は一八九〇（明治二三）年一二月一六日に東京・横浜間で始まった。ただし国際通信の場合、主流は電話ではなく、一貫して電信だった。電話は通信容量が多いため、国際電話が日本に登場するのは一九三四（昭和九）年九月二七日になってからだ。

国際電信の歴史がいつから始まったのかといえば、江戸時代末期に遡る。幕末の志士たちが活躍していた頃、欧米諸国では、文字や数字を符号に変換し、電気信号として伝送する技術が普及していた。大英帝国は七つの海を支配し、世界中に海底ケーブルを張り巡らしていた。国際電信はほぼ英国の独占状態にあったが、日本を含む極東地域が空白域として残っていた。ここに目をつけた会社がデンマーク系の「大北電信（Det Store Nordiske Telegraf-Selskab）」だった。この大北電信が別会社（幽霊会社）をつくり、ロシアの企業を装って誕生間もない明治政府に乗り込んできた。当時の日本人は電信の仕組みさえ分かっていない。日本に海底ケーブルを敷設する資本も技術もない。明治政府は押し切られる格好で一八七〇（明治三）年九月二〇日、大北電信との約定に調印する。日本側には極めて不公平かつ不公正な条文だった。いち早く国際電信を利用できる半面、国際電信に関する日本の諸権利が外国の一企業に奪われるに等しかった。大北電信は、香港、廈門、上海、長崎、ウラジオストクを結ぶ国際電信網を確立し、日本はこれに長く依存する状況が続いた。

その後、日清・日露戦争を通じて国際電信の重要性が一層高まり、日本政府は大北電信への極端な依存は国益を損なうと認識するようになった。国家間の諜報活動は盛んに行われていた。外交上や軍事上の機密だけではなく、簡単な電文を一通送るだけでも暗号を駆使して細心の注意を払う状況だった。しかも大北電信はシベリア経由でヨーロッパとアジア間の一大電信網を築き上げ、大株主がロシアのロマノフ王朝だった。日露戦争を通じて、日本の電文は大北ルートをなるべく使わず、迂回するように台湾を経由した後、同盟国である英国系の海底ケーブルを利用した。米国との電信もまた大北ルートを避けた。何かと不便だったので日本は米国に日米間の直通ケーブルの敷設を打診したが、米国は「中立」を理由に応じなかった。

しかし、ポーツマス講和条約が成立すると、米国の態度は軟化した。東京から小笠原諸島(父島)に至る日本ルートと米国の太平洋ルートが接続し、一九〇六(明治三九)年八月一日、晴れて日米間の電信直通が確立した。米国の太平洋ルートはサンフランシスコ―ハワイ―ミッドウェイ―グアム―上海を結ぶ超長距離の回線だ。一九〇二年から一九〇六年にかけて敷設された。この長大な太平洋ルートに東京―グアム間の回線を引っかける形で日米間直通が実現する。ちなみに日本は東京―小笠原間、米国は小笠原―グアム間の敷設を担い、大半は米国に依

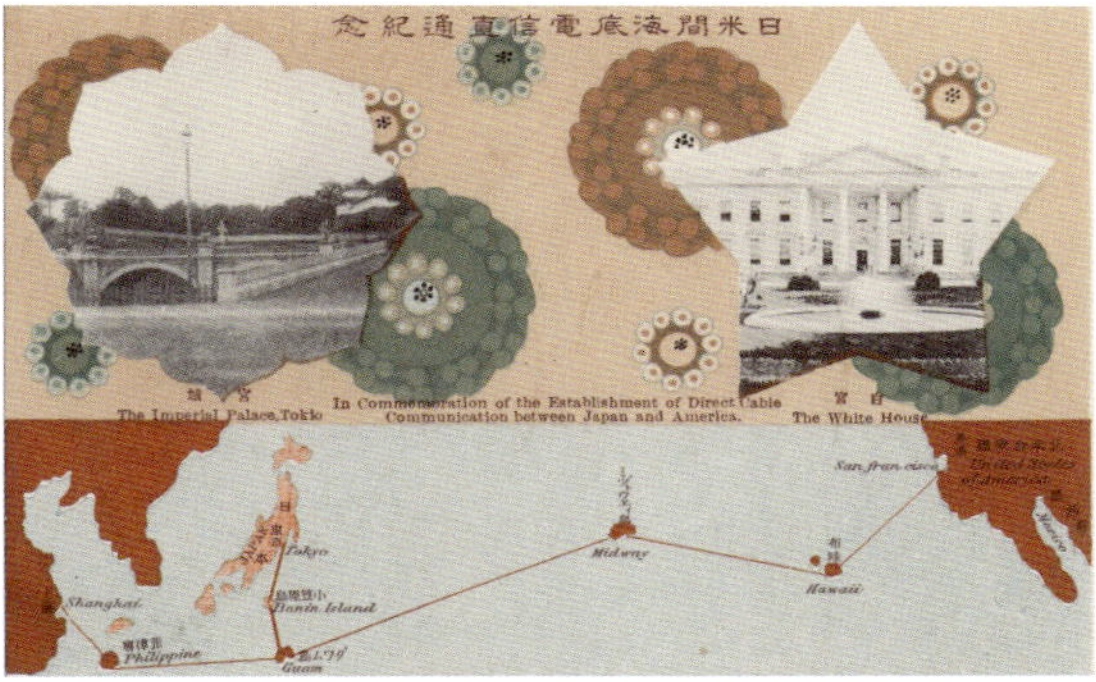

④-3
日米間海底電信直通記念

④-4
太平洋海底電信線路図

存した。完成を祝って明治天皇とセオドア・ルーズベルト大統領の間で祝電が交わされた。

こうして「日米間海底電信直通紀念」絵はがき（④-3）が発行された。日本の「宮城」（皇居）と米国の「白宮」（ホワイトハウス）を左右に配置し、日米両国の友好関係を示す。同じくこの一枚（④-4）もある。「太平洋海底電信線路図」を詳細に図解し、「太平洋商業海底電信会社線」「日米間直通新線」「英国太平洋線」「独逸会社線」「大北デンシン会社線」の五線を描く。

最も太い赤線と赤い二重線が日米間の太平洋ルートを表し、長崎から上海とウラジオストクを結ぶ赤い点線が大北ルートになる。裏面の記念印は「明治三九年八月一日」の日付だ。

表向きは日米間の電信直通記念を謳いながら、大北依存からの脱却を図ろうとする日本の思いが表れている。治外法権の撤廃や関税自主権の回復のように歴史上のトピックとしてあまり注目されていないが、国際通信における独自性の一定回復を意味した。

製鉄所の黒煙と快適な炭鉱

鉄は産業化に欠かせない要の一つだった。明治政府は日清戦争で得た賠償金の一部（五七万円余）を充て官営製鉄所の設立を計画する。九州の筑豊炭田に近く、大陸からの船舶輸送に好都合な沿岸部にある利点から、建設地を遠賀《おんが》郡八幡村（現在の北九州市）に最終決定した。

一九〇一（明治三四）年二月五日、「東洋一」を誇った溶鉱炉に火が入った。官営八幡製鉄所の始まりだ。当初はトラブル続きで一時は操業停止に追い込まれたが、改良を重ねていく。日露戦争による国家的な要請もあって鉄の生産高は飛躍的に伸び、短期間で九州の一寒村が全国有数の工業地帯に生まれ変わる。官営八幡製鉄所は名実共に日本の産業化を象徴する存在となった。

そんな製鉄所を描いた絵はがきが残る。林立する煙突から真っ黒な煙が出る光景を捉えた一枚（④-5）は明治末期から大正初期にかけての撮影だろう。説明に「（筑前八幡）豊山公園より製鉄所中央機缶を望む」と添え、和風の住宅街の後方に二七本の煙突が確認できる。上空に噴き上がる黒煙は凄まじい。現代人の感覚からすれば、産業化どころか環境汚染の象徴のように感じるが、当時の感覚は今と異なっていた。説明は「実に壮観」と結ぶ。彩色を施した「製鉄所全景」（④-6）もまたプラスとして捉え、青空・煙・街という三者のコントラストを美しいと見る。戦前日本において黒煙は豊かさを生み出す源泉と見なされた。

官営八幡製鉄所の設立を機に九州北部の炭鉱開発が進められた。中でも筑豊炭田の出炭量は明治末期に急増し、全国の出炭量の半分を占める存在となった。日露戦争以降、さらなる石炭需要が見込まれる中、安川敬一郎（一八四九〜一九三四）を創始者とする安川財閥は一九〇八（明治四一）年一月七日、嘉穂《かほ》郡頴田《かいた》村（現在の飯塚市）に明治・赤池・豊国の三炭鉱を合わせて明治鉱業株式合資会社を設立した。幾度もの不況に見舞われながら発展を続けたが、炭鉱の現場は人手不足が常に悩みの種だった。

明治鉱業は炭鉱労働の過酷な印象を払拭しようと、快適な労働環境を強調する絵はがきを発行している。舞台となった炭鉱は一九三〇（昭和五）年一〇月に買収した平山鉱業所（旧平山炭鉱）だ。現在の福岡県嘉穂郡桂川《けいせん》町に存在し、一九三六年度の出炭量は二九万トンだった。中流を思わせる「坑夫社宅」（④-7）では、説明に「昇坑すれば入浴、新聞、家庭団欒に一日の労働を忘れる」と添え、快適かつ清潔な室内を印象づける。炭鉱には医師や看護師が常勤する病院を完備し、福利厚生が行き届いていた。労働環境の改善も進み、その様子がこの一枚

④－5
(筑前八幡) 豊山
公園より製鉄所
中央機缶を望む。
実に壮観

④－6
製鉄所全景

④－7
平山鉱業所
坑夫社宅

（④-8）からも覗える。「水平坑道は石炭及び材料運搬のメインストリートである」と説明し、暗くて狭苦しい坑内とはまるで違う印象を受ける。坑内を走る蓄電池機関車は新しい炭鉱の象徴だった。福利厚生の充実や労働環境の改善によって、明治鉱業は生産拡大を図ろうとした。

④-8　平山鉱業所水平坑道

　昭和恐慌期の炭鉱では人員整理と減産が相次ぎ、暗い側面ばかりがイメージされがちだが、明るい側面もあった。全国各地の炭鉱会社が経営の合理化と採炭の機械化を進めた結果、一九三〇年代には骨太の経営体質になっていたといわれる。労働環境の改善を目指し、それを理想とする会社の姿勢が少なくとも絵はがきから読み取れる。しかし、日中戦争が泥沼化するに連れて、国家統制の下、無理な増産が繰り返され、劣悪な労働環境へと引き戻されてしまった。

東北大飢饉と孤児たち

　日露戦争が終わり、ポーツマス講和会議が始まろうとする頃だった。一九〇五（明治三八）年夏、日本列島は記録的

④－9　岡山孤児院の現在生徒（1200余名）

な大冷害に見舞われた。岩手・宮城・福島三県を中心に東北地方は大飢饉に陥り、米の収穫が全くない農家も出る状況だった。そんな皺寄せが子どもたちに及び、子捨てや身売りが後を絶たなかった。全国各地から東北地方へ救済の手が差し伸べられる中、社会事業家の石井十次《じゅうじ》（一八六五～一九一四）が運営する岡山孤児院は際立つ存在だった。

後に「児童福祉の父」と呼ばれる石井は、一人の男児を預かった経験をきっかけに一八八七（明治二〇）年九月二二日、岡山孤児院の前身「孤児教育会」を設立する。石井自身のキリスト教信仰に基づき、その生涯を孤児の救済と教育に捧げたと言われる。社会福祉の理念や考え方さえ十分に理解されていない時代に孤児の「無制限収容」を打ち出し、貧困や災害、戦争による被害児を積極的に受け入れていた。東北大飢饉での救済もまた石井にとって当然の活動だった。

④-10　仙台基督教育児院食堂

東北地方からの被害児第一陣（二四二人）が一九〇六（明治三九）年三月二六日、岡山駅に到着した。これ以降、五月一七日まで六回に渡って計八二四人が岡山孤児院の門をくぐった。収容人数は在院児を含めて一二〇〇人に膨れ上がり、「岡山孤児院の現在生徒（千二百名）」の光景（④-9）となった。和風の建築物を背景に大勢の子どもたちがひしめく。英語で「ORPHANS IN OKAYAMA ORPHANAGE AT PRESENT」（現在の岡山孤児院における孤児たち）と説明を添える。印刷は地元の岡山ではなく、東京・神田だ。絵はがきは支援を呼びかけると同時に、救済活動について支援者に報告する意味合いもあった。石井の盟友だった言論人徳富蘇峰は岡山孤児院を「孤児村」と呼び、その功績を高く評価した。

東北大飢饉の救済活動は被害地だった宮城県仙台市でもキリスト教関係者が尽力している。米国

④-11　日本の癩村

の女性宣教師フランシス・E・フェルプスは一九〇六年二月二七日に「仙台基督教育児院」を設立した。根白石村の孤児七人を受け入れたのを機に一九〇七年一月末までに収容総数は二九〇人を超えた。その後の経過を伝える絵はがきが残る。育児院の食堂（④-10）では、机の上にお茶碗一杯のご飯とおかずが並ぶ。粗食に見えるが、収容人数分の食糧を確保するだけでも相当の苦労があったに違いない。

こうしてキリスト教関係者が始めた各地の救済活動は社会福祉の先駆けとなった。富国強兵の道を突き進んだ明治日本だったが、その陰で貧困に苦しむ子どもたちがいた。そんな彼らを温かな眼差しで見つめ、支援の手を差し伸べた日本人と外国人が存在した。

ハンセン病患者をめぐる隔離と隠蔽

日露戦争は思わぬ余波をもたらした。日本はロシアと互角に戦える強国であり、もはや慈善事業への援助は不要であるとの論調が英国やフランスを中心に芽生えつつあった。それだけが理由ではなかったが、熊本市にあったハンセン病患者の「回春病院」では支援先の英国からの送金が途絶えがちになっていた。病院を経営する英国人宣教師ハンナ・リデル（一八五五〜一九三二）は支援を求めて上京し、一九〇五年一〇月一四日に元総理大臣大隈重信と面会する。彼女の言葉は大隈の心を動かし、日本政府がハンセン病対策に乗り出すきっかけとなった。

実際、富国強兵を優先するあまり、欧米諸国と比べて日本のハンセン病患者を巡る状況は劣悪だった。一人でも患者を出した集落は「癩村《らいむら》」の烙印が押され、地域社会から抹殺された。患者とその家族がお遍路に出たり、路上で物乞いをしたりする姿が日常的に見られたため、日本のハンセン病対策は欧米諸国のキリスト教関係者によって度々批判を受けていた。そんな根拠となる場面が写真撮影され、絵はがきとして流布した。これら二枚は来日したフランスのキリスト教使節団の発行であり、海外の同志に向けた静かな告発だった。

「JAPON-VILLAGE DE LÉPREUX（日本の癩村）」（④-11）は、松葉杖の患者やその家族、幼い子どもの姿を捉える。手前に九人、その後方に七人の姿が確認できる。ハンセン病患者を出したがゆえに村ごと隔離されたのか、あるいはハンセン病患者とその家族を一つの村に押し込めたのか、その経緯は一切不明ながら村人が浮かべる表情から差別の過酷さが読み取れる。いったい、どの地域の村だったのか分からない。全国各地に点在したといわれる。

「La fanfare des lépreux de Gotemba, Japon（日本、御殿場のハンセン病患者楽団）」（④-12）のような光景は当時の日本人が見慣れていたのかもしれない。しかし、キリスト教宣教師が見れ

④-12　日本、御殿場のハンセン病患者楽団

ば、患者を見世物にして楽しむ興行は非人道的に映った。明治・大正の外国人が見たニッポンは必ずしも美しいフジヤマとゲイシャだけとは限らなかった。ハンセン病患者に対する差別的な待遇は「非文明性」の象徴であり、もう一つのニッポンの姿だった。

　この種の告発を日本政府は「国辱」と捉え、ハンセン病対策を本格化させる。一九〇七（明治四〇）年三月一八日、法律「癩予防ニ関スル件」（後の癩予防法）を公布し、さらに一九〇九（明治四二）年四月一日、全国を五区に分けて府県連合による公立療養所を設立した。第一区は全生《ぜんせい》病院（多摩全生園、東京府）、第二区は北部保養院（松丘保養園、青森県）、第三区は外島保養院（大阪府）、第四区は大島療養所（大島青松園、香川県）、第五区は九州療養所（菊池恵楓園、熊本県）の管轄とした。

日露戦争後、内務省が行った一九〇六年四月の調査によると、ハンセン病患者数は二万三八一五人に上ったとされる。だが、計五カ所の療養所を合わせた総定員は千人余に過ぎない。警察は路上生活するハンセン病患者を根こそぎ「保護」した上で、次々と療養所に収容（隔離）した。ハンセン病患者に対する差別が激しい時代にあって「保護」と「隔離」は同義だった。

④-13　全生病院正門

ハンセン病患者の収容先だった「全生病院正門」（④-13）は開院から間もない頃の撮影だ。正門に派出所を置き、「請願巡査」（自治体や私人の請願により配置された巡査）と呼ばれる警察官が院内を見回り、五人の職員と交代して二四時間体制で患者を監視した。その警察官と一緒に一一人の人物が収まる。赤ちゃんをおぶった女性と背の高い男性、学生服の少年や幼い子どもが並ぶ。彼らは近所から訪れた見物人だった。全生病院は第一区（東京を含む一二府県）の連合府県立保養所として東京府北多摩郡東村山村に設立された。敷地は五万五八七五坪（一八万四千平方メートル余）を超え、土塁や堀、板塀、垣根で囲っていた。当時の視点で見れば、近代的なハンセン病対策の幕開けを意味したのだろう。しかし、時代を超えて見ると、不条理そのものだ。

全生病院の開院に合わせて皮膚科医光田健輔《みつだけんすけ》（一八七六〜一九六四）が医長として着任する。彼は病院長に昇進し、一九一五（大正四）年四月二四日、三八歳の男性患者に断種手術を初めて実施した。それ以降、所内結婚を認める代わり、「希望」する患者の「同意」を得て、次々と断種が行われた。光田はハンセン病患者の救済と治療に対する功績から「日本のシュバイツアー」と絶賛された。一九五〇年一月一四日に朝日新聞社会奉仕賞、一九五一年一一月三日に文化勲章を受ける。それが平成に入ってから評価は一転し、隔離と断種を推進した中心人物として批判された。

日本のハンセン病対策には「光」と「陰」の部分がある。しかし、その歴史を繙《ひもと》くと、文明国とはほど遠い〝隔離〟と〝隠蔽〟の繰り返しだった。

世界に羽ばたく加古川の大企業

東播磨《はりま》地方の加古川市は姫路市と神戸市の中間に位置する中核都市だ。温暖肥沃で水資源に恵まれ、平坦な地が広がる上、過去に自然災害が少なかった歴史的経緯から、関東大震災の直後、加古川が次期首都候補の一つに挙がった。ワシントンとニューヨークの関係をモデルとし、商工業の都市機能を大阪と神戸に任せ、皇室と政府機関を加古川に置く構想だった。だが、「人心が動揺する」との理由から一九二三年九月一二日に帝都復興の詔書が発せられ、東京が首都であると再確認された。そんな加古川は日本毛織と多木化学という大企業を育んだ地域でもある。

日清戦争に勝利した余韻が残る頃だ。川西財閥を創業した川西清兵衛（一八六五〜一九四七）を中心に神戸の実業家ら二七人が発起人となって、毛織業を興す機運が高まった。一八九六（明治二九）年一〇月二五日、日本毛織株式会社（現在のニッケ）の創立総会が神戸市の料亭「常磐花壇」で開かれた。和服主流の時代にあって洋服時代の到来を予期しての話だった。また、日本とオーストラリアを結ぶ定期航路が開通し、良質な羊毛が大量に入って来た事情も大きかった。

水量と水質が最適であるとして日本毛織の工場は加古川に決まった。一八九九（明治三二）年五月から操業を始めたが、仕上がった製品は「良質」とはほど遠い。英国やドイツの輸入品と比べて見劣りし、「まるで死んだ猫の皮」だと酷評された。そこで技師をヨーロッパに派遣し、ドイツの毛織会社から製絨技術を習得すると共に、英国とフランスの視察を通じて羊毛工業に関する最新の経営手法を取り入れた。それでも軌道に乗らず、毛織物価格の暴落や恐慌などが相次ぎ、厳しい局面が続いた。だが、日露戦争に際して軍用毛布の受注を図ると、大幅な業績の回復を見た。その好調ぶりが自社製の絵はがき（④-14）に表れている。左上の「東京工場」は一九一二（大正元）年一一月、東京製絨会社から買収した品川工場だ。関西から晴れて東京進出を果たした後は品質向上を図り、第一次世界大戦を経て海外輸出を拡大させていく。

神戸の旦那衆が興した日本毛織に対して、多木製肥所（現在の多木化学）は個性的な経営者

④ - 14
日本毛織株式
会社

④ - 15
人造肥料の効
用を説くイモ
紳士

④ - 16
多木肥料中部
日本特約店大
会記念

が一代で築き上げた企業だ。創業者は加古郡別府村（現在の加古川市別府町）に生まれた多木《たき》久米次郎《くめじろう》（一八五九〜一九四二）で、廃棄に困る獣骨を原料に蒸圧式製法によって人造肥料（骨粉）を製造した事業が始まりだ。日清、日露戦争を通じて成長を続け、一九一八（大正七）年一二月一三日に株式会社化する。しかし、獣骨から肥料を造るとあって偏見も強く、人造肥料の普及は苦労の連続だった。そこで宣伝媒体となる絵はがき（主に年賀状）に力を入れ、人造肥料の効果を訴えた。

この絵はがき（④-15）は集会所で演説する場面だ。顔がイモ、鼻がウリというふくよかな紳士が壇上に立つ。怪しい雰囲気が漂うが、柿やリンゴ、桃、キュウリたちが拍手喝采する。張り紙に「冨國強兵多木肥料」や「五千萬衆生命是肥料」などの文言が並び、紳士の眼鏡とコップに描かれる赤いマークは社章だ。太古創農の時代に田畑を耕すために使用した「神代の鍬《くわ》」を図案化したものだ。〝イモ紳士〟はコップに入った人造肥料を飲み干し、「ここまで太った」とばかり野菜や果物たちに自ら証明して見せる。

「肥料王」と刻まれた台座（著者撮影）

絵はがきを見る限り、人造肥料で育った野菜劇場を描いたり、地球儀を模した気球に自社マークをあしらったりと、デザインに格別の工夫を凝らす。当時の社風が伝わる一枚に「多木肥料中部日本特約店大会記念」(④-16)がある。金沢博覧会で一九三二(昭和七)年五月に撮影された。特約店や顧客の名前を連ねたバルーンは目立ったに違いない。この頃になると、多種多彩な肥料を製造し、海外輸出も手がけている。満洲国建国の直後に当たり、日米両国が対立を深めつつあった頃だ。だが、バルーンでは米国を大きく描いている。

多木は自ら「肥料王」を名乗る一方で、地元の土木、教育、社会事業に貢献した名望家としても知られる。瀬戸内海沿いに洋風の邸宅(多木浜洋館、国の登録有形文化財)を建て、近くに自らの銅像を建立したが、戦時中の金属回収によって撤去されてしまう。主《あるじ》である銅像は再建されないまま写真(二二三頁)のように「肥料王」と記した台座だけが残る。そこには「多木久米次郎翁銅像應召之址《あと》」と刻まれる。今も「出征」したままだ。

消費社会の幕開け「三越」

三越といえば、明治・大正・昭和を通して、日本の百貨店業界を牽引してきたトップブランドだ。近代百貨店としての歴史は日露戦争中に三井呉服店越後屋を受け継ぐ形で発足した株式会社三越呉服店に遡る。実質経営者だった専務取締役の日比翁助《ひびおうすけ》(一八六〇〜一九三一)は日本初の「デパートメントストア宣言」(一九〇四年一二月)を行い、経営方針に「品物の佳良」

「公正な価格」「顧客の満足」を掲げ、江戸の雰囲気が漂う呉服店からの脱皮を目指す。さらに他店に先駆けて陳列販売を取り入れると共に、呉服以外の販売品目を充実させる。髙島屋や大丸、松坂屋、白木屋の老舗呉服店も〝新興〟だった三越の動きに着目した。

日露戦争の戦勝ムードが冷めやらぬ中、日比は理想の百貨店を求めて欧米視察に出る。米国のワナメーカー、マーシャルフィールド、メイシーズ、フランスのプランタン、ラファイエットト、ルーヴル、ドイツのヴェルトハイムなど世界一流の百貨店を巡り、最終的にはロンドンのハロッズに三越の将来像を見いだした。広告宣伝や商品陳列の方法、経営哲学を徹底して学び取り、店内に一度入ったならば、何でも手に入る店をつくると日比は決意を固めて帰国した。

創業間もない頃の三越の宣伝文句として「一に富士、二に日光、三に三越」がある。富士山を背景にした絵はがき（④-17）に記す。販売品目として、呉服や洋服、靴、洋傘、鞄、時計、指輪、旅行用具、美術品、室内装飾品などを挙げる。そんな豊富な品揃えをイラストで示した宣伝用の絵はがき（④-18）は消費社会の幕開けを象徴する。古い呉服店のイメージを刷新し、新たな購買意欲を駆り立てた。また、三越は写真館や食堂、音楽室などを兼ね備え、明治末期の段階で現代人が思い描くデパートとほぼ変わらない店舗を確立した。

三越は顧客サービスにも徹底していた。富士山と桜と鳩を背景にした絵はがき（④-19）から最先端の販売戦略が覗える。右上の写真「売出中階下売場の雑沓《ざっとう》」はバーゲンセールだ。「出来合実用裂《きれ》」と称し、用途別に予め布を切って格安で売り出したところ、たちまち主婦の

④－17
一に富士、二に日光、三に三越

④－18
三越呉服店売捌品種目

④－19
「売出中階下売場の雑沓」（右上）と「三越自転車隊の整列」

④－20
日本橋上より三越呉服店及び神田方面盛観

④－21
三越屋上庭園

心を掴んだ。左下の写真「三越自転車隊の整列」は一九〇九（明治四二）年九月一日に登場したメッセンジャーボーイだ。三越独自の宅配サービスで英国風の制服を着たボーイが純白の自転車に乗って自宅に商品を届けてくれた。創業から短期間で三越は「第二の国賓接待所」と称され、国内の富裕層だけではなく、海外からの国賓や重要人物が立ち寄る一流店となった。

　第一次世界大戦でも三

越は躍進を続ける。一九一四（大正三）年一〇月一日、東京・日本橋の三越本店が新装オープンした。地上五階・地下一階建て、延べ床面積は四〇〇三坪（一万三二〇〇平方メートル余）だった。正面玄関にはイタリアから取り寄せた大理石の円柱を左右に並べ、二頭の獅子像を飾った。さらにエスカレーターとエレベーター、冷暖房設備を備えた。建物はルネサンス様式で「スエズ運河以東最大の建築」と絶賛された。

「日本橋上より三越呉服店及び神田方面盛観」（④-20）はまさに三越の繁栄を象徴する姿だ。黒い屋根瓦の日本家屋が建ち並ぶ中、近代的な三越の存在が際立った。屋上からの眺めも壮観だった。「三越屋上庭園」（④-21）は観光名所として人気を集めた。エレベーターで音もなく滑るように運ばれると、天空の世界が広がった。当時は視界を遮る建築物がなく、東京の街が果てなく続き晴天の日には富士山が見えたと伝えられる。店内には世界中から取り寄せた珍しい品々が並び、毎日大勢の顧客で賑わった。「今日は帝劇（帝国劇場）、明日は三越」との名文句も生まれ、三越は「大日本帝国」の豊かさを象徴する存在となった。

天皇陛下と東京大正博覧会

日本は幕末に欧米各国と不平等条約を結んだ後、日清・日露戦争での勝利を経て条約改正がようやく実現に至る。一九一一（明治四四）年二月二一日、新たに日米通商航海条約に調印し、関税自主権を回復した。英国やフランス、ドイツなどとも対等条約を締結し直し、海外貿易の振興によって日本を豊かにしようとする機運が高まっていく。

いち早く反応した都市が国際港を有する神戸市だ。外国人が多い土地柄もあった。日本製品の輸出拡大を図ろうと、貿易製産品共進会が一九一一年三月一五日から五月一三日までの六〇日間、湊川の埋立地を会場に催された。開催を祝った記念絵はがき（④-22）が共進会から発行されている。機関車と船をそれぞれ手にした二人の人物を描き、中央に会場風景の写真を掲載する。夜はルネサンス様式の本館建物にイルミネーションを施し、神戸市民の関心を集めた。四月四日には皇太子嘉仁親王（後の大正天皇）が行啓し、「東宮職御用品の御沙汰」があった。

当時の記録によると、三ツ矢印シャンペンサイダー（一円七銭）や粟オコシ（六五銭）、ポートワイン（四〇銭）、カステーラ（一円七〇銭）など、多彩な商品が計一一七点選ばれた。「皇太子の御沙汰」には絶大な宣伝効果があり、その後の販売促進につながった。台湾や朝鮮を含む全国各地から出品があり、入場者は七六万三八三五人（うち外国人二万五四一〇人）を数えた。

共進会の開催は明治が終わりに差しかかる頃だ。出品された品々を見る限り、嗜好品や娯楽品が多く、庶民に余裕が生まれつつあった状況が覗える。貿易振興によって日本の発展を目指す考えは広く受け入れられた。こうした明治末期の社会風潮は新しい時代「大正」にも受け継がれていく。象徴的なイベントとして大正天皇の即位を記念した東京大正博覧会が位置づけられる。

東京大正博覧会は一九一四（大正三）年三月二〇日に東京の上野公園を主会場に開幕し、七

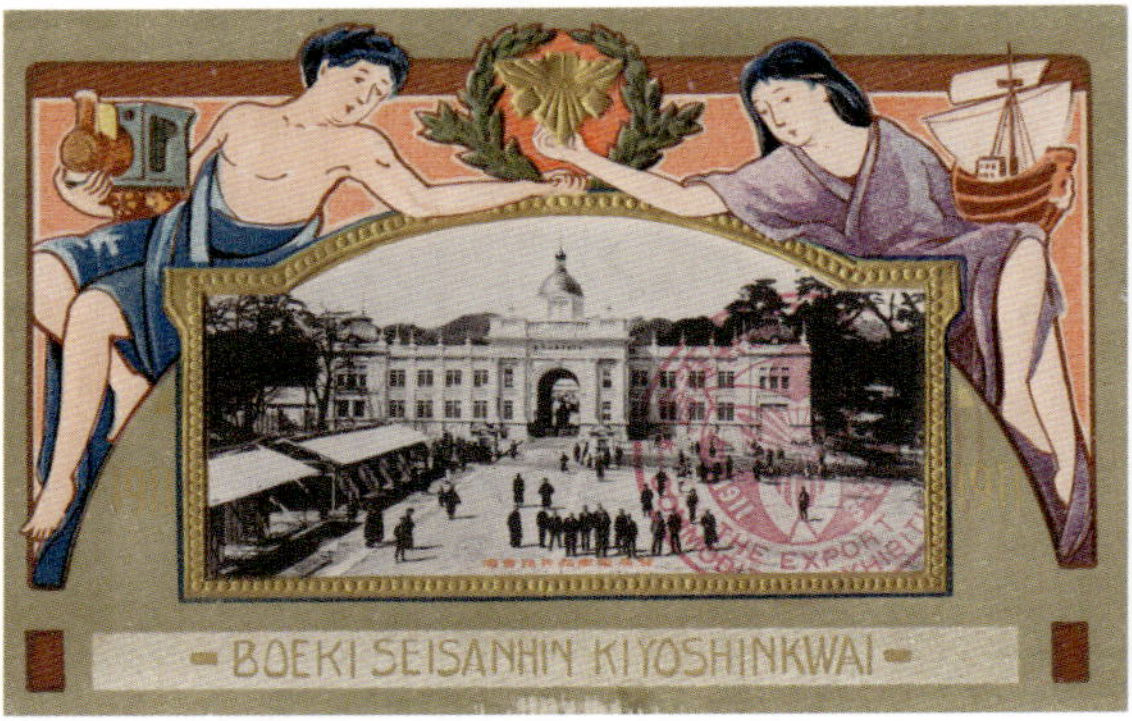

④－22
貿易製産品
共進会場

④－23
外国館及
び冷蔵館

月三一日までの会期中に七四六万三四〇〇人が入場した。当時の人口は内地で約五千万人であり、単純に計算して七人に一人の日本人が訪れた計算となる。そんな博覧会に関連した絵はがきが残る。「外国館及び冷蔵館」を紹介した一枚（④－23）に着目すると、フランス、イタリア、トルコなどの国旗が描かれる。中央に旭日旗、その左右に米国の星条旗と英国のユニオンジャックを配置する。経済面からも英米両国は

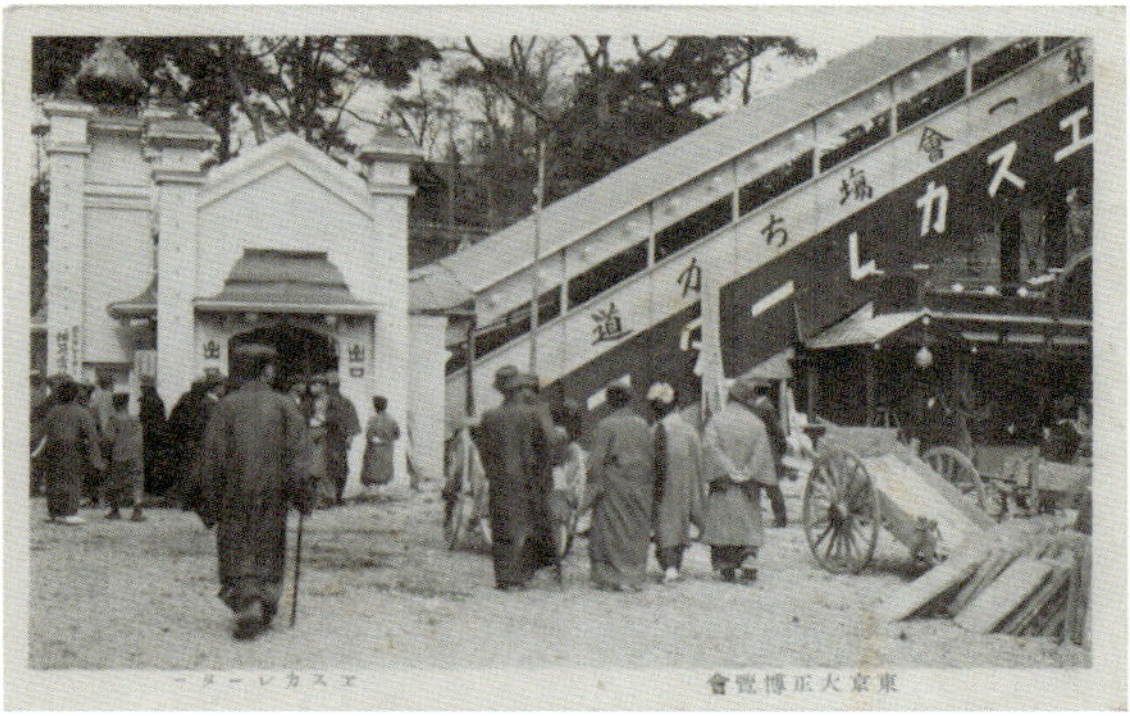

④－24
エスカレーター

④－25
（不忍池畔）ケーブルカー

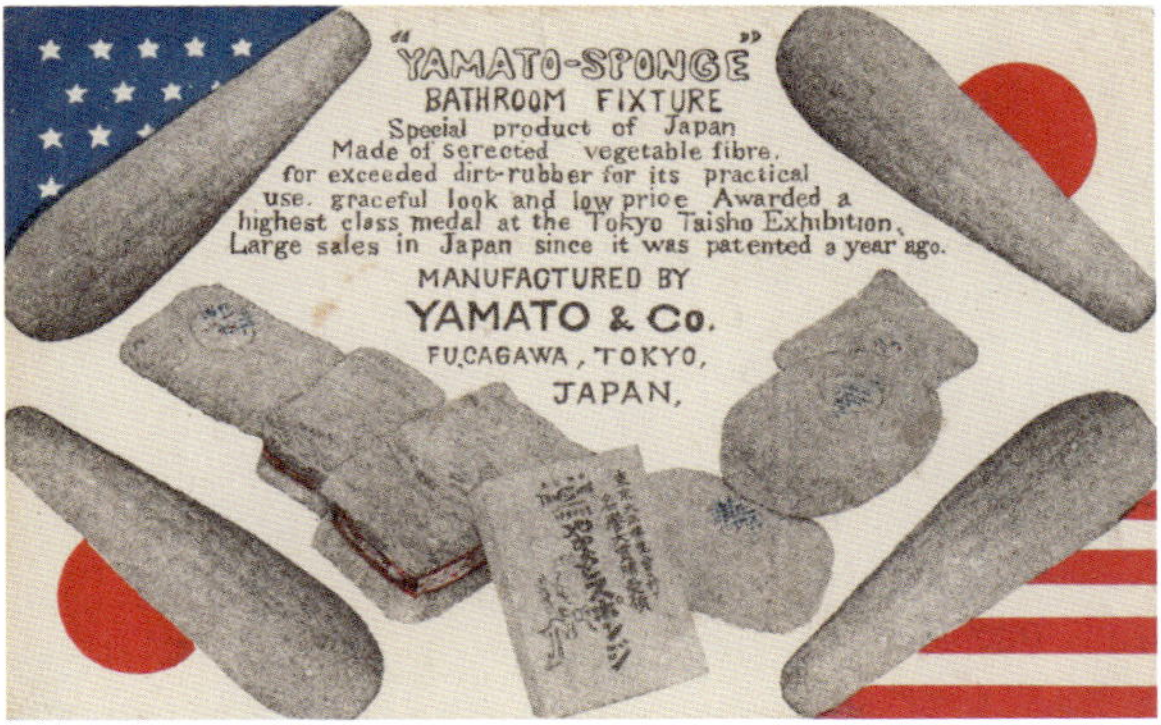

④－26
やまとスポンジ

日本が肩を並べたい相手だったのだろう。

そして、博覧会の売りは「日本初」だった。日本初のエスカレーターが開催前の三月九日に試運転され、第一会場（上野の山）と第二会場（不忍池）を結ぶ地点に設置された。この絵はがき（④-24）は側面からの様子だ。宣伝に「第一会場ちか道エスカレーター」とある。「わが国最新の自動階段」とも謳い、上り下りの二方向あった。秒速約三〇センチで一〇銭の運賃を要した。そば一杯四銭だったから、少し割高だ。日本初の遊覧用「ケーブルカー」（④-25）も第二会場の不忍池に登場した。池を横断する形で走行し、会場は遊園地のようだった。博覧会は最新技術のお披露目の場でもあった。快進社（日産自動車の前身）は純国産自動車第一号「DAT（脱兎）」号を会場で発表している。これも日本初として注目を集めた。

東京大正博覧会は最先端技術を紹介する一方で、異彩を放つ商品も登場する。輸入拡大と外貨獲得が至上命題だとする認識があり、「YAMATO-SPONGE（やまとスポンジ）」（④-26）から当時の思いが伝わってくる。東京・深川の会社が生産するヘチマタワシを米国に売り込もうと製作した絵はがきだ。日章旗と星条旗をデザインし、拙い英文を添える。大意は「浴室備品。精選した植物繊維から作られた日本の特産品。実用的でアカ落としに使用感抜群。優美な形で安価。東京大正博覧会で最優秀賞メダル受賞。一年前に特許を取って以来大好評」となる。米国人に伝わったのかは心許ない。

熱帯アジア原産のヘチマ（糸瓜）は慶長年間（一五九六～一六一五）に日本へ伝来した。食用品種と繊維品種があり、日本では繊維品種が独自の改良を遂げた。明治末期にヘチマ製品の海外輸出が飛躍的に増え、ヘチマはタワシの代名詞となった。そんなヘチマの地位がやがて脅かされてしまう。ヤシの実の外皮を材料に使った「亀の子束子」が登場したからだ。日本は第一次世界大戦を経て南洋群島を手にした。そして、ヤシの実が大量に入って来た。この「亀の子束子」が大ヒットすると、タワシといえば、ヘチマではなく亀の子を指すようになった。

醸造界の革新とブランド

明治と大正を通して食品産業の技術革新は目覚ましく、特に醸造界で顕著に現れた。微生物学や細菌学などの研究成果によって数々の発酵メカニズムが解明されたからだ。日本の醸造会社は経験と勘に頼った方法だけではなく、最新の醸造技術を取り入れ、高品質かつ安価な製品を市場に送り出す。醤油や日本酒など日本古来の食品に加えて、海外から伝わったビールでも新商品を次々と開発する。各メーカーは宣伝媒体として絵はがきに着目した。

キッコーマンは日本を代表する醤油メーカーだ。原点は江戸時代、野田（現在の千葉県野田市）の醸造業に遡る。豊富な水資源に恵まれ、大消費地に近く、明治に入ってからも「野田の醤油」は順調に業績を伸ばしていく。第一次世界大戦を経て、醸造家は大正バブルの恩恵を受けた。新たな資本を元手に事業拡大を狙うも激しい価格競争に陥った。しかし、元を辿れば同族だ。共倒れを防ぎ、経営の合理化を図ろうとなった。こうして一九一七（大正六）年一二月

④－27
キッコーマン
醤油

④－28
白鶴

七日、野田の茂木《もぎ》六家と高梨家、流山の堀切家が合同し、野田醤油株式会社（キッコーマン株式会社の前身）を設立した。各家が工場を現物出資して番号をつけた。その中でも当時、最新設備を誇った醤油工場が「第十七工場」（④-27）だ。近代的な高層鉄筋コンクリート造で一九二六（大正一五）年三月三一日に完成し、作業工程はすべて機械化された。醸造の起源とされる古代エジプトの模様を取り入れ、創造と革新の意思を示した。

④－29
アサヒビール

④－30
エビスとサッポロ

酒造業でも技術革新に力を入れる企業が現れた。その代表格が嘉納合名会社（白鶴酒造株式会社の前身）だ。自社製の絵はがき（④－28）を通して、江戸時代から続く伝統的な酒造りと酒を一升瓶に詰める最新の製造ラインを対比させる。海外輸出も手がけたのか、「HAKU TSURU（ハクツル）」と記し、輸出先としてサンフランシスコ（桑港）の「マカンドレー商会」の名前を添える。米国西海岸は日系移民が多く、酒の需要が見込まれたのだろう。

また、嘉納合名会社は軍用酒の販売にも力を入れ、銘柄「陸軍」も販売している。「大日本帝国」の版図が広がるに連れて、台湾や朝鮮、満洲にも拠点を置き、酒の販売網を開拓していった。

明治・大正期は日本酒が主流だったが、欧米化の影響もあってビール消費が着実に伸びていた。輸入ビールは高級酒として扱われたのに対して、初期の国産ビールは品質が安定せず、未熟な醸造技術から「まずい」と酷評されたが、品質改良が格段と進んだ。都心部のビアホールが人気を集め、泡立つビールをジョッキで飲む光景が見られた。一九〇六（明治三九）年三月二六日には大阪麦酒・日本麦酒・札幌麦酒の三社が合併して大日本麦酒が誕生した。この大日本麦酒は「アサヒ」「ヱビス」「サッポロ」の商標を有し、一時は国産ビールの六〜七割近くを製造した。

アサヒビールの絵はがき（④-29）では、朝日と白波とライオンが描かれる。一見すると、ビールの宣伝なのか分からない。小さく「ASAHI BEER」と記すだけだ。ちなみにエールタイプに代表される英国ビールは幕末から日本人に親しまれていた。そんな歴史と日露戦争時の日英同盟を意識した。説明に「GREAT BRITAIN, OUR BRAVE ALLY, WE SALUTE YOU.（グレート・ブリテン、我らの勇敢なる同盟国よ、我等より敬意を表す）」と添える。日英両国はビールも戦争も同盟関係にあると主張する。続いて「YEBISU（ヱビス）」と「SAPPORO（サッポロ）」の名前を併記した絵はがき（④-30）がある。こちらはビールの宣伝だとすぐに分かる。

背景にビールの発祥地エジプトと原料の麦を描き、最新の仕込み室を紹介している。「キッコーマン」「ハクツル」「アサヒ」「ヱビス」「サッポロ」といった名前は、「大日本帝国」の時代に確立したブランドだ。戦前と戦後で断絶せず、今も脈々と受け継がれている。

世界大戦と震災と「カルピス」

醸造業の発展は醤油や酒類にとどまらない。日本人の間に乳酸菌飲料を飲む習慣はなかったが、新感覚の飲み物として「カルピス」が大正期に登場する。この「カルピス」の場合、何もない状態からブランドイメージを創り出す必要があった。一方で既成概念に縛られずアイデア次第だった。ゆえに創業者の個性が色濃く反映した商品になったと言える。

そんな国民的な飲料を生み出した人物はお坊さんで、豊能《とよの》郡萱野《かやの》村（現在の大阪府箕面《みのお》市）の浄土真宗本願寺派（西本願寺）教学寺に生まれた三島海雲《かいうん》（一八七八～一九七四）だ。彼は一九〇三（明治三六）年四月に清国の北京で雑貨貿易商「日華洋行」を設立した後、新事業の展開を求めて内蒙古（内モンゴル）へと向かう。その旅先で遊牧民の酸乳と出合い、その健康効果に驚き、帰国後に酸乳の研究に没頭した。試行錯誤を重ねて一九一九（大正八）年七月七日に日本初の乳酸菌飲料「カルピス」として発売した。すると、たちまち大ヒット商品となった。

第一次世界大戦を終え、世界平和の到来を告げるベルサイユ条約が成立したばかりの頃だ。

三島の才覚は商品開発にとどまらない。誰も知らない「カルピス」の名前をごく短期間で知らしめた宣伝力にもある。彼は戦後の混乱で生活に困窮するドイツをはじめ、フランス、イタリアの美術家を支援しようと考えた。一九二三（大正一二）年春、「カルピス」をテーマとした国際懸賞ポスターへの応募を呼びかけた結果、一三四二点の作品が集まった。東京美術学校長だった正木直彦を審査委員長とし、心理学者や美術家、図案家を審査員に招き入れ、大々的に宣伝した。

しかし、関東大震災が九月一日に発生する。彼の言葉によると「そのとき私は、〝そうだ、せっかく飲み水を配るのなら、それにカルピスを入れ、氷を入れておいしくして配ってあげよう〟と考えた。いまこそ日ごろの愛顧にこたえるときだと思ったからである。幸いなことに、工場にはカルピスの原液がビヤ樽で十数本あった。これを水で六倍に薄め、それに氷を入れて冷やして配ることにした。金庫のあり金二千円を全部出して、この費用にあてた。さて、配る方法である。そのころ、トラックは一日一台八十円でチャーターできた。しかし震災のあとだけに、車は逼迫していたが、何とか四台のトラックをかき集めてきた。そして、翌日の九月二日から東京市内を配って回った」（三島海雲著『初恋五十年』）とある。この「カルピスキャラバン隊」は避難民の大歓迎を受け、新聞紙上でも紹介された。

震災の混乱が続く中、三島は自らの約束を守って国際懸賞ポスターの事業を継続し、秋に入選作を発表した。傷跡が癒えない東京・日本橋の三越本店で応募作品が公開された。さらに作品発表を兼ねて、一九二四年春に一等から三等までの入選作をはじめ佳作を含めた計一六種を

④－31
アルノ・イェーネの１位作品

④－32　マックス・ビットルフの２位作品

④－33
オットー・デュンケルスビューラーの３位作品

原色版の絵はがきとして発行した。一等は紙面印刷ポスター用とされ、賞金は五〇〇ドル、ドレスデン在住のアルノ・イェーネの作品（④-31）が輝いた。二等は雑誌表紙用で賞金二〇〇ドル、フランクフルト在住のマックス・ビットルフの作品（④-32）が選ばれた。三等は屋外または新聞広告用で賞金一〇〇ドル、ミュンヘン在住のオットー・デュンケルスビューラーの作品（④-33）となった。このデュンケルスビューラーは有名な図案家であり、三等に不満だったらしく、三島に不平の手紙を送った。その後、黒人を描いたマークは人気を呼び、一等と二等の作品を超えて有名になる。「カルピス」といえば、昭和の世代はこのデザインを思い浮かべる人が多い。ただし、平成に入って黒人差別を助長すると批判され、現在は使用されていない。

「カルピス」の国際懸賞ポスターが注目を集めた理由として、賞金総額「三千五百兆マーク」とする絶妙な謳い文句がある。国家予算を超えた途方もない金額のように思うが、実はそうではない。第一次世界大戦に敗北したドイツは連合国に巨額の賠償金を負わされ、ドイツ国民は凄まじいインフレに苦しんでいた。一九二三年一一月には一ドルの相場が四兆二千億マルクを記録した。三島はこのインフレを逆手に取って宣伝したのだ。

卓越したアイデアだけではない。三島の気配りは行き届いていた。選外の作品は競売した後、売上金を応募者に送った。実業家であると同時に宗教家でもあった。奇抜なアイデアとスケールの大きさ、さらには卓越した国際感覚には驚かされる。「カルピス」とは、単なる商品名にとどまらない。世界大戦と震災という逆境にあって成功を切り拓いた起業家精神の賜物だ。

世界に就航する日本の海運会社

明治に創業した日本の海運会社は歴史が浅かった。航路のほとんどが日本の沿岸部に限られ、主要な海外航路は欧米諸国に抑えられてきたが、日清・日露戦争と第一次世界大戦を経て日本の海運業は大きな飛躍を遂げる。その中心的な役割を担った企業として三井系の大阪商船と三菱系の日本郵船が挙げられる。大阪商船は瀬戸内海を拠点とする船主五五人が九三隻を現物出資して一八八四（明治一七）年五月一日に開業し、近海航路の基盤を固めながら遠洋定期船会社としての地位を築く。一方の日本郵船は一八八五（明治一八）年九月二九日に設立した。政府が株式の利益を保障するなど「官」との結びつきが強く、早い段階から最新の大型船を投入して海外航路を担う。双方共に日本を代表する国際企業へと成長を遂げた。

日露戦争後に発行された日本郵船の絵はがき（④-34）は最新鋭の船舶と航路図を示す。写真の「平野丸」は一九〇八（明治四一）年一二月に竣工した貨客船だ。欧州航路に就航し、歌人与謝野晶子が乗船した船としても知られるが、一九一八（大正七）年一〇月四日にドイツ海軍のUボートの攻撃を受けて英国西部ウェールズ沖で撃沈され、二一〇人の犠牲者を出す。航路図には、日本からヨーロッパ、オーストラリア、北米への航路が描かれる一方で、南米航路は開通していない。これに対して、大正期の絵はがき（④-35）を見ると、南米やアフリカ、

④ - 34
日本郵船株式
会社航路図

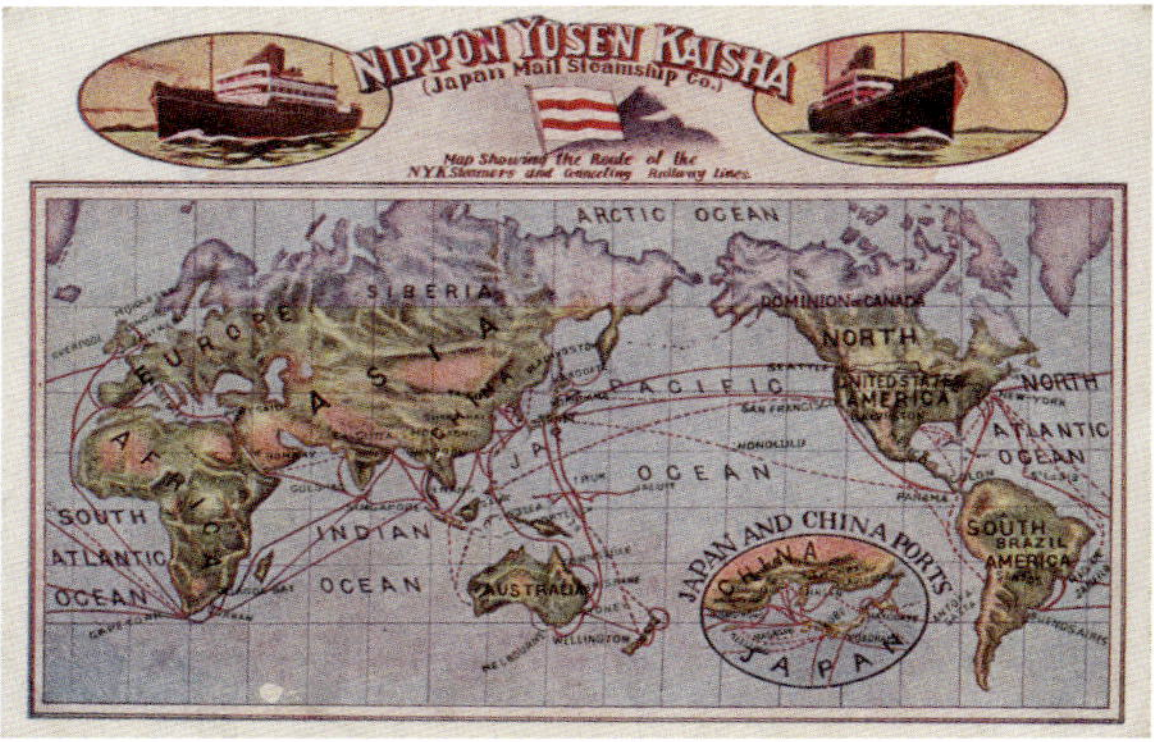

④ - 35
大正期の日本
郵船航路

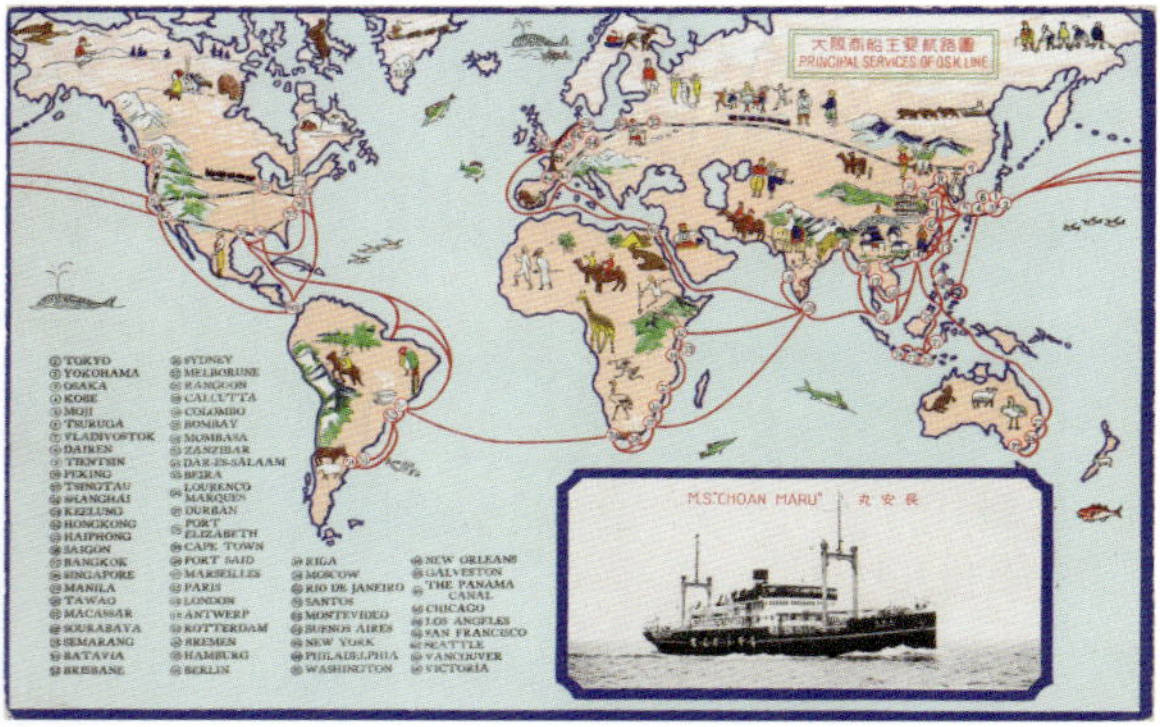

④ - 37
大阪商船主要
航路図

④ - 36
大阪商船会社1910年

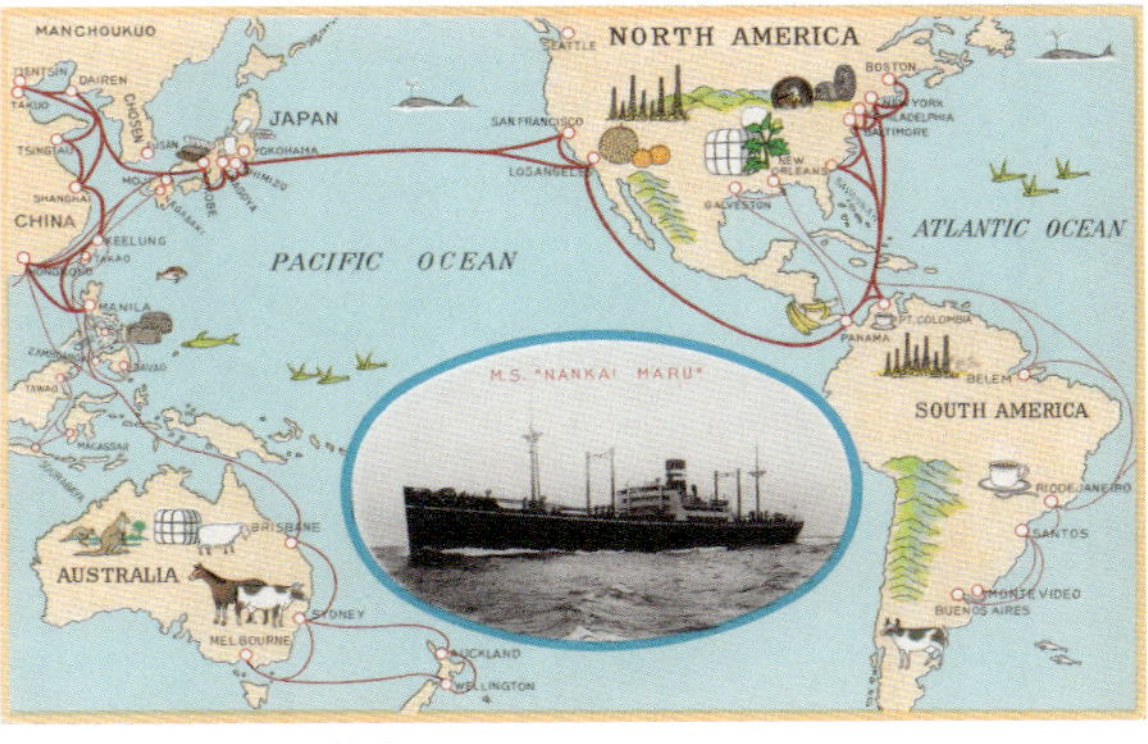

④ - 38　北米航路と「南海丸」

ニュージーランドを含めて世界中に航路がくまなく延びている。裏面に一九二〇(大正九)年八月二四日の日付が入る。第一次世界大戦の〝前〟と〝後〟では、日本郵船を取り巻く状況が大きく変化したと理解できる。

第一次世界大戦前の太平洋では、英米両国の海運会社が北米航路を独占し、日本の海運会社が進出する余地はなかったが、ヨーロッパにおける戦局の悪化が影響する。ドイツ海軍のUボートによって民間船舶の被害が相次ぎ、主軸となる大型船が太平洋から大西洋に振り分けられていく。その結果、太平洋の海運地図に空白が生じ、代わって日本の進出が可能となった。日本は英国と米国に次ぐ世界第三位の海運国へと一気に躍り出た。

大阪商船もまた海外航路の新規開拓に力を注いだ。日露戦争の頃、旅順陥落から間もない一九〇五年一月一四日に「舞鶴丸」が大連を目指して大阪を出港し、大陸航路を開く第一歩となった。商人たちは酒樽を積み込み、芸妓を連れて日本海を渡った後、満洲の地で兵士を相手に雑貨販売や飲食店を始めたと伝えられる。一九〇九年七月三日に北米航路を開き、一九一〇年の年賀状(④-36)はまさに飛躍する新年を表している。カラー印刷で富士山を背景に双眼鏡を手にする日本人女性を描く。細部に渡って手の込んだデザインだ。

その後、大阪商船は北米航路の充実を図ろうと、新造船を次々と就航させていく。一九二〇年頃には「多年の宿望である太平洋上に覇を唱える態勢が整った」(大阪商船編『創業百年史』)とあり、そんな全盛期に発行された「大阪商船主要航路図」(④-37)は興味深い。地図の中心は日本標準時子午線（東経一三五度）ではなく、英国のグリニッジ子午線（経度〇度）を中央に据え、国際性が感じられる。ウラジオストク、大連、北京、青島、上海、ニューヨーク、サンフランシスコ、ブエノスアイレスなど世界六六都市を示す。

こうした数々の海外航路でも北米航路は最重要路線だった。日本から米国への貨物輸送は西海岸から大陸横断鉄道に積み替えていたが、一九三〇年代にはパナマ運河を経て東海岸に向かうニューヨーク急航路が主流となる。この急航路に社運を賭けた大阪商船は最新鋭の高速ディーゼル貨物船「畿内丸」（八千トン級）を就航させる。「畿内丸」は一九三〇年七月一六日正午に横浜を出港し、二七日午後六時半、ロサンゼルスに到着する。パナマ運河を抜けて八月一一日午前五時半にニューヨークに達した。横浜からニューヨークまでの航程が平均三五日といわれた時代に「畿内丸」は二五日と一七時間半で結んだ。一〇日近くの短縮だった。

北米航路はこの絵はがき（④-38）に太い赤線で示される。ちなみに写真の「南海丸」は畿内丸の同型船（改良型）だった。その後、急航路はドル箱となる。満洲事変を経て日米関係は急速に冷え込むが、太平洋戦争が始まるまでの間、人と物の流れは絶え間なく続いた。

南米ブラジル移民からの挨拶状

北米に続いて南米にも日本の海運会社は航路を開いた。この乗客となるブラジル移民は一九〇八（明治四一）年四月二八日、神戸を出港した「笠戸丸」（東洋汽船）の七八一人に遡る。そ

④-39a　大阪商船会社ラプラタ丸

の後、日本郵船と大阪郵船が西航南米航路に参入し、太平洋戦争が始まるまでの間、一八万八千人余の移民が海を渡った。「南米ブラジル渡航記念」とあるこの絵はがき（④-39a）は大阪商船の「ラプラタ丸」を紹介する。第一回芥川賞を受賞した作家石川達三（一九〇五～一九八五）の小説『蒼氓《そうぼう》』（一九三五）に出てくる移民船で、彼自身も乗船している。登場人物の多くは貧しい農村の出身者として描かれ、「蚕棚《かいこだな》」と呼ばれる倉庫のような船室に

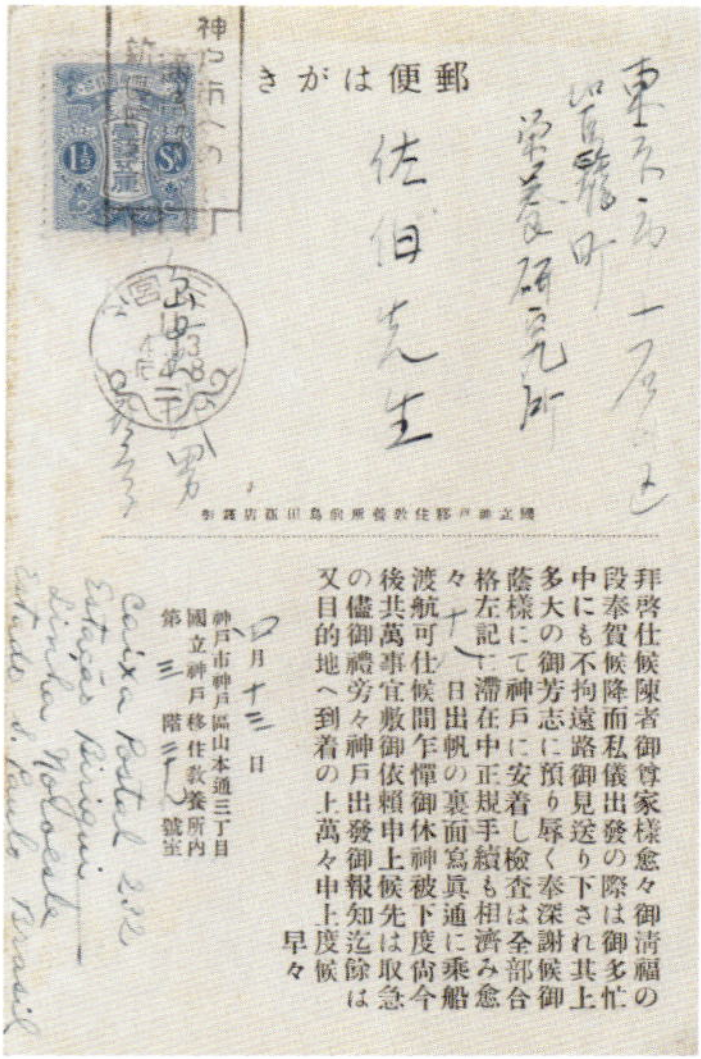

④-39b　昭和11年４月13日の三宮消印（裏面）

押し込められ、一カ月半に及ぶ航海に耐え抜いた。作品全体を通して暗い雰囲気が漂う。記述にある通り、移民船は「香港五日目」「西貢《サイゴン》九日目」「新嘉坡《シンガポール》十二日目」「古倫母《コロンボ》十八日目」と進み、インド洋を抜けてアフリカの「ダーバン港三十日目」「ケープタウン港三十四日目」、さらに南米の「リヲデジヤネイロ四十二日目」を経て、最終目的地である「サントス港四十三日目」に到達した。

実は、この絵はがきは大阪商船の発行ではない。国立神戸移住教養所（神戸市）前の島田商店が移民向けに販売した一枚だ。どこかで拝借した船の写真を複写し、文字を加刷したようだ。出国前の移民は健康診断や語学学習、渡航手続きなど、何かと多忙を極めた。裏面（④-39b）には「……出発の際は御多忙中にも不拘《かかわらず》遠路御見送り下され其上《その》多大の御芳志に預り辱《かたじけな》く奉深謝候御蔭様にて神戸に安着し検査は全部合格……」と予め印刷してあり、名前と日付を添えるだけで挨拶状となった。消印は三宮郵便局で一九三六（昭和一一）年四月一三日だ。当時三〇歳の嶋貫武男と当時二二歳の喜久の夫妻が、教養所の「第三階二十九号室」から「東京市小石川区賀籠町」の栄養研究所「佐伯先生」宛てに出している。

「佐伯先生」とは、おそらく「栄養学の父」と称された佐伯矩《さいきただす》（一八七六〜一九五九）だろう。人口増加と食糧不足が課題とされた戦前日本において、国民を飢えから救う学問として栄養学が注目された。とすれば、あながち移民と無関係とはいえない。嶋貫の本籍地は東京の栄養研究所とあるが、佐伯との関係は分からない。嶋貫は第二五七回移民の「輸送監督手助」（移民監督助手）を務め、四月一八日に神戸を出港、六月一日にブラジル入りしたと記録に残る。

ブラジル移民は「棄民」とも喩えられる。しかし、それは一面的な捉え方に過ぎない。時代によって、移民の送出国と受入国における経済の力関係は変わる。明るいか暗いか、そのイメージは双方の経済格差が影響しやすい。神戸で船を待つ移民たちの表情は暗いとは限らない。鉄筋コンクリート造五階建ての建物は暖房が行き届き、一日三回の食事が提供された。

石川の『蒼氓』には、移民の思いとして「諦めと混った希望をもっていた。彼等のみならず殆んど全部の移民が希望をもっていた。それは貧乏と苦闘とに疲れた後の少しく棄鉢《すてばち》な色を帯びた、それだけに向う見ずな希望であった」との描写もある。果たして、国が移民を棄てたのか、移民が国を棄てたのか。そんな疑念さえ抱かせる。絵はがきが投函された後、日本は戦争へと突入する。ブラジルには異国の苦労に耐えながらも空襲のない生活があった。

スポーツ国際交流の源流

日本が初参加したオリンピックはストックホルム（一九一二）だった。その翌年の一九一三（大正二）年二月にはアジア大会の源流の一つ「極東選手権競技大会」が始まっている。米国キリスト教青年会（ＹＭＣＡ）から米領フィリピンに派遣されたエルウッド・ブラウンの提唱によって実現に漕ぎ着け、第一回大会はマニラで開催された。当時のアジア地域は多くが欧米列強の植民地となり、独立国が少ない。参加国は日本・中華民国・米領フィリピンに過ぎなかったが、スポーツ文化が発展途上の時代において、「極東オリンピック」とも称された極東大会がほぼ二年ごとに三カ国の持ち回りで行われていた。そんな様子が数々の記念絵はがきから伝わってくる。

マニラの第一回大会は一九〇人の選手規模、上海の第二回大会は三〇〇人の選手規模だった。日本初開催となった第三回大会は東京・芝浦の競技場を主会場に一九一七（大正六）年五月八日から一二日にかけて行われた。当時、ヨーロッパは第一次世界大戦の最中にあったが、極東の地は主戦場から離れていた。「大正六年五月芝浦ニ於テ極東選手権競技大会」（④-40）は日本・中国・米領フィリピンの選手による入場行進の場面だ。米領フィリピン選手団は星条旗を掲げる。天候は快晴、参加選手は総勢三〇〇人余、会場は数万人の観衆で埋め尽くされた。「ハイハードル競走」（④-41）では、観衆を背に選手たちが力走する。水泳は日本の独壇場だったが、陸上は短距離で米領フィリピン、長距離で日本の活躍が目立った。絵はがきは極東体育協会特定の宮内写真館が発行し、「第三回極東選手権競技大会記念」（六枚組）のうちの二枚となる。

「第六回極東選手権競技大会」（④-42）は大阪開催を知らせる一枚だ。一九二三（大正一二）年五月二一日から二六日までの六日間、完成間もない大阪市立運動場（現在の八幡屋公園）をメイン会場に行われた。陸上競技場は二万七千席のスタンドを備え、「東洋一」の規模を誇った。開会式では小雨が降る中、選手団が入場行進し、数万人の観衆が大きな拍手で迎えた。陸

④ - 40
入場式全景

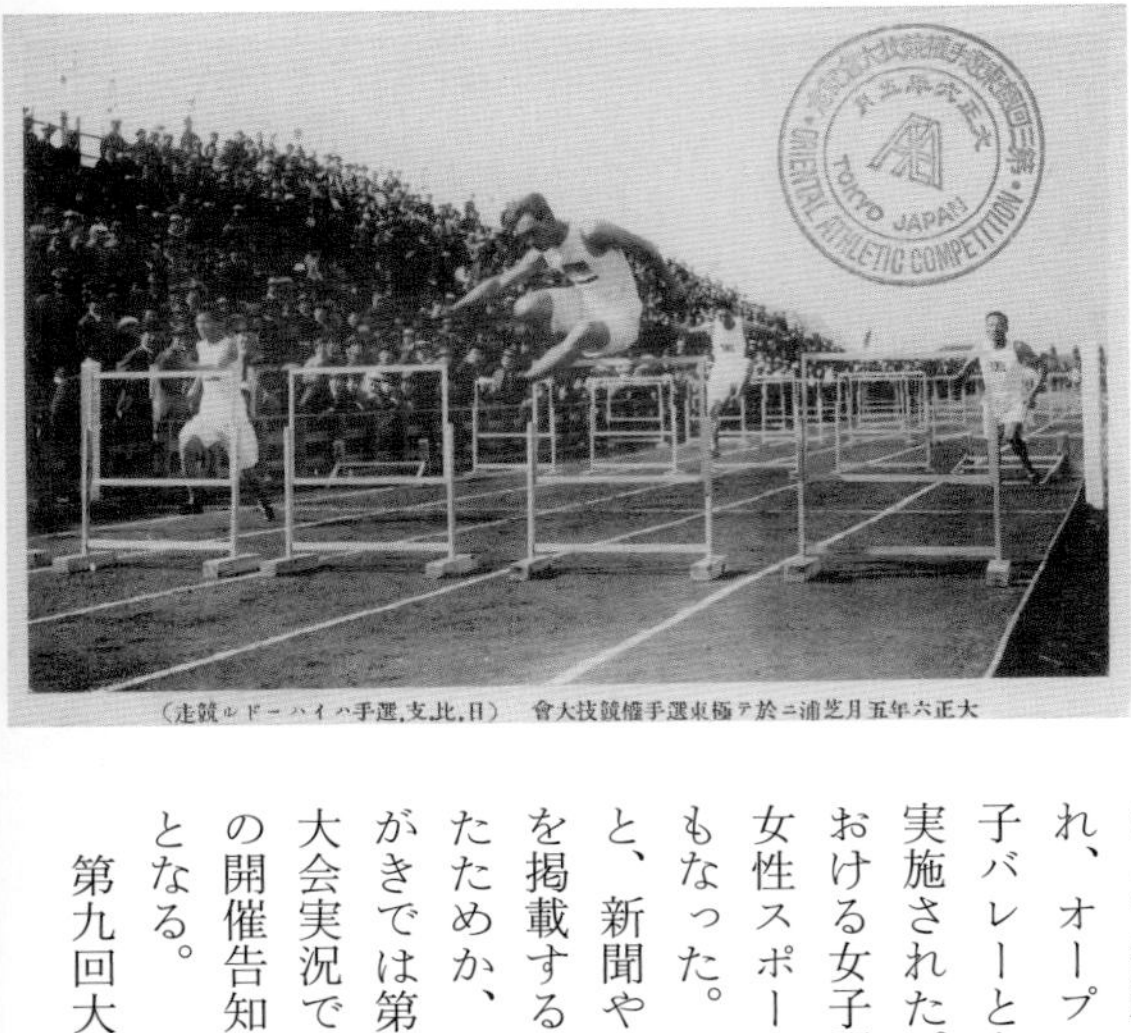

④ - 41
ハイハードル競走

上競技やバレー、バスケット、テニス、サッカーなどで熱戦が繰り広げられ、オープン戦ながら女子バレーと女子テニスも実施された。この大会における女子選手の活躍は女性スポーツの先駆けにもなった。この頃になると、新聞や雑紙でも写真を掲載する技術が普及したためか、第六回の絵はがきでは第三回のような大会実況ではなく、大会の開催告知が発行の狙いとなる。

第九回大会は一九三〇

④－42
第６回極東選手
権競技大会

④－44　フィリピン独自の旗（左）

④－43
第９回大会の
星条旗

年五月二四日から三一日までの八日間、再び東京で開催された。絵はがきの国旗に着目すると、同じ発行元「財団法人大日本体育協会」であり、同じ大会であるにもかかわらず、米国の星条旗（④-43）とフィリピン独自の旗（④-44）を描き、二パターンがある。大会が行われた段階でフィリピンの完全独立は認められていない。主催者が双方への配慮を見せたのかもしれない。また、第六回と第九回の大会を比較すると、中国は「五族共和」を示す五色旗から、青天白日旗（一九二八年一〇月制定）に変わっている。

参加国の間で外交問題が生じる度に、スポーツと政治は別であるとの建前の下、中止の危機を乗り越え、満洲事変以降も実施されている。その後、満洲国の参加を巡って日中両国の対立が収まらず、一九三四年の第一〇回マニラ大会をもって幕を下ろした。極東大会が行われた二一年間はアジア激動の時代だった。それでも国際大会の開催を継続し、アジアにとってスポーツ交流の源流となった。その意義は大きい。

家電ブームを牽引した扇風機

明治以降の日本が富国強兵の道を突き進んだのに対して、第二次世界大戦後は経済発展と豊かさをひたすらに追い求めた。復興を遂げた一九五〇年代後半は家電（家庭用電化製品）ブームに沸き、白黒テレビ・洗濯機・冷蔵庫が「三種の神器」として消費の火付け役となった。しかし、大正末期から昭和初期にかけて「家電ブーム」ともいえる社会現象がすでに起きていた。

その一つのきっかけが関東大震災だった。電気はガスよりも復旧が早く、薪炭よりも電気コンロの方が安全だとする認識が広まり、都市部を中心に電気の普及に拍車がかかった。一方で購買力を持った新中間層の台頭も大きく、和洋折衷のモダンな文化住宅に住み、白熱電球や電気コンロをはじめ、アイロン、電気ストーブ、蓄音器、ラジオといった家電を買い求める層が確実に厚みを増していた。中でも「電気扇」と呼ばれた扇風機は憧れの商品であり、戦前の家電ブームの牽引役となった。

日本風俗と題したシリーズ「職業婦人」からの一枚（④-45）がある。一見すると、何ら変哲がない。白い割烹着の女性が事務仕事に励むだけだ。しかし、本当の主役は傍らの黄色い四枚羽根の扇風機にある。日本の夏は蒸し暑い。扇風機さえあれば快適に過ごせるし、仕事もはかどった。この扇風機は大正末期から昭和初期にかけて製造された三菱電機製だ。大正期に流行した洋装ではなく、和装であり、扇風機は大正期に人気を博した輸入品ではなく、国産品を描いている。作者の意図は「大正」を払拭しての「昭和」にあり、新しい日本の風俗として描いたのだろう。

扇風機と言えば、最も古い家電だ。一八八二年から米国で電気扇風機の製造が始まったとされ、日本では一八九三（明治二六）年に国内で初めて米国製の扇風機（ウェスティングハウス社製）が輸入された。電気自体が珍しい時代だったが、その翌年の一八九四（明治二七）年には芝浦製作所（東芝の前身）が国産第一号機を開発する。真っ黒い金属製の六枚羽根を備え、直流エジソン式電動機を使っていた。スイッチを入れると、頭部の白熱電球が灯り、羽根が回った。

大正期には欧米の企業と技術連携が進み、国産扇風機の生産開発が本格化した。貸出制度もあって、富裕層を中心に需要を伸ばしていく。依然として輸入品の性能には及ばなかったが、震災を経て、芝浦製作所をはじめ、三菱電機、富士電機、日立製作所などが生産力を強化した結果、企業間の競争が起こり、製品価格が大幅に下がった。扇風機が卓上用、壁掛用、天井用、換気用など、さまざまな用途に広がった結果、大勢の人びとが集まる百貨店や食堂、事務室、鉄道車両で導入されたほか、一般家庭にも徐々に浸透していった。

④-45　職業婦人

日立製作所の場合、一九二六年に扇風機の量産化に成功し、うち三〇台を米国に輸出している。生産ラインが軌道に乗ったのか、活気ある様子を「扇風機工場の一部」（④-46）として紹介する。当時の扇風機が「黒色、四枚羽根、ガード、首振り」を基本要素とし、工員たちが手作業で組み立てている。日立製作所の工場を紹介するシリーズ（八枚

④-46　日立製作所扇風機工場の一部

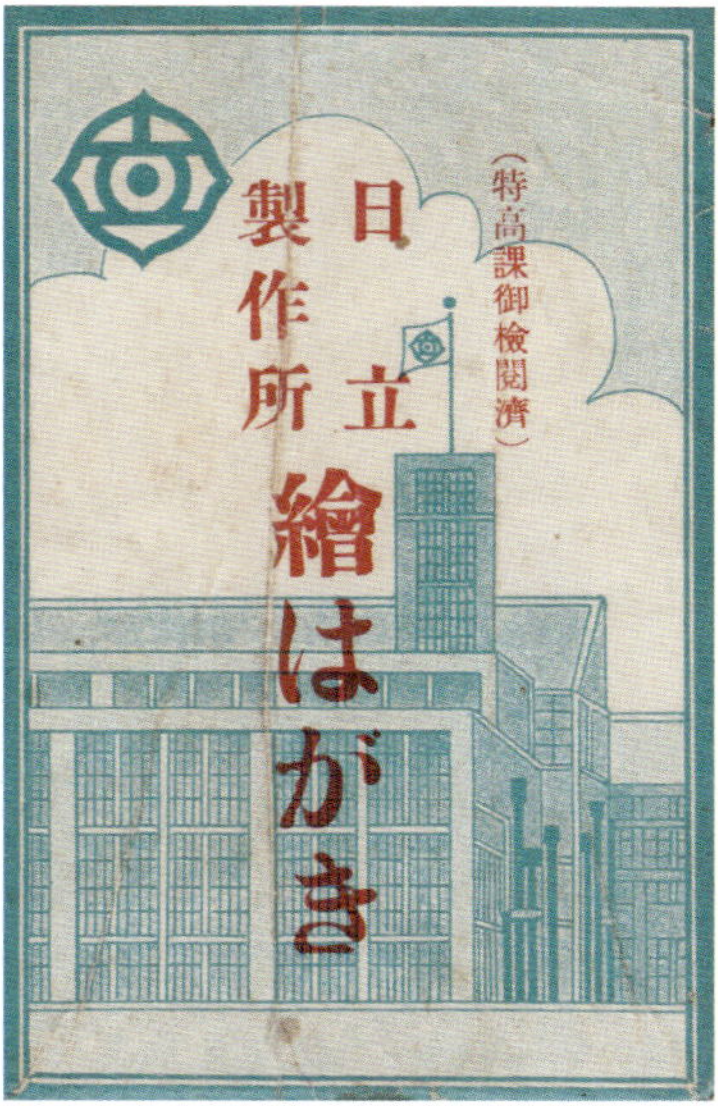

④-47　日立製作所絵はがき（タトウ）

組）のうちの一枚で、タトウ（収納袋）の表紙（④-47）に「特高課御検閲済」と印字する。昭和初期になると、他愛がない工場内の写真であっても機密事項は多く、厳しく規制されたのだろう。

国産扇風機は安全設計や風量調節、静粛性など、さまざまな技術改良が加えられた。低価格で高品質の製品が市場に出回り、最盛期の生産は年間六万台を超えた。だが、日中戦争の長期化によって、民需の道は断たれてしまう。一九四〇年七月七日には「奢侈《しやし》品等製造販売制限規則」、いわゆる七・七禁止令が施行され、不急不要品、奢侈贅沢品、規格外品などの製造販売が禁止された。宝石・象牙・銀製品を一律に対象としたが、一九四一年九月二五日には鉄製品も制限対象に加わり、鉱工業用を除き扇風機の製造は中止に追い込まれた。同時に禁止された家電として、冷蔵庫(医療用を除く)、掃除機、蓄音器も挙がる。日本にも米国に続く家電普及がまさに始まろうとする矢先だった。これら二枚の絵はがきは「大日本帝国」最後の豊かさを象徴している。

第五章　破綻する繁栄

——関東大震災の「前」と「後」

⑤-1　多民族だった「大日本帝国」

第一回国勢調査と多民族国家

「大日本帝国」は近代化を遂げると共に、多くの海外植民地「外地」を獲得してきた。だが、どのような国家だったのかといえば、その詳細は把握できていなかった。国勢調査は人口と世帯の実態を正確に捉えるだけではなく、政治、行政、軍事、経済、教育、学術など、あらゆる分野において必要不可欠な基礎データとなる。明治以来の懸案とされてきたが、日露戦争と第一次世界大戦が起こったため、その実施が見送られてきた経緯がある。一九二〇（大正九）年一〇月になって、ようやく第一回国勢調査（大規模調査）が実現した。国家を挙げた大事業と位置づけられ、道府県や市町村でも啓発活動に力が入り、宣伝用の絵はがきを多彩に発行する。

数ある中でも兵庫県臨時国勢調査部の絵はがき（⑤-1）は異彩を放つ。旭日旗を背景に日本地図を囲むように、日本人、白系ロシア人、アイヌ人、朝鮮人、台湾の漢族系住民「本島人」、南洋群島の「島民」を描く。多民族共生を謳《うた》うようにも見える。本来、国勢調査の宣伝に過ぎない。当たり障りがない内容でも許されたが、あえて趣向を凝らした図案となった。

　これには外国人が多い兵庫県特有の地域事情があった。兵庫県には神戸市を中心に一万一七五九人（一位）の外国人が住んでいた。ちなみに二位は神奈川県の一万八三二人、三位は福岡県の八九五〇人、四位は東京府の八六七九人だった。国際港である神戸港を有し、大陸への定期船が頻繁に出入りする土地柄だった。当時の兵庫県民にとって、多民族多文化は当たり前の風景に映ったのかもしれない。国際感覚が芽生えつつあった。そんな期待を抱かせる一枚だ。

⑤-2　神武天皇と八咫烏

　第一回国勢調査と同時期の調査によると、台湾・朝鮮・樺太を含む日本の総人口は七六九八万八三七九人とする結果が出た。その内訳は、内地（本土）五五九六万三〇五三人、台湾三六五万五三〇八人、朝鮮一七二六万四一一九人、樺太一〇万五八九九人だった。このほか、関東州六八万七三一六人、青島二四万三七八三人、南洋群島五万二二二二人を数えた。外地では臨時戸口調査、委任統治領の南洋群島では島勢調査と称された。朝鮮では三・一独立運動の余波もあって一九二〇年の国勢調査が実施されず、略式の調査で対応した。

詳細に見ると、人口第一位の東京府は三六九万人余、第二位の大阪府は二五八万人余、第三位の北海道は二三五万人余だった。内地に限れば、大正日本の人口は五五九六万人台だ。欧米諸国の人口と比べた場合、同時期の米国が一億五七一万人余、ドイツが五九八五万人余、英国(本土のみ)が四七二三万人余、フランスが三九二〇万人余、イタリアが三八八三万人余であり、日本は上位だった。海外植民地こそ少なかったが、人口で捉えた場合、日本は大国だった。

しかし、現実の国勢調査は兵庫県の絵はがきに描かれた多民族性とはほど遠く、〝純血主義〟に徹した。内地では「氏名」「世帯における地位」「男女の別」「出生の年月日」「配偶の関係」「職業及び職業上の地位」「出生地」「民籍別または国籍別」の八項目を調査項目とした。外地では海外に渡った日本人を主な対象とし、日本人以外は治安維持を目的とした調査だった。先住民の場合、氏名や年齢さえも調査項目に挙がっていない。

実際、記念絵はがきの多くは国粋主義的だった。一九二〇年一〇月一日に臨時国勢調査局が発行した絵はがき(⑤-2)はその典型だろう。神武東征をテーマに、初代天皇の神武天皇と八咫烏《やたがらす》を描いている。一気に神話の世界に引き戻されてしまう。

「大日本帝国」は多民族国家であると同時に、天皇中心の国家だった。そして、国勢調査は日本の領土をどこまでの範囲とし、日本人を誰としたのか、その線引きを一層明確にした。

平和記念東京博覧会と文化国家への道

国際連盟の発足とベルサイユ体制の確立によって世界は平和と軍縮のムードが漂っていた。一九二二（大正一一）年二月六日、日本は戦艦や航空母艦などの保有制限を定めたワシントン海軍軍縮条約に署名した。日本以外の署名国は米国・英国・フランス・イタリアの四カ国だった。各国の軍事費が膨張し、国家財政を圧迫していた。経済基盤が脆弱だった日本にとって、軍縮条約は利する部分が多いと判断され、当時の国民世論は歓迎したと言われる。

こうした国際情勢の下、平和記念東京博覧会が三月一〇日、東京の上野公園で開幕した。大正バブルが弾け、長い不況に差しかかろうとする頃だ。殖産興業をテーマに掲げた明治期の博覧会とは一線を画し、自由と平和を強調した文化国家としてのイメージを示す狙いがあり、日本の新たな方向性を示した。博覧会の会場は第一と第二に分かれ、一巡するには「六里」といわれるほど大規模だった。「平和記念東京博覧会鳥瞰図」（⑤-3）からもその広大さが覗える。第一会場には、染織館や平和館、化学工業館、農産館、美術館が並び、第二会場には、外国館や北海道館、樺太館、満蒙館、朝鮮館、台湾館が設置された。その数は五〇以上に及ぶ。

新しい試みとして「文化村」が設営された。大正版の住宅展示会場であり、洋風生活や電気を取り入れた「文化住宅」はさながら〝モデルハウス〟だった。絵はがきに紹介された「建築学会常置委員会案」の住宅（⑤-4）は出品人が上遠喜三郎氏とある。価格は六九三〇円、建

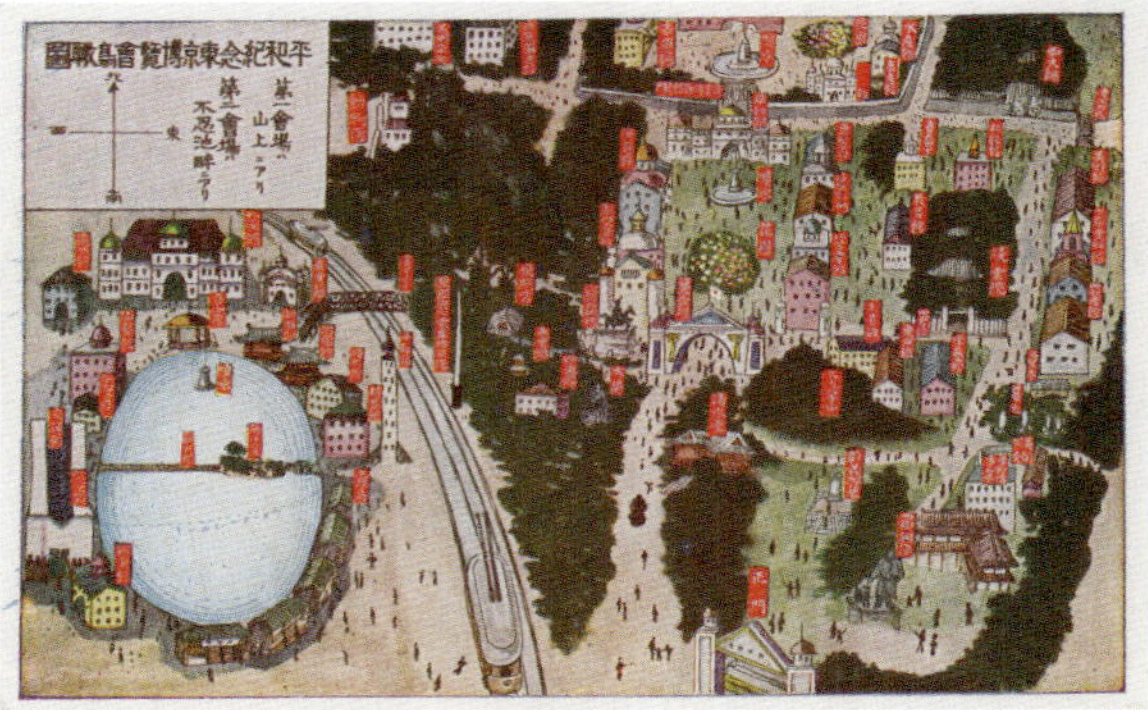

⑤－3
平和記念東京
博覧会鳥瞰図

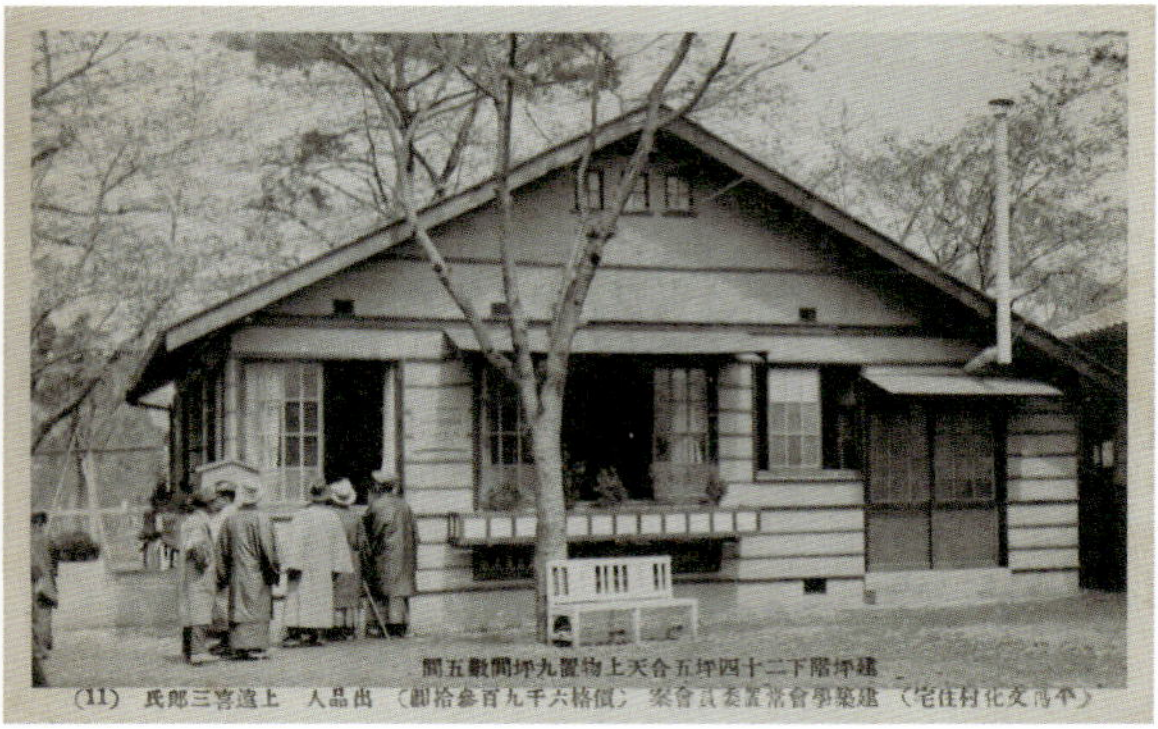

⑤－4
建築学会常置
委員会案

⑤－5
第二会場夜景

坪は階下が二四坪五合（約八〇平方メートル）、天井物置が九坪（約三〇平方メートル）、部屋数は五間だった。ほかに和洋折衷で価格が六千円台、延べ床面積が三〇坪程度の住宅展示もあり、現在の住宅と比べても遜色《そんしょく》がない。大正期の東京郊外は宅地造成が盛んに進められた。郊外の住宅に住み、東京都心に市電やバスで通勤する新中間層が増え、朝夕の通勤ラッシュは常態化していた。当時、彼らの平均年収が一五〇〇円前後だったといわれる。土地価格を除いて「文化村」の一戸建て住宅は年収の四〜五倍の価格に収まり、何とか手が届く範囲だった。

ただし、東京博覧会はトラブル続きだった。開幕直前には陳列棚がガラ空きだったり、ペンキが塗りたてだったりした。準備不足が際立ち、開幕後も建設工事が続いた。大々的に宣伝した割にはおざなりの展示も多かった。当初の入場者は一日一〇万人を超えたが、しだいに伸び悩む。そんな中でも電飾（イルミネーション）や水上飛行機は話題を呼び、「第二会場夜景」（⑤-5）のように目映い光が不忍池の水面に輝いた。水上飛行機は実際に滑走し、集客に貢献した。それでも思うように収益には結びつかない。そこで主催者は〝禁じ手〟を使う。豪華商品や高額現金が当たる福引を行い、博打のような集客策に打って出た。

七月一七日付の東京日日新聞は「天下御免のボリ屋平和博　十六日の平和博は藪入りを目あての福引で十余万の入場者があり、大賑わい」（『大正ニュース事典』Ⅴ）だったと紹介する。一方で「例の福引を無茶苦茶にやり、慾で入場者を釣ろうの算段。どうせ警視庁御免の富くじ式とあり、わずか小半日に数万円の現ナマをつかむ味はとてもわすれられない……」（同）と批判する。閉幕まで二週間と迫った。主催者は何としても集客を図り、赤字分を減らしたかったようだ。

終わってみると、会期中（三月一〇日～七月三一日）の来場者は一一〇三万二五八四人を数えた。表向きは「大成功」を装い、赤字分は東京府の補助金で埋め合わせしたと言う。関東大震災の前年、東京での一風景だ。軽薄さは否めないが、のどかで平和な暮らしがあった。

皇太子裕仁親王のヨーロッパ歴訪

アジアの強国へと成長を遂げた日本は第一次世界大戦に参戦し、戦勝国となり「世界の五大国」の仲間入りを果たした。日本人の生活環境もまた劇的に向上した。そんな明るい時代を反映するかのように大正天皇は気さくで人間味ある人柄だった。その半面、病弱な面があり、次期天皇として皇太子裕仁親王への期待が高まった。内閣総理大臣だった原敬（一八五六～一九二一）をはじめ重鎮たちは、「帝王学」の総仕上げとして裕仁親王の外遊を早期実現させたい意向だった。前例がなく反対意見も出たが、最終的には大正天皇の裁可を得た。若き日の裕仁親王は寡黙だったと言われ、海外の見聞を広めて開放的な性格になるように願う声もあった。

一九二一（大正一〇）年三月三日、皇太子裕仁親王はヨーロッパ歴訪の旅に出る。約三万人に見送られ、原敬の発声で万歳三唱した後、午前一一時三〇分、旗艦鹿島と御召艦香取が横浜を出港した。両艦は日露戦争直後に就航した旧型艦ながら英国製だ。鹿島はアームストロング社製、香取はヴィッカーズ社製であり、日英友好を演出する上で最適の艦船だった。歴訪前に香取は後部艦橋の海図室を「特別御用室」に改造し、「御座所」と「御寝室」を設けている。『昭和天皇実録』によれば、裕仁親王は三月六日に沖縄に寄港し、午前一〇時五〇分に「御上陸」とある。与那原付近の町村長や町村会議員、学校生徒、村民の歓迎を受け、県営軽便鉄道に乗って与那原駅から那覇駅へと向かった。旧首里城を巡り唐手模範試合を見物した後、午後五時八分に香取に「御帰艦」とある。六時間余の滞在だった。在位中は沖縄訪問が実現しなかった昭和天皇だが、皇太子時代に一度だけ訪れていた。

京都市が発行した訪欧記念絵はがき（⑤-6）でも地図から「那覇」と小さな文字が確認できる。国旗は裕仁親王が訪問した英国・フランス・ベルギー・オランダ・イタリアの五カ国となる。御召艦は、香港、シンガポール、コロンボなどに寄港した後、スエズ運河を抜けて、四月二四日に地中海のマルタ島に到着した。第一次世界大戦中、日本海軍の第二特務艦隊はここを拠点にドイツ海軍の潜水艦との死闘を繰り広げ、その戦死者七八人が永眠する地だった。裕仁親王が訪問を強く希望したといわれ、翌二五日の追悼式に参列し花輪を添えて黙禱した。

「クイーンエリザベス艦上の皇太子殿下」（⑤-7）は五月七日の様子を捉える。クイーン・エリザベスは英国海軍の大西洋艦隊旗艦であり、英国は最高儀礼をもって日本の皇太子を迎えている。説明に「御召艦香取がスピットヘッド沖に到着するとスーデン提督は直ちに香取に参候し御安着の祝詞を申上げて退艦した殿下は御訪問に報はせらるる為めクイーンエリサベス艦

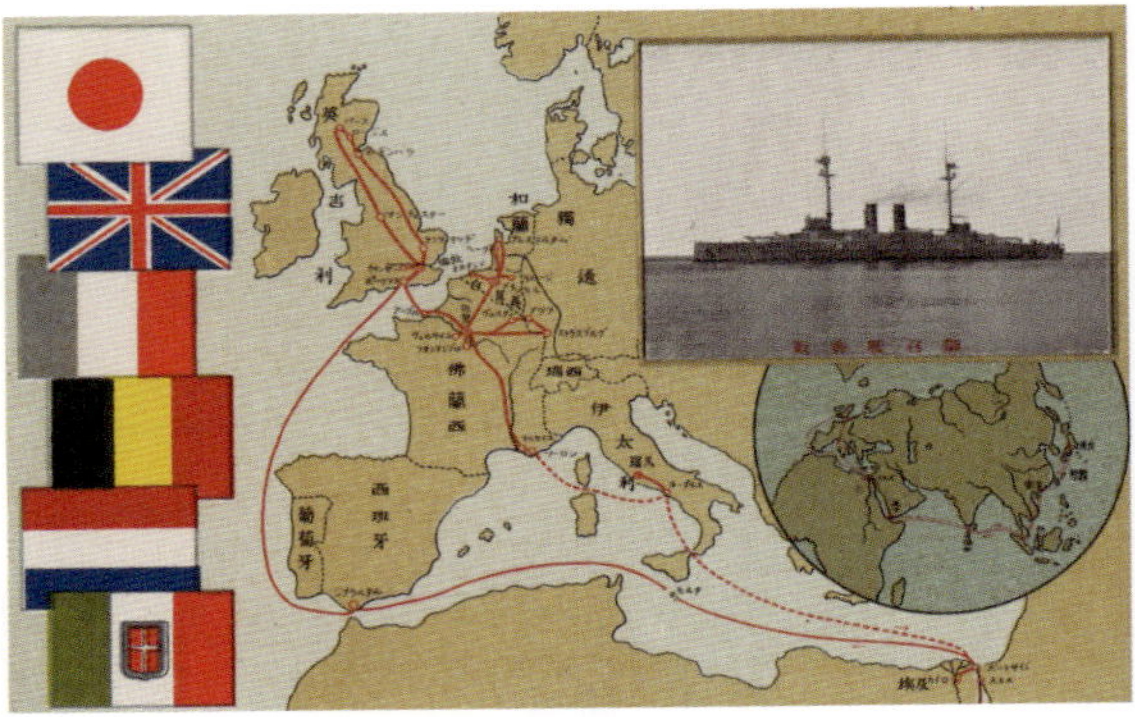

⑤－6
皇太子裕仁親王の訪欧

⑤－7
クイーン・エリザベス艦上の皇太子殿下

に同提督を御答訪あらせられた写真はすなわちその際同艦上において御閲兵の光景である」（「スーデン提督」ではない。「ス」と「マ」の誤植で「マッデン提督」だと思われる）と添える。

五月九日朝、皇太子の一行はポーツマスに到達した。ここでようやく上陸がかなう。日本からの総航程は一万一四六四・七海里（約二万一二三二キロ）、全航海日数は五三日に及び、寄港地は英領、もしくは英国が実効

⑤－8
バッキンガム宮殿前の歓迎

⑤－9
（大英国皇太子殿下御来朝記念）宮城御参内の光景

⑤－10
横浜公園における園遊会実況

支配した都市だった。そして午前一〇時過ぎ、裕仁親王は英国皇太子エドワード（後のエドワード八世）の出迎えを受けた後、午前一〇時二七分に上陸。列車に乗って午後〇時四〇分、ロンドンのビクトリア駅に到着。国王ジョージ五世がプラットホームで待ち構え、裕仁親王は国王や皇太子と馬車に同乗してバッキンガム宮殿へと向かう。子どもたちが日英双方の国旗を掲げた「バッキンガム宮殿前の歓迎」（⑤-8）から当時の熱気が伝わってくる。英国滞在は最初の三日間が英王室の賓客、次の五日間が英国政府の国賓、残りが非公式滞在とされた。

フランスでは第一次世界大戦の激戦地であるベルダンとソンムを巡り（再訪時）、ベルギー、オランダ、イタリアを歴訪する。七月一八日に帰途に就き、九月三日に横浜に到着した。ヨーロッパ歴訪は成功に終わったが、裕仁親王の帰国から間もない一一月四日、原敬が東京駅で暗殺された。彼は歴訪の実現に尽力し、裕仁親王の補佐役となるべき重要人物だった。英米との協調外交を進める上でも欠かせない有力者であり、その後の日本に影を落とす事件となる。

裕仁親王訪英の返礼として、英国皇太子エドワードの訪日が実現に至った。御召艦レナウンが一九二二（大正一一）年四月一二日に横浜港に到着すると、大歓迎を受けた。「（大英国皇太子殿下御来朝記念）宮城御参内の光景」（⑤-9）では、皇太子の馬車を整列した兵士たちが出迎える。英国の王室と日本の皇室の権威が感じられる場面だ。皇太子は滞在先の帝国ホテルが全焼する火事に遭遇している。

この訪日中、英国大使館は日本の新聞社に便宜を与えないどころか「無礼千万」だったとも伝えられ、すべての新聞社が英国皇太子に関する記事を一切ボイコットする事態を招いた。さすがに反響が大きかった。日英友好に水を差しかねず、英国の対応は軟化した。後に「横浜公園における園遊会実況」（⑤-10）のような写真（絵はがき）が出回るきっかけになったのかもしれない。英国海軍の水兵と日本髪の女性がビールを注いだコップやジョッキを仲良く手にした場面を見る限り、終始友好ムードが漂っていたように感じる。皇太子は京都や大阪を巡り、五月九日、鹿児島から帰国した。日英同盟の成立から二〇年が経過し、友好ムードが最高潮に達した瞬間だった。

東京のランドマーク「浅草十二階」

現在の東京でランドマークといえば、東京スカイツリー（高さ六三四メートル）と東京タワー（高さ三三三メートル）が挙げられる。時代を遡《さかのぼ》って、明治から大正にかけて東京にも立派なランドマークが存在した。絵はがきにある「浅草公園十二階」（⑤-11）だ。高さは五二メートル、現在の建築物と比べると格段に低い。とはいっても高層建築物がない時代なので遠くからでもかなり目立つ存在だった。ここでの英訳は「ザ・ジウニカイ・パゴダ（The Jiunikai Pagoda）」であり、「タワー（Tower）」ではない。「パゴダ」の意味は「仏塔」となるが、浅草十二階は純粋な娯楽施設だったから外国人の誤解を招いたかもしれない。大正期には浅草十二階が東京名所で定番の一つとされ、「東京浅草公園十二階」（⑤-12）のように観光絵はがきと

⑤ - 11　浅草公園十二階

して頻繁に登場する。浅草を代表するだけではなく、発展を続ける東京の象徴でもあった。

そんな浅草十二階の開業は一八九〇（明治二三）年一一月一一日に遡る。当初は一一月一〇日の開業を予定したが、来賓と天候の都合で一日延期された。縦覧料は大人八銭、小児四銭だ。正式名は「雲を凌《しの》ぐ」との意味から凌雲《りょううん》閣とされた。基本設計は技師だった英国人ウィリアム・K・バルトン（諸説あり）が担い、一〇階までは赤煉瓦造、一一階と一二階は木造建築という八角形の塔だった。日本で最初の電動式エレベーター二台を備え、頂上に二個のアーク燈を取りつけ、謳い文句のように「浅草のエッフェル塔」や「日本のエッフェル塔」と持て囃《はや》された。エッフェル塔は浅草十二階よりも一年八カ月早く完成していた。当時の高さが三一二メートルあり、浅草十二階の六倍だ。見るからにパリのエッフェル塔との共通点はない。それでも人気を呼び、開業しばらくは列が絶えなかった。ただし、呼び物のエレベーターは故障が多く、一階から八階までの所要時間は一分から二分もかかった。

開業して半年後に危険との理由から運行停止に追い込まれ、再開は一九一四（大正三）年七月二五日になってからだ。

⑤-12　東京浅草公園十二階（仁丹の看板あり）

それに東京を見下ろせる「高所」とはいっても江戸っ子は飽きっぽい。何度も登りたいとは思わなかったらしい。開業から一〇年ほどで人気は陰りを見せたが、しぶとく生き残る。「浅草観音」（浅草寺）に近く、一帯は歓楽街だ。吉原を覗き見る上で好位置にあった。美女の写真展など妖しげな企画で集客し、その後は「外を眺める塔」から「外から眺める塔」となる。

田山花袋は『東京近郊一日の行楽』で「浅草十二階の眺望」と題して紹介している。東京の街を一望できる場所として、まずは十二階、次に道灌《どうかん》山と三越の屋上を記す。「十二階の上で見ると、左は伊豆《いず》の火山群から、富《ふ》士《じ》、丹沢《たんざわ》、多摩《たま》、甲信《こうしん》、上毛《じょうもう》、日光《にっこう》をぐるりと細かに指点することが出来る」とある。周囲に視界を遮る建物がなく、遥か遠くまで見渡せた。花袋は「十二階の上の眺望は、天然の大パノラマである。是非一度は登って見なければならないと思う」と結ぶ。関東大震災前の記述であり、一九二三（大正一二）年六月二〇日の出版だった。

首都圏を襲った巨大地震

第一次世界大戦中の日本は空前の好景気に沸き、大戦後は長い不況に見舞われた。それでも東京は「大日本帝国」の首都として発展を続けていた。しかし、崩壊の瞬間は突然訪れた。一九二三年九月一日午前一一時五八分、巨大地震が首都圏を襲う。震源は相模湾北西部、地震規模はマグニチュード七・九、人的な被害は東京府と神奈川県を含む一府六県に及んだ。死者・行方不明者は一〇万五三八五人、このうち東京府が七万三八七人、神奈川県が三万二八三八人を数え、火災関連の死者が九割近くを占め、全半壊や焼失など住宅被害は三七万戸余に上った。

東京の銀座「数寄屋橋附近の猛炎」（⑤-13）では、為す術もなく呆然と立ちすくむ人びとを描く。大阪毎日新聞の九月二日付号外は「俄然激震起こり、次いで八方より火災起こり、宮城及び山の手方面の一部を残し、全市各地にわたりほとんど全滅の姿を呈せんとす」（『大正ニュース事典』Ⅵ）と報じた。「本所、深川、下谷、浅草方面の下町が最も被害多く、家屋は一軒として満足のものなく、或いは大破損し或いは倒潰し、市民はすべて戸外にあり。道路の中央とすべての空地は避難民を以って満たされ通行しがたし。激震十数回にて小歇《や》みとなりしも、一時間ごとぐらいに激震は引き続き、夜に入って歇み、震災に続いて火災が十数箇所に起こり、折柄の烈風に煽られ四方に延焼し、水道全く断絶して消防の方法なく、全く火の海の拡がり行くに任せるのみ」（同）という状況だった。

余震が続く中、至る所で火災が発生した。周囲は瞬く間に猛火と猛煙に覆われ、官公庁や各国大使館をはじめ、丸ノ内ビルヂング、帝国劇場、有楽座、帝国ホテル、白木屋、浅草十二階など、当時を代表する建物が次々と被災した。三越本店（⑤‐14）は辛うじて崩壊は免れたが、外壁を残すだけで一帯は焼け野原だった。「東京駅内避難者」（⑤‐15）は着の身着のままで逃げてきた姿を捉える。疲れ切って横たわる人、寄り添う四人家族、自炊する男性が確認できる。駅構内には荷物が散乱し、洗濯物を干している。飲み水を入れるための一升瓶だったのか、避難民のそばに置いてある。

東京・日本橋にある丸善本社の場合、震災当日は火災と倒壊の被害から免れていた。一九一〇（明治四三）年五月に完成した社屋は日本最初の鉄骨建築であり、赤煉瓦造の四階建でエレベーターを備え、耐震耐火が徹底された建物だった。設計担当は耐震構造の研究で知られる著名な建築学者佐野利器《としかた》だ。激震でも被害はなく、その堅牢《けんろう》さを証明した。だが、震災二日目になっても周囲の火災は収まらず、ついに社屋へと燃え移ってしまう。

そんな丸善本社社屋の惨状を、この絵はがき（⑤‐16）が示す。炎の熱で鉄骨がアメのように折れ曲がり、煉瓦や石材が崩れ落ちる。建物右手に残る火災報知器の看板が空しい。後の被害報告に「全壊してその原形を止めず」と記録される。明治以降、丸善は欧米からの新しい文

⑤ - 13
数寄屋橋付近の猛炎

⑤ - 14
大震災直後の三越本店

⑤ - 15
東京駅内避難者

化の発信地であり、学者や作家、文化人、芸術家たちが挙《こぞ》って訪れる場所だった。創業以来、書籍や文具、医薬品などの輸入販売を手がけてきた。洋書は丸善、丸善は洋書だったのだ。焼け跡を見たある学者が「明治大正の薄っぺらな文化の残骸を物語る」と罵倒し、帝都の惨状は無批判に西洋文化を取り入れた結果だと断じた。しかし、丸善は見事に復興を遂げていく。

東京のランドマークだった浅草十二階も被害に遭う。

⑤-16　丸善本社の惨状

⑤-17　倒壊せる浅草十二階の惨状

当時の人びとにとって、その塔はその場所にあって当たり前の存在だ。それが八階目から「倒壊せる浅草十二階の惨状」（⑤-17）を曝す。一九二三年九月二三日、解体のための爆破によって歴史に幕を下ろした。最後まで話題に事欠かない建物だった。惜しまれつつも結局は復興に至らなかった。一種の喪失感を伴いつつ、その後も全盛期のイメージが絵はがきを介して人びとの記憶に長くとどまり続けた。

被服廠跡の惨劇、吉原の悲劇

火災は建物にとどまらず、瓦礫の街から逃げ延びた避難民をも襲う。震災発生の九月一日朝は台風が若狭湾を抜け日本海を東北東に進んでいた。震災の発生時点で首都圏の天気は荒れ模様だった。荒川、神田川沿いに建物の倒壊が多く、その一帯を中心に市内全体で九七カ所から出火した。不運にも灼熱の炎が強風に煽られ、熱風となって避難民へと迫ってきた。だが、逃げ場がどこにもない。東京市街の道路は狭い。行き場を失った避難民で溢れ返る。まさに「猛火の中を右往左往に逃げんとする避難民の実景」（⑤-18）のような光景が繰り広げられていた。ただし、この絵をそのまま鵜呑みにする訳にはいかない。冷静になって観察すると、猛炎と猛煙が迫るというのに和服姿の女性が口も塞がず子ども二人の手を繋ぎ歩いている。どう見ても不自然だ。元の白黒写真を彩色する際、職人が炎と煙を描き加えたのだろう。

過ぎた演出とはいえ、避難民が灼熱の中を逃げ惑っていた事実に変わりはない。そんな彼らの前に忽然と広い空間が現れた。炎の熱さから逃れる唯一の場所に見えた。そこは東京市本所区横網町の陸軍被服廠跡だった。第一次世界大戦後の軍縮に伴って軍の関連施設が整理され、公園として造成中だった。約二万坪（約六・六万平方メートル）に及ぶ敷地が避難場所とされた。警察は「安全地帯」と判断し、女性や子どもを優先して被服廠跡へと誘導した。

「遭難一瞬前の避難民」（⑤-19）では、避難民が山のように家財道具を持ち込み、遠目に火災の様子を眺める。被服廠跡に集まった人びとは四万人に達した。一人につき畳一枚の狭さだった。だが、炎は容赦がない。九月一日午後四時過ぎ、最大風速七〇メートルとも推定される凄まじい火災旋風が巻き起こった。たちまち家財道具に燃え移り、超過密状態にあった避難民が逃げ場を失う。一瞬だった。一酸化炭素中毒と高温によって多数の命が奪われ、犠牲者は約三万八千人に及ぶ。東京全体の死者は約七万人だ。この半数以上が被服廠跡で亡くなったのだ。

「東京被服廠跡累々たる死体」（⑤-20）はこの世に現れた地獄の光景だった。

被服廠跡の惨状について、九月五日付の東京日日新聞は「一面眼に入るかぎり死体ではないか。六つくらいの女の子を傍に乳呑み子をかかえたまま黒焦げ、或いはむされ死ににになってる女、ようやく『はいはい』が出来る頃と思われる子が、どんなにか苦しかったろう、少しばかりの水たまりへ顔を突っ込んで死んでる惨状、それが幾百か幾千かわからぬほど」（『大正ニュース事典』Ⅵ）と描写する。新聞記者が目撃した光景は見渡す限りが焼死体の山だった。

九月三日になっても死体や家財道具の焼け残りが燻《くすぶ》り続け、この記事が掲載された九月五日

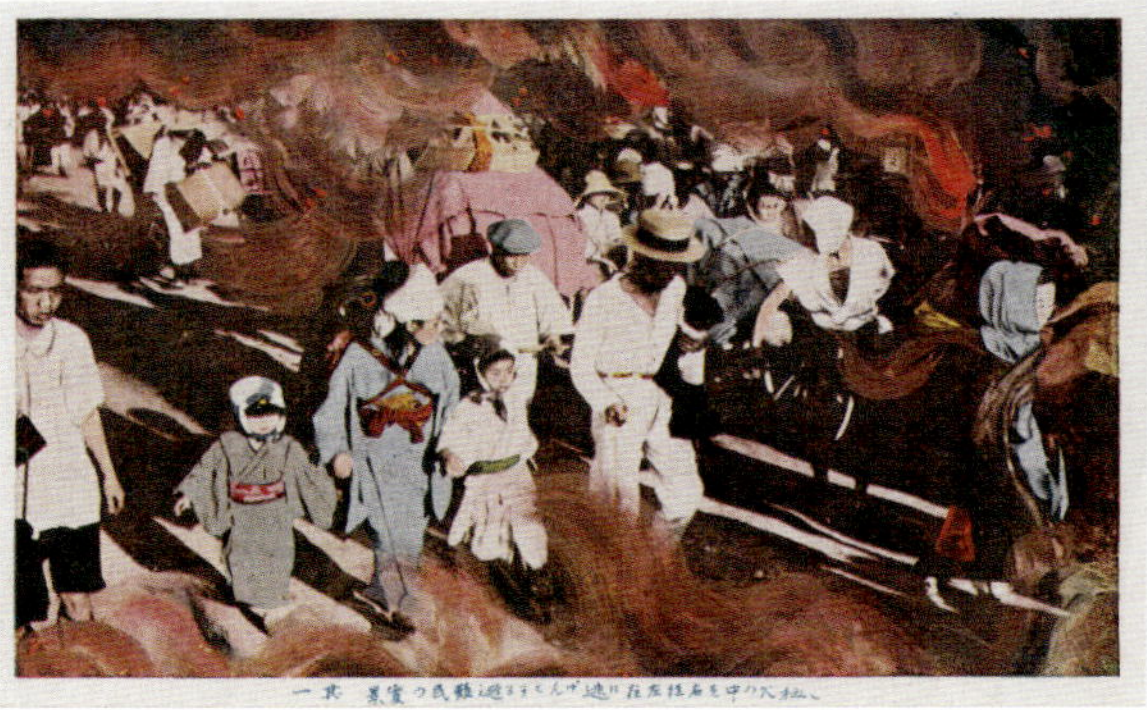

⑤ - 18
猛火の中を右往左往に逃げんとする避難民の実景

⑤ - 19
本所被服廠跡遭難一瞬前の避難民

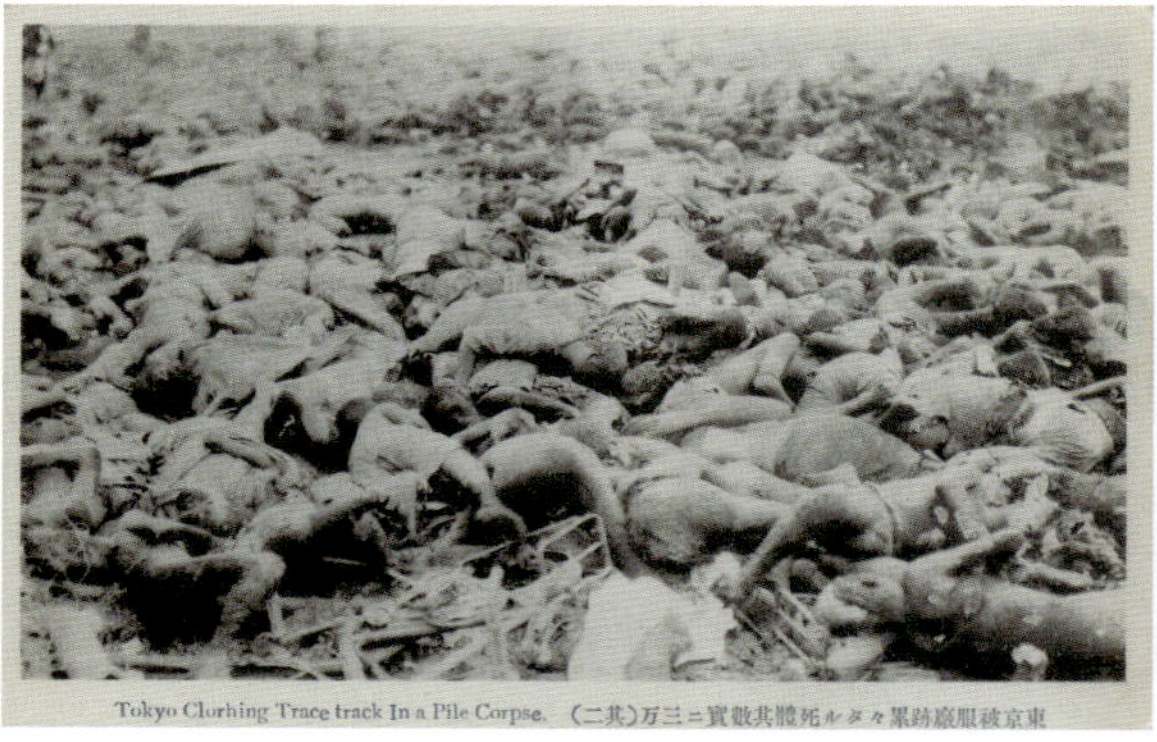

⑤ - 20
東京被服廠跡累々たる死体

⑤-21　本所被服廠跡　遭難者三万余の死体火葬

⑤-22　惨死者三万二千余人を出したる被服廠に酸鼻を極めたる白骨の山

頃から東京市が遺体の処理作業を開始した。二週間過ぎても死体焼却の炎と煙が立ち込めていたと伝えられる。「遭難者三万余の死体火葬」（⑤-21）とある通り、遺体の数があまりに多かった。「惨死者三万二千余人を出したる被服廠に酸鼻を極めたる白骨の山」（⑤-22）のような状況が続き、遺骨の山は高さ三メートルに達した。震災から四十九日の節目として、一〇月一九日に東京府市の合同追悼会が営まれ、広場の中央に仮納骨堂が設けられた。「大震災遭難者霊」と書かれた碑を囲み、犠牲者のために花輪や果物が備えられた。参詣者の列が続き、須田町から両国あたりまで身動きが取れないほどの混雑が続いた。

東京の「本所」や「横網」といえば、大正末期の人びとは被服廠跡の惨劇を思い浮かべた。「本所横網付近スケッチ」（⑤-23）では、この地で一家三人が行方不明になったと記し、一人の女性が花を添えて手を合わせる。被災地の至る所で目にした光景なのかもしれない。ただし「白骨の山」から個人の特定は不可能であり、個人や家族ごとの追悼は困難だった。

震災記念堂が完成するまでの間、仮納骨堂に身元不明の遺骨を安置して追悼の場とされた。震災から一周年の追悼式を捉えた絵はがき（⑤-24）がこの一枚だ。説明に「本所被服廠跡大震災遭難者納骨堂と参詣人」と添え、大勢の参詣者が押し寄せている。「大震火災一周年記念の幟が掲げられ、白いテント前に「震災記念堂建設資金寄附」の立て看板がある。その後も震災の記憶は深く脳裏に刻まれた。現在は国技館近くに横網町公園（東京都墨田区）として整備されており、園内の東京都慰霊堂と東京都復興記念館が震災の歴史を伝える。

被服廠跡の惨劇と並び、吉原遊郭でも悲劇を招いた。「吉原弁天池の焼死体」（⑤-25）のような絵はがきが残る。弁天池の周囲に人集《だか》りが見え、水面に浮かぶ無数の焼死体が写る。震災直後、火災が発生したにもかかわらず、遊郭の主人は遊女が逃げるのを恐れて廓《くるわ》内に押し込めた。遊女は避難する機会を奪われ、祈るような思いで迫る炎を見ていた。地方から来た遊女たちは東京に暮らしていても廓しか世界を知らない。仮に廓から逃げ出せたとしても彼女たちに地理感覚はなかった。「火に追われた彼女たちは、自然に吉原公園に押しかけた。時刻が時刻であっただけに、彼女たちは一人残らず寝巻姿であった。素足のままの者が多かった」（吉村昭著『関東大震災』）とある。

やがて火の手が襲いかかる。公園に持ち込まれた家財道具に引火する。遊女たちは熱さに堪え切れず、園内の弁天池に次々と飛び込んだ。熱さから逃れ、一瞬の安堵を味わう。弁天池は「二〇〇坪」に過ぎない。池の中で身動きが取れなくなり、もがき苦しんだ。溺死者の上に溺死者が覆い被さり、吉原公園の死者は四九〇人を数えた。そんな結末がこの絵はがきだった。

被災者と皇室の一体感「天幕村」

関東大震災の被害は宮城《きゅうじょう》（皇居）内にも及ぶ。一九二三年九月一日の発生当日、建物の一部が損傷を受けただけではなく、周囲の猛火と強風に曝《さら》され、宮城一帯でも懸命な消火活動が続いた。一方で宮城周辺に焼け出された避難民が殺到し、内濠に架かる平川橋は混雑が際立ち、

⑤ - 24　本所被服廠跡大震災遭難者納骨堂と参詣人

⑤ - 23　本所横網付近スケッチ

火の粉が避難民に迫る勢いだった。皇宮警察部は午後六時頃、平川門を開扉して大勢の避難民を受け入れた。宮城外苑において九月一日が二万五千人、九月二日が三万人を数えた。

震災発生直後の皇居を捉えた一枚（⑤ - 26）がある。二重橋前の避難民だ。背景に皇居の建物が写る。随所に大八車が並び、家財道具が下ろされ、筵《むしろ》や板切れで

⑤-25　吉原弁天池の焼死体

作った急ごしらえのボロ小屋が目につく。火災の心配もなく、やっとの思いで安全な場を確保したのだろう。落ち着いた様子で荷物を運ぶ女性や自転車を引く男性の姿が確認できる。いくら非常時だったとはいえ、さすがに天皇陛下の御前だ。見た目が悪い小屋は不適切だと判断されたのか、早い段階でボロ小屋は撤去された。代わって白いテントを張ったバラックに避難民を住まわせ、「宮城前の天幕張バラック」（⑤-27）なる光景が出現した。設営テントが整然と並び、新聞では「天幕村」や「テント村」の名で称された。この宮城前広場の「天幕張バラック」は一九二四年一月八日に解散するまで四カ月余の間、避難民を支援する上で重要拠点の一つとなっていた。

大正時代は総じて天皇の存在が薄かった。明治天皇と比べて、大正天皇は親しみやすい半面、国民にとって絶対的な権威とは言い難かった。大正デモクラシーを通じて忘れかけていた存在でもあった。そんな天皇の権威が震災を通して呼び覚まされていく。皇居の天幕村は天皇と避難民との一体感を示す象徴となった。そして病弱な大正天皇に代わって、摂政宮（皇太子裕仁親王）は九月三日に新宿御苑や上野公園などの御料地を開放すると共に、一千万円の恩賜金を東京・神奈川・千葉・静岡・埼玉・山梨・茨城の一府六県に分配した。

さらに九月一五日・九月一八日・一〇月一〇日の計三回に渡って摂政宮は被災地を視察して回った。若き青年君主が颯爽と避難民の前に現れた瞬間であり、まさに〝救世主〟のように受けとめられた。

震災を通して、軍隊もまた再評価される。一九二〇年代から軍縮ムードが漂う中、軍隊は「無用の長物」とさえいわれる始末だった。軍人は白い目で見られ、市電に乗る時は軍服から私服に着替えたとも伝えられる。しかし、震災では地方の各師団が被災地へ続々と駆けつけた。治安維持をはじめ、炊き出しや食糧配給、テント設営などに従事した。

例えば、海軍の街・横須賀では倒壊焼失によって完全な家屋は一軒も見られない状況だった。鎮守府をはじめ、海兵団や海軍病院、海軍工廠など関連施設が被害を受けながら、海軍は避難民の海上輸送や救援活動を積極的に展開する。その上で「海軍の大活動埋ボッ者救助」（⑤-28）のような写真を絵はがきにして流布させ、海軍の活躍を印象づける。日付は九月一三日、横須賀鎮守府と東京湾要塞司令部の許可を得ての発行だ。ちなみに元の写真説明は「瓦礫の撤去作業」となっている。

内地や外地を含めて、実働可能な主力艦艇のほとんどが横須賀・横浜方面の救援活動に向かった。被災地では、「各所で放火」「井戸に毒薬を投入」「列車に爆弾」などといった流言飛語が飛び交った。家族や家、財産を失い、避難民の不安は極限に達した。絶対的な力を求め、権威ある庇護者を欲し、それに縋ろうとした。田山花袋は被災地を見聞した後、『東京震災記』（一九二四）を著した。自らの心情を次のように吐露する。「無政府、無警察と言ったような状態が一種不思議な気分を私に誘った。一日で何も彼も変ってしまったように——今までの勢力は勢力でなく、今までの権威は権威でなく、全く異った何か別なものが不意にこの地上にあらわれて来た」。何かが吹っ切れたのかもしれない。花袋の言葉はその後の日本を暗示する。

国内外に伝播する震災

震災によって、道路、電気、上下水道、橋、堤防、港湾など、あらゆる都市機能が壊滅的な打撃を受ける中、鉄道の復旧は意外と早く、応急処置を完了させ、早々に運転再開する路線が出てきた。内務省は九月三日に通達を出し、「罹災者」を対象に鉄道の無賃乗車を公式に認めた。首都圏ではあらゆる物資の不足が懸念された。政府は少しでも混乱を和らげようと、避難民を地方へ誘導する方針を取った。

こうして乗車可能となった駅に避難民が次々と押し寄せた。何とか汽車に乗ろうとする避難民を捉えた場面（⑤-29）がある。場所は大宮駅と思われ、三等車は超満員だ。屋根によじ登

⑤ - 26
大震災直後の皇居と避難民

⑤ - 27
宮城前の天幕張バラック

⑤ - 28
海軍の大活動
埋ボツ者救助

⑤－29
超満員の
避難列車

⑤－30
救援に向
かう英国
海軍重巡
洋艦ホー
キンス

ったり、窓から身を乗り出したりする人が出る始末だ。乗車をあきらめて赤ちゃんをおんぶする女性や、説明に追われる駅員、消防団の法被を着た男性の姿も確認できる。大半の人びとが手荷物さえ持っていない。着の身着のままで飛び出してきたようだ。その後、首都圏の各路線は一週間から三週間ほどで多くが復旧し、親戚や縁者を頼って地方へ向かう人の流れが加速する。一時は東京市の人口二二六万人余のうち七三万人余が流出したとされる。この結果、全国各地に身を寄せた避難民を介して「震災」が口伝てに広まり、国民が共有する体験となった。

首都圏を離れる避難民が出る一方で、逆に被災地を目指す国際支援の動きもあった。国際電信網の発達が大きかった。米国の電信会社を通して横浜の被害を伝える英文電報が送信されると、米国の全新聞に報じられた。米国に続き、英国もいち早く反応した。この絵はがき（⑤-30）は英国海軍の重巡洋艦ホーキンスが救援物資を満載して横浜へ向かう場面だ。水兵たちが甲板上で作業に従事する。ホーキンスは一万トン級で最大速力三〇ノットを誇る高速船だった。

航海日誌によると、震災から六日後の九月七日午後五時頃、米や小麦、医薬品などを満載して上海を出港、一〇日に御前崎を経て午後一時頃、艦上から地震と火災で壊滅した横浜の市街地を確認したとある。上海から横浜まで二泊三日で到達したわけだ。一一日午後二時に上陸し、犠牲になった英国の副領事らを埋葬し、一二日から救援活動に入った。二三日午前八時からの追悼式に乗組員一〇〇人が出席した後、二四日に横浜を離れたと記録に残る。

アジアに拠点を置く米軍の対応も早かった。震災翌日の九月二日には日本への救援を決定した。ベッドや医薬品、食糧などを満載した艦艇をフィリピンのマニラから横浜へと派遣し、被災した横浜市内で救援活動に当たる。一九〇六年四月にサンフランシスコ大地震が起こった際には日本が最大の支援国だった。その返礼という意味合いが強かった。英米両国をはじめ、中国やフランス、ベルギー、南米諸国など世界五〇カ国以上から支援の手が差し伸べられた。シベリア出兵で敵対したソ連もウラジオストクから救援船レーニンを送ってきたが、海軍は「救援物資の中に社会主義の宣伝文を搭載している」との理由から独断で追い返してしまう。

震災の被害は国内や海外へと刻一刻と伝えられた。その際、震災絵はがきがメディアとして重要な役割を果たす。ただし、速報性を重視するあまり、多くは説明が不十分であり、発行元さえ記されていない。印刷や裁断の粗雑さも否めない。また、印画紙に焼いた写真をそのまま絵はがきにしたり、写真を裏焼きしたりした例さえ散見される。その上、炎や煙を描き加えた過剰演出もあり、事実を正確に伝えているとは限らない。それでも報道の観点から見れば、震災絵はがきは新聞や雑誌と比肩するほどの役割を果たしたと考えられる。

震災を打ち消した御成婚

焼け野原となった帝都は不穏な空気に満ちていた。震災の発生から三日後の九月四日（諸説あり）、東京の亀戸警察署に捕らえられた平沢計七《けいしち》や川合義虎《よしとら》ら労働運動家一〇人と自警団四人が騎兵一三連隊（習志野）によって銃剣で刺殺された。いわゆる亀戸事件だ。その理由について、満杯に近い留置場で彼らが「革命歌を歌う」など治安を乱し、警察の要請があったからだと説明された。軍は駐屯軍の「衛戍《えいじゅ》勤務規定」（駐屯地域での任務）に基づく戒厳令下の「適正な行為」だったと主張した。一〇月一〇日午後三時に記事の掲載禁止が解除されると、新聞各紙は一斉に報道したが、結局、事件の関係者は不問とされた。

九月一六日には無政府主義者大杉栄とその内縁の妻伊藤野枝ら三人が憲兵隊に連行された後、殺害される事件が起きている。被害者の一人は当時六歳の橘宗一（大杉の甥）だった。陸軍憲兵隊の甘粕正彦大尉ら五人の「独断」による犯行だと断定された。甘粕は軍法会議で裁かれ、懲役一〇年の刑を受けた後、皇太子御成婚の恩赦によって二年一〇ヵ月で出所した。甘粕事件と呼ばれ、真相究明を求める声が強かったが、闇から闇へと葬られてしまう。その後、甘粕は満洲国の建国に携わり、満洲映画協会理事長を務めた経歴でも有名だ。毀誉褒貶相半ばする謎多き人物だ。

社会主義者の弾圧に対する反発から、裕仁親王（摂政宮）を狙ったテロ「虎ノ門事件」も起こる。裕仁親王が自動車で貴族院へ向かう途中、一九二三年一二月二七日午前一〇時四〇分頃、共産主義者の難波大助がステッキ型仕込み銃を使って虎ノ門付近で狙撃したが、自動車の窓ガラスを貫通しただけで失敗に終わった。その直後、裕仁親王は貴族院に出席し、何事もなく勅語を読み上げた。当時、御成婚が目前に控えていた。震災によって一九二三年一一月下旬の予定を一九二四年一月二六日に延期していた。事件の衝撃を打ち消すように御成婚は予定通り挙行される。

披露宴に当たる祝宴は五月三一日及び六月二日から四日までの三日間に渡って行われ、東京市主催の奉祝会は六月五日に実施された。「東宮殿下御成婚奉祝当日の光景」（⑤-31）では皇居外苑の馬場先門前に奉祝門と花電車を捉える。大勢の人びとが押し寄せ、震災の雰囲気は微

⑤-31　東宮殿下御成婚奉祝当日の光景

塵も感じられない。外苑といえば、当時の人びとは震災の避難民と天幕村を連想したはずだ。皇室と避難民の一体感を示した、あの天幕村は跡形もなく消えていた。

しかし、東京には震災の傷跡が至る所に残っていた。明治神宮や靖国神社、日比谷公園などに大規模な「バラック村」が出現し、御成婚後の一九二四年一〇月の時点でさえ集団バラックに五万四千人余の避難民が身を寄せていた。まさに「バラックの東京パノラマ」（⑤-32）が広がっていたのだ。倒壊を免れた丸ビル（丸ノ内ビルヂング）と東京駅が後方に見え、簡素な住宅が並ぶ。大勢の人びとが行き交う中、市電が走る。撮影日時は不明ながら市民生活が回復には向かっていた。それでも依然として復興は途上にあった。

⑤-32 バラックの東京パノラマ

復興から現れた「新しい東京」

帝都東京が焼け野原となり、陸軍参謀本部は新たな首都の候補地として、京城南方の龍山、東京西部の八王子、兵庫県の加古川平地を挙げたが、「遷都しない」とする詔書が出て事なきを得た。その後、土地区画整理や幹線道路整備を中心とする「帝都復興計画」が実行に移され、古い江戸の情緒を彷彿させる路地や町屋が一掃された。その代わり、震災後の東京は大通りと街路樹、公園で整備した近代的な都市として生まれ変わった。一九三〇（昭和五）年三月に復興事業は完了し、総仕上げとして催された一大イベントが「帝都復興祭」だった。

昭和天皇は三月二四日、最大の犠牲者を出した陸軍被服廠跡があった本所方面へと向かい、完成を控えた震災記念堂（一九三〇年四月三〇日竣工）を訪れた。一連の追悼行事を終え、東京市内は祝賀ムードに包まれた。復興祭は三月二三日に始まり、市民向けのパレードが二六日に実施された。小学校児童の旗行列、提灯行列、音楽行進、音楽自動車の祝賀行列が繰り出した。中でも花電車は一つの呼び物だった。市電に装飾を施した花電車が登場し、音楽車・聖寿万歳・天の岩戸・光輝・花咲く春・復活・復興踊をテーマにした計七台が巡った。「京橋三原橋附近を進行中の花電車」（⑤‐33）は最高潮に達した雰囲気を伝える一枚だ。花電車が走る昭和通りは震災後に新設された幹線道路であり、三原橋は架替工事が完了して間もない。背景に写る建物の多くはコンクリート造だ。絵はがきの舞台には「新しい道路」「新しい橋」「新しい建物」があり、帝都復興を示す格好の空間だった。

しかし、震災の影響は如実に表れた。地方への避難者が相次ぎ、東京市の人口は大阪市に一時は追い抜かれていた。首都の面目もある。東京市は一九三二（昭和七）年一〇月一日に周辺の五郡八二町村を編入し、「大東京市」を誕生させた。従来の一五区に二〇区を加えて計三五区とした。東京市は人口四九七万人に達し、五〇〇万人に迫る巨大都市となった。国内一位に返り咲き、二位の大阪市を大きく引き離し、世界的にもニューヨークに次ぐ二位の人口を誇った。

「新大東京名所」と題したシリーズは再び帝都として躍進する情景を表す。その一枚「機上から見たる銀座大街」（⑤‐34）からは震災の面影は微塵も感じられない。表面の記念印は一九三三（昭和八）年三月二七日の日付だ。裏面を見ると、発行が「SEIKAIDO TOKYO」、題名が「機上より見た銀座大観」とある。航空写真について「大銀座の尾張町交差点を中心に新橋側より京橋方面を写したるもの、写真の中央やや左の真っ直ぐの道路がすなわち銀座大通りにしてこの通りに沿って下方右側の大建物が松坂屋銀座支店、上方十字に交差せる右側の角に在る

⑤-33　京橋三原橋附近を進行中の花電車

のが三越銀座支店、左角が服部時計店、三越の後方に並んだ様に見ゆるのが松屋伊東屋、写真の右上方に斜め真っ直ぐに走る道路は復興幹線昭和通りなり」と詳細に解説する。尾張町交差点が現在の銀座四丁目交差点に当たる。日本人の記憶には震災前の東京が残っていた。だが、震災後は著しく変貌した。東京で生まれ育った人や東京をよく知る人でも、絵はがきの風景「銀座大観」は「新しい東京」だった。それゆえに詳しい説明を必要とした。

関東大震災において、大正の日本人は文明の脆弱さを痛感させられた。災害は天の戒めであるとする「天譴論《てんけんろん》」が展開され、自由や個人主義を重んじる都市文化に批判の矛先が向けられた。まさに平和記念東京博覧会で見せたような軽薄さが耐え難いと捉えられたのだ。と同時に、避難民への救援活動や被災地での生活を通して、共同体にお

⑤-34　機上から見たる銀座大街

ける連帯や平等の重要性もまた再認識された。だが、結局のところ、帝都復興は「ハコモノ」中心に終わってしまう。避難民が震災を通して味わった、打ちのめされたような精神的な荒廃は置き去りにされた。田山花袋が指摘した「全く異った何か別なもの」が沸々と巨大化していく。

昭和に入ると、絵はがきに限ってだが、「主役」の座にあった被災地と避難民が忽然と姿を消した。「脇役」の地位さえも用意されなかった。人びとの関心が薄らいだのではない。新しい時代を迎えるに当たって「忘却」が企図された気がしてならない。

「大正十六年」と「昭和三年」

危篤が続く大正天皇の「御容体」を巡り、宮内庁は発表を繰り返した。新聞各紙は一時間毎の「御体温」「御脈拍」「御呼吸」を掲載するほど報

⑤-35　「大正天皇御尊影」と「御輀車」

道は過熱した。国民は「御回復」を祈り続けたが、一九二六（大正一五）年一二月二五日午前一時二五分、心臓麻痺で崩御した。四七歳だった。天皇の死は新しい元号の制定を意味した。ただちに新聞社間の激しいスクープ合戦が始まった。東京日日新聞は他紙に先駆け、一二月二五日付の号外を発行し、枢密院で審議した結果、「光《こう》文《ぶん》」「大治」「弘文」などの候補から新元号は「光文」になる見通しだと伝えた。続いて朝刊本紙も「光文」に決定したと報じた。だが、新元号は「昭和」だった。輝かしいはずの世紀の大スクープは世紀の大誤報に変わった。

一二月二五日付の東京朝日新聞は「崩御の報を聞き、宮城前で頭を垂れる市民」と題して、訃報の発表に接し「一同、声をのんで血を吐く思いであった。かくてこの悲報は一せいに四方の海の外までも同じ悲しみの波を伝えた」（『大正ニュース事典』Ⅶ）と報じた。歌謡舞曲を停止する旨の公布が行われ、国民全体が諒闇《りょうあん》に入る建前ではあった。額面通りに読めば、日本全体が悲しみに包まれたとの印象を受けるが、東京市内の繁華街は賑わい、例年の年末と変わらない光景だったとも伝えられる。崩御に際して発行された追悼の絵はがき（⑤-35）は、菊の御紋をあしらい、「御尊影」と、棺を載せる「御轜車《じしゃ》」を紹介する。大正天皇は親しみやすい人柄として知られた。その肖像写真の使用はタブーではなかったのだ。

一定の節度を保ちつつも自粛に至らなかったイベントもある。「国有鉄道開通記念全国産業博覧会」の案内状（⑤-36）では「大正十六年四月十日より五月十四日まで」の約一カ月余を開催期間とする。松山城と道後温泉を描き、主催は松山市、会場は城北練兵場としていた。当然ながら「大正十六年」は存在しない。主催者が大正天皇の存命中に印刷していた。裏面を見ると、未使用の一銭五厘切手を貼ったままで使用されず、宛名は一切記入されていない。

⑤-36　「大正十六年」の全国産業博覧会

松山市にとって産業博覧会は特別な意味を持っていた。一九二六年二月一一日に朝美《あさみ》・雄郡《ゆうぐん》・素《そ》鵞《が》・御幸の周辺四村を編入し、人口七万人を超える都市となった。全国規模の博覧会は四国で初めての開催だ。しかも松山で実施する博覧会自体が五〇年ぶりであり、入念に準備してきた大イベントだ。国有鉄道が西進し、讃予線（現在の予讃線）の松山駅開業を控えていた。天皇崩御を理由に「自粛すべし」との声も出たが大らかな「大正」の余韻が残っていた。目的は「産業奨励」と「貿易振興」にあるとして、最終的には博覧会の開催に決定した。

一九二七（昭和二）年四月一一日付の海南新聞（現在の愛媛新聞）朝刊によると、「全国産業博覧会開かる」との見出しで開催初日の模様を伝えている。好天に恵まれる中、開会式が四月一〇日午後一〇時から会場内の中央音楽堂で行われた。招待された官民有志三五〇〇人が出席し、大勢の観覧客で賑わった。一年間は喪に服すと言うのが建前だったので当時は諒闇中の期間ながら、この日は香淳皇后の懐妊五カ月に当たる御着帯式が行われ、祝賀ムードが漂っていた。ちなみに皇后のお腹にいた子は久宮祐子内親王（一九二七～一九二八）となる。

「昭和元年」は一二月二五日から三一日までの一週間で終わる。松山市民の念願だった全国産業博覧会は「大正十六年」を「昭和二年」と改めただけで日程も内容も当初の予定通りに実施された。全国から三府三七県のほか、外地から台湾と朝鮮、満鉄の参加もあった。当初の出足は鈍ったが、三五日間の会期中に五五万人を超える入場者を数え、地方都市の開催としては大盛況だった。こうして新しい時代「昭和」に上書きされるように、古い時代「大正」は人びとの記憶から急速に遠のいていった。「大正」を「昭和」に書き換えた博覧会はその典型だ。

新しい天皇の即位礼は一九二八（昭和三）年一一月一〇日、京都御所で営まれた。京都駅前に奉祝門を設営し、京都市内はお祭りムード一色となり、未明から十数万人の群衆が押し寄せた。一一月一一日付の京都日出新聞は、朝刊一面で「万歳、万歳、万歳の声」「洛陽の天地をゆるがす」との見出しで即位礼の様子を報じた。一連の儀式でも「紫宸殿の儀」は特別の意味を持っていた。午後三時の「刻限」に合わせて自動車や電車は一斉に停車した。道行く人はその場で制止し、直立したまま「万歳」を三唱した。

そして、この絵はがき（⑤-37）が用意されていた。「紀元二千五百八十八年　昭和三年十一月十日」の午後三時を示す。京都を中心に、日本列島をはじめ、南樺太から台湾、朝鮮、関東州、南洋群島に至るまで、「大日本帝国」全土を挙げて万歳三唱する時刻だった。天皇とは時を支配する絶対者でもあると再認識させられた。

日本初の地下鉄開業

関東大震災前の東京において都市交通の主流は路面電車だったが、人口増と都市化が著しく進んだ結果、通勤ラッシュが常態化していた。都市交通は地下鉄によって完結するとの考え方があった。「地下鉄の父」と呼ばれる早川徳次《のりつぐ》（一八八一～一九四二）は一九二〇（大正九）年八月二九日、東京地下鉄道株式会社を創立し、先進地のロンドン、ニューヨーク、パリなどを視察した後、日本初の地下鉄開業を構想した。新橋―上野間の施工認可を受け、工事に取りかかろうとした矢先だった。震災の発生によって資金繰りが悪化し、事業計画の見直しを余儀な

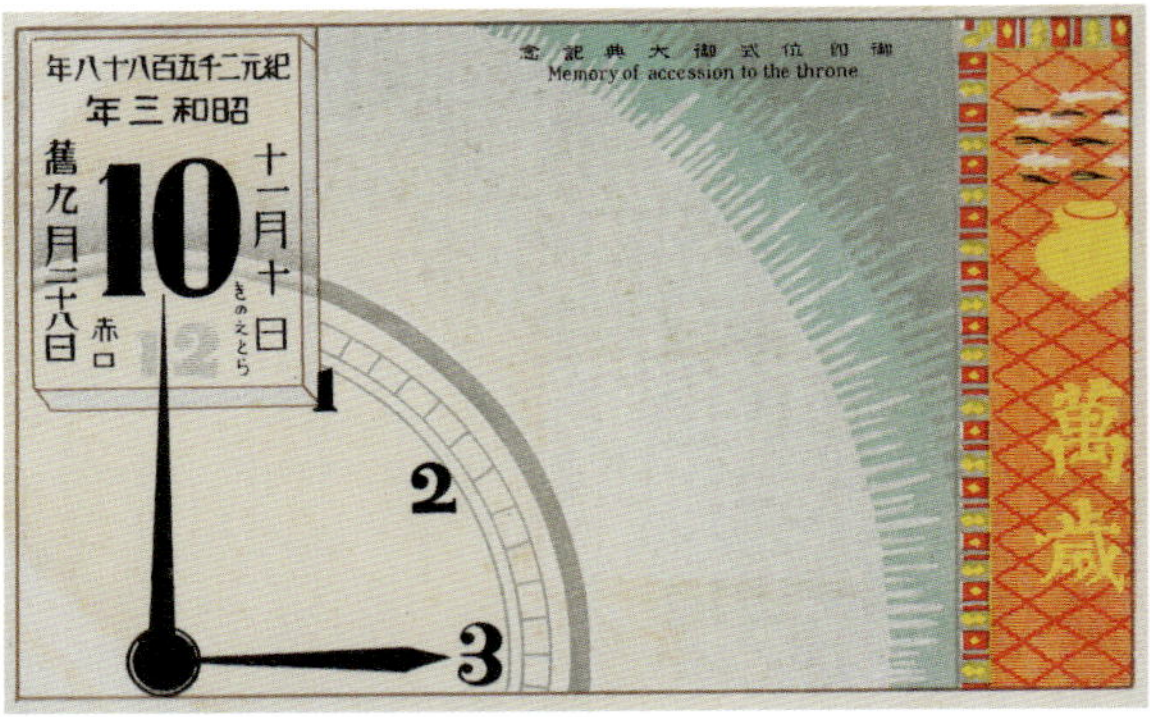

⑤-37　御即位式御大典記念

くされたが、幸いにして事業自体は継続された。

震災から二年後の一九二五年九月二七日、乗客が多いと見込まれた浅草―上野の区間（現在の東京メトロ銀座線の一部、二・二キロ）を先行して着工した。難工事を終えて一九二七（昭和二）年一二月二九日、皇族と政府高官が臨席の下、開通式が行われた。謳い文句のように「東洋唯一の地下鉄」と繰り返した。翌三〇日午前六時には一般乗客を対象に営業運転が始まり、乗車時間は四分五〇秒、三分間隔で運転した。スピードと利便性は現在とほぼ変わらない。開業初日から賑わった。特段の目的地もないのに、ただ乗るためだけに一〇万人の人びとが押し寄せた。上野駅から広小路まで列が続き、一時間待って乗車できるほどだった。地下という空間自体が珍しい。江戸っ子にとって「暗闇のアトラクション」を楽しむ感覚だった。そんな人気を受けて地下鉄の絵はがきは多い。

「プラットホームの光景」（⑤-38）は黄色い車体から大勢の乗客が乗降する場面だ。スーツ姿の男性が目立つ。列車は一〇〇〇形（一両編成、定員一二〇人）と呼ばれ、自動開閉式のドア

⑤-38
プラットホームの光景

⑤-39
10銭白銅を入れる自動式改札口

⑤-40
浅草停車場入口

を備えていた。天井は低い設計だったので駅の構内は狭苦しい印象を受ける。地下駅の設備は「十銭白銅を入れる自動改札口」(⑤-39)のように最新式を誇った。「切符は入りません」との看板を立て、駅員が見守る中、乗客が次々と降りていく。少しでも混雑を緩和しようと、券売機の代わりに硬貨を直接入れて柵を回転させる「ターンスタイル」を採用したのも特徴の一つだった。

一方で地下鉄の絵はがきからは異なる風景も垣間見えてくる。開通時は震災から四年の歳月が流れていたが、東京は復興の途上にあった。当時の駅は「浅草」「田原町」「稲荷町」「上野」の四駅だ。開業間もない「浅草停車場入口」(⑤-40)では、周辺に高い建物が見当たらない。「仮出入口」と断り、その背後に区画整理で拡幅された道路が写る。賑やかな地下とは対照的に地上は殺風景な雰囲気さえ漂う。それでも東京の地下鉄は被災地に誕生した希望の一つだった。その後、延伸を繰り返し、地下鉄の駅と百貨店が接続すると共に「地下鉄ストア」が次々と誕生した結果、地下街という新しい都市空間が出現した。

東京オリンピックを震災復興の象徴に

関東大震災が発生し、東京は壊滅的な被害を受けながら六年余を費やして復興に取り組んできた。一九三〇(昭和五)年三月の帝都復興祭をもって一つの区切りとした。新しく生まれ変わった東京に海外から多くの外国人観光客を招き入れ、「フジヤマ」と「ゲイシャ」だけではない、新しく生まれ変わったニッポンを知ってもらおうと、東京市長だった永田秀次郎（一八七六〜一九四三）は第一二回国際オリンピック競技大会（一九四〇）の東京招致を打ち出した。

東京オリンピックはアジアでの初開催となる。紀元二千六百年記念事業としても位置づけられた。しかも復興を遂げた日本を世界に示す場として最も望ましい。東京が東西融合の架け橋となって、世界平和に貢献するという壮大な夢を抱いていた。国の復興事業が終結し、次の活性化策とする上でもオリンピックは格好の素材だ。東京市会は一九三一年一〇月二八日にオリンピックの東京招致を求める建議案を満場一致で可決し、翌年の一九三二年七月二九日の国際オリンピック委員会（ＩＯＣ）総会の席上で日本は正式の招請状を披露した。実はこの段階で東京開催は絶望視されていた。すでにローマやヘルシンキを含む有力な九都市が開催意思を表明していたからだ。

こうした状況を不屈の精神でもって跳ね返していく日本人がいた。ＩＯＣ委員の嘉納治五郎や岸清一（一九三三年死去）、副島道正（岸の後任）、杉村陽太郎らだ。絵はがきの世界でも官民一体となって盛り上がった痕跡が残る。五輪マークをデザインした私製はがきが一九三五年頃に多数発行される。三本の日章旗を掲げる競技場と飛び込み選手を描いた一枚（⑤-41）は、日本人の水泳選手が一〇〇メートル背泳ぎで金銀銅メダルを独占したロサンゼルス・オリンピック（一九三二）の記憶を呼び覚ますデザインだ。もう一枚（⑤-42）では、東京から上空に向けて五輪マークと日章旗が真っ直ぐに伸びる。青空を背景に飛躍する未来を予感させる。ま

⑤－41　金銀銅メダル独占の夢

⑤－42　東京上空から伸びる日章旗

さに復興に続き、東京オリンピックは日本が目指す道となった。

日本の招致活動は効を奏した。ただし、独伊二人の独裁者の「友情」もあった。ムッソリーニの譲歩（ローマ開催が有力視されていた）とヒトラーの協力を得て、一九三六（昭和一一）年七月三一日の最終選考の結果、東京は三六票（ヘルシンキは二七票）を得て開催都市となった。続いて一九三七年六月九日、第五回冬季オリンピックの札幌開催も決まった。しかし、東京が招致活動を始めてからアジアの情勢は混迷を極めていた。日本は満洲事変を機に国際連盟から脱退し、国際的に孤立を深めていた。そんな日本と国際社会を繋ぎとめる一本の細い糸がオリンピックとなっていた。

日中戦争が泥沼化する中、一九三八（昭

和一三）年三月一〇日、IOC総会がエジプトのカイロで開幕する。日本代表団は厳しい雰囲気に曝されながら東京・札幌開催自体に変更はなく、東京大会の会期は一九四〇年九月二一日から一〇月六日までと決定した。出席した嘉納治五郎やIOC会長アンリ・ド・バイエ＝ラトゥール伯爵の存在をはじめ、米国人を含むIOC委員の支持があっての結果だった。

⑤－43　東亜競技大会

オリンピック招致に尽力した嘉納の心労は極限に達していた。帰国途上、貨客船「氷川丸」で一九三八年五月四日、肺炎で急逝した。享年七七歳だった。彼の死は日本のスポーツ界にとって大きな損失だった。時代の荒波は収まらない。東京オリンピックをボイコットする動きが世界中に広がる中、日本政府は七月一五日「事変の目的達成に邁進する」としてオリンピック返上を閣議決定した。次点繰り上げでヘルシンキ開催となるが、これも第二次世界大戦で中止に至った。

東京オリンピックに代わる国際大会として、日本は東亜競技大会を独自に企画した。紀元二千六百年奉祝記念事業の一つとし、開催趣旨を「新東亜の盟主たる我が国の実力を発揚し、大東亜共栄圏確立の目的達成」とした。宣伝用の絵はがき「東亜競技大会」(⑤-43)では円盤投げ選手と英語表記「THE 26TH CENTENARY ASIA ATHLETIC MEET(二六世紀アジア競技大会)」を添える。オリンピックを意識したのか、洋数字の「2600」が五輪ならぬ四輪に見える。

参加は日本・満洲・中華民国・モンゴル・フィリピン・ハワイ準州の選手八〇〇人余に過ぎない。開会式は東京の明治神宮外苑競技場で行われ、東京大会は一九四〇(昭和一五)年六月五日から九日まで、関西大会は六月一三日から一六日まで実施された。「東亜諸民族の代表」とは称したが、満洲からの参加は日本人選手が多数含まれ、中華民国は日本の傀儡だった南京政府(汪兆銘政権)、ハワイ準州に至っては日系移民が中心だった。しかも日本が圧倒的に強い。国際大会どころか競技自体が見劣りし、その実態は日本による日本のための大会だった。いつの間にか東京オリンピックを震災復興の象徴にする意義は忘れ去られていた。

第六章　二つの帝国

――満蒙特殊権益と満洲の軌跡

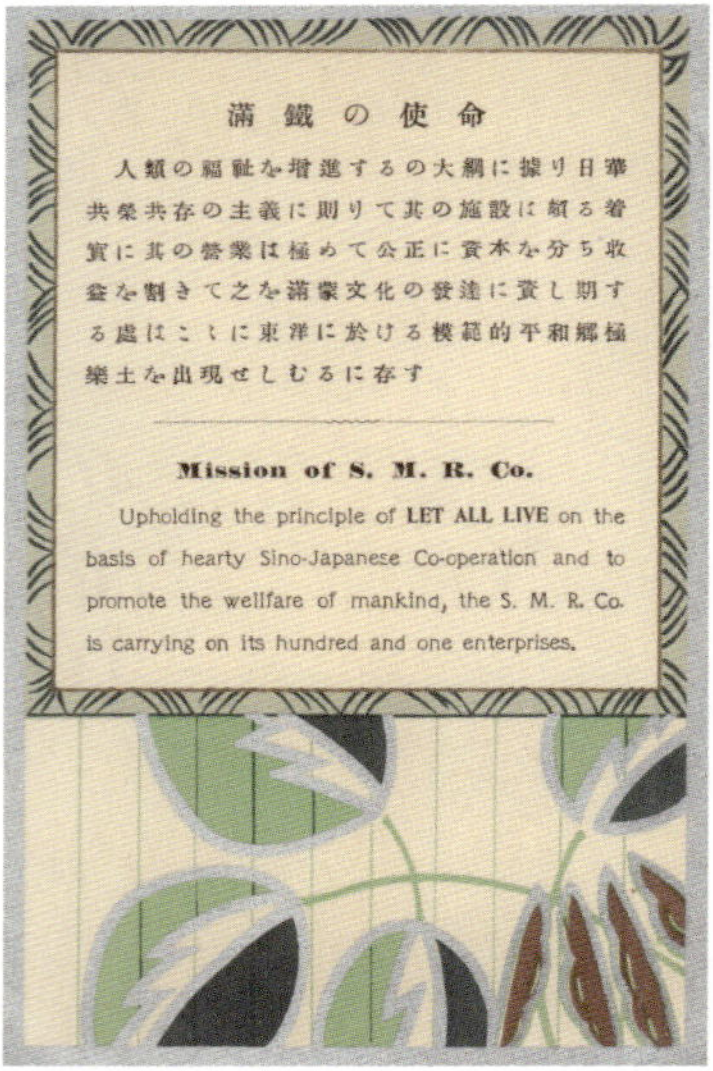

⑥-1　満鉄の使命

古いロシアから新しい日本へ

日露戦争の序盤戦において日本軍は遼東《リャオトン》半島南部にあったロシアの拠点ダルニーを占領し、一九〇五（明治三八）年二月一一日に大連と改名した。ポーツマス講和条約が成立すると、大連と旅順を含む関東州の租借権と東清鉄道の南満洲支線（大連-長春間）がロシアから日本へ譲渡された。ただし、巨額の戦費を使った日本に鉄道経営に乗り出す余力はなく、米国の鉄道王ハリマンの資金援助を受けて、日米共同経営に乗り出そうとする構想（桂・ハリマン協定）が持ち上がった。後の対露関係や極東情勢を考えれば、利する面も多かったが、国内世論が受け入れる余地はない。講和会議最大の功労者小村寿太郎の反対によって撤回され、一九〇六年一一月二六日、半官半民の国策会社として南満洲鉄道株式会社（満鉄）が誕生した。

満鉄の経営は国際協調を建前とした。満鉄系列の満洲日日新聞が「満鉄の使命」（⑥-1）と題する絵はがきを製作している。冒頭で「人類の福祉を増進するの大綱に拠《よ》り日華共栄共存の主義に則《のっと》り」と断る。営業方針は「公正に資本を分ち収益を割き」とし、「東洋に於ける模範的平和郷極楽土」を目指すとしながら、満鉄株は日本側が独占した。だが、鉄道経営を進める上で満鉄は不足する機関車や客車、貨車、レールを米国に依存するしかない。そんな象徴ともいえる満鉄の絵はがき（⑥-2）がある。写真の機関車と客車は米国製であり、大陸鉄道を思わせる。日米友好の雰囲気が漂う。一九〇八年一〇月二八日から大連―長春（寛城子）間を一七時間二〇分で結ぶ急行列車として週二回の運行を始めた。

⑥-2　大連―寛城子間を結ぶ週二回運行の満鉄急行列車

　満鉄の経営基盤が整う中、日本による都市建設が本格化していく。その一つが大連日本橋だった。「大連日本橋工事中の光景」（⑥-3）は建設に携わった技師たちが収まる。かつては「ロシア橋」と呼ばれ、東清鉄道の陸橋だったが、ロシア軍が撤退時に破壊した。日本軍が占領した後、木造の仮橋で対応してきたが、さすがに脆弱だ。関東都督府は新たに鉄筋構造のアーチ橋を設計し、一九〇八年三月に日本橋を完成させた。

⑥ - 3
大連日本橋工事中の光景

⑥ - 4
大連日本橋

⑥ - 5
大連一の美橋
帝都を偲ぶ日
本橋

全長約一〇〇メートル、幅約一六メートルあり、当時は巨大建造物だった。袂に塔が建てられ、欄干に街灯が設置された。橋の荘厳さは際立った。

大連日本橋が完成した翌年となる一九〇九年九月、夏目漱石は親友だった満鉄総裁中村是公《よしこと》の招待を受けて、この地を訪問している。旅行記『満韓ところどころ』（一九一〇）で「名は日本橋だけれどもその実は純然たる洋式で、しかも欧洲の中心でなければ見られそうもない程に、雅《が》にも丈夫にも出来ている」と評した。そんな様子が「大連日本橋」（⑥-4）に写り、アーチ状の橋の下を満鉄の列車が走る。「大連一の美橋帝都を偲《しの》ぶ日本橋」（⑥-5）では、路面電車や自動車、人力車が橋の上を行き交い、通行人の姿が見える。

この大連日本橋は東京と大阪の日本橋に並び、お馴染みの「日本橋」となる。戦前の教科書編集に携わった児童文学者の石森延男は『朝の大連日本橋』（戦前の小学国語読本に所収）を執筆した。作品に「朝の時計は八時に近い。その下に、老いたロシヤ人が、パン箱を胸に下げて立っている、敷石を見つめたまま動こうともしない。出勤を急ぐ人たちが通る、勢よくステッキを振り振り、靴音を立てて。（中略）橋の下を、鐘を鳴らして貨物列車が行く。石炭を山ほど積んで、白い煙を橋の上に吹散らしながら。埠頭の方は煙やもやで灰色にかすんでいる。ロシヤ町波止場の海が、赤煉瓦の建物のすきから見えて……」と描写される。

古いロシアと新しい日本を対比させる上で大連日本橋は格好の舞台だった。老いたロシア人、出勤を急ぐ人たち（日本人）、満鉄（日本経済）、石炭（撫順炭鉱）、埠頭（大連港）を巧みに配置し、石森は児童向けの短編に「飛躍する満洲」をみごとに描いてみせた。まさに大連日本橋は「大日本帝国」の支配を印象づける場所だった。そして、日本人の多くが旅行記や文学作品を読み、その文字媒体を補完するように絵はがきや写真によって満洲のイメージを膨らませていった。

満洲大豆と山東移民

満洲は大豆の一大生産地だった。日本には日清・日露戦争以降、魚肥に代わって満洲産の大豆粕《かす》（大豆から油を搾り出した後の粕）が大量に輸入され、農村での需要が高まっていた。ヨーロッパでも新たに大豆市場が開拓された。大豆油はマーガリンやサラダ油の原料とされ、搾り粕は家畜の飼料に回った。大豆といえば豆腐や納豆だけではない。大豆は汎用性が高い穀物でもある。そんな満洲大豆の貨物輸送が創業間もない満鉄にとって貴重な収入源となる。

「大連埠頭中央部に於ける大豆豆糟《かす》大集積の景」（⑥-6）では見渡す限り大豆粕の麻袋が山積みだ。貨車に刻印された頭文字「S.M.R.」は「South Manchuria Railway（南満洲鉄道）」を指す。「大連西埠頭に於ける大豆船積ノ景」（⑥-7）でも大連港の活気が覗える。二枚共に一九〇九（明治四二）年三月の撮影で満鉄埠頭事務所の発行だ。満洲大豆を求めて日清豆粕製造株式会社（後の日清製油、現在の日清オイリオ）がいち早く満洲に進出している。一九〇七（明治四〇）一二月年には大連工場を設置し、大豆油や大豆粕の製造加工と輸出を業務とした。

満洲大豆と並び山東移民もまた満鉄の重要な収入源となった。清朝発祥の地である満洲は「封禁の地」とされ、長く漢民族の入植を禁じてきたが、ロシアの東進が激しくなる一九世紀後半には国防上の理由から事実上の開放策に転じていた。山東省が人口過密に陥っていたのに対して満洲は人口希薄に悩み、その開発が進んだ結果、山東省から満洲への出稼ぎ労働者が大量に行き来するようになった。山東移民は春先になると、地縁や血縁を頼って出稼ぎ先に向かい、一定の蓄えを得た後、晩秋から初冬にかけて故郷に帰って家族と過ごした。彼らは年間数十万人から一〇〇万人を数え、その多くが満鉄の乗客となった。

「大連駅に便乗を待つ山東移民」(⑥-8)は大連小林又七支店の発行だ。山東半島から連絡船に乗って遼東半島の大連港に到着した出稼ぎ労働者を捉える。英語で「Coolies(苦力、クーリー)」と表記される。苦力とは、農業や港湾、建設、炭鉱などの重労働に携わる肉体労働者を意味し、本来は山東移民と同義ではない。それほど苦力となる移民が多かったのだ。彼らは大連駅から満鉄に乗り換え、奉天、長春、ハルビンなどの満洲北部を目指した。時には満洲を越え、ロシア沿海州にも及び、シベリア鉄道の建設工事に従事したといわれる。

満洲大豆にしても山東移民にしても、その規模は大きい。日本人の乗客はまだ少ない。初期の満鉄にとって、貨物は満洲大豆、乗客は山東移民が欠かせない存在だった。ドル箱だったともいえる。満鉄の広報戦略の一環として、そんなイメージを強く抱かせる絵はがきだ。

⑥-6
大連埠頭中央部における大豆豆糟大集積の景

⑥-7
大連西埠頭における大豆船積の景

⑥-8
大連駅に便乗を待つ山東移民

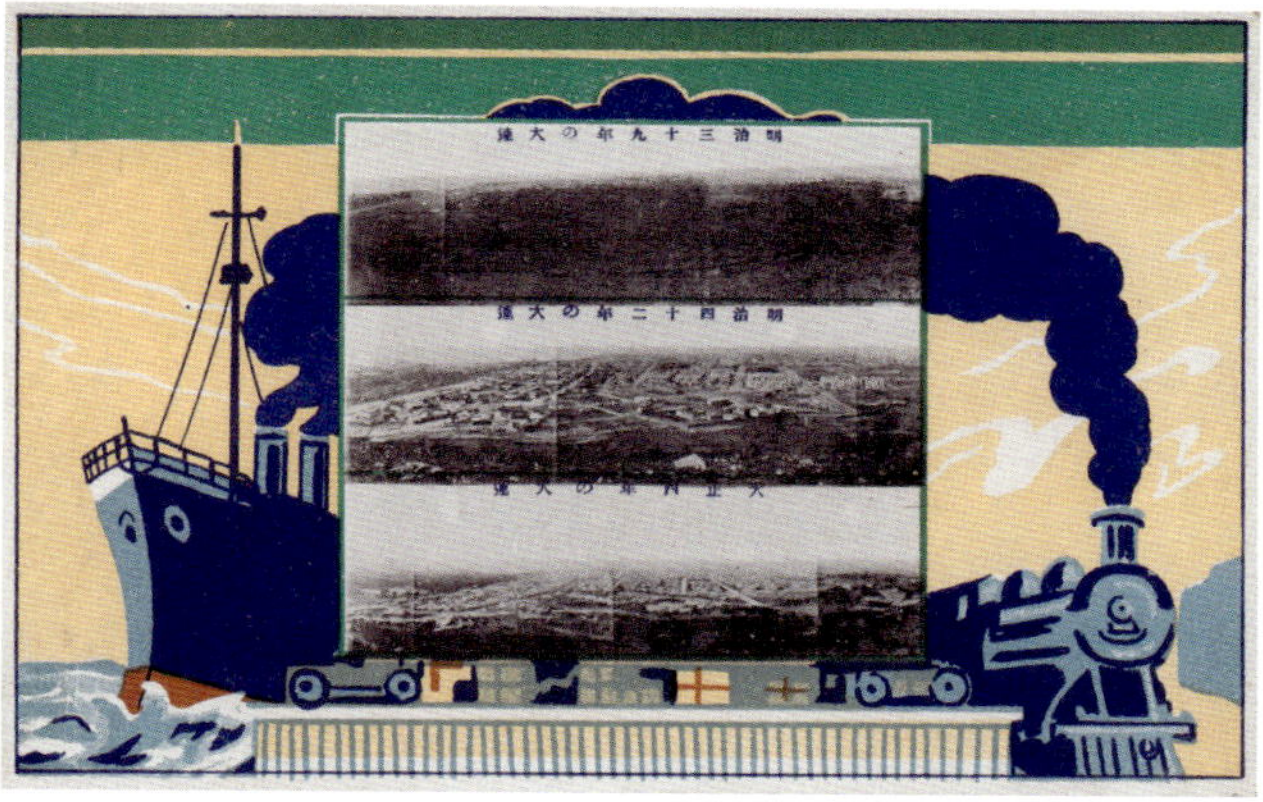

⑥-9　大連勧業博覧会記念

日本の大陸都市、大連

大連は日本側にとって「大陸への玄関口」であり、日本と満洲の結節点として発展した。一九一五（大正四）年一〇月一日に市制施行し、一九二四（大正一三）年八月一日の市域拡大に伴い二〇万人都市となった。その内訳は日本人が七万五千人余、中国人が一二万人余を占めた。一九二五年の市制施行一〇周年を前に、記念事業を実施する機運が大連市と大連市会で高まり、大連勧業博覧会が企画された。大連を「日華親善」の要衝地帯と位置づけ、開催趣旨を両国の経済的融合とし、会期は一九二五年八月一〇日から九月一八日までの四〇日間と決めた。

しかし、開幕直前に上海で五・三〇事件が起こった。日本人が経営する紡績工場（内外綿株式会社）のストライキに端を発し、五月三〇日、中国人学生が上海共同租界（外国人居留地）の繁華街で「打倒帝国主義」

や「租界撤廃」などのビラを配ったため、英国警官隊と衝突した。その結果、多数の死傷者が出る。最初は日本一国を狙った排日運動だったが、しだいに欧米諸国を含めた反帝運動へと様相を変えていった。広州から北京へと拡大し、米国や英国、日本などは軍隊を派遣して鎮圧に乗り出した。この五・三〇事件の影響は大連勧業博覧会にも及ぶ。予定されていた中国側のパビリオン建設が中断され、「日華親善」の企画は事実上の棚上げとなる。

それでも大連勧業博覧会は予定通り実施された。植民地では初めての博覧会とあって、注目度は高く、日本側の一方的な展示だったにもかかわらず、会場には中国人の姿も目立った。会期中の有料入場者は日本人が四九万二一〇四人、中国人が二二万五八一三人、外国人一七〇九人、総計七一万人九六二六人を数えた。博覧会の見学と旅順の戦跡巡りを組み合わせた内地からの団体ツアーが人気を呼び、入場者を押し上げたらしい。そんな観光客を当て込んで、記念絵はがきが数多く発行された。その一枚（⑥-9）は大連埠頭を描き、左右に日本と結ぶ船舶と大陸へ向かう蒸気機関車を配置する。中央三枚の写真は「明治三十九年」（一九〇六年）、「明治四十二年」（一九〇九年）、「大正四年」（一九一五年）の大連を捉え、日本の統治が始まってから閑散としていた風景が一変し、大都市が出現した様子を視覚的に表現している。

出品内容を見ると、大日本麦酒の「サッポロビール」「アサヒビール」「ヱビスビール」、西陣織物同業組合の「西陣織」、京都宇治・辻利兵衛の「煎茶及玉露」、嘉納合名会社の「清酒白鶴」、鈴木商店の「味の素」、森永製菓の「森永ミルクキャラメル」など、現在にも続く著名な

⑥-10　ショーウインドに客足をひく繁華街、浪速町

企業や商品が名前を連ねる。当時の「メイド・イン・ジャパン（日本製）」は高品質を意味するとは限らない。安くて悪い品物を連想する場合さえあり、中国市場では、日本製品よりも欧米諸国の製品が好まれた。大連勧業博覧会を通して、中国人が日本製品に抱くマイナスイメージを払拭させる狙いもあった。ただ植民地主義の延長線上にあり、日本人のための日本の博覧会となった側面は否めない。一方、反日ムードが渦巻く中での開催成功は日本側の自信に繫がった。

満洲支配の先駆けとなった大連では、博覧会の建前にあるように、公には「日華親善」を掲げていた。しかし、本音は日本化にあり、それが具現化された絵はがきがこの一枚「ショーウインドに客足をひく繁華街、浪速町」（⑥-10）だと言える。浪速町は「大連一」の繁華街と謳われ、日本人が経営する商店や飲食店が軒を並べた。国民の祝日だったのか、浪速町に日章旗が掲げられ、日本一色だ。日本化した、この姿こそが「大日本帝国」の理想だった。

張作霖と満洲某重大事件

日本は日露戦争以降、関東州の租借権、南満洲鉄道の経営とその附属地の行政権、軍隊の駐屯権をはじめ、満洲を中心に数々の権益を手にしてきた。さらに第一次世界大戦の参戦を経て旧ドイツ利権の継承を含む対華二一ヵ条要求（一九一五年一月一八日）が条約上認められ、満洲と東部内蒙古において優先的な権益を有すると主張した。これらを総称して「満蒙特殊権益」と呼び、当時の日本は「自衛」の範囲とした。だが、新しく誕生した中華民国は地方軍閥による群雄割拠の状態にあった。このうち満洲を実質支配した人物が奉天派軍閥の張作霖《ちょうさくりん》（一八七五〜一九二八）だ。彼は日本軍から資金援助や武器供与を受けて頭角を現したといわれる。

一方で満洲を語る上で関東軍の存在は極めて大きい。関東総督指揮の下、満洲に駐留した二個師団（一キロにつき一五人を超えない範囲、上限は一万四四一九人）を前身とし、関東都督府陸軍部を経て、関東都督府が関東庁に改組された際、統治機構から軍部を切り離す格好で一九一九（大正八）年四月一二日、関東軍が発足した。司令部を旅順に置き、関東州と満鉄、満鉄附属地の守備を主任務とした。当初は規模も装備も「満鉄の番兵」の域を超えなかったが、しだいに独立性を高めていく。満洲事変では、天皇の「統帥権独立」を盾に、軍首脳部や政府を無視して独走を繰り返した。

　昭和に入ると、中国を巡る情勢が一気に混迷化する。張作霖は北京を掌握し、一九二七年六月一八日に自ら「大元帥」を名乗り、中華民国の主権者であると内外に宣言した。だが、戦いに敗れ、張政権は短命に終わる。蔣介石《しょうかいせき》の国民革命軍による北伐が迫る中、日本側の勧告に従って張作霖は北京から退く決意を固め、政治的な地盤だった奉天への帰還を目指す。一九二八（昭和三）年六月三日未明、張作霖を乗せた二〇両編成の特別列車が北京駅を出発した。その翌四日午前五時二三分、奉天郊外で突如として爆発音が響き、市内中に衝撃波が走った。列車が丸ごと吹き飛ばされるほど凄まじい破壊力だったと伝えられ、張作霖は即死に近かった。謀略だった。日本から離反を図る張作霖を暗殺し、代わって満洲全土の支配を目論む関東軍の一派があった。蔣介石派の南方便衣隊（ゲリラ）の犯行に見せる偽装工作が行われ、出兵の機会を狙った。

　事件現場を紹介するこの一枚（⑥-11）は「うらみは

⑥-11　うらみは深し張作霖氏爆破地点を通過する満鉄急行列車

深し張作霖氏爆破地点を通過する満鉄急行列車」と記す。関東軍の謀略は半ば公然の事実であり、「うらみ」とは白々しい。事件の後片付けが終わってからの撮影だろう。現場は京奉（北京―奉天）線と満鉄線が交錯する皇姑《こうこ》屯だ。新聞各紙は事件を連日トップ級のニュースとして扱うが、肝心の張作霖の生死が不明のままだった。生存説と死亡説が入り乱れ、六月一九日に非公式に死亡記事が掲載された後、六月二一日になって中国側の公式発表に至った。この段階で関東軍は「国民党軍による暗殺」を理由に出兵する時機を完全に逸していた。本来、外国の元首級を自国の軍隊が関与して暗殺する事案は国際的な大スキャンダルだった。帝国議会は「満洲某重大事件」として取り上げたが、与党の立憲政友会と野党の立憲民政党が激しく対立し、政争のネタになっただけだった。

柳条湖事件から満洲事変へ

張作霖爆殺事件から一年余が過ぎると、世界経済が一転する事態となる。一九二九年一〇月二四日、ニューヨークのウォール街で株価が大暴落したのだ。株価は一時持ち直し、市場に安堵感が広がったが、再び一〇月二九日に総崩れとなり、瞬く間に不況が全世界へと波及した。満洲も例外ではなく、満鉄の貨物輸送が極端に落ち込み、経営不振を招いた。その上、張作霖の地盤を受け継いだ息子張学良《ちょうがくりょう》は極端な排日政策を取り始めていた。日本の経済的な打撃を狙い、満鉄と並行した鉄道を敷設した。その影響は限定的だったが、これを関東軍はプロパガンダに活用し「満蒙特殊権益が危機にある」と喧伝した。またもや満鉄が謀略の舞台となる。

一九三一（昭和六）年九月一八日午後一〇時二〇分頃、奉天駅から北東約七・五キロの柳条湖で満鉄線が爆破された。被害は極めて軽微、線路の一部が破壊されただけだった。しかし、関東軍は即座に「中国側の計画的犯行」と断定し、軍事行動を開始した。わずか一日で南満洲の要衝である奉天や長春など一八都市を占領し、電撃的な成功を収めた。前もって緻密に計画されていたのだ。関東軍の快進撃を当時の新聞各紙は絶賛した。軍事行動の名目は「自衛」であり、あくまでも「必要最小限」の武力行使だ。こうした満洲事変について、新聞報道と連動するように絵はがきが発行されている。プロパガンダの一環であり、軍部から写真が提供されたのだろう。

「奉天駅に於ける皇軍装甲列車の偉容」（⑥-12）は、まさに関東軍と満鉄が一致協力した象徴だった。撮影は一九三一年九月、大砲を備えた貨車の後方に機関車が写る。「寛城子砲撃中の我◯連隊」（⑥-13）の武器は日露戦争後に開発された四一式山砲だと思われ、こちらの撮影は一九三一年秋となっている。ただし戦場の臨場感はなく、予めポーズを決めて報道用に撮影したのだろう。これら二枚は「戦争物」の定番だと言える構図だが、軍のイメージを損ないかねない絵はがきが出ている。「支那正規兵の捕虜」（⑥-14）ではロシア兵捕虜やドイツ兵捕虜に示した日本の「武士道」が片鱗も見えない。捕虜虐待とも受け取れる場面であり、慎重さに欠く。日本政府が示した「事変不拡大」方針に反して、新聞各紙は暴走する軍部を批判する

⑥ - 12
奉天駅における皇軍装甲列車の偉容

⑥ - 13
寛城子砲撃中の我○連隊

⑥ - 14
支那正規兵の捕虜

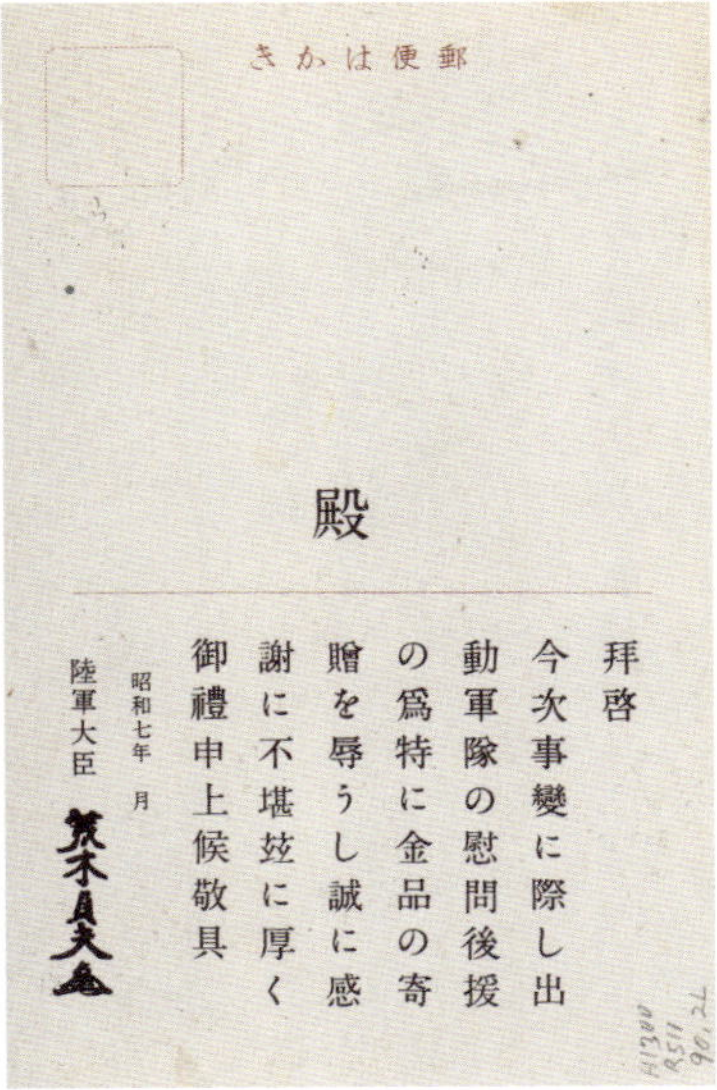
郵便はかき

殿

拝啓
今次事變に際し出
動軍隊の慰問後援
の爲特に金品の寄
贈を辱うし誠に感
謝に不堪茲に厚く
御禮申上候敬具

昭和七年　月
陸軍大臣　荒木貞夫

⑥-15b　荒木貞夫陸軍大臣からの礼状（裏面）

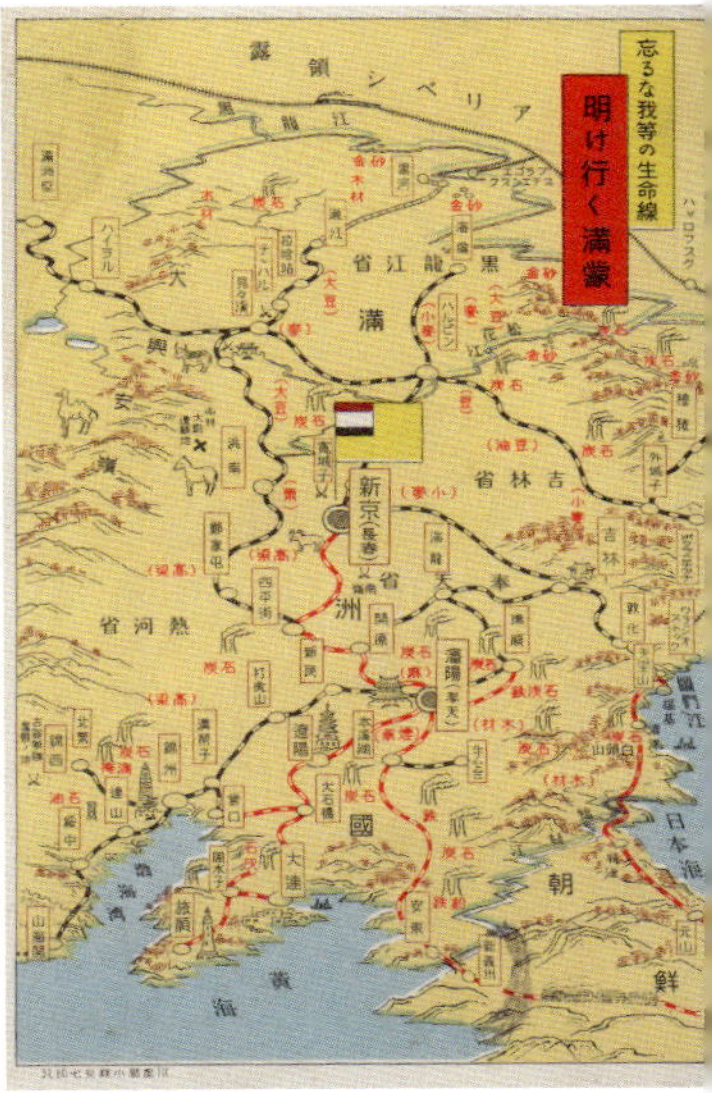

⑥-15a　明け行く満蒙

どころか支持を表明する。絵はがきもまた好戦的な世論に応えたのだろう。

そして、満洲事変を総括する絵はがき（⑥-15a）が発行される。地図製作で知られる東京の「川流堂小林又七」が手がけたとあり、手の込んだ精巧な品だ。「忘るな我等の生命線」と「明け行く満蒙」と題し、地図上に満鉄と朝鮮総督府鉄道（鮮鉄）の路線を赤線で表す。このほか、石炭や石油、鉄、砂金の天然資源のほか、大豆や小麦、高粱《コーリヤン》の産地を記す。諜報活動中に殺害された「中村大尉遭難地」（一九三一年六月二七日、匪賊《ひぞく》掃討作戦における「古賀連隊奮戦の地」（一九三二年一月九日）といった地点も示す。

この一枚は満洲の歴史地理の紹介が

目的ではない。答えは裏面（⑥-15b）に隠されていた。実は荒木貞夫陸軍大臣直々の礼状だった。文面に「拝啓今次事変に際し出動軍隊の慰問後援の為特に金品の寄贈を辱《かたじけの》うし誠に感謝に不堪茲《たえずここ》に厚く御礼申上候敬具」とある。満洲事変が、軍単独の暴走ではなかった一面を物語る。世論の支持があり、物心両面において国民の支援があったからこそ独走が可能となった。

満洲事変の絵はがきは軍部が見せたいイメージと国民が見たいイメージとが合致した。「満洲は日本の生命線である」とする言説が共有されていった。

名誉ある孤立とリットン調査団

満洲事変の成功によって、長年の懸案だった満蒙特殊権益の「危機」が一気に解消した。少なくとも日本人の大多数はそう受けとめたが、中国側の反発を強めただけだった。国民政府は日本軍による満洲の軍事占領が「戦争の脅威」に当たるとして国際連盟に提訴し、国際連盟理事会は一九三一年一〇月二四日、満洲撤兵勧告案を一三対一で可決した（ただし全会一致が必要なので不成立）。反対した一カ国は日本だった。こうした事態を正面から受けとめず、国内では、むしろ開き直り、逆に歓迎しようと「名誉ある孤立」だと喧伝された。

国際社会から見ると、相当ずれた感覚だったが、腹いせのように国粋主義的な「時局歌」が次々と誕生している。時流に合わせた歌詞を親しみやすい旋律に乗せて、レコード会社が粗製乱造したのだ。名曲も含まれていたかもしれないが、ほとんどは怪しい迷曲だった。軍の後押しもあったのだろう。満洲事変や満蒙特殊権益を取り上げた歌は商売のネタになった。

連盟小唄「十三対一（連盟会議名誉の孤立）」はそんな代表曲だ。作詞は松村又一、作曲は近藤十九二《とくじ》、後に人気歌手「楠木繁夫」の芸名で知られる黒田進が歌う。この一枚（⑥-16）はレコードの宣伝用だ。風景印の日付は一九三一（昭和六）年一二月一〇日、場所は大阪の「住吉」だ。満洲事変の勃発から三カ月が過ぎ、差出人は「連盟のゴタゴタも無事に」と書き添える。リットン調査団の派遣前だ。この歌は「ツルレコード」のレーベルで一九三二年二月にアサヒ蓄音器商会から発売された。一番から三番まであり、「十三対一名誉の孤立」で始まる。「不戦の連盟正義を知るや」と訴え、「ジュネーヴの空只暗憺と正邪を照らす太陽あらず」と皮肉を込める。勢いよく「連盟何ぞ恐るに足らん」と言い切り、「起て起て国民守れよ祖国」と愛国を訴える。ほかに「満蒙行進曲」や「北満守備の歌」なども出た。

「満蒙」を巡って日本国内が盛り上がりを見せる中、国際連盟理事会は一九三一年一二月一〇日、五人の委員から成る調査団の極東派遣を決定した。差出人は意識していたのだろう。この日と絵はがきの日付は一致する。調査団は英国のリットン伯爵（卿）を委員長とし、フランスのクローデル中将、イタリアのアルドロバンディ伯爵、米国のマッコイ陸軍少将、ドイツの植民政策研究家シュネー博士が委員だった。公平を期すため委員五人の人選は日中両国の同意を得ていた。正式名は「国際連盟日支紛争調査委員会」、委員長の名前にちなんで通称「リットン調査団」と呼ばれた。調査団は一九三二年二月二九日に東京入りし、犬養毅首相や荒木貞夫

⑥-16　連盟小唄「十三対一」

陸軍大臣らと会談した。ただし一行の到着した翌日となる三月一日、予定通り満洲国は建国を宣言した。

リットン調査団は京都にも滞在している。三月一〇日付の京都日出新聞によると、一行は三月九日午前八時五分、京都駅に着き、知事や市長らの出迎えを受け、撮影にも快く応じたとある。東山は雪景色だった。御所や二条城、金閣寺を観光した後、夜は都ホテルの晩餐会に出席する。リットン委員長は関東大震災から復興を遂げた東京に感心し、京都の気候は英国と似ており、母国にいるようだと語った。終始友好ムードに包まれていた。調査団の一行は三月一一日に出発するまでの間、「フジヤマ」（観光）と「ゲイシャ」（宴会）による接待が繰り返された。

しかし、リットンを迎え、外交的な解決に向けて尽力した犬養毅は五・一五事件で凶弾に倒れた。日本政府は一九三二年九月一五日、満洲国を正式に承認する。リットン報告書は一〇月二日に公表される。満洲国の自発的独立を否定する代わり、満洲の発展は日本の努力による結果だと一定評価した。満洲における日本の特殊権益の存在は確認した上で中華民国の主権下での自治政府樹立や満洲の非武装化を提言した。国際連盟が日本の主張を一部認めた点は大きな前進だったといえるが、満洲国が誕生した後だった。それを歓迎する国民世論がすでに固まり、もはやリットン報告書を冷静に受け入れる余地は残されていなかった。

⑥－17　荒波に飲まれるリットン報告書

軍は絵はがきを活用した広報活動にも力を入れた。「吼《ほ》えろ嵐」や「狂之怒濤《どとう》」との言葉を浴びせるこの一枚（⑥－17）は第九師団の発行だ。この師団は北陸の石川・富山・福井三県の兵士で構成され、金沢市に拠点を置いた。日露戦争の際、旅順攻囲戦や奉天会戦での勝利に大きく貢献し、第一次上海事変でも活躍していた。それゆえに直接訴えたかったのだ。荒波に飲まれる「リットン報告」を描き、満蒙特殊権益と満洲国建国の正当性を表現する。

満洲とは、日露戦争を通じて「十万の生霊と二十億の国帑《こくど》（国家の財産）」という多大な犠牲を払って手にした土地だ。これを守らんと無数の日本人が血と汗を流している。よって満洲は絶対に奪われてはならない、いわば「聖域」のような存在として国民の間で認識されていく。

シカゴ万国博覧会の「満鉄館」

日本人の多くが満洲に注目した一九三〇年代、米国人の関心は北米のシカゴに向けられた。シカゴは人口三〇〇万人を超え、ニューヨークに次ぐ全米二位の大都市に発展を遂げていた。市制百周年を迎える一九三七年までに博覧会を開催するという案が浮上し、その計画が実現に至った。一九三三年五月二七日、「進歩の一世紀（A Century of Progress）」をテーマに掲げた「シカゴ万国博覧会」が開幕する。ギャングが闊歩した禁酒法時代がようやく終焉を迎えつつあった時期と重なる。なお、シカゴ万博は一九三三年と一九三四年の二シーズンに分けて実施されている。

シカゴ万博は科学技術の恩恵がもたらす理想の未来像を描こうとした。未来のエネルギーとして原子力を紹介したほか、ガスと電気に囲まれた近代的な生活や、シカゴの自動車産業など、科学技術を好意的に捉えた展示が目立った。だが、大恐慌の余波が続き、世界の主要各国は国内経済の立て直しに追われていた。参加国は、日本、イタリア、中華民国、スペイン、エジプト、カナダなど二一カ国にとどまり、英国、ドイツ、フランスなどは政府参加を見送っている。

満洲事変を機に日米関係が急速に冷え込む中、シカゴ万博の関係者は日本に参加を呼びかけて快諾を受けている。必ずしも「反日」「反米」の一辺倒だけではなく、さまざまな場面で一九三〇年代の日米両国が互恵関係にあった小さな一例だ。発展を遂げる米国は魅力的だった。

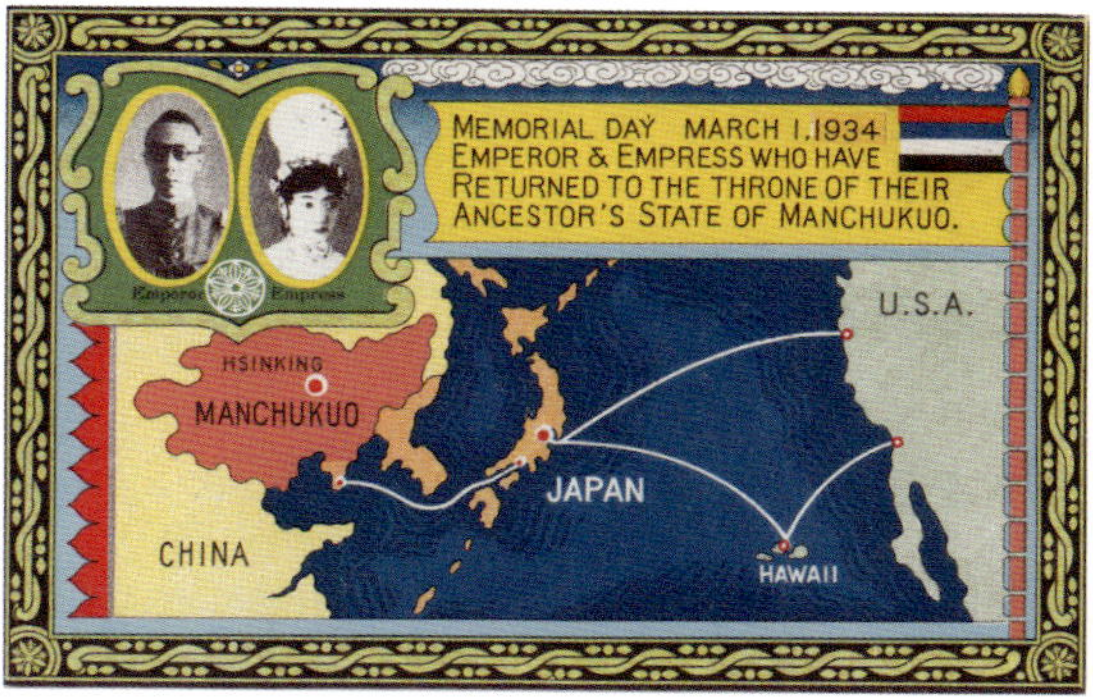

⑥-18　シカゴ万国博覧会で配布した「満洲国紹介絵葉書」

日本に続いて、満洲国にも満鉄や関東軍の協力を得て独自参加する動きが起こった。開拓精神に富む米国と満洲は共通点も多い。建国理想や産業風俗を紹介する上でシカゴ万博は絶好の機会であると考えたからだ。

当時はリットン報告書を巡って日本が国際連盟の脱退を表明してから間もない。米国は満洲国の存在を認めていなかった。ただし、満洲国の参加に関しては、米国側ではなく日本側から反対の声が上がっている。米国世論に配慮する日本の外務省からだ。対内的に満洲館、対外的に満鉄館を名乗る案で妥協し、満鉄館は日本館の附属施設とする方針が決まった。満鉄館は、満洲の風俗人形、大連埠頭の今昔を描いた油絵、農家の模型を並べたほか、満洲の産業を中心に紹介する。満洲の独自性を表し、日本との違いを強調する展示内容だった。では満鉄館が米国人の心を捉えたのかといえば心許ない。日本館と比べると存在感は薄かった。

この時、満鉄館の来場者に配布した「満洲国紹介絵葉書」（五枚一組）が残る。満洲と日本と米国を航路で結ぶ地図の絵はがき（⑥-18）はその一枚となる。日本・米国・満洲三カ国の友好を夢見たのだろう。首都「HSINKING（新京）」の位置を明示するが、あくまで中心は日本にあった。存在を誇示するのか異様に大きい。満洲国の五色旗の上に英文を添え、皇帝溥儀と皇后婉容が一九三四年三月一日、祖先の地である満洲国の王座に復位したと説明する。発行者が途中で誤植を見つけたのか、数字「１９３４」の紙を貼り付けて訂正するほど粗雑な扱いだ。

シカゴ万博への参加に際して、満洲国の正当性を訴えるため、絵はがきは米国人に向けた地道な宣伝活動の一環だった。それを配った満鉄館（満洲館）は日本館の附属物に過ぎない。結果として、来場者を前に「満洲帝国」と「大日本帝国」の関係をそのまま示す格好となった。

満鉄コンツェルンの出現

満鉄の役割は満洲の経済開発そのものにあった。運輸、流通、港湾、鉱業、電力、水道など、あらゆる事業に投資が行われ、一九二五（大正一四）年までに満鉄の関連会社が三五社となり、一九三〇年代には「満鉄コンツェルン」と呼ばれた。しかし、その規模ゆえに世界恐慌の影響も大きい。創業以来、黒字経営を続けてきた満鉄であっても無風というわけにはいかない。大豆輸出や石炭販売の激減に伴って、鉄道の貨物輸送が落ち込み、一九三一年度は初の赤字を記録した。約二千人の職員を解雇するほどだった。そんな経営危機を満洲事変が救った。

一九三三年二月九日、満洲国政府は国有鉄道の経営を満鉄に委託する契約を結ぶ。満洲事変で満鉄が関東軍に協力した見返りだった。全長は二九三九・一キロに及び、ソ連が経営する北満鉄道（北満鉄路、旧東清鉄道）を除いて、満洲国における鉄道網の大部分が満鉄の手中に収まった。この事業拡大に合わせて、三月六日の臨時株主総会は資本金四億四千万円から八億円への増資を決定する。新たに発行する七二〇万株（三億六千万円）の半分三六〇万株を日本政府が引き受けた。残る半分のうち二二〇万株を民間株主、二〇万株を社員、一二〇万株を一般公募とした。

当時の経営状況を示した絵はがき「満鉄の施設」（⑥-19）がある。各都市が結ぶ鉄道を背景とし、満鉄が経営する「工場」「旅館」「試作農場」「獣疫研究所」「農事試験所」「地質調査所」「中央試験所」「満洲資源館」「採炭所」「製油工場」の位置を示す。「半官半民」「資本金八億円」「満洲国鉄道北鮮鉄道委任経営」を謳う。鉄道・港湾・炭鉱の三大事業を柱に鉄道附属地の行政権まで握った。巨大企業である満鉄の株は人気を呼び、やがて満洲で得た莫大な利益は株主配当を通して、それぞれの株主へと行き渡った。

満鉄が経営基盤とする交通網はどのように広がったのか。三枚の絵はがきを比べると理解しやすい。一九三四（昭和九）年二月一日の「満洲鉄道図」（⑥-20）では、鉄道網と呼べるほどの路線は発達していない。大連と新京を結ぶ看板列車だった急行「はと」のマークを描き、満

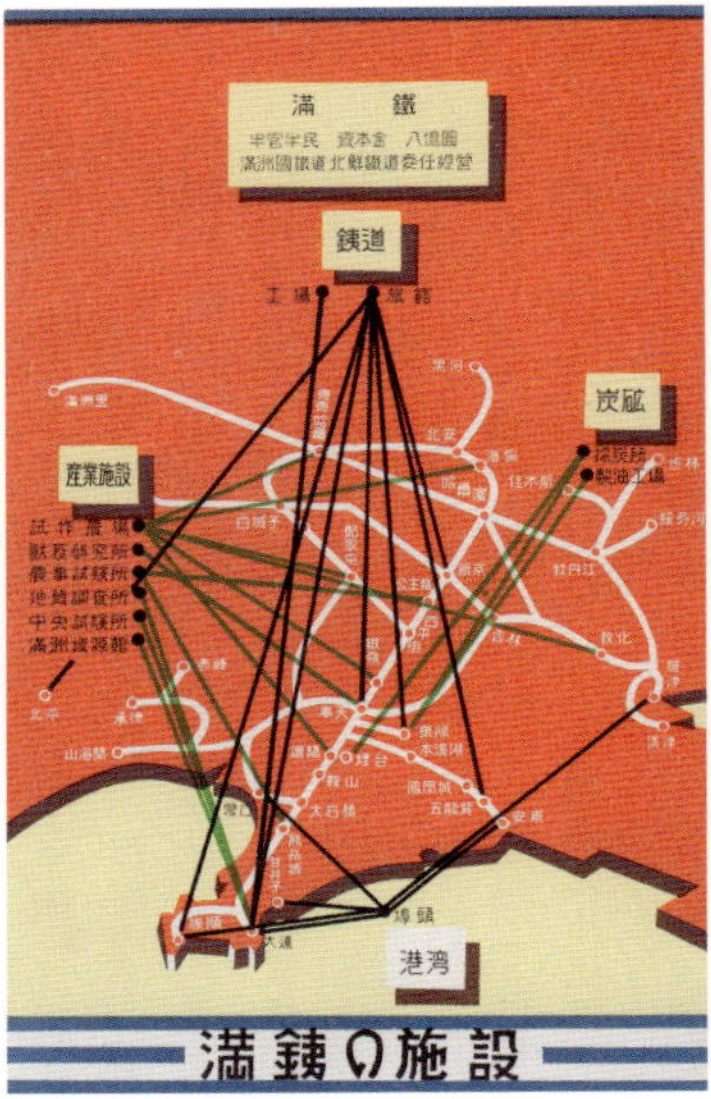

⑥－19　満鉄の施設

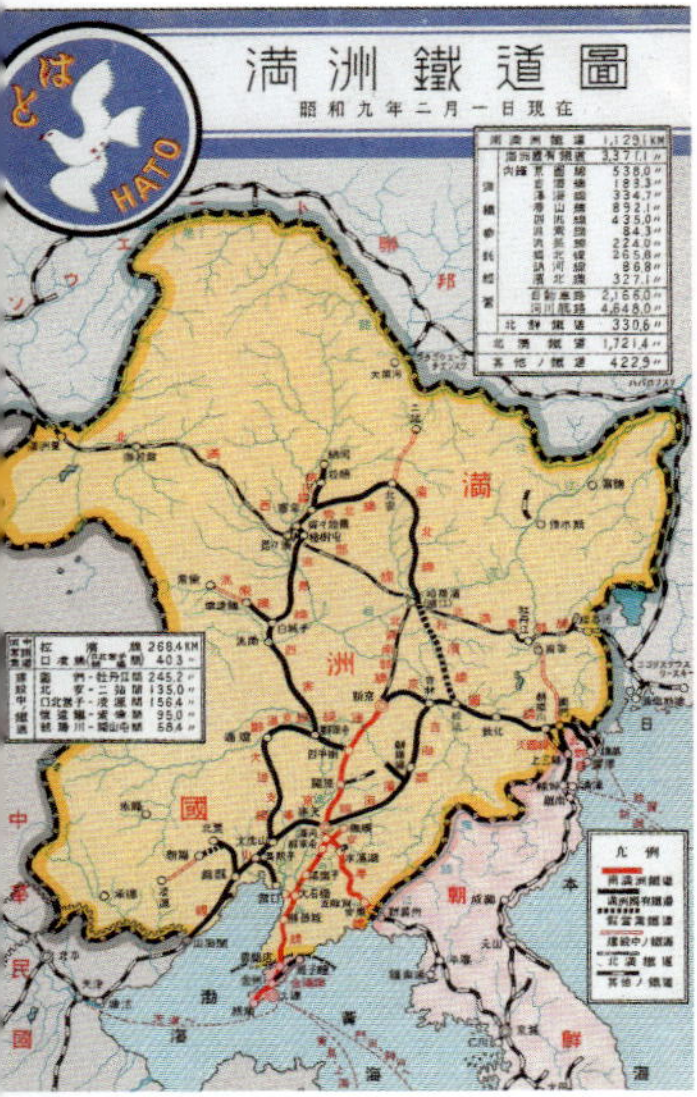

⑥－20　1934年の満洲鉄道図

鉄一一二九・一キロ、満洲国有鉄道三三七一・一キロとある。赤線が満鉄、黒線が国有鉄道（満鉄に委託経営）、白黒交互の帯線（満洲国内）が北満鉄道を示す。

だが、北満鉄道はソ連の経営だ。路線図を見ると、満洲里から綏芬河《すいふんが》まで東西を横断する西部線・東部線（本線）と、ハルビンから南下して新京に至る南部線（支線）が描かれる。全長一七二一・四キロに及び、ウラジオストク―モスクワ―パリに至る大陸鉄道の一部を成していた。満洲全体から見ると、鉄道路線の四分の一近くがソ連の東清鉄道で占められ、その存在は大きい。日本と満洲はソ連との無用な衝突を避けるため、北満鉄道の買収交渉を進めていた。そして、一九三五（昭和一〇）年三月二三日、満洲

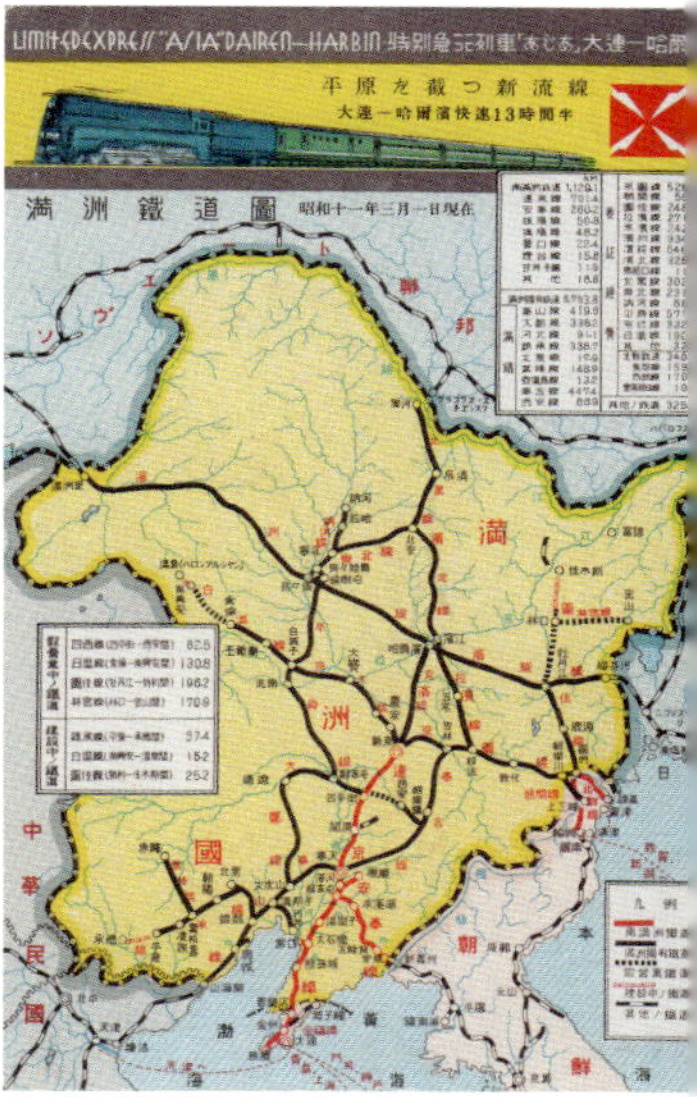

⑥-21　1936年の満洲鉄道図

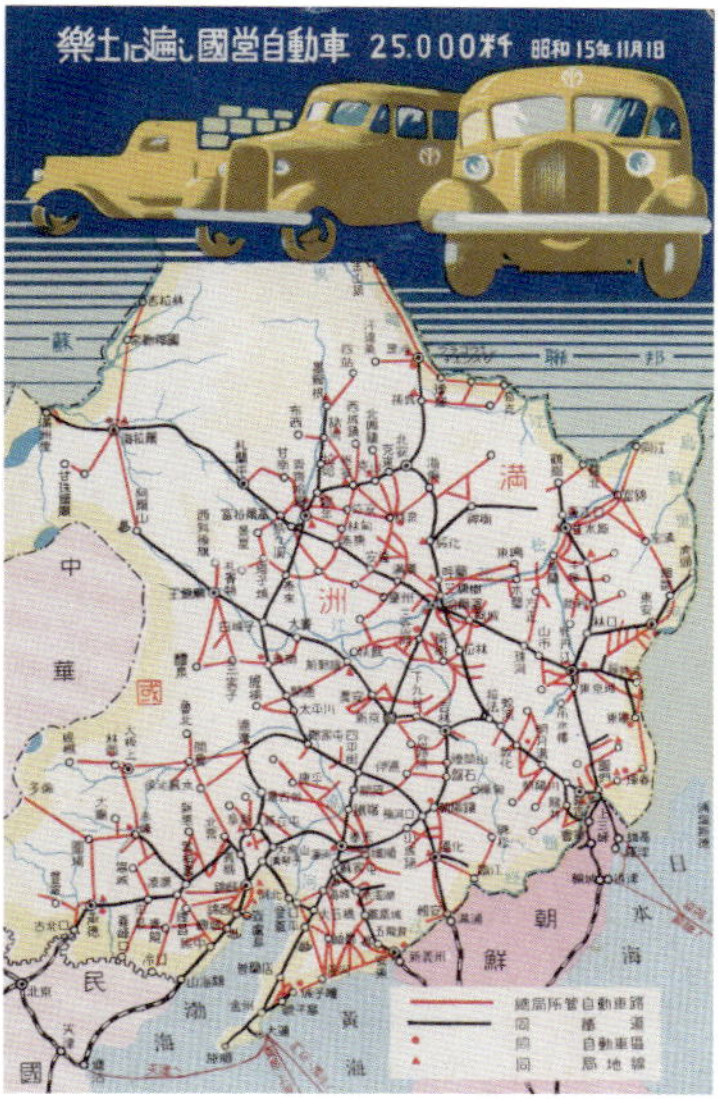

⑥-22　1940年の路線図

国とソ連の協定が成立し、北満鉄道はソ連から満洲国へ譲渡された。

一九三六（昭和一一）年三月一日の「満洲鉄道図」（⑥-21）では、この北満鉄道が国有鉄道として記される。実は最も主張したかった部分だ。急行「はと」に代わって、新しい看板列車「あじあ」を描き、「平原を截《た》つ新流線」と謳う。赤線の満鉄線は、連京線（大連—新京間）や安《あん》奉《ぽう》線（奉天—安東間）など、七線を中心に総延長は一一二九・一キロと変わらない。一方で国有鉄道は一九三四年時と比べて倍増し、六七九三・八キロに達している。

一九四〇（昭和一五）年一一月一日の路線図（⑥-22）では鉄道と自動車路が詳細に記される。満鉄の鉄道総局自動車局による発行だ。「楽土に遍《あまね》し国営自動車」と謳い、赤線で示すバス路線は二万五千キロに及んだ。短期間のうちに満鉄の交通網は隅々まで行き渡るようになった。満鉄の経営と巨額な投資があっての成果だ。満洲とは満鉄であり、満鉄とは満洲だった。とにかく満鉄の手がけた絵はがきは数多い。有効な宣伝媒体として絵はがきを活用し、絶対的な存在としての満鉄イメージを創り上げていった。

高速の看板列車「あじあ」

流線形の「パシナ型」と呼ばれる蒸気機関車が豪華客車を牽引し、大草原を猛スピードで走る。満鉄の看板列車「あじあ」の勇姿は「飛躍する満洲」を日本人に印象づけた。特急「あじあ」は一九三四（昭和九）年一一月一日に運行が始まり、午前一〇時に大連を出発、午後二時四二分に奉天着、首都新京には午後六時二〇分に到着した。先頭車を捉えた「新京驛に停車中のあじあ」（⑥‐23）は独特の外観だ。大連―新京間の七〇一・四キロを八時間二〇分で結び、平均時速は八〇キロを超えた。高速運転を実現するため、蒸気機関車と共に六両編成の客車もまた流線形にした。手荷物郵便車、三等車、食堂車、二等車、一等車の順に、最後尾の車両は洋風サロンの一等展望車だ。客車内は冷暖房を完備し、一・二等車の座席はボタン一つで四五度回転して車窓が楽しめる設計となっていた。現在とほとんど変わりない快適な鉄道の旅が約束された。

ソ連の北満鉄道が満洲国に買収され、満鉄の委託経営に移ると、特急「あじあ」は一九三五

（昭和一〇）年九月一日からハルビンまで運行を延長した。ダイヤ改正後は午前八時五五分に大連発、午後一時四四分に奉天着、午後五時二〇分に新京着、午後九時三〇分に終点ハルビン着となる。大連―ハルビン間は九四三・四キロに及び、最高速度は時速一三〇キロを誇った。「ハルビン駅構内」（⑥‐24）では、説明に「スマートな流線型超快速列車アジア号がプラットホームに着いた所、伊藤公の遭難も偲ばれて今伊藤公ありせば、の感慨油然たるものがあり、東支鉄道譲渡後の発展に涙ぐましい感激を覚える」と添える。伊藤公とは、安重根に暗殺された伊藤博文だ。特急「あじあ」が到着する駅のプラットホームが事件現場だった。

満洲では、ホテルや旅館、温泉などの観光開発が進められた。大陸旅行に人気の兆しがあり、その核となる特急「あじあ」の宣伝は特に力が入った。「あじあの豪華なる食堂車」（⑥‐25）は洋食が中心のメニューで、カツレツやステーキ、ライスカレーなどが楽しめた。「特急『あじあ』展望室」（⑥‐26）は豪華な洋風サロンだ。乗客のほとんどがロシア人で占められる。差出人は特急「あじあ」の乗客だった。裏面に「今四日はこの立派な列車あじあの展望車に収まって果《はて》しなき満洲の広野を眺めつつハルピンから新京へ南下しました。当地には満洲国皇帝陛下の皇居もあり、今や国都建設の為非常な勢いで発展中です……」と記し、一九三六（昭和一一）年一〇月四日夕に新京のヤマトホテルから三重県三重郡神前村（現在の四日市市）に宛てて投函している。少し裕福だった日本人が満洲ブームに乗って大陸旅行を満喫していたのだ。

こうして飛躍する大陸と内地との輸送が増加する中、鉄道省は弾丸列車計画（東京・下関間

⑥ - 23
新京駅に停車中のあじあ

⑥ - 24
ハルビン駅構内

⑥ - 25
あじあの豪華なる食堂車

線路増設計画）を立案する。一九四〇年三月、帝国議会で関連予算が成立した後、工事認可を経て、熱海工事事務所の新丹那隧道及び日本坂隧道、大阪工事事務所の新東山隧道のトンネル工事が着工した。当時の計画によると、標準軌（当時は広軌）一四三五ミリを採用し、東京と大阪を四時間二〇分、東京と下関を九時間で結び、最高速度は時速一五〇キロとし、将来は時速二〇〇キロまで引き上げる予定だった。

⑥-26　特急「あじあ」展望室

⑥-27　驀進「あじあ」

その弾丸列車計画で設計された蒸気機関車の外観は流線型を採用し、満鉄の特急「あじあ」を牽引した機関車とよく似ていた。

高速で走る「あじあ」を捉えた一枚（⑥－27）は左右にぶれているのではなく、スピードを誇張した表現だ。新京観光協会が発行したシリーズ「躍進満洲」のうちの一枚となる。戦局の悪化によって弾丸列車計画は中断されたが、満鉄の「あじあ」が「躍進する満洲」を表したように、戦後は国鉄の新幹線が高度経済成長を遂げる日本の象徴となった。まさに描かれたイメージをそのまま受け継ぎ、描かれる被写体が「あじあ」から新幹線へと置き換わった。

ロシア人の街だった哈爾濱

昭和初期の日本人にとって、満鉄の特急「あじあ」の終点「哈爾濱《はるびん》」は人気の観光地であり、「東洋のパリ」と称された。元々は松花江沿いの一寒村に過ぎなかったが、ロシアが一九世紀末期に都市開発を始めた。ロシア正教会や駅舎、旅館、商店、百貨店などが次々と完成し、一九二〇年代の人口は三〇万人を超え、ロシア革命とシベリア出兵の影響もあり、一時はロシア人が急増したため、住民全体の半数近くを占めたと言われる。満洲国が誕生してからもハルビンの絵はがきにはロシア人が登場する写真やデザインが多かった。

ハルビン中心部のキタイスカヤ街を描いた「行きかう人も忙がしき繁華なる十字街」（⑥－28）ではロシア人の姿が目立つ。ただし、建物に貼られたポスターを拡大して見ると、「松浦洋行」の名前が確認できる。松浦洋行とは日本系の百貨店であり、横浜の松浦商会の満洲国法人だ。一九〇九年にウラジオストクからハルビンに拠点を移し、その建物は繁華街でも一際目立つ存在だった。ロシア人が闊歩《かっぽ》する満洲の街に日本人の進出を物語る一枚だった。

満洲国の建国以降は日本人のハルビン進出が著しかった。一九三九年には人口四六万人余のうち日本人が二万八千人余を数えた。それでもロシア人の存在は際立つ。「郊外ピクニック露国人の団欒」(⑥-29)は何気ない写真を絵はがきとする。ランチを囲みながら七人の男女が音楽を奏でている。川遊びの後なのか、手前右の男性は上半身が裸であり、その後方にタオルがかかる。日本人の間ではハルビンとロシア人を結び付けるイメージが定着していた。

当時の旅行案内書には、ロシア料理のレストラン、バレー劇団、ロシア音楽のコンサートのほか、ロシア人ダンサーが彩る夜の歓楽街も紹介される。ロシア人女性が踊るショーは日本人男性の人気を集めたといわれ、「哈爾賓新市街と露国美人のダンサー」(⑥-30)のように絵はがきに登場する。舞台で演じる役なのか、左上にある楕円形の枠に収まった女性は髪が黒く、アジア風の雰囲気を漂わせる。また、満洲国時代に発行された絵はがきのタトウ(収納袋)「享樂の国際都市ハルピンを味ふ」(⑥-31)ではハルビン観光の象徴として女性ダンサーが描かれる。黒髪ながら、ロシア人ダンサーをイメージしたと思われる。来日した欧米人が芸者遊びを好んだように、ハルビンを訪れた日本人男性はロシア人のダンスショーに興じていた。かつての〝ロシア〟に憧れ、目の前の〝ソ連〟に警戒心を抱くという複雑な感情を覗かせる。

大連や奉天などの絵はがきは日本や日本人街の存在が目立つのに対して、ハルビンは明らか

⑥ - 28
行きかう人も忙しき繁華なる十字路

⑥ - 29
郊外ピクニック露国人の日常

に異なる。好んで〝異人〟であるロシア人を主人公に描いている。もちろん彼らの高い人口比率が反映し、日本人向けの観光宣伝を狙いとした面はある。しかし、それだけではない。ソ連国内のロシア人を意識して、在満ロシア人は幸せだとするプロパガンダの一環とも受け取れる。また、彼らを通じハルビンの国際性を際立たせることで満洲国は傀儡国家ではなく、その正当性を訴える意図も見え隠れする。満洲のイメージ戦略において、在満ロシア人は何かと好都合な存在だった。

⑥-30　ハルビン新市街と露国美人のダンサー（左上）

ハルビンの白系露人事務局

ロシア革命によって、ロマノフ王朝との関係が深かった地主や貴族、将軍将校らの多くは、フランスやドイツ、東ヨーロッパ諸国へ亡命した。その後、シベリア出兵において日本軍が反革命勢力を支援した経緯があり、ロシア人が朝鮮や南樺太といった「大日本帝国」の圏内へと

⑥-31　享楽の国際都市ハルビンを味ふ

逃れてきた。その中でもソ連と陸続きだった満洲はロシア人の流入が多かった。ハルビンは帝政ロシアが建設した街であり、ロシア人社会が形成されていた背景も大きい。満洲国全体のロシア人は七万人を数え、その半数以上がハルビンに集中した。満洲で暮らすロシア人は「白系ロシア人」と呼ばれた。共産党を表す「赤」に対して「白」は反革命派を意味した。「白系」だからといって白人とは限らない。

　これら二枚は満洲国の白系ロシア人が手がけたプロパガンダの絵はがきだ。「反共」と「反ソ」の姿勢が貫かれる。ハルビンに拠点を置く満洲国白系露人事務局出版が発行した。一枚目（⑥-32）はソ連を象徴する「赤い星」を突き刺す。剣は日本と満洲の国旗から伸びる。宣伝文句は「新亜細亜ハ反共ノ温床ナリ」だ。日本語・中国語・ロシア語・ドイツ語の四カ国語で表記する。もう一枚（⑥-33）もまた「反共」に徹する。「ANTIKOMINTERN（反コミンテルン）」と銘打ち、矢印が「赤い星」をひと突きだ。「西ハ共産主義ヲ生ミ東ハ之《これ》ヲ撃ツ」と訴える。満洲での発行なので、「西」はソ連を意味し、「東」は日本を指す。こちらの一枚は日中露の三カ国語の表記となる。特段の深い意味はなく、極東の日本と満洲から見れば、「西」に「反共」を掲げるドイツも含まれてしまう。誤解を招くと判断し、ドイツ語を省略したのだろう。

　こうした反共一色の主張はソ連当局にとって許し難い。元を辿れば同胞だから憎悪も強くなる。だが、発行元の白系露人事務局は関東軍の働きかけによって、一九三四年一二月二八日、ハルビンで設立された組織だ。ソ連の秘密警察であっても迂闊《うかつ》に手出しができなかった。在満ロシア人は白系露人事務局への登録を義務づけられ、自治・行政機関としても機能した。その内情は帝政ロシア時代の感覚をそのまま引きずった人たちの集まりだった。事務局の建物にはロシア皇帝ニコライ二世の肖像を飾り、ロシア帝国の三色旗を掲げていた。ハルビン特務機関（関東軍情報部）から「内面指導」を受けながら諜報活動や宣伝工作にも従事した。

とはいえ、日本・満洲・ソ連の三国を巡る関係が一貫していたわけではない。一九三五年三月に北満鉄道が満洲国に買収された時は日ソ間で友好ムードさえ漂った。その裏でソ連に引き揚げた北満鉄道のロシア人従業員が日本側の協力者と見なされ、大半が粛清されるか、収容所送りとなった。また、満洲の国境線を巡り、日本とソ連は常に軍事的な緊張関係にあり、小競り合いが絶えなかった。一九三九年五月には戦争に匹敵するほどの紛争「ノモンハン事件」が起きている。

これが一転して、一九四一（昭和一六）年四月一三日の日ソ中立条約調印（五年間有効）に至り、日本・満洲・ソ連は表面上の友好国となった。「反共」と「反ソ」を掲げた白系露人事務局の関係者を中心に在満ロシア人は微妙な立場に置かれてしまう。ソ連から見れば「裏切り者」、日本から見れば「厄介者」となっていた。終戦後の満洲ではスターリンの巧みな宣伝工作が展開された。その結果、約二万九千人の在満ロシア人がハルビンのソ連領事館前に列を成したと伝えられる。希望を胸に抱いて帰国の申請手続きを行った。新しい祖国を信じて選んだ

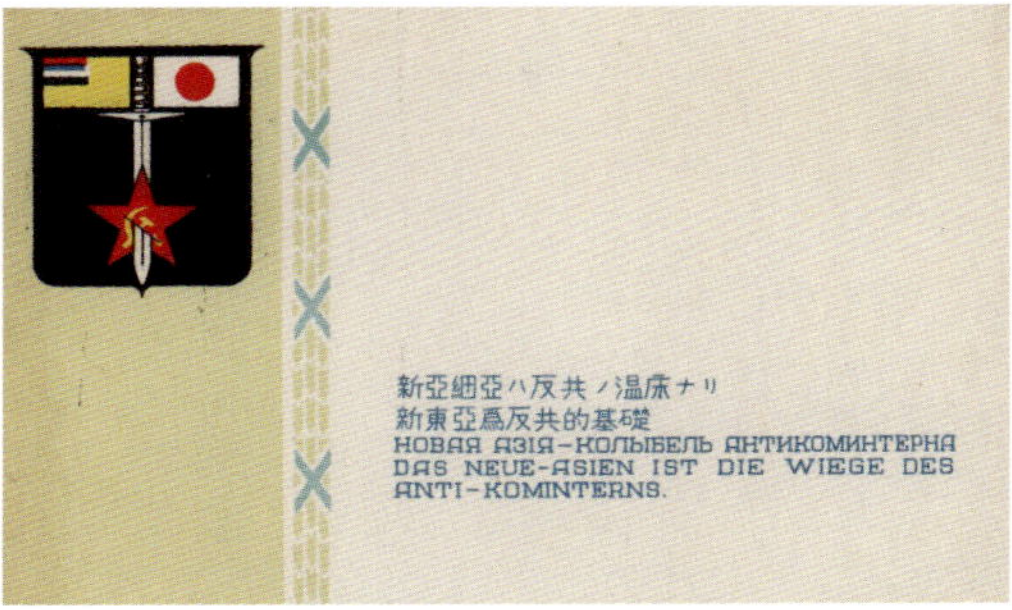

⑥－32　日満両国の剣で突き刺された「赤い星」

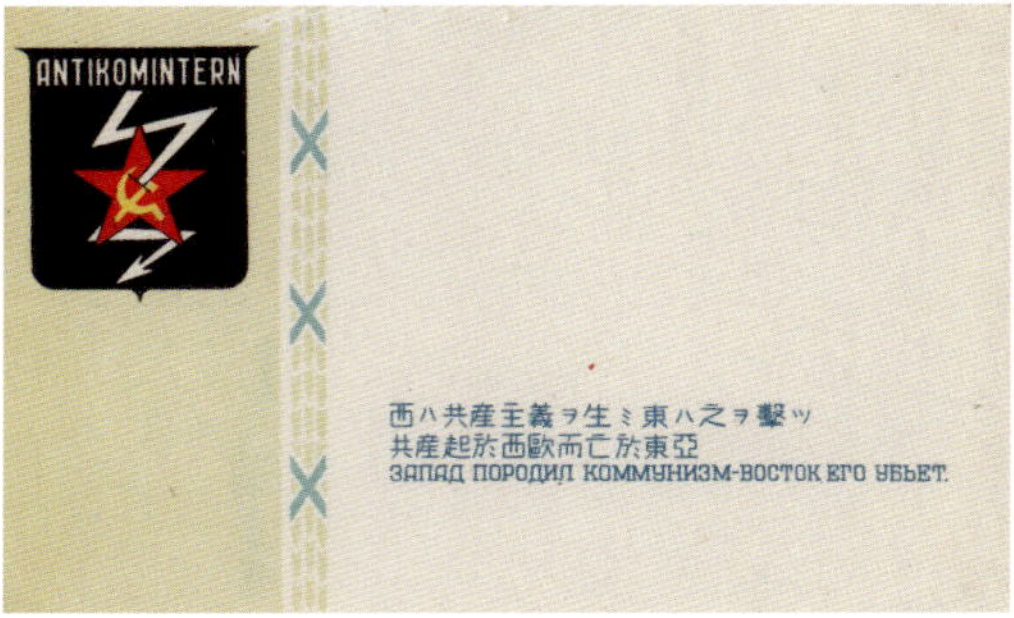

⑥－33　反コミンテルン

道だった。そんな彼らを極寒の強制収容所が待ち構えていた。

偽装される「帝国」

満洲国は多民族国家だった。その建国理念「五族協和」とは、漢・満洲・蒙古（モンゴル）・日本・朝鮮の五民族による共存共栄を意味した。ただし、満洲国は中華民国から「独立」したとの建前だったから、辛亥革命の後に孫文が唱えた共和国建設のスローガン「五族共和」を意識していた面は否めない。中華民国の場合、漢・満洲・蒙古・回（イスラム系諸民族）・蔵（チベット）の五民族を指し、それぞれが対等な立場で中華民国の建設を目指すとした。いずれにしても頂点たる民族は明白だ。

満洲国は日本人、中華民国は漢族が実質支配する国であり、それ以外の民族にとって「五族協和」も「五族共和」も欺瞞に満ちた言葉だった。

満洲国の五色旗を描き、民族構成をドイツ語とフランス語で図解した絵はがき（⑥-34）は満鉄の発行だ。一九三五年頃の満洲国について、漢族が三二〇〇万人、満洲族が八〇万人、モンゴル族が八〇万人、朝鮮人が七五万人、日本人が五〇万人、ロシア人が七万人だったと示す。大多数は漢族で占められ、実質的な支配者だった日本人も、形式上の支配民族だった満洲族も圧倒的に少数だった。しかも満洲族は漢族に同化し、外見上の区別は難しかったと言われる。

「日満の人口」（⑥-35）もまた満鉄の発行だ。日本と満洲の人口構成を地図入りで解説する。台湾、朝鮮、南樺太などを含む日本は面積が六六万平方キロ、人口が九七六九万人だ。一方の満洲は面積が一三〇万平方キロ、人口が三四六四万人だった。日満両国の人口密度を比べると、日本は一平方キロメートル当たり一四六人、満洲は二六・五人に過ぎない。満洲の人口密度は日本の五分の一程度だ。人口増加に悩む日本に対して、人口希薄な満洲を印象づける。そんな状況を背景に日本から満洲へ向かう人口移動が顕著に現れていた。日露戦争後の一九一一（明治四四）年が一五万人、第一次世界大戦後の一九二一（大正一〇）年が六五万人、満洲国建国後の一九三五（昭和一〇）年が一三〇万人とある。朝鮮人を含めた在満日本人が急増した経過が分かる。

こうして満洲に渡った日本人の中には数々の特権を手にする者もいた。免税特権を含む治外

⑥-34　満洲国の民族、人口、旗

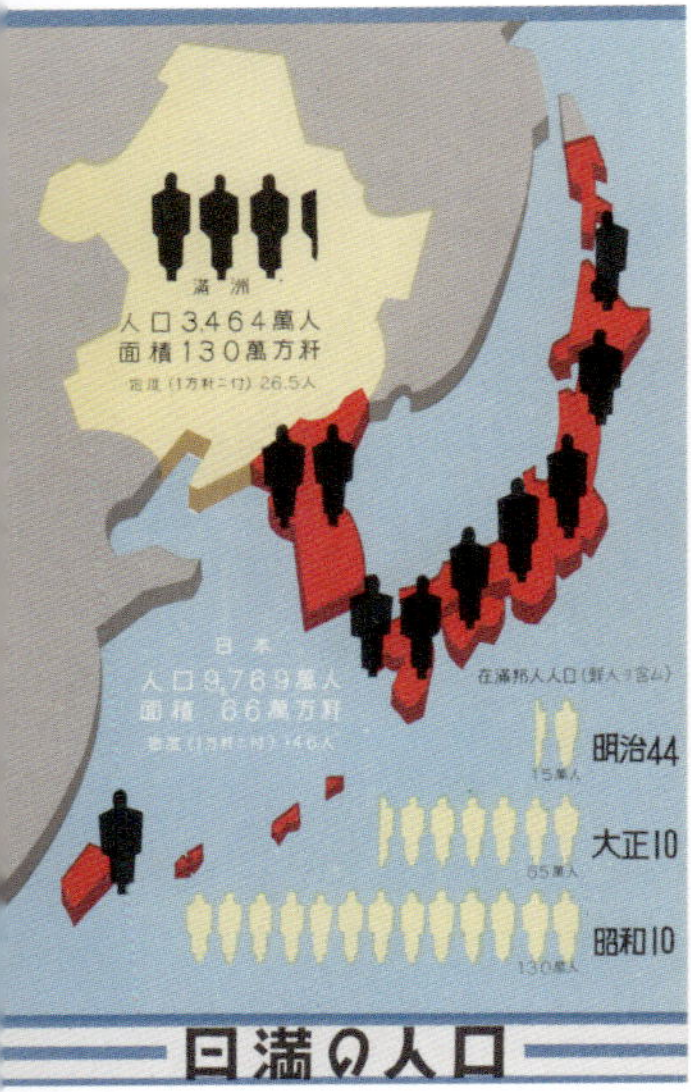

⑥-35　日満の人口

法権が認められていた。外国であるにもかかわらず、日本国籍のまま日本語を話し、日本人に囲まれて暮らせる環境が満洲にはあった。その最たる場所が満鉄附属地だった。満鉄は土地の所有権に加えて、附属地内における行政権まで有し、事実上の「無税地帯」(タックス・ヘイブン、租税回避地)の状況が生じていた。国家の中にもう一つの「国家」が存在するに等しかった。

国家としての体裁を整えつつあった満洲国にとって、満鉄附属地は何かと不都合な存在になってきた。満鉄側には附属地の経営が負担となっている実情もあった。日満両国の政府が協議した結果、一九三六(昭和一一)年七月一日から在満日本人への課税が始まり、一九三七年一

⑥-36　握手する日満の少女

⑥-37　日満支町会演芸会

二月一日に満洲国における治外法権の撤廃と満鉄附属地行政権の移譲が実施された。「治外法権の撤廃」は、明治以来、日本が不平等条約に甘んじてきた歴史を彷彿させる。その日本が味わった苦い経験を盟邦にはさせないというメッセージにもなる。日満友好を演出する絶好の機会として、満洲帝国郵政総局は康徳四（一九三七）年一二月一日、「治外法権撤廃記念」の絵はがき（三枚組）を発行した。そのうちの一枚（⑥-36）では、日章旗と五色旗を手にした両国の少女が笑顔で握手し、対等性を強調する。

日本と満洲に加えて「支那（中国）」も含めた三カ国友好を描いた絵はがきも登場する。「日満支町会演芸会」（⑥-37）では、それぞれの国旗を手にした子ども三人が舞台に立つ。「支那」の子どもが掲げる旗は蔣介石の重慶国民政府ではなく、一九四〇（昭和一五）年三月三〇日に誕生した汪兆銘の南京国民政府の旗だ。青天白日旗の上にある小さな黄色い三角布が重慶政府との違いを示す目印だった。その三角布には「和平反共建国」と記し、「和平」は日本との友好、「反共」はソ連や中国共産党からの防衛、「建国」は親日国家の建設を実質意味した。南京国民政府は日本の傀儡政権だ。付け足しのような三角布ながら、これこそが重要だった。

満洲国の建国理念「五族協和」を信じた日本人は多かった。確かに日満支の演芸会は理想の姿だった。ただし、日満交流は日本人が一方的に思い描いたイメージだ。現実には多民族どうしが交わる機会は限られ、日本人は日本人の街に住み、中国人は中国人の街に住んだ。この種の絵はがきは少々乱発気味に発行されている。「日満友好」の偽装に過ぎなかった。

強まる日満一体化

昭和天皇の在位一〇周年を迎えた一九三五（昭和一〇）年は、満洲国にとっても帝制を敷いて一周年という記念すべき年だった。そんな節目に当たって、満洲国皇帝溥儀の日本公式訪問が実現する。溥儀は御召艦比叡に乗船し、四月六日、横浜港に到着すると、礼砲が鳴り響く中、航空部隊の編隊飛行によって歓迎された。さらに東京駅まで昭和天皇の出迎えを受けた後、明治神宮や陸軍病院などを訪問し、日満友好を日本国民に印象づけた。

この段階で満洲国を正式承認した国は、日本のほか、エルサルバドル、バチカン（ローマ教皇庁）、ドミニカに過ぎない。米国と英国はいうまでもなく、その後、日本の同盟国となるドイツとイタリアでさえも未承認のままだった。満洲国の建国を巡って孤立を深めていた日本と、その傀儡国家である満洲国が一体化する流れは必然でもあった。

満洲国は政治と軍事に加えて、経済でも対日依存を強めていた。そんな状況を示す例として満鉄の「満洲帝国対外貿易趨勢図」（⑥-38）がある。各国別の棒グラフ（年代は右から順）を見ると、満洲国が中華民国との貿易額を減らす反面、日本との貿易額を増やしている。一九三五（康徳二）年には満洲国全体の貿易額一〇億二五〇〇万円（国幣）だった。このうち日本との貿易額は六割強となる六億七四〇〇万円だった。他国との関係を見ると、ドイツが四七〇〇万円、米国が四千万円、英国が三四〇〇万円などと極端に少ない。折れ線グラフ（年代は左から順）では、建国を機に輸入額が年々増加している。満洲国を「独立国」と見た場合、非常に歪んだ貿易構造だった。

日満一体化は日本海沿岸部の地方都市にも波及した。例えば、日本海側で「大陸の玄関口」と称された敦賀の港湾修築工事は関東大震災の影響で大幅に遅れていたが、満洲国の建国に合わせて一九三二年三月に完了する。敦賀港は七千トン級船舶の接岸が可能となり、利便性は飛躍的に高まった。そんな地元経済界の反応が「満蒙・北鮮への最捷径路（一ばんちかみち）」（⑥-39）に表れている。「敦賀築港竣工祝賀協賛会」の発行だ。大都市圏である大阪・名古

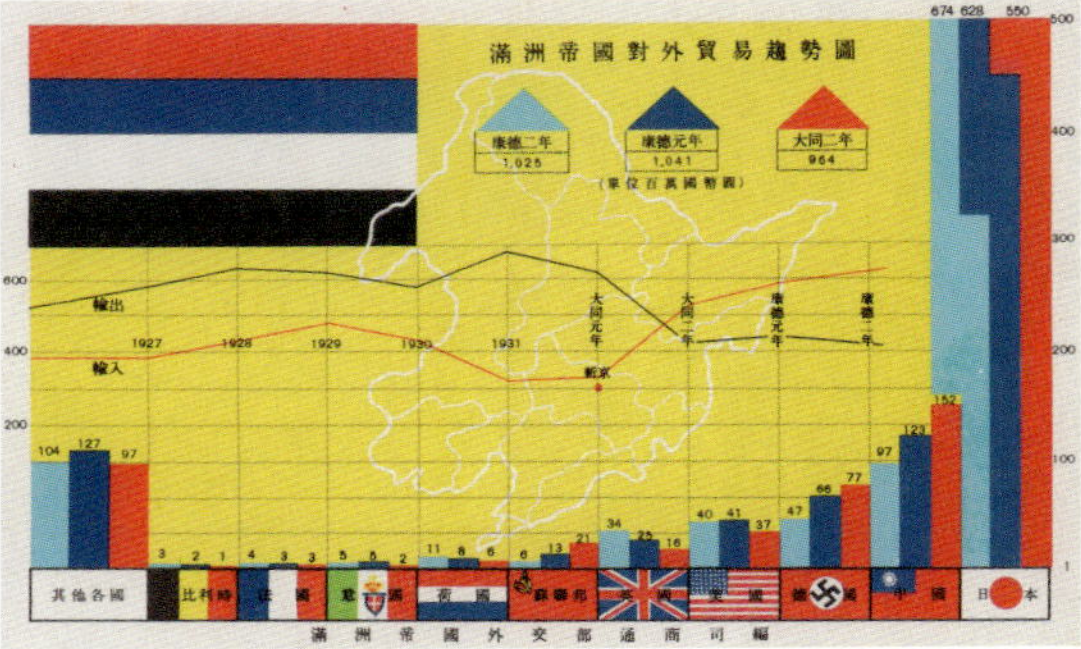

⑥-38　満洲帝国対外貿易趨勢図

⑥-39　満蒙・北鮮への最捷径路

屋・京都方面から、敦賀を経由して朝鮮北部の清津に至る航路を示す。さらに清津から満洲の吉林、新京へと鉄道が延びる。新潟もまた敦賀と並び、大陸に至る重要拠点だった。当時の活況が「新潟港出帆の満洲丸」（⑥-40）からも見えてくる。出港前の船と日章旗を手にした見送り客を捉える。「満洲丸」（三〇五四トン）は北日本汽船が所有し、新潟港などを基点に朝鮮北部と行き来した船だ。

日本海沿岸部と大陸との間で経済交流が活発になれば、日本海が事実上の湖になると考えられた。いわゆる日本海湖水化論だ。このイラストは一目瞭然だ。北日本汽船の「日本海中心時代来《きた》る」（⑥-41）は日本海湖水論の視覚化に成功したといえる。大陸を取り囲むように、樺太から北海道、本州、九州へと連なり、稚内、留萌《るもい》、小樽、函館、酒田、新潟、舞鶴などの都市名を列記する。大陸側にあるソ連の浦塩斯徳《ウラジオストク》、朝鮮北部の清津、雄基、城津から一直線に

⑥-40　新潟港出帆の満洲丸

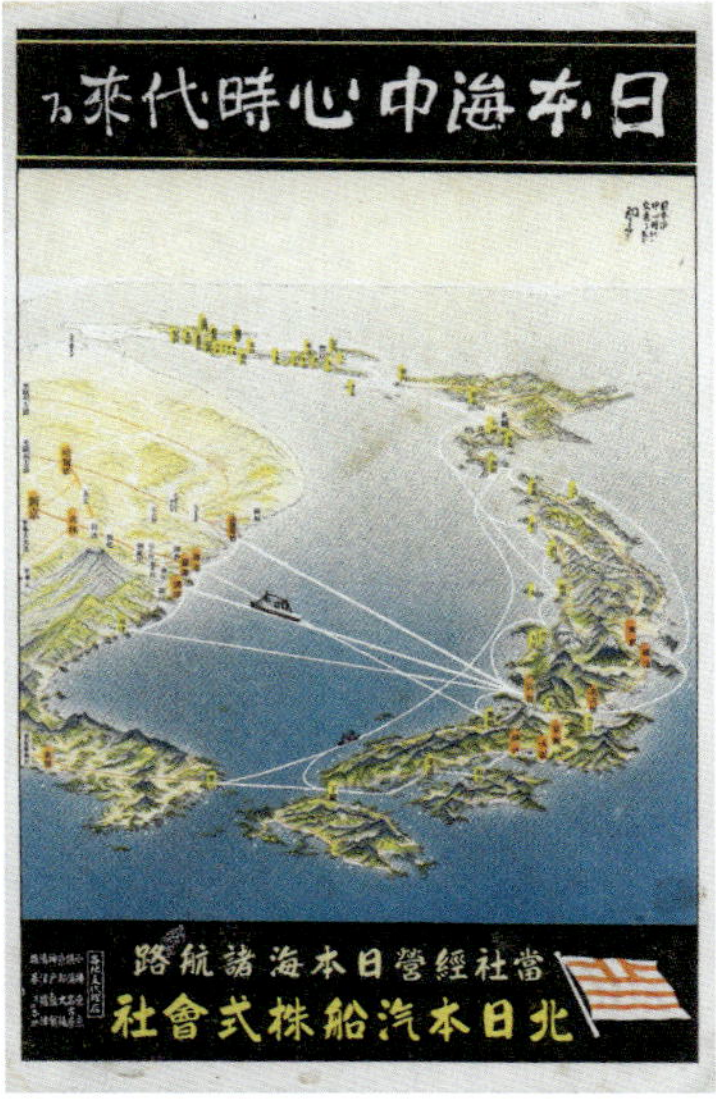

⑥-41　日本海中心時代来る

敦賀と舞鶴へと航路が延びる。確かに日本海が大きな湖に見える。

昭和初期において、日本と満洲を結ぶ航路は主に三つのルートがあった。一つ目は神戸と大連を結ぶルート、二つ目が関釜連絡船（下関―釜山間）、三つ目が絵はがきに描かれる北朝鮮航路だ。後発の北朝鮮航路は日満連絡船として整備され、日本と朝鮮北部の主要都市を二泊三日で結んだ。最も速くて安いと宣伝されたが、朝鮮北部に上陸してからのアクセスが悪く、当初の利用客は伸び悩んだ。では、イメージにある通り、本当に〝湖〟のように静かな海だったのかといえば心許ない。冬の日本海は荒海として知られる。満洲事変を経て、極東の海域では再びソ連の軍事的脅威が高まりつつあった。自然環境と安全保障の両面から見れば、日本海を〝湖〟と呼ぶにはほど遠かった。

笑顔の満洲移民

日本は広大な満洲を手中に収めたが、その力が及ぶ範囲は「点」と「線」に限られた。「点」は都市、「線」は鉄道を意味した。満洲国北部の辺境地帯では、「匪賊《ひぞく》」と呼ばれる抗日ゲリラが出没し、治安は不安定だった。「点」と「線」に過ぎない支配地域を「面」として広げるには日本人の定住が欠かせない。広田内閣は満洲移民政策を重要国策の一つに位置づけ、一九三七年度から一九五六年度までの二〇年間に一〇〇万戸五〇〇万人の日本人を入植させる計画を立案した。この満洲移民を拓務省が所管し、補佐した実施機関が満洲移住協会であり、満洲移民の促進を図る広報活動の一環として、書籍や雑誌、絵はがきなどの発行に力を入れる。

満洲移住協会が満蒙開拓青少年義勇軍を紹介したこの一枚（⑥-42）は、シリーズ「土と戦ふ」からだ。農作業の訓練を紹介し、「起《た》て神州の健男子／愛と力の炬《ひ》を翳《かざ》し／貫き徹る赤心に／骨も埋めんかの山河／往け往けいざや堂々と／我等世紀の青少年」との文言を添える。まだ一〇代の若者たちが満洲に骨を埋める覚悟で海を渡ったのだ。

義勇軍の応募資格は数え年で一六歳から一九歳までとし、茨城県の内原訓練所で約二ヵ月、満洲の現地訓練所で約三年間に及ぶ農事訓練や軍事訓練などを受けた後、満洲の開拓地へと入植した。平時は鍬《くわ》を手に田畑を耕し、有事は銃を持ち戦う姿を理想とした。いわば、屯田兵の少年版だ。ただし、兵士と呼ぶには幼《いたい》気《け》な表情を残す少年が大半だった。募集人員は各道府県に割り当てられ、国策に沿って学校現場の教員たちが教え子を満洲へと駆り立てた。

この絵はがきの題名「土と戦ふ」といえば、当時の人びとはベストセラーとなった義勇軍の体験手記『土と戦ふ』を連想した。文部省と拓務省の推薦図書にもなり、「遙か異邦の茫漠たる未開の曠野《こうや》において、慣れぬ気候風土物資の欠乏等と闘いつつ満洲開拓青少年義勇軍の一訓練生が彼等の使命たる大陸開拓の第一歩を踏出す感激の手記」と絶賛された。「序に代えて」では、哈川鉄道自警村訓練所長の村崎義隆が「弱い体と、貧しい心の持主に依って書かれた、学的な素質もない一個の小農民としての多忙な作業の余暇に書かれた。粗雑な筆の運びではあるが、それだけに訓練生らしいひたむきな真実が露に出ている」と評した。

⑥－42
土と戦ふ

⑥－43
子供は太る
（湖南営日本
村にて）

⑥－44
茄子甘藍の
収穫の悦び
（城子河日本
村にて）

著者の菅野正男は岩手県江刺郡福岡村（現在の岩手県北上市）の出身だ。義勇軍の第一次先遣隊として一九三八（昭和一三）年四月に満洲へと渡った。現地の訓練所で一九歳だった時、この手記を執筆したとされる。菅野本人に文才があったとはいえ、かなりの編集が加わったようだ。満洲での発行を経て一九四〇（昭和一五）年一月に満洲移住協会から内地で出版されると、菅野は一躍時の人となる。だが、開拓地での生活は過酷を極めた。毎日が重い農作業の連続であり、飢えと寒さと病の世界だ。心労が重なり、菅野は二一歳で亡くなってしまう。

本来、義勇軍は満洲移民事業を担う中心ではない。日中戦争が勃発し、度重なる召集や軍需景気から極端な人手不足が生じたため、満洲移民事業の継続が困難となって出た補完策だったが、一〇代の義勇軍が重要な担い手となる。一方で成人移民の広報戦略にも力が入った。満洲移住協会は絵はがき（写真）を通して、日本人の村とその生活風景を紹介している。

笑顔の母親を捉えた「子供は太る（湖南営日本村にて）」（⑥-43）では、食糧が豊富な満洲に行けば子どもはすくすくと育つと強調する場面だ。湖南営とは三江省依蘭県（現在の黒龍江省）に位置し、第二次武装移民の入植地だが、実は曰くつきの場所だった。日本人が開墾した土地ではなく、入植地の七割以上が肥沃な農地（熟地）で占められていた。移民の本隊が一九三三（昭和八）年七月二五日に入植し、その翌年の一九三四年三月九日、現地の農民たちが「日本人に耕作地を奪われた」として大規模な武装蜂起を起こす。「土龍山事件」や「依蘭事変」の名で知られ、満洲国の建国史上最大の抗日闘争といわれた。関東軍が鎮圧するまでに二ヵ月以上を要し、現地の農民たちが最大の攻撃目標とした地がこの湖南営だった。満洲移民の手法は国内でも批判を浴び、推進派たちが火消しに躍起となっていた時期とも重なり、幸せな姿を描いたのだろう。

「茄子甘藍《かんらん》の収穫の悦び（城子河《じょうしが》日本村にて）」（⑥-44）では、豊作のナスとキャベツを籠いっぱいに詰め込み、六人の男性が満面の笑みを浮かべてポーズを決める。「城子河」とは第四次満洲農業移民の本隊が一九三六年三月二日に入植した地域だ。現在の中国黒龍江省鶏西市に位置する。撮影時期は農業経営が軌道に乗り出した頃となる。日中戦争と太平洋戦争を経て戦時統制が強まる中、内地の生活に強い閉塞感を感じる人も多かった。満洲に渡れば広大な土地が手に入り、新しい生活が待つ。そして、誰もが笑顔になれる。そんなイメージを創り出す上で絵はがきは効果を発揮した。幸せが溢れる新天地「満洲」を描いて見せた。

二つの〝顔〟を持つ満洲航空

広大な地域において飛行機が果たす役割は大きい。その重要性が認識されながら、満洲事変以前の関東軍は軍用機を持たない軍隊だった。一方で敵対する奉天軍閥張学良の東北軍は最新鋭の戦闘機を多数保有していた。この存在は関東軍にとって脅威だった。満洲事変の軍事作戦を成功に導く上で、いかに早く敵の航空部隊を封じ込めるかが重要な鍵の一つとされた。

満洲事変での経験を通じて関東軍は航空部隊の必要性を再認識した。その強い働きかけによって、満鉄、満洲国政府、住友合資会社が共同出資し、一九三二（昭和七）年九月二六日、満洲航空の設立に至った。奉天に本社を置き、資本金は三五〇万円だった。満洲航空は「民間」だったが、関東軍とは不可分一体の会社だ。本業はむしろ裏稼業にあり、「有事」の際は関東軍の覆面航空部隊となって、測量調査や軍事輸送、偵察飛行の任務に携わった。時には、極秘裏の工作や隠密の飛行、軍事拠点の爆撃にも加わり、飛行機の修理や製造まで行った。そんな軍事色を消し去り、表向きは旅客や貨物、郵便輸送の航空会社を宣伝した。

満洲航空が発行した「日満旅客機」（⑥-45）では、オランダ製の三発旅客機フォッカーF7b／3Mを紹介し、説明に「東京奉天間を約三十時間（約百五十円）で飛翔、航空郵便の連絡もやって居る（書状三十三銭、ハガキ十六銭五厘）」と添える。定員は操縦士二人と乗客八人だった。満洲航空は日本航空輸送の軍用定期航空路を引き継ぎ、一九三二年一一月三日に営業を始めた。新義州（朝鮮北部）―奉天―新京―ハルビン―チチハル間を幹線航空路とし、満洲全域に定期航空路網を張り巡らせた。さらに日本航空輸送の航空路と新義州（朝鮮北部）で接続し、日満連絡定期航空輸送を実現させた。海路に続き空路でも満洲と日本が繋がった次第だ。

日満連絡船の一等客室と比べて航空運賃は二倍以上の価格だった。船と鉄道を使えば東京から奉天まで平均四泊五日はかかった。それが飛行機では約三〇時間の旅となる。利便性を考えると、一定の需要があったように思えるが、使い勝手は悪い。軍事優先なので欠航も多く、フライトの快適さは後回しにされた。高度によって機内の温度変化は激しい。気圧を一定に保つ

⑥-45　日満旅客機

与圧機能はなく、気圧差で耳が痛くなる。離陸から着陸までの間、乗客は墜落との恐怖と闘い、ひたすら我慢を強いられた。初期の飛行機は軽量化を図るため一部が布張りの機体もあった。よほどの必要に迫られない限り、高い運賃を払って飛行機に乗る民間人は少数だったのかもしれない。

　耐え難い「空の旅」のイメージを払拭しようと企図した絵はがき（⑥-46）が登場する。満洲航空が宣伝用に発行した一枚だ。チャイナ服の女性や背広姿の男性が座席に座って機内で寛ぐ。現在と変わらない空の旅に見える。描かれた「ユンカース86型」の一〇人乗り旅客機はドイツが開発した最新鋭機だった。一九三七年八月に日本へ初輸入された後、満洲航空にも導入された。当時は長距離飛行に対応した大型機の発達が目覚ましかった。民間用とはいいながら大型爆撃機への転用が可能だった。実現には至らなかったが、日本の航空会社とドイツのルフトハンザが提携し、東京から満洲を経てベルリンに至る国際航空路の構想も持ち上がっていた。

日中戦争の最中にあっても、東京を中心に、上海、北京、南京、台湾、パラオなどを結ぶ航空路線が次々と就航する。一九四一年四月一日には満洲航空と大日本航空が東京―新京間の直行便が運航（週二往復）を開始し、三菱製の新型国産機「MC-20」を配備している。太平洋戦争前の話だ。アジアに旅客機時代の幕が開く、あと一歩の段階まで来ていた。

⑥-46　ユンカース86型10人乗り旅客機

二回あった「建国十周年」

満洲国は名目上、日本と対等な「独立国家」ながら歴史学上は日本の傀儡国家だったとされる。それを物語るエピソードは事欠かない。例えば満洲国の祝祭日が挙げられる。日本の「紀元節」（二月一一日）や天皇誕生日「天長節」（四月二九日）など、満洲国の歴史とは関係がない日が含まれていた。そもそも満洲国から見れば、最も重要な日は三月一日の「建国節」だったはずだ。この日こそが満洲国の建国を宣言した日であり、溥儀が満洲国皇帝に即位した日でもあったからだ。それなのに建国十周年を祝う記念式典は二回実施されている。一回目は一九四二（昭和一七）年三月一日、二回目は九月一五日となる。

一回目の「建国十周年」となる三月一日に皇帝溥儀は建国十周年詔書を宣した。その上で恩赦詔書を発し、減刑や復権を実施した。満洲国皇帝の皇恩を示した格好だ。この絵はがき（⑥-47）には「満洲国建国拾《じゅう》周年記念」の切手が貼られ、三月一日付の記念印が押印される。山積みの慰問袋を男の子が持ち上げ、女の子に誇らしげに見せる。「イモンブクロヲオクリマセウ（慰問袋を送りましょう）」との文言は満洲事変で陸軍に寄せられた慰問袋を彷彿させる。

二回目の記念日となる九月一五日の「友邦承認記念日」は盛大な式典が執り行われた。新京特別市が開催に合わせて発行した記念絵はがきが二枚ある。この一枚（⑥-48）では商工業が発展する都市を背景に五色旗と「建国十周年」の文字を描いた巨大な幟が空高く舞う。その上空を飛行機が編隊を組んで飛行する。もう一枚（⑥-49）は「祝へ！　元気に朗かに」と訴え、子どもが満洲国の五色旗を左手に掲げる。文言通り、まさに「祝う」ことが強要された。

建国十周年記念式典は首都新京の南嶺広場を会場に皇帝溥儀の臨席の下、国内外から一万人が出席した。九月一五日午前一一時に始まり、白い服を着た女子中等学校の生徒二千人が満洲国国歌「おおみ光、天地《あめつち》に満ち、帝徳は高く尊し、とよさかの萬寿ことほぎ……」（一九四二年九月五日制定）と斉唱し、一三三〇羽のハトが一斉に放たれた。その後、晴れ渡った上空を満洲国軍の飛行隊が十文字型で編隊飛行する。ただし、飛行機は一一機に過ぎない。貧弱であ

⑥ - 48
満洲国建国十周年

⑥ - 47　イモンブクロヲオクリマセウ

⑥ - 49
祝へ！　元気に朗かに

り、パイロットの腕が未熟なのか空に描いた「十」の文字が乱れていた。

東京でも同じ九月一五日に高松宮臨席の下、「満洲建国十周年慶祝式典」が行われた。東條英機首相は「……米英両国はもちろん、これに追従する諸国の執拗にして、しかも深刻なる干渉圧迫を敢然として排除いたしました。ついに国際連盟をも離脱。盟邦満洲国の独立とその健全なる発達とに協力して参った次第であります。米英の勢力を掃滅をいたしまして、大東亜に新秩序を樹立……」（NHK戦争証言アーカイブス『日本ニュース』第一二〇号）と演説した。最後は万歳三唱で締め括り、その内実は空疎な式典だった。

満洲国が「独立国」だという前提に立てば、二回の建国記念日は奇異に映る。本来、九月一五日の「友邦承認記念日」は日本一国が満洲国を承認した日に過ぎない。しかし、満洲国が日本の属国であると捉え直せば、満洲国のための「建国節」よりも日本のための「友邦承認記念日」を重んじたとしても不思議ではない。「満洲帝国」は「大日本帝国」の存在があって初めて成り立つ「国家」だった。

第七章　戦争か平和か

──「昭和」という名の振り子

⑦-1　「三塊石山」（左）と「ユイフアンミヤオ」

日露戦争の残像

日露戦争の勝利は、輝かしい歴史として日本人の記憶に刻まれた。この記憶を後世に伝えようと、奉天会戦が終わった三月一〇日を「陸軍記念日」、日本海海戦が始まった五月二七日を「海軍記念日」とした。しかし、軍縮期の一九二〇年代に入ると、過去の栄光は日本人の記憶から急速に遠のいていく。「満蒙特殊権益」は「十万の生霊と二十億の国帑《こくど》」の犠牲によって手にしたにもかかわらず、その放棄論が出るほど一時の国民世論は冷めていた。

日露戦争一〇周年を迎える一九一五（大正四）年は大切な節目だったが、その年の陸軍記念日は「諒闇中」（昭憲皇太后の崩御）を理由に閲兵式が中止されるなど自粛ムードが漂っていた。戦後二〇周年の一九二五（大正一四）年には盛大に行われたものの、世界的な軍縮の流れもあったのか、新聞紙面の扱いは至って冷静だ。これが昭和に入って戦後二五周年を迎えると、雲行きが変わる。全国各地で日露戦争に関する講演や展示、軍事演習といった記念行事が行われ、新聞紙面で関

⑦-3　日露戦後二十八年

⑦-2　日露戦後二十七年

⑦-4　日露戦後二十九年

連記事の特集が組まれ、日露戦後二五年を祝う絵はがきが登場する。

そんな流れを受けて、京都府福知山市の福知山歩兵第二〇連隊は「日露戦役二十五周年記念」(三枚組)絵はがきを発行する。その一枚(⑦-1)では説明に「ユイファアンミヤオ」と「三塊石山」と添えるだけだが、地元住民はその意味をすぐに汲み取った。福知山連隊は遼陽会戦(一九〇四年八月二四日~九月四日）と沙河会戦（一九〇四年一〇月九日~二〇日）で輝かしい戦績を誇った。「ユイファンミャオ」は遼陽会戦で激しい機銃掃射を受けながら攻略したロシア軍の保塁、「三塊石山」は沙河会戦で夜襲を敢行した際のロシア軍の拠点だった。共に「我らの連隊」が奮戦した戦地であり、英霊となった父や息子が眠る聖地でもあった。

一九三〇（昭和五）年三月一〇日、福知山市で日露戦役二五周年の記念行事が行われた。赤軍と白軍による恒例の模擬戦では、旧福知山城跡を陣地に見立て、かつての戦争を彷彿させた。軍人役の男性だけではなく、従軍看護婦役の女性も多数参加し、市街地で大々的に展開された。ほかに軍勇を描いた活動写真や肉弾戦と称した相撲大会、日露戦役展覧会、武器陳列会も実施され、詰めかけた地元住民で身動きが取れないほどの人気を呼んだ。

この種の動きは満洲事変で軍事的な成功を収めた後、日露戦後二七周年の一九三二年頃から全国各地で一層目立ち、記念絵はがきが毎年のように発行される。「日露戦後二十七年」（一九三二年）⑦-2）は「満蒙は明け行く」、「日露戦後二十八年」（一九三三年）⑦-3）は「満蒙は平和の建設へ」、「日露戦後二十九年」（一九三四年）⑦-4）は「満蒙は輝きに満つ」と訴える。図柄は夕日や青空を背景に、兵士や馬、広大な大地を描き、満洲をイメージする。三枚共に写真製作会社「ジー・チー・サン商会」（東京）が製作し、二八周年からは「三月十日陸軍記念日」の文言を入れた。

日露戦争は国民総力戦だった。当然ながら戦功を収めた師団や連隊は各道府県に及んだ。

「先の大戦」が呼び覚まされる中、ふるさと自慢のように「我が軍、我が隊」が讃えられた。一九三五年の三〇周年行事は国や軍、自治体を挙げて行われる。「日露戦後三十年」（⑦-5）は「満蒙は天日に輝く」と添える。真紅に輝く日輪の下、古い城壁を出て新しい街並みへと向かう人びとの列が延びる。城壁は古くて封建的な「支那」、街並みは新しく近代的な「満洲」を意味した。記念印の青森「弘前」は第八師団の拠点だ。奉天会戦の前哨戦の一つとなった黒溝台会戦（一九〇五年一月二五日〜二九日）での奮戦が知られる。戦後三〇周年を記念したもう一枚（⑦-6）では、朝日（旭日旗）を背景に一人の日本兵が台湾や朝鮮、南樺太、千島列島、満洲を含めた「大日本帝国」を跨ぐ。「絶対に手離さない」との意思表示だろう。

海軍記念日の絵はがきも多い。「日本海大海戦三十周年記念」のタトウ（収納袋）（⑦-7）はZ旗をデザインする。Z旗とは連合艦隊司令長官東郷平八郎が乗る旗艦「三笠」のマストに掲揚した旗で、敵のバルチック艦隊を前に「皇軍の興廃この一戦にあり、各員一層奮励努力せよ」という意味だった。そして、シリーズ中の一枚（⑦-8）は、一九〇五（明治三八）年五月二七日午後二時過ぎ、敵の砲撃をかわし、連合艦隊が突進する場面だ。泥沼のような戦闘を続けた陸軍に対して、海軍の場合、日本海海戦と言う明確な「大勝利」があった。

日露戦後三〇周年の新聞報道を見る限り、日清・日露戦争に勝利し、第一次世界大戦を経て「世界の五大国」となった。満洲国の建国を巡って国際連盟を脱退したが、「大日本帝国」は栄光ある孤立の道を歩むとの論調が目立ち、軍の主張をほぼ踏襲する格好だ。生々しい体験が片

⑦-6 「大日本帝国」を跨ぐ兵士

⑦-5 日露戦後三十年

⑦-3 日本海大海戦（五月二十七日午後二時過）

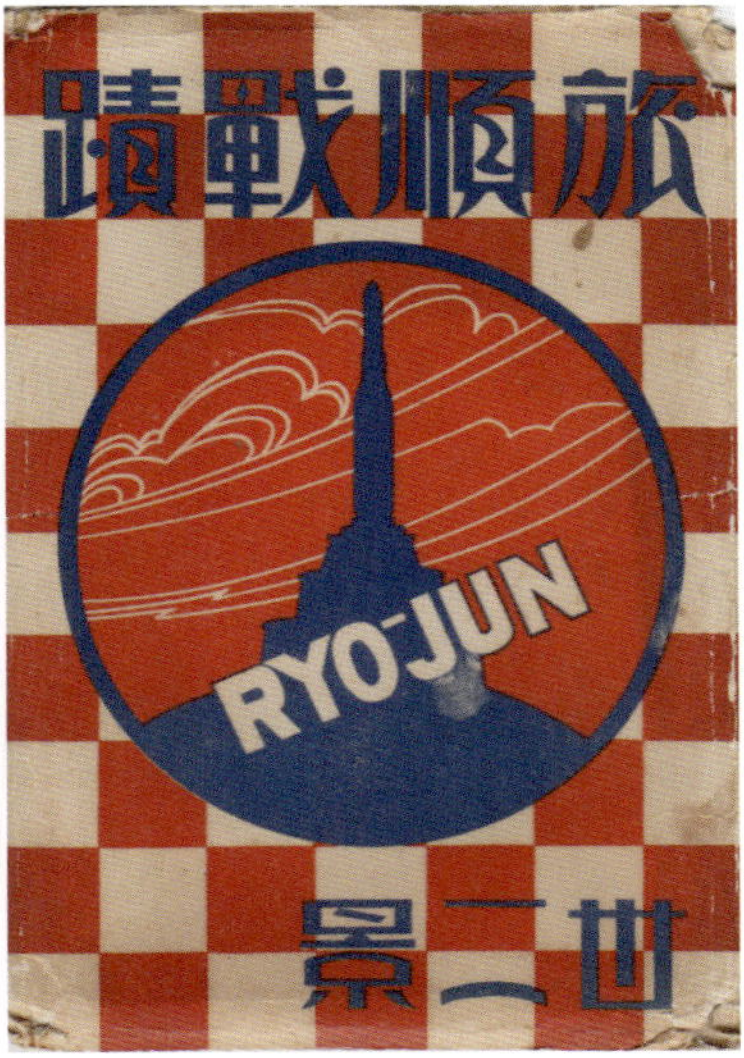

⑦-9　旅順戦蹟三十二景

⑦-7　日露戦役日本海大海戦三十周年記念

⑦-10　爾靈山頂上記念標

⑦-11　白玉山上の表忠塔

隅へと追いやられ、美化された勝利をもって戦争が語られていく。その一方で日露戦争に関連した記念絵はがきが無邪気な収集品となる。娯楽を通して〝戦争〟が入り込んできた。

聖地としての「旅順」

「大日本帝国」の版図が広がるに連れて、日本の企業や商店が満洲や朝鮮、台湾などで事業拡大を図った。昭和初期には内地と外地を結ぶ定期船が充実し、商用や観光で海外を訪れる日本人が増えていく。旅行先で人気の高い場所が日露戦争の激戦地・旅順だった。一世代を経て一九三〇年代には聖地として謳われた。

　旅順観光といえば戦跡巡りが定番であり、絵はがきが人気を集める。旅順博物館で販売されたシリーズ「旅順戦蹟卅二《せんせきさんじゅうに》景」は三二枚組の決定版だ。そのタトウ（収納袋）（⑦-9）に塔のシルエットが描かれる。当時の人びとは日露戦争の「爾靈山《にれいさん》頂上記念標」だとすぐに気がついた。記念標の実物（⑦-10）もシリーズ中に含まれる。爾靈山の記念標は戦場跡から拾い集めた弾丸と砲弾を鋳造して建立した。説明に「標高二〇三米《メートル》をそのまま高地名としたもの、後には乃木将軍の詩句中から文字をとって『爾霊山』と書くに至った」と添える。

⑦-12　白玉山納骨祠

また、旅順攻囲戦の戦没者を慰霊する「白玉山上の表忠塔」(⑦-11)は旅順を代表する建造物だ。街のランドマークでもあった。説明は「塔の建設は乃木東郷両将軍の発企にかかる。高さ二百十八尺、攻囲戦陣没者の英霊を慰めその遺烈を千載に伝うる記念塔である」という。この表忠塔と並び重要な施設が「白玉山納骨祠」(⑦-12)だ。白玉山納骨神社や白玉山神社とも称され、社殿や鳥居、燈籠などが確認できる。説明に「白玉山の頂上に在り。旅順攻囲戦に於ける我陸軍の陣没者二万七千七百余名の遺骨を納め祀っている」と記す。シリーズ中では、ほかに日露両軍が停戦条約を結んだ水師営会見所をはじめ、二二歳で戦死した乃木保典(乃木希典の次男)の碑、堅牢無比だったロシア軍の陣地「東鶏冠山北堡塁」などの絵はがきもある。旅順三二景すべてを一日で回り切るのはさすがに難しい。

この絵はがきに関する限り、所有者の来歴が分かっている。京都帝国大学医学部を卒業した解剖学者西村秀雄氏（一九一二〜一九九五、後の京都大学医学部教授）が旅順博物館で購入した記念品だ。裏面に一九三七（昭和一二）年四月一四日付の記念印がある。この時点で日本政府は東京オリンピックを返上していない。翌日の四月一五日には視覚・聴覚の重複障害者だったヘレン・ケラーが来日する。日中戦争の発端となる盧溝橋《ろこうきょう》事件よりも前の話だ。西村氏は当時二四歳、京都帝国大学医学部で助手を務めていた。一人の青年医師はどんな思いで旅順の戦跡を巡っていたのだろうか。この旅から四年余後、彼は二九歳で応召し、軍医として中国戦線を転戦する。満洲事変から日中間の緊張が高まる中、旅順にはまだ穏やかな時間が流れていた。

⑦-13　地下鉄工事

躍進する大阪と京都の地下鉄

震災の傷跡が残る帝都東京に対して、大正末期から昭和初期にかけて商都大阪は目覚ましい発展を遂げた。一九二五

⑦-14
交通界の寵児、地下鉄、高速度電車

⑦-15
地下鉄電車

（大正一四）年四月一日、東成・西成両郡の四四町村を編入した結果、ほんの一時期だったが、大阪市は人口と面積において日本一の都市となる。人口は一三三万人から二一一万人へと一気に膨れ上がり、面積もまた従来の五五・六七平方キロから、その三倍以上となる一八一・六八平方キロに拡大する。「大大阪時代」の幕が開いたのだ。

こうした市域拡大に伴い、路面電車やバスに代わる高速の交通機関の整備が喫緊の課題として浮上し、大阪市長だった関一《せきはじめ》（一八七三〜一九三五）は都市大改造計画を立ち上げた。幅六メートル、約一・三キロの御堂筋を幅四四メートル、約四キロに拡幅し、その下に地下鉄を走らせる構想だった。四路線五四・五キロの地下鉄路線網を策定した後、一九三〇（昭和五）年一月二九日に起工式が行われた。「地下鉄工事」（⑦-13）では拡幅した道路を南北一直線上に掘っている。

絵はがきでは盛況に見えるが、工事は思い通りに進まなかった。昭和恐慌の折、地下鉄工事は失業救済事業に位置づけられ、毎日多くの失業者を雇う必要が生じた。大阪市によると「（内務省や大阪府は）工事進捗状態を考慮せずただ失業者の雇用のみ督促した。作業現場は狭く、各種工事に着手できるまでは多数の失業者が働く場所がないのに内務省や大阪府より雇用の増加を強要され、大変苦心した」（『大阪市地下鉄建設五十年史』）と記録される。雇用を優先して不慣れな作業員を大量に雇ったようだ。満洲事変が起こった一九三一年の末には一転して失業者が減少する。地下鉄工事は熟練工を多く必要とし、労働者の対象を広げた失業救済事業には不向きだと分かる。それ以降は内務省や大阪府の要請も減り、地下鉄工事は安定して進んだと言う。

一九三三（昭和八）年五月二〇日、大阪市地下鉄一号線（後の御堂筋線）のうち、梅田（仮停車場）—心斎橋間（現在の大阪メトロ御堂筋線の一部、三・一キロ）が開業した。「交通界の寵児、地下鉄、高速度電車」（⑦-14）は少々薄暗い印象を受けるが、梅田行きの列車から乗客が降りる駅構内を捉える。「地下鉄電車」（⑦-15）は本町駅に停車する通勤型車両100形だ。当時は一両編成だが、駅のホームは将来の長編成を見越して設計していた。説明に「スピードアップの激しい波に乗った時代の寵児地下鉄」と謳い、「地上の様に何の障害もないから素晴しい快速度が出る。乗心地のよいこともまたとても魅力である」と結ぶ。「地獄の混雑」とまで形容された市電（路面電車）に対して、地下鉄は快適かつ速いと強調している。ただし、私鉄全盛の関西において、意外にも大阪の地下鉄は民営ではない。「日本初の公営」だった。

京都では、大阪よりも二年早く一九三一（昭和六）年三月三一日に「地下鉄」が開業する。京都市の大規模合併に合わせた事業であり、開業翌日となる四月一日には伏見市など周辺二七ヵ市町村を含めた「大京都」が発足する。人口は九五万人、一〇〇万人都市が目前に迫った。ただし、正確に言えば私鉄路線の一部地下化だった。当時は電車が地下を走る光景は珍しい。このため、京阪電鉄の新京阪線（後の阪急電鉄京都線）の一部地下化が「関西初の地下鉄」とされる。

地下化された区間は京都西院―京阪京都（後の阪急大宮駅）間の一・四キロだ。一九二九（昭和四）年七月一日に着工、一年九カ月の歳月と六〇〇万円を費やした。短い距離ながら観光都市には欠かせない事業だ。阪神地域からの観光客は京都西院駅で降りた後、バスか路面電車に乗り換える必要があったが、新京阪線の延伸（地下化）によって京都の中心部である四条大宮（京阪京都）周辺へ直接乗り込めるようになった。観光地へのアクセスが飛躍的に向上した。

「新京阪電車地下鉄道」（⑦-16）は最新鋭の高速電車が停車する場面だ。トンネル内は通風、防水、照明などの最新設備を施した。一九三四年九月の時刻表を見ると、午前七時から午後一一時までの間、特急か急行が一五分おきに京阪京都駅と天神橋駅（現在の天神橋筋六丁目駅）間

⑦－16　新京阪電車地下鉄道

で往復運行している。所要時間は特急が三四分、急行が三八分だった。特急は平均時速八〇キロで走行した。利便性は現在とほぼ変わらない。

地下鉄の発達は都市化が急速に進んだ背景を物語る。平日は郊外の住宅から都心部の会社へ通勤し、休日は家族と一緒に電車に乗って、百貨店や劇場、映画館などで余暇を楽しむ生活スタイルが芽生えつつあった。和服を着てフランス映画を見る。洋食レストランでオムライスやライスカレーを食べる。カフェで洋装の女性が給仕する。昭和モダンが花開き、多くの庶民もまた平和と豊かさを享受した。地下鉄はそんな象徴の一つだった。

創られた英雄「三勇士」

満洲事変以降、中国人による排日運動が広がると同時に、上海在住の日本人の反中意識もまた異様に高まった。上海の租界（外国人居留地）では欧米各国からの商社駐在員や通信社特派員が多く滞在していたため、現地のニュースは瞬く間に世界を駆け巡った。そんな国際都市を舞台に一九三二（昭和七）年一月一八日、中国人による日本人僧侶死傷事件が起こる。満洲国の建国を前に関東軍が国際的な批判を逸らすための謀略だったが、これが一つのきっかけとなって一月二八日、日中両軍が激突する。第一次上海事変の始まりだ。予想に反して中国軍（国民革命軍）の士気は高かった。三万三千人を超える中国軍に対して、日本軍は海軍陸戦隊を中心に一八〇〇人余だった。不利な情勢が続く中、犬養内閣は二月二日、陸軍の増援を決定し、反転攻勢が始まった。

劣勢な戦局を挽回すべく、上海郊外にある廟行鎮《びょうこうちん》の敵陣を突破する作戦が現地部隊によって立案された。そこは機関銃を備えた要塞があり、高さ三メートルの鉄条網が張り巡らされ、幅四メートル・深さ二メートルの外濠まで備えていた。当時の報道や戦記を要約すると、決死隊が鉄条網を爆破する作戦に「志願」した兵士は三六人に上った。このうち久留米・工兵第一八大隊所属の一等兵江下武二・北川丞・作江伊之助の三人は二月二二日、火薬を詰めた青竹製の「急造破壊筒」（全長約四メートル）を抱えたまま突進して自爆、見事に突破口を開いたとされる。三人の死は同時に国民的な英雄の誕生を意味した。左から順に江下・北川・作江の肖像写真と遺品を紹介した絵はがき（⑦-17）までが登場し、彼らの「栄誉」を讃えた。

実は工兵隊にありがちな危険任務だった。必ずしも決死の作戦ではなく、三人が作戦に失敗して途中で引き返そうとしたところ、上官に大声で怒鳴られ、再び突進させられたとの証言が残る。全体の戦況を考えれば、不要な作戦だった。数々の事実は揉み消され、新聞各紙は一大キャンペーンとして軍国美談に仕立て上げた。展示会を開いたり、三人の母親を上京させたりして、「爆弾三勇士」や「肉弾三勇士」と持て囃した。昭和の軍神として、新聞や雑誌、ラジオ、歌舞伎、演劇、映画、音楽に登場し、山田耕筰作曲の「肉弾三勇士の歌」までが生まれた。

上海事変が終結した後、現地に記念碑が建立され、「思い出の廟行鎮、爆弾三勇士之碑」（⑦-18）として紹介された。日章旗が掲揚され、碑は三基ある。中央に位置する碑文「嗚呼爆弾三勇士皇国軍人精神高揚之地」を前に、軍人たちが記念撮影している。

⑦-17　三勇士と遺品

前坂俊之著『太平洋戦争と新聞』は「国民の熱狂を呼び、当局が栄誉を与え、弔慰金が殺到する相互の増幅作用で、無名の兵士がまたたくまに〝軍神〟に祭り上げられた。三勇士の行動の分析よりも、その体当たりの壮絶な自爆死が美化された」と説き、「記者も取材した事実を書くだけでなく、本社デスクの意向にそって記事は変わってくる。ニュースは脚色され、誇大に書かれた記事が紙面化されると一人歩きする。記事の信憑性を確認する間もなく、矢継ぎ早のキャンペーンが、客観的であるべき記事を神話にしてしまった」と報道に携わる側として分析する。

「爆弾三勇士」は東京日日新聞と大阪毎日新聞、「肉弾三勇士」は朝日新聞が主に使用した。単なる名称の違いだけではなく、三勇士には二通りのストーリーが生まれている。一つは三人が個々に点火した爆弾を一個ずつ担いで突っ込む展開、もう一つは青竹に爆薬を詰めた破壊筒を三人一緒に携えたまま突進する展開だ。前者が「爆弾三勇士」、後者が「肉弾三勇士」と一致するが、逆転する場合もある。さすがに重い爆弾を担いだまま走る展開は嘘っぽい。しだいに破壊筒を携えた話に落ち着きを見せ、その人気は衰えるどころか日増しに高まった。

⑦-18　思い出の廟行鎮、爆弾三勇士の碑

「三勇士名誉肉弾の図」（⑦-19）のような演劇の案内状も残る。説明に「昭和七年四月興行学生マチネー記念のため」とある。「マチネー」とは昼間の興行を意味する。三人の戦死から二カ月しか経っていない。どこの劇団かは特定できないが、時機を得た公演だった。

　さらなる盛り上がりを見せ、「国の華忠烈肉弾三勇士

⑦-19　三勇士名誉肉弾の図

⑦-20　国の華忠烈肉弾三勇士の銅像

の銅像」（⑦-20）が完成した。この一枚は東京の観光名所として紹介した絵はがきだ。裏面に「昭和七年二月二十二日の朝まだき挺身皇軍進出の血路を開いて廟行鎮の華と散った北川、江下、作江肉彈三勇士の銅像は芝青松寺山内にあり」と説明する。彼らの郷里である福岡県久留米市にも銅像が建立されたほか、京都市東山区の大谷本廟にも墓地が建てられた。児童文学や教科書にも登場し、その後、創られた英雄が次世代の若者たちを戦争へと駆り立てていった。絵はがきが果たした役割も無視できない。

⑦-21　ロサンジェレス1932

代理戦争となったオリンピック

戦争は英雄を創り出す。スポーツからもまた英雄が生まれる。オリンピック開催を記念したこの一枚「ロサンジェレス1932」(⑦-21)は三越の発行だ。日本人ランナーがトップでゴールのテープを切る。スポーツを題材にしているというのに、どこかきな臭い。メッセージとして「オリムピックゲームス日本を勝たせよ」という。ストレートな言い回しながら、当時お決まりのキャッチフレーズだった。実は開催国の米国において日本選手をどうしても勝たせたい当時の事情があった。

ロサンゼルス・オリンピックが開幕する直前、第一次上海事変は一九三二年五月五日の停戦協定によって終結を見た。だが、一連の軍事行動を通して欧米諸国は日本に強い不信感を抱くようになった。中国における利権が脅かされると考えたからだ。一方で米国西海岸における日系移民の排斥運動もあって、日本人の対米世論も思わしくなかった。オリンピックに参加し、スポーツ親善を図ろうと、日本人選手の活躍を純粋に期待する声もあったが、どちらかといえば、オリンピックを国家の威信を示す場とする意識が強かった。日本人選手のメダル獲得は至上命令とされ、オリンピックが「代理戦争」の舞台となった観がある。

第一〇回国際オリンピック競技大会は一九三二年七月三〇日、米国西海岸の大都市ロサンゼルスで開幕する。ウォール街の株価大暴落に端を発した世界大恐慌の影響から、開催に立候補した都市はロサンゼルスだけだった。選手と役員の派遣を見送る国が相次ぎ、ロサンゼルス・オリンピックは三七カ国一三三四人の選手参加にとどまった。前回のアムステルダム大会において四六カ国二八八三人の選手が出場した実績と比較すると、規模の見劣りは否めなかった。

しかし、参加国の中でも日本の意気込みは強く、天皇から初の「御下賜金」一万円が大日本体育協会に贈られた。また「初めて日本の外交政策と関連づけられて意図的に利用された」(橋本一夫著『幻の東京オリンピック』)という。選手団は前回大会の四三人から一気に増やし、その三倍となる一三〇人を派遣した。開会式では、メイン会場のスタジアムに一〇万五千人の観客が埋め尽くす中、アムステルダム大会で「日本人初の金メダリスト」となった織田幹雄主将が「秩父宮殿下御下賜」の日章旗を掲げて旗手を務め、「恩賜のブレザーコート」の日本選手団が入場行進した。その中でも軍服姿で現れた馬術選手が一際注目を集めたと伝えられる。実際、日本選手団を「日本軍」と称し、天皇や皇室の支援が前面に出た大会でもあった。

最初のメダルに輝いた日本人選手は、走り幅跳びで三位の南部忠平だった。彼は三段跳びにも出場し、みごとに世界新記録で優勝を果たす。水泳は一〇〇メートル背泳ぎで清川正二ら日本人三選手が金銀銅のメダルを独占したのに続き、二〇〇メートル平泳ぎの前畑秀子が銀メダルを獲得する快挙を成し遂げた。日本は一八個のメダル（金七・銀七・銅四）を獲得し、国別で五位となり、前回大会の五個のメダル（金二・銀二・銅一）と比べて格段の飛躍となった。対する開催国の米国は一〇三個のメダル（金四一・銀三二・銅三〇）で堂々の一位に輝き、他国を圧倒した。

大会最終日となる八月一四日にはメイン会場で馬術大障害が行われた。「バロン西」の愛称で知られる陸軍中尉西竹一（一九〇二〜一九四五）が愛馬ウラヌスとともに出場し、金メダルに輝いた。人と馬が一体となった勇姿は大観衆を魅了したと言われ、日本人選手の活躍によって米国人の対日感情は一時的に和らぐかに見えた。だが、その後の歴史は戦争へと突き進む。西は硫黄島の戦いで一九四五年三月二二日に亡くなった。

関東防空演習を嗤った言論人

一九〇三年一二月一七日、ライト兄弟がライトフライヤー号で有人動力飛行に成功して以来、航空技術は目覚ましい発展を遂げた。第一次世界大戦では兵器として注目され、研究開発が一段と進んだ。エンジン性能が向上し、長距離飛行が可能となり、一九二七年五月二〇日から二

⑦－22　関東防空演習記念

一日にかけてチャールズ・リンドバーグが単葉機スピリット・オブ・セントルイス号で大西洋横断単独無着陸飛行（ニューヨーク―パリ間）に成功し、一九三三年七月一五日から二二日にかけてウィリー・ポストが単葉機ロッキード・ベガで単独世界一周飛行に成功する。

　民間機の発達に伴い、軍用機の用途も変化した。当初は偵察や監視を主任務としたが、敵国民への心理効果を狙って都市空爆に関する軍事研究が進められた。敵を攻めるとなれば、逆に敵に攻められる立場にもなる。ソ連や中国、米国における航空兵力の充実が著しく、軍部は「空からの攻撃に備えるべき」との主張を繰り返し、全国各地で大規模な防空演習を展開する。

　暗闇の空から六機の飛行機が都市に襲来する絵はがき（⑦－22）は、関東防空演習の開催を記念した一枚だ。地上の照空灯（サーチライト）が三機編隊を照射し、記念印に高射砲と聴音機が描かれる。日付は一九三三（昭和八）年八月十一日、場所は防空演習の対象範囲に含まれた「千葉・東金」とある。ただし、描かれた飛行機は単葉機ではなく、主役の座を奪われつつあった複葉機だった。もう一枚（⑦-23）では、関東防空演習防衛司令官の林仙之《なりゆき》中将、荒木貞夫陸軍大臣、大角岑生《おおすみみねお》海軍大臣、東京市連合防護団長の牛塚虎太郎東京市長の肖像写真を掲載する。大演習の配置図を図解し、東京市一帯に高射砲や聴音機、迎撃隊を配置し、海上に艦隊を展開させる。まさに完璧な布陣を成し、敵機の侵入は一機たりとも許さないとの意思表示を表す。

⑦-23　完璧な布陣を示す地図

関東防空演習は八月九日から一一日までの三日間、東京・神奈川・千葉・埼玉・茨城の一府四県において実施された。東京の陸軍士官学校に防衛司令部を設置し、上空から敵機が襲来したとの想定の下、灯火管制が発令されたほか、市民もまた消火訓練や防毒訓練に参加した。「煙幕を展開せる敵機を猛撃中の高射砲陣地」（⑦-24）のように実戦さながらの訓練が繰り広げられ、軍部は新聞報道を通して、防空演習は「大成功」に終わったと自画自賛した。

しかし、この演習に信濃毎日新聞主筆桐生悠々《きりゆうゆうゆう》（一八

⑦-24　煙幕を展開せる敵機を猛撃中の高射砲陣地

七三～一九四一）は正面から疑義を唱えた。桐生の評論「関東防空大演習を嗤《わら》ふ」が八月一一日付の紙面に掲載された。悠々は「かかる架空的なる演習を行つても、実際には、さほど役立たないだろうことを想像するものである」と批判する。その上で、軍の飛行機を総動員しても飛来した敵機を完全に撃ち落とすことは不可能であり、撃ち漏らした敵機の侵入を許せば、帝都への攻撃は避けられないとする。木造が多い日本の住宅事情を踏まえれば、東京市では投下された爆弾によって火災が各地で引き起こされる。関東大震災で大勢の市民が経験した話だった。いかに訓練しても恐怖は拭い切れない。「阿鼻叫喚の一大修羅場を演じ、関東地方大震災当時と同様の惨状を呈するだらうとも、想像される」と指摘し、「しかも、こうした空撃は幾たびも繰返される可能性がある」と警告した。

桐生は反戦論や反軍論を展開しているわけではない。一機の侵入であっても一発の爆弾が投下された場合、木造家屋が多い日本は甚大な被害が避けられない。敵機を迎え撃つ発想ではなく、敵機の侵入を許さないために完璧な防空計画を立案する必要性を説いた。捉え方如何《いかん》では航空戦力の充実が欠かせないとする主張にも繋がる。桐生とよく似た主張が軍の内部でもあったといわれる。また、非合理な防空演習に巨額な税金を投じていた上、市民生活に多大な影響を及ぼしていた。軍への反発が強く、読者から「防空演習は迷惑だ」とする投稿が多く寄せられていた。こうした世論を汲み取って桐生は評論を執筆したのだろう。

そして、最後は屈するしかなかった。長野県の在郷軍人有志でつくる信州郷軍同志会の怒りを招き、信濃毎日新聞の不買運動を起こすという脅しへと繋がり、桐生は退社を余儀なくされた。一方で、防空演習を描いた記念絵はがきからは当時の言論を巡る攻防を知る由もない。乱発気味に製作され、現在でも数多く残っている。すべてはプロパガンダの延長線上にあり、軍は迫る恐怖を煽ったのだ。

イベント化する防空演習

関東防空演習が行われた翌年となる一九三四（昭和九）年七月二六日から二八日までの三日間、陸海軍を挙げた近畿防空演習が大阪・京都・滋賀・奈良・和歌山・三重の二府四県と兵庫・福井二県の一部を対象に実施された。住民一二〇〇万人を動員した史上空前の規模となり、灯火管制や工場防空、重要地区建物の偽装など、近畿一円で大がかりな演習が展開された。「護《まも》れ空を！」（⑦-25）では、工場地帯を背景に日の丸を付けた複葉機三機が飛ぶ。関東防

⑦-25　近畿防空演習記念「護れ空を！」

空演習の記念絵はがきは敵か味方か不明確だったが、近畿防空演習では味方機であると明示する。記念印「近畿防空演習」の日付は一九三四(昭和九)年七月二八日、場所は「大阪」だ。この時も信濃毎日新聞とよく似た論調の社説「近畿防空演習空前の規模」が七月二六日付の大阪毎日新聞に掲載された。「わが都市の大部分は木造建築物で、市街の施設も不備の点多く、小空襲といえども比較的大なる害を蒙り易い」と指摘した上で、「来るものを防ぐ備えも必要だが、来り得ないように進んで叩きつぶすことが、より重要である」と主張する。実に的を得た意見だった。続いて七月三一日付の社説では「今回の如き演習はまことに消極的のものであって、刃をもって襲われた時、どうして逃げるかを稽古するようなもの」と断じる。

しかし、大阪毎日新聞は軍の圧力に屈した。八月二日付の社説「近畿防空演習の評論に就て吾等の是正」において全面訂正した。先の社説は「一部の論拠において誤りがあり、かつそれがため、同論の本旨とせんとしたところが徹底せず、却って誤解を生ずるに至ったことは、吾等の極めて遺憾とする……」とした。大阪毎日新聞は当局の空気を完全に読み誤ってしまった。言論統制の圧力が強まり、客観的な報道であろうと軍への批判は許されない時代が訪れていた。

府県にまたがる大規模な防空演習が一段落し、各都市を単位とした演習へと移る。京都では「某国との国交ついに断絶、京都が敵機の空襲に曝される」との想定の下、一九三五（昭和一〇）年一〇月二一日午後二時、京都防空演習が警報を合図に始まった。京都府庁内の防衛司令部は地上防衛部隊と防護団に出動令を出し、京都駅前をはじめ、要所に陣地を構築、警報伝令を市全域に発した。午後三時に国籍不明九機が比叡山を越えて京都市上空に飛来し、爆音を轟かせながら焼夷弾や毒ガス弾を投下した。地上の防空部隊は高射砲による掃射を行い、いったんは撃退に成功するが、夜になると暗闇から再び国籍不明機が来襲する。深夜まで「攻撃」が繰り返される展開だった。模擬弾を使ったとはいえ、爆撃機と高射砲は実物を

⑦-26　京都防空演習記念「護レ京都！」

使用した。

一〇月二一日と二二日に渡って京都日日新聞と京都日出新聞は「護レ!大空」「敵機を迎え撃つ―鉄の防衛陣は成れり」「天地に大攻防戦」「敵機来襲!」「敵機を見事に撃破」との見出しで演習の様子を詳細に伝えた。高射砲、聴音機、電話通信、飛行部隊を捉えた写真を駆使し、戦時一色の紙面づくりだった。そんな防空演習の記念絵はがき「護レ京都!」(⑦-26)が発行され、高射砲と照空灯をメインとし、背景の山に清水寺の三重塔を描く。防空演習が終わった翌日は京都三大祭の一つである時代祭を中心に紙面展開する。すべては予定稿通りだったと思われ、軍に対する批判はない。新聞社の都合からいえば、防空演習でも時代祭でも紙面を埋める記事があり、読者の反応がそれなりにあればよい。軍と真っ向から戦えば新聞社が倒産してしまう。各紙共に経営を優先させる意図は常に働いていたように見える。

そして、わずか一〇年ほどの年月を経て、全国各地で展開された防空演習の光景は現実となって国民の前に現れた。被害の実態も犠牲者の数も桐生悠々らの想像を遥かに超えていた。

ニューヨークからの人形使節

満洲国の建国を巡って日本は国際連盟を脱退し、日米関係もまた悪化の一途を辿った。この状況を改善するため、鉄道省の外局である国際観光局が米国側に働きかけた結果、人形使節の派遣が実現する。当時は「青い目の人形」として知られる日米親善人形使節(一九二七)の記憶が両国に残っていた。ただし、こちらは等身大の人形であり、大人の男女を模していた。外国人観光客の日本誘致を前面に出しての日米親善だった。ニューヨーク市長のフィオレロ・ラガーディアは一九三五年五月二八日、親善大使として〝二人〟の夫妻を日本に派遣する。ちなみにラガーディア市長はニューヨークの空港名になるほどの名物市長だ。

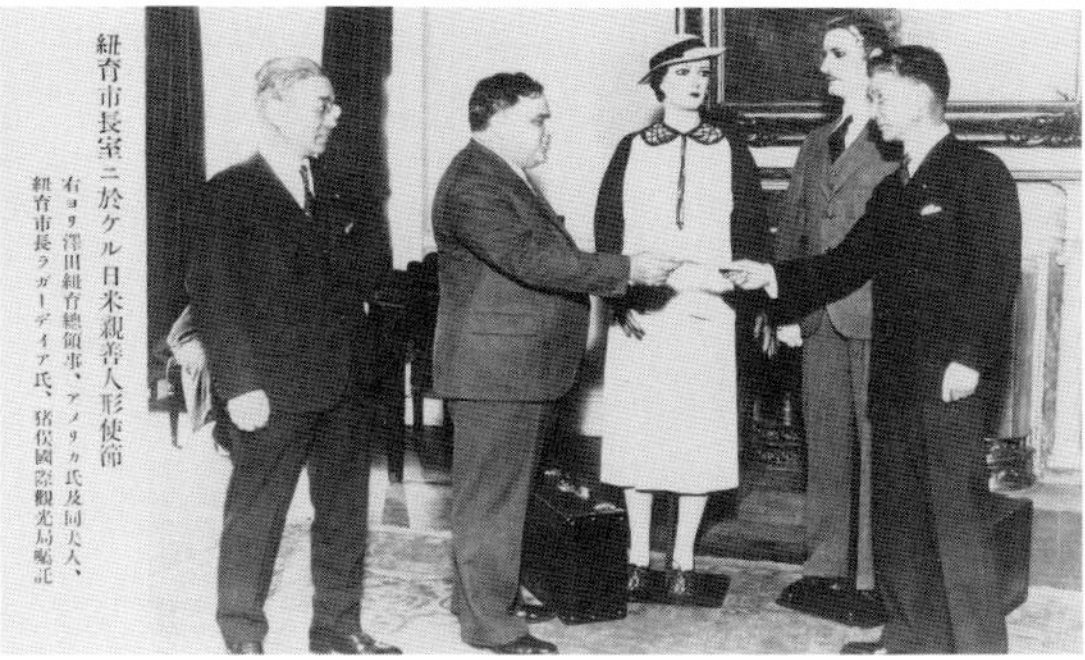
紐育市長室ニ於ケル日米親善人形使節
右ヨリ澤田紐育總領事、アメリカ氏及同夫人、
紐育市長ラガーディア氏、猪俣國際觀光局囑託

⑦-27　ニューヨーク市長室における日米親善人形使節

　この絵はがき（⑦-27）は人形使節を派遣する場面だ。国際観光局が発行した。説明に「紐育《ニューヨーク》市長室ニ於ケル日米親善人形使節」と添え、「右ヨリ澤田紐育総領事、アメリカ氏及同夫人、紐育市長ラガーディア氏、猪俣国際観光局嘱託」と名前を列記する。「澤田」は鳥取県出身の外交官澤田廉三《れんぞう》（一八八八〜一九七〇）だ。戦前は外務次官やフランス大使、ビルマ大使を歴任し、戦後は国際連合の日本加盟に向けて尽力した。「猪俣」は猪股功と見られ、当時のもう一つの肩書きはジャパン・ツーリスト・ビューロー（日本旅行協会、日本交通公社の前身）北アメリカ代表だった。

　さて、等身大の人形使節は国際観光局肝いりの事業だ

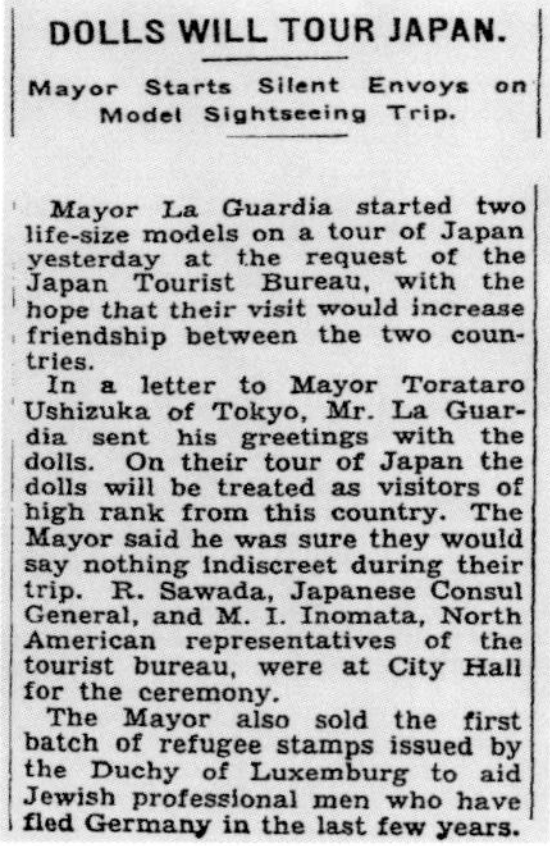
DOLLS WILL TOUR JAPAN.

Mayor Starts Silent Envoys on Model Sightseeing Trip.

Mayor La Guardia started two life-size models on a tour of Japan yesterday at the request of the Japan Tourist Bureau, with the hope that their visit would increase friendship between the two countries.

In a letter to Mayor Torataro Ushizuka of Tokyo, Mr. La Guardia sent his greetings with the dolls. On their tour of Japan the dolls will be treated as visitors of high rank from this country. The Mayor said he was sure they would say nothing indiscreet during their trip. R. Sawada, Japanese Consul General, and M. I. Inomata, North American representatives of the tourist bureau, were at City Hall for the ceremony.

The Mayor also sold the first batch of refugee stamps issued by the Duchy of Luxemburg to aid Jewish professional men who have fled Germany in the last few years.

1935年5月29日付のニューヨーク・タイムズ記事

ったが、ニューヨーク・タイムズは派遣翌日となる五月二九日付の紙面で「DOLLS WILL TOUR JAPAN（人形たちが日本周遊へ）」と小さな記事で伝えるだけだった。それでも関係改善への望みをアメリカ夫妻（人形）に託し、〝二人〟を乗せた日本郵船の豪華客船「浅間丸」（一万六九四七トン）は横浜を目指してニューヨーク港を出発した。夫妻に用意された部屋は一等特別室だった。

　日本側の歓迎は盛大に行われた。満洲事変から続く両国の緊張を忘れたかのように国内は親米一色に包まれた。一九三五（昭和一〇）年六月二〇日付の東京朝日新聞朝刊（三九三頁）は「おしゃれな使節！〝沈黙の愛嬌〟外交　東京駅は大混雑」との見出しで到着の模様を詳細に報じる。ニューヨーク・タイムズの反応と比べて対照的だった。記事は「ニューヨーク市長から東京市長へのメッセージを持たせられた親善使節ミスター・アメリカ、ミセス・アメリカの夫妻は十八日午後六時半浅間丸で横浜着、東京市から出迎えの冨士男君と櫻子嬢兄弟の出迎えを受けて、仲良くニッポンの特別車に乗り、夜八時十分東京駅に到着した」と伝える。実は冨士男君と櫻子嬢も等身大の人形だった。その時の東京駅は喜劇王チャーリー・チャップリンが

東京朝日新聞　第一萬七千六百六十二號

おしやれな使節！
“沈默の愛嬌”外交
東京驛は大混雜

アメリカ夫妻　晴れの入京

＝帝國ホテルでサインするアメリカ夫妻＝

隱せぬ感激
帽子を飛ばしました

1935年6月20日付の東京朝日新聞記事

初来日した一九三二年五月一四日以来の賑わいを見せたという。

東京朝日新聞の記事によると、ミスター・アメリカは二五歳で、ミセス・アメリカは三二歳、夫妻は日本への新婚旅行という想定だった。宿泊先に帝国ホテルではブライダル・スイート（新婚部屋）が用意されていた。ロビーに到着したが、さすがに人形夫妻は字が書けない。接待役に選ばれた国際子女親善協会の佐藤千代子さんが「アメリカ夫妻、ニューヨーク」と代筆し、「日本の第一印象は？」との質問に二人は「沈黙」で答えたとある。

アメリカ夫妻のスケジュールは過密だった。翌日の六月二一日午前一一時半に羽田空港からスーパーユニバーサル機に搭乗し、午後一時半に名古屋空港に到着した。さらに午後二時二二分、名古屋駅から特急「つばめ」に乗り換え、一気に京都を目指す。午後四時二五分に降り立った京都駅で、総勢約二〇〇〇人の歓迎を受け、その後、夫妻はグリーン色の最新型シボレーに乗り込み、京都市役所に着く。ここで京都市長との〝会見〟に臨む。午後七時からは京都ホテルの晩餐会に出席だった。

六月二二日付の京都日日新聞朝刊はニューヨーク市と京都市の挨拶要旨を掲載する。人形使節を派遣したニューヨーク市の挨拶として「(中略)米国人の持つ友愛の情を皆様にお伝えすると共に、日本の新しい文化や、観光施設を実際に見学して米国民諸君に代わりまして近代日本の認識を深めたいと存じまして参ったものでございます。京都は申すまでもなく古の平安京として千有余年に亘る文化の中心であり、国際観光客のメッカであります。京都の持つ柔らかい雰囲気は私ども人形使節にこよなき感激を与えてくれました。どうぞ私どもを通じて現されたる米国市民の友情は皆様より市民諸君にお伝え下さい。それと共に皆様の米国に対する御厚情は必ず米国市民にお伝え申し上げることと致します」と述べる。

京都観光を楽しんだ後、大阪や神戸、大分県の別府、熊本県の阿蘇山、長崎県の雲仙など西日本各地を巡って横浜に戻り、六月二八日付の東京朝日新聞夕刊は「粋な着物に帯しめて」「アメリカ夫妻あす帰国」との見出しで帰国前の様子を紹介する。すっかり日本を満喫したのだろう。「ミスターはしぶい夏お召に絽の黒紋付羽織、絽の博多平、ミセスは絽ちりめんの長繻絆に、金魚の泳いでいる錦紗の訪問着、糸錦の帯に鹿の子の帯揚」との姿だった。そして、六月二八日午後三時出帆の日本郵船「平安丸」で帰路に就く。

米国世論を強く意識したからこそ人形を相手に最上級のおもてなしで歓迎したのだ。日本各地で一連の行事を催した国際観光局は「こうした催しはまだ前例のない事だけに本邦朝野に一種の人気を呼び、全国到る所でほほえましい歓迎を受けた。そして帰米後ロサンゼルス、ニューヨーク、その他の都市において、人形使節に寄贈された観光土産品展覧会を開催し、対米観光宣伝及び日本親善上少なからぬ収穫をあげ得た」（国際観光局編『観光事業十年の回顧』）と総括する。

人形外交は日米関係の改善に向けた糸口を探ろうとする努力の現れだった。だが、日本の一人芝居に終わり、米国から得た答えは結局のところ、〝沈黙〟だったのかもしれない。

⑦-28　紀元二千六百年記念日本万国博覧会

オリンピックと万博で観光客誘致へ

昭和初期の日本は規模こそ小さいが、観光事業に力を入れていた。一九二九年には訪日外国人観光客が年間三万四七五五人、北米は第一位で八五二七人（二四・五％）を記録した。当時は外国人観光客の購買力が格段と強い。アメリカ夫妻が体験した旅行は豪華客船の旅に始まり、飛行機、鉄道を駆使した日本観光の最新モデルプランだった。だが、満洲事変を機に外国人観光客は減少に転じていた。特に北米からの落ち込みが激しく、一九三二年には四三一〇人と半減したままで改善の兆しさえ見えなかった。人形外交を実施した頃は東京オリンピック（一九四〇）の招致活動が展開中であり、少しでも米国の対日感情を緩和したかった。

オリンピックの東京開催が決定するのは一九三六年七月だ。これと並ぶ国家的な大イベントとして、日本万国博覧会の準備が進められていた。一一月九日には紀元二千六百年記念奉祝事業としての開催が正式に決まった。主催団体となる日本万国博覧会協会は、東京府や東京市、東京商工会議所、神奈川県、横浜市、横浜商工会議所などで構成した。開催目的を「東西文化の融合に資し、世界産業の発達及び国際平和の増進に貢献する」とした。世界五〇カ国の参加が見込まれた。

日本万博は東京市と横浜市の二会場を予定した。東京会場では東京市京橋区晴海町及び深川区豊洲町などの敷地（約一五〇万平方メートル）に二八館の陳列館（パビリオン）、横浜会場では横浜市中区山下町及び山下公園一角の敷地（約一〇万平方メートル）に三館の陳列館の建設を計画し、一九四〇年三月一五日から八月三一日までの間、約四五〇〇万人の入場者数を見込んだ。日本万博の呼び物として「前例なき規模」の大サーカスや、世界旅行を疑似体験できる「世界風物モンタージュ」（合成写真による大型パネル展示）を挙げる。開催に先駆けて、富士山と金鵄《きんし》を描いた絵はがき（⑦-28）が公式ポスターと共通デザインだった。長崎県のデザイン画家中山文孝による作品だ。真っ赤な色彩であり、まさに日本の表象といえた。

日本万博に必要な諸経費を確保するため、日本万博協会は抽選券付き回数入場券（一冊一〇円、大人用一回入場券一二枚綴）の前売りを決めた。ここで言う抽選券とは宝くじだ。販売総額の一割を当選金に充て、一等を二千円、二等を一〇〇円、三等を一〇円とした。第一回（一〇〇万冊）・第二回（一〇〇万冊）・第三回（一六五万冊）の計三回に渡って発売する計画を立てた。第一回は一九三八年三月一〇日から二四日までを販売期間とした。当時の一〇円は高額ながら、日中戦争の軍需によって国内経済は好況が続き、第一回分は完売した。

記念絵はがき（三枚組）からも当時の経済状況が見える。厚手の上質紙にカラー印刷し、金銀の彩色まで施し、豪華な仕様となっている。「大正広重」とも称された人気の鳥瞰図絵師吉田初三郎（一八八四～一九五五）に作品制作を依頼し、「京都祇園・観光社」が印刷、発行している。会場風景を描いたタトウ（収納袋）（⑦-29）では近未来の建物が並ぶ。「日本万国博覧会会場」（⑦-30）では遠く富士山を背景に発展を遂げる東京湾埋立地が紹介される。まさに未来の臨海都市を予感させる景色だ。「肇国記念館《ちょうこく》」（⑦-31）は日本万博のメインとなる建物であり、総裁「秩父宮雍仁親王殿下」（⑦-32）の肖像と共に朝日と白波が描かれる。記念印は「総裁奉戴式」とあり、日付は一九三八（昭和一三）年四月二一日だ。これより少し前の四月一日には国家総動員法が公布されている。豪華な絵はがきもまた日本の一断面を示す。

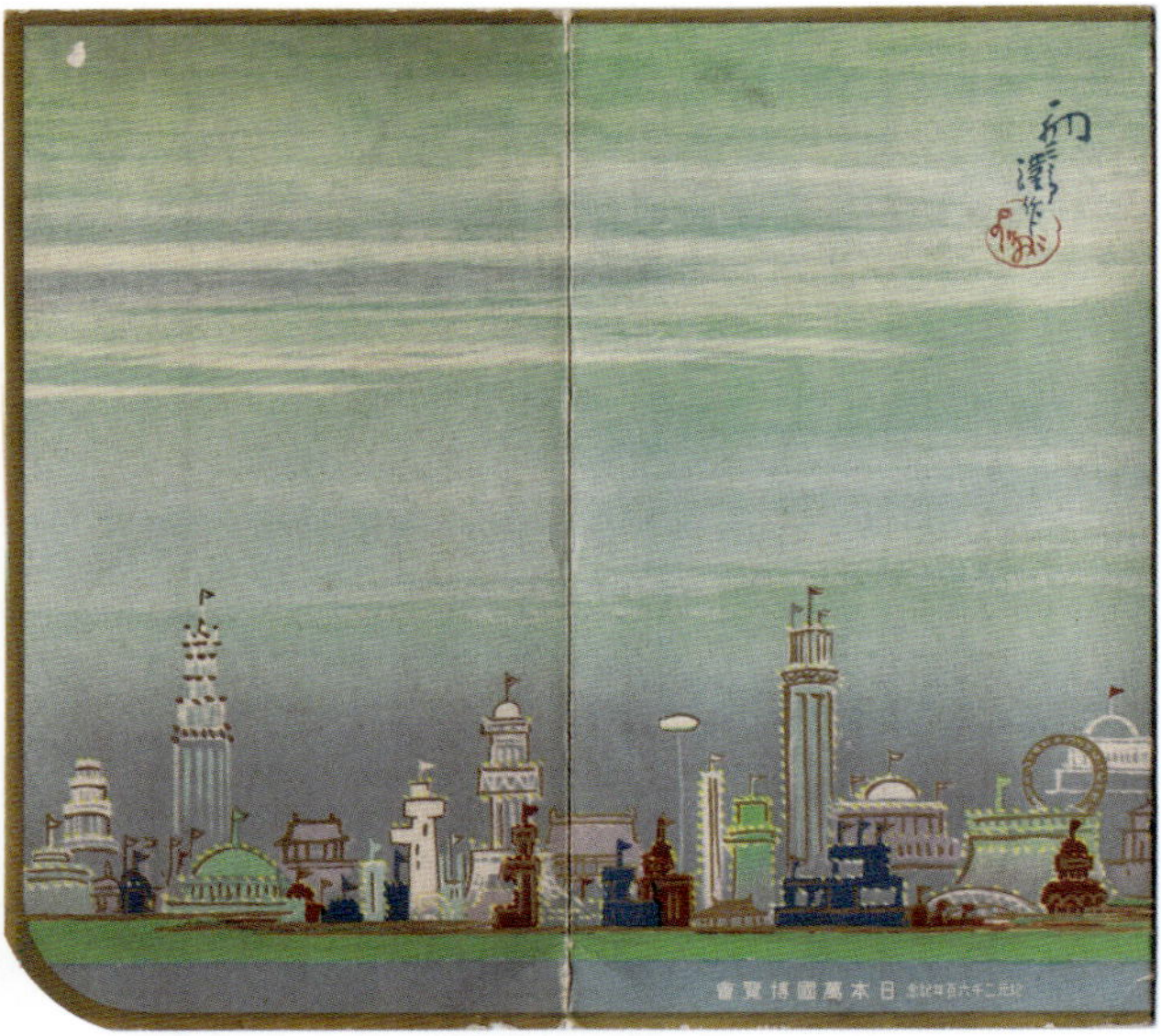

⑦ - 29　紀元二千六百年記念日本万国博覧会

⑦ - 30　日本万国博覧会会場

⑦－31
日本万国博覧会「肇国記念館」

⑦－32
日本万国博覧会総裁秩父宮雍仁親王殿下

⑦－33
JAPON
（日本）

厳密にいえば、日本万博は博覧会国際事務局（本部パリ、BIE）が公認する「万国博覧会」ではなく、日仏間の交渉が続いていた。しかし、すでに日本政府は国家プロジェクトとして位置づけていた。日本万博が一九四〇年八月三一日に閉幕した後、東京オリンピックが九月二一日に開幕する計画だった。

国際観光局は一九四〇年の日本万博と東京オリンピックを絶好の機会とし、米国とヨーロッパから観光客の誘致を図った。パリに在外事務所（パリ市カプシーヌ街三九番地）を置き、宣伝用の絵はがき「JAPAON（日本）」（⑦-33）を発行する。表面にはフランス語で「CHEMINS DE FER DE L'ETAT JAPONAIS（日本国鉄道省）」と「DIRECTION GENERALE DU TOURISME（観光総局）」と記載される。「観光総局」とはフランス語の直訳だが、ここでは国際観光局を指す。絵の右下に「SATOMI 37」の文字がある。一九三七年のパリ万博（五月二五日～一一月二五日）では積極的に「観光日本」を宣伝している。

日本地図を見ると、東京の位置に「EXPOSITION（博覧会）」の文字とオリンピック・マークが確認できる。描かれた都市や名所、物産を順に列記すると、北海道のスキー、青森のリンゴ、十和田湖の紅葉、日光の東照宮、横浜、鎌倉の大仏、富士山、名古屋城、奈良公園の鹿、大阪、京都、神戸、広島の厳島神社、松山城、博多人形、熊本の阿蘇山、長崎などが描かれる。これらは昭和初期の日本において観光地や観光資源として認知されていた。さらに日本までの旅程について、カナダから横浜まで一一日間、サンフランシスコから横浜まで一四日間、パリから東京まで一五日間、マルセイユから神戸まで三二日間と挙げる。フランス人向けにもかかわらず、「世界地図の中の日本」ではなく、あくまでも「日本地図の中の日本」となっている。

数々の観光誘致策が功を奏し、一九三五年度には外国人観光客が四万人を超えた。英米両国からの訪日も含めて回復傾向にあった。しかし、観光産業は平和を前提とするビジネスだ。日中戦争は泥沼化し、その前提条件が崩れてしまう。一九三八年七月一五日の閣議によって日本万博は日中戦争終了までの「延期」、オリンピックは「返上」と決まった。国際色で彩るべき二大イベントだったが、国粋的な紀元二千六百年奉祝記念事業に位置づけられていた。日本中心の世界観が顕著になる過程を振り返れば「延期」と「返上」の結果は不可避だったのかもしれない。

親米と親独が混在した「大毎フェア・ランド」

ドイツの極東戦略は伝統的に「中国重視」を基本とした。再軍備を果たしたドイツは中華民国と一億ライヒスマルクの借款協定を結び（一九三六年四月八日）、軍事的・経済的な支援を行う代わり武器供与で得た利益をドイツ軍の近代化に充てた。ただし、ドイツの親中政策がそのまま「反日」を意味したわけではない。ドイツから見れば資源も資金も乏しい日本に魅力が欠けていたに過ぎない。日本もまたドイツとの急接近は英米両国の警戒を招く。ドイツとの一定距離を保ちつつ友好を図る姿勢が日本の外交政策だった。しかし、ソ連の脅威が日増しに高ま

⑦-34
大毎フェア・ランドの会場

⑦-35
日独の旗とドッグレース

っていた。「反共」の思惑で一致した日独両国は一九三六（昭和一一）年一一月二五日、防共協定の調印に至った。

　こうした国際情勢に受けて、大阪毎日新聞は「日独協定記念」を前面に出し、一九三七年三月二五日から五月二三日（五月二五日の記載もあり）までの間、阪急西宮北口駅の南部経営地（後の阪急西宮球場一帯）を会場に「大毎フェア・ランド」

を開催する。

三月二四日付の大阪毎日新聞は「見逃せぬ趣向の数々」「待望・朗春の贈り物」との見出しで、「待望久しき本社主催の『大毎フェア・ランド』はいよいよあす二五日花々しく開場する、朗春を目がけての催物は多いが何といっても『大毎フェア・ランド』こそ群を抜いた奇抜な趣向と色とりどりの催しで『天下に冠たり』といって差支えない」と宣伝する。

続いて三月二五日付の大阪毎日は両面見開きで懸賞付き広告を掲載する。会場風景を描いた漫画から有名商品（一二種）の名前を探し出すクイズであり、読者が応募して正解すれば、抽選の結果、豪華商品が当たった。一等に「ナショナル受信機」、二等に「テイチクポータブル蓄音器」、三等に「クラブ化粧品・資生堂化粧品詰合函」を賞品に挙げる。「ぜいたくは敵だ」と言われる時期はもう少し後になってからだ。当時はまだ豊富な商品が街頭に溢れていた。

⑦-36　米国のサーカスと日独防共協定記念館

新聞広告に加えて、開催を告知する絵はがきが発行される。印刷は凸

⑦-37　阪急西宮球場

阪印刷株式会社の製作だった。「大毎フェア・ランド」の会場（⑦-34）には、サーカス場や競犬場、映画館、演芸館、遊園地、阪急食堂などが設けられた。会場中央に日章旗、後方にナチスドイツの旗が見える。ドッグレース（⑦-35）では、二頭の犬と共に日本とナチスの旗が描かれる。だが、空中ブランコ（⑦-36）は米国の興業だった。〝死のサーカス〟と銘打った「ファンチョン・マルコ・ショウ」の演目であり、オートバイの宙返りまで繰り広げられた。来場者にはドイツも米国も関係がない。日常を離れた娯楽を求め、面白い催しを見たかっただけだ。

　まだ日中戦争の前だ。戦時色を感じない。唯一のきな臭い展示が絵はがきで空中ブランコの背後に描かれる日独防共協定記念館だ。館内はヒトラーの塑像を据え、二千個の出品物を並べ、パノラマやジオラマを交えてナチスドイツの全貌を紹介した。「大毎フェア・ランド」は娯楽と消費を象徴する大イベントとなる。しかも同一会場にナチスドイツと米国が奇妙に混在した。後世から見れば、実に不思議な空間だった。

この大毎フェア・ランドを開催中の一九三七年五月一日、阪急西宮球場の開場式が挙行され、施工主の阪神急行電鉄は上空から撮影した記念絵はがき（⑦-37）を発行する。種々の催しに対応し、見やすさと収容能力の増加を狙って二重層式を採用し、観覧席収容人員は内野と外野を合わせて五万五千人を誇った。ただし、名物とされた巨大な鉄傘は一九四三年一〇月二八日に解体式を挙行した後、金属類回収令によって供出されてしまう。

阪急西宮球場は阪神電鉄の甲子園球場を強く意識した計画であり、写真からも分かるように周囲に水田が広がり、住宅も少なかった。社内では球場経営を危ぶむ声も多かったが、国防や軍事関係の催しに重宝された。球場建設に際して米国各地の球場設計図を取り寄せ、最終的にはリグレー・フィールド（シカゴ・カブスの本拠地球場）をモデルとした。本来、阪急西宮球場は日本の野球文化よりも本場のベースボール文化を強く意識した。いわば米国文化を象徴する場所でもあった。「親米」と「親独」の間で揺れ動いた西宮の一時期が垣間見える。

ナチスに魅了された日本人

国際連盟を脱退し、日本は孤立の道を歩みつつあった。その外交政策は大きく転換しようとしていたが、日本人の親米は明治以来の伝統があった。娯楽や生活文化の隅々に浸透し、相変

⑦-38　ベルリン五輪で入場する日本選手団

わらずハリウッド映画に釘付けとなり、ジャズ音楽に耳を傾けた。書店では米国文学が根強い人気を誇った。例えば、マーガレット・ミッチェルの小説『風と共に去りぬ』が一九三六年六月に米国で発刊されると、一九三八年から一九四〇年にかけて邦訳が相次いで出版された。

こうした親米意識を抱きつつも、日本人の対外意識はベルリン・オリンピック（一九三六年八月一日～一六日）を機に少しずつ変化し始めたともいわれる。この絵はがき（⑦-38）は英語通信教育「井上英語講義録」が製作した「附録」となる。開会式で日本選手団が入場行進する場面だ。日本は一七九人の選手団を派遣し、一八個のメダル（金六・銀四・銅八）を獲得した。井上英語講義録とは、英語の教材が自宅に郵送される通信教育だった。当時の新聞広告が興味深い。東京オリンピック（一九四〇）の開催を機に外国人観光客の来日が増えると説き、立身出世には英語上達が欠かせないと謳っているのだ。ベルリン・オリンピックの絵はがきを附録にするほどなので、ドイツへの関心が高まっていたのだろう。そうはいっても英米が主役（教材）、ドイツは脇役（附録）だ。日米関係が悪化する状況下でも受験科目として英語の地位は揺るがなかったようだ。

また、日本人にとって外国映画のうちドイツ映画で印象に残る作品は少なかった。太平洋戦争が起こる直前まで、日本の映画館は一定数の観客が見込めるとして米国やフランスの映画を優先して上映した。だが、ベルリン・オリンピックの記録映画『オリンピア』は例外だった。ナチスが威信をかけて製作に当たり、戦前に日本で公開された外国映画の中では記録的な大ヒットとなった。二部構成で題名は『民族の祭典』と『美の祭典』だ。ヒトラー四九歳の誕生日に当たる一九三八年四月二〇日に公開された。翻訳や編集の関係から日本での上映は遅れ、第一部『民族の祭典』は一九四〇年六月一九日、第二部

⑦-39　オリンピア映画第二部『美の祭典』

『美の祭典』は一二月二五日に封切りされた。共に反響を呼び、スクリーンに流れる映像に多くの日本人が魅了された。

飛び込み選手を描いた絵はがき（⑦-39）は配給元の東和商事が映画『美の祭典』の宣伝用に製作した一枚だ。青い空と白い雲を背景に逆光のアングルから飛び込みの瞬間を捉える。着水するプールの水面を大胆にカットし、鳥のように人が空を舞うように見える。

映画監督はヒトラーのお気に入りだったレニ・リーフェンシュタール（一九〇二〜二〇〇三）が務めた。演出上、競技終了後に撮影し直した映像や練習風景が一部に含まれ、厳密な記録映画とは違う。冒頭に古代オリンピックを彷彿させるイメージ映像が流れ、聖火リレーは古代オリンピック発祥の地オリンピアを出発した後、ソフィア、ベオグラード、ブダペスト、ウィーン、プラハなどヨーロッパの主要都市を巡り、ベルリンへと到着する。開会式の入場行進ではドイツ以外の選手がファシスト式に右手を挙げてヒトラーに敬意を表す場面がある。肉体美をテーマに躍動感ある映像が続き、見る者を魅了する。ナチスが手がけた映画は完成度が高く、作品の内容を否定しながらも、その手法を他国の映画人は真似たといわれる。ファシズムへの入口は恐怖ではない。美に彩られ、娯楽に満ちたメディアもその一つだった。

「反共」と治安維持法

満洲国が成立すると、黒龍江（アムール川）や烏蘇里江（ウスリー川）などを挟み、「大日本

⑦－40
司法省保護
課調査

⑦－42　消化せぬ悪食

⑦－41　千古之大木

帝国」の勢力圏はソ連の共産圏と直接対峙する関係となった。かつて満洲が「東洋の火薬庫」に喩えられた通り、国境沿いでは軍事上の挑発や小競り合いが絶えず、張鼓峰事件(一九三八年七月二九日〜八月一一日)とノモンハン事件(一九三九年五月一一日〜九月一六日)に関していえば事実上の戦争だった。日本とソ連の緊張が高まる中、国内の共産主義者は「敵」のソ連に通じる「危険分子」と見なされた。「内なる敵」を一掃するため、官憲が取り締まりの根拠とした法律が治安維持法だ。日独伊防共協定が成立してからは「反ソ」「反共」のキャンペーンが大々的に展開された。

ソ連の象徴「赤い星」に斧で切り込んだ絵はがき(⑦-40)では、謳い文句に「内外情勢の緊張は全国民の内省を促し国民思想転換の画期を来す」とある。「治安維持法違反者中より転向者続出す」と題し、司法省保護課の調査結果を公表する。一九三二(昭和七)年から一九三六(昭和一一)年までの間、治安維持法違反者のうち出獄者は一〇一二人、その八割を超える八五六人が「転向」したとある(五年分を合計した)。極刑に課すよりも仲間同士の疑心暗鬼を誘い、「転向」の積み重ねこそが活動を弱体化させると考えられた。それゆえに「転向」の実績を強調するのだ。製作経緯は不明だが、大阪高島屋の発行だ。催し物を通して買い物客に配布したのだろう。

治安維持法は国体(天皇中心の国家体制)の変革や私有財産制を否定する活動を取り締まる法律だった。本来は共産主義だけを対象とし、適用範囲は限定的だったが、宗教、右翼思想、自由主義にも広がり、単なる政府批判までもが含まれた。そんな社会風潮を示した絵はがき（⑦-41）がある。外国人風で赤い服の男が「千古之大木」を伐採する場面を描き、着物姿の男が拳を上げて怒る。「護れ千古の神国を!!!」「過激思想襲わんとす!!!」と訴える。

極めつけともいえる反思想の一枚（⑦-42）がある。日本が豪華な御馳走を食べようとする。その名前として、「クロポキン酒」（革命思想家クロポトキン）や「共産主義」、「マルクス」「虚無思想」の言葉が並ぶ。正体はすべて「消化せぬ悪食」だ。口にしたら体調不良を起こす。オチは赤い「クロポキン酒」の隣に描かれる飲み物「〇〇主義」だ。「主義」と名の付く思想は一切合切禁止、主義主張のない国民こそ理想だといわんばかりだ。

しかし、現実の治安維持法は絵はがきのように甘くはなかった。一九四一年三月一〇日の全面改正を機に予防拘禁制が導入された。それは刑期を終えた者や釈放された者でも官憲が「転向不十分」「再犯の恐れあり」と判断すれば再犯防止を目的に拘禁できる制度だ。国体の変革に関わる個人の行為もまた処罰の対象とした。その後、拡大解釈が繰り返され、一九四五年一〇月一五日に廃止されるまでの間、逮捕者は数十万人、送検された者は七万五六八一人（起訴五一六二人）、警察署で虐殺された者は九五人、刑務所・拘置所での虐殺・暴行・発病などによる死者は四〇〇人余に上った（第一九二回国会請願）。

戦前最後の災害報道となった「阪神大水害」

盧溝橋事件以来、国内の新聞報道は戦時一色だったが、大小に関わらず自然災害についても度々伝えていた。阪神大水害は大々的に報じた例だ。一九三八（昭和一三）年七月三日から五日にかけて梅雨前線が台風に刺激され、各地に集中豪雨をもたらした結果、京阪神地域を中心に水害が発生した。特に神戸市の被害は甚大だった。三日間の総雨量は四六一・八ミリに達し、土石流が市街地に流れ込み、津波のような濁流が押し寄せた。六甲山麓を中心に土砂崩れが多発し、複数の河川が氾濫したためだった。

阪神大水害では、神戸市や西宮市などで死者が七三一人（うち神戸市六一六人）、被災家屋が一二万戸余に及ぶ。この時期は検閲がまだ緩かったのか、新聞各紙は被災地の状況を写真入りで詳細に報じている。関東大震災の時のように絵はがきが災害報道の一翼を担う。

神戸三越前を捉えた「元町六丁目」（⑦-43）では市電が立ち往生する。賑やかな繁華街は一転し、制帽を被った職員たちが総がかりで流れてきた家財道具や材木を撤去している。重機がなく、手作業による復旧活動だ。また、神戸を代表する名所も被害に遭う。「生田神社大鳥居附近」（⑦-44）では足の踏み場がないほど泥と瓦礫に覆われる。大鳥居の先には高架橋と阪神電車の看板があり、傘を手にする背広姿の男性と風呂敷包みを持つ少年が写る。

自動車で被災地へ救援に向かう場面「阪神国道の求援自動車群」（⑦-45）もある。阪神国

⑦ - 43
元町六丁目

⑦ - 44
生田神社大鳥居附近

⑦ - 45
阪神国道の求援自動車群

道は一九二七（昭和二）年六月一四日に開通し、現在も大阪市と神戸市を結ぶ重要な幹線道路だ。路面がぬかるむ中、自動車が列をなし大渋滞となる。災害救援の観点からも注目される一枚ながら、日本のモータリゼーション（車社会化）の面でも興味深い。日本での自動車の普及は戦後の高度経済成長期とされるが、一九三〇年代の日本でもその兆しを見せていた。

阪神大水害の被害は有名人も遭遇している。作家谷崎潤一郎（一八八六〜一九六五）は関東大震災後に関西へ移住し、兵庫県武庫郡住吉村（現在の神戸市東灘区）の住吉川沿いに「倚松庵《いしょうあん》」を構えた。水害に遭うも高い位置にあって難を逃れている。谷崎はこの被災経験を元に小説『細雪』の中で詳細に描写する。「今年は五月時分から例年よりも降雨量が多く、入梅になってからはずっと降り続けていて、七月にはいってからも、三日にまたしても降り始めて四日も終日降り暮していたのであるが、五日の明け方からはにわかに沛然《はいぜん》たる豪雨となっていつ止むとも見えぬ気色《けしき》であった。が、それが一二時間の後に、阪神間にあの記録的な悲惨事を齎《もたら》した大水害を起そうとは誰にも考え及ばなかった……」とある。

被災状況にも詳しい。天井川だった住吉川の氾濫は避けられなかったと指摘した上で、「国道の住吉川に架した橋の上には、数百貫もある大きな石と、皮が擦《す》り剝《む》けて丸太のようになった大木とが、纍々《るいるい》と積み重なって交通を阻害していること、その手前二三丁の南側の、道路より低い所にある甲南アパートの前に多くの屍骸が流れ着いていること、それらの屍骸は皆全身に土砂がこびり着いていていて顔も風態《ふうてい》も分らぬこと、神戸市内も相当の出水で、阪神電車の地下線に水が流れ込んだために乗客の溺死者がかなりあるらしい」と描写し、「これらの風説には憶測や誇張も加味されていたに違いないのであるが……」と断る。

太平洋戦争以降、災害報道は社会の安寧を乱すとの理由から厳しく制限された。一九四二（昭和一七）年八月二七日には周防灘台風が九州・中国地方に上陸、福岡や大分、熊本に甚大な被害をもたらし、山口県の死者・行方不明者は七九四人を数えた。しかし、八月二九日付の朝日新聞朝刊は「中国・九州の災害」と警察や行政の発表を掲載するだけだ。山口県の被害では「死者二八〇、負傷者三〇九、行方不明二六一、家屋倒潰二〇七九、同半潰一一五〇、同流出八〇一、同浸水三一、三八〇……」と伝えた記事が最後となり、台風は紙面から消えた。

一九四三年九月一〇日には「鳥取地震」が発生し、鳥取市の中心部が壊滅的な被害を受ける。鳥取県内の死者は一〇八三人だったとされる。この時もまた記事は異様に小さい。九月一一日付の朝日新聞朝刊は鳥取県当局の発表として「鳥取市激震」「五千戸以上が倒壊して火災」「山陰線も一部不通」と報じた。被災地の詳細が分からない。九月一四日付の夕刊は「家屋の倒壊六千」「死傷二千九百名」との見出しで内務省警保局の発表を載せる。「罹災地」では復興に起ち上がり、昼夜を問わず救援復旧活動が続いていると伝えたに過ぎない。

一九四四年一二月七日に紀伊半島沖で発生したマグニチュード八クラスの「昭和東南海地震」に至っては国民が情報を得る機会は皆無に近かった。一二月八日付の朝日新聞朝刊は「昨日の地震」「震源地は遠州灘」との見出しで「十二月七日十五時五十分発表（中央氣象台）本日午後一時三十六分ごろ遠州灘《なだ》に震源を有する地震が起って強震を感じて被害を生じたところもある……」と報じた。死者や倒壊家屋には触れていない。後に死者・行方不明者は一二二三人だったといわれるが、発表された震源さえも疑わしい。地震の規模から見て被害は広範囲に及び、死者・行方不明者数がかなり違うのではないかと推測される。

日中戦争から太平洋戦争にかけて日本列島が数々の自然災害に見舞われる中、阪神大水害の報道は際立っている。その一端を担った災害絵はがきは特筆に値する。

戦争で潤い、軍縮に揺れた舞鶴

一九〇一(明治三四)年一〇月一日、対ロシアの軍事拠点として日本海軍の舞鶴鎮守府が開庁した。初代司令長官は東郷平八郎だ。その後、日露戦争と第一次世界大戦を通じて舞鶴一帯は軍需産業を中心に経済発展を遂げた。自ら望んだわけではなく、結果として戦争で潤った街となったが、ベルサイユ条約の成立(一九一九)から一転して、世界は平和と軍縮のムードに包まれた。一九二二年二月にワシントン海軍軍縮条約が成立すると、舞鶴に予想外の事態を招く。海軍再編に伴い舞鶴海兵団が廃止され、一万人規模の下士官・兵士が街を後にした。さらに舞鶴所属の艦艇が多数転属する決定が下り、海軍工廠は大幅縮小と人員削減に踏み切った。その影響は関連企業をはじめ、観光や飲食、小売など、さまざまな地元経済に波及した。

そんな舞鶴に追い打ちをかける事態が起こった。予想はされていたが、一九二三(大正一二)

年四月に舞鶴鎮守府が舞鶴要港部に格下げされた。地元の精神的なダメージが大きかった。四月一日付の京都日出新聞は「噫《ああ》世界平和軍縮の犠牲！」「今日から変る舞鶴要港部」との見出しで悲痛な声を伝える。この時、世界平和のためにも堪え忍ぶしかないと冷静な主張を展開し、軍縮を支持する立場を表明している。そして、舞鶴は火が消えたような街となった。

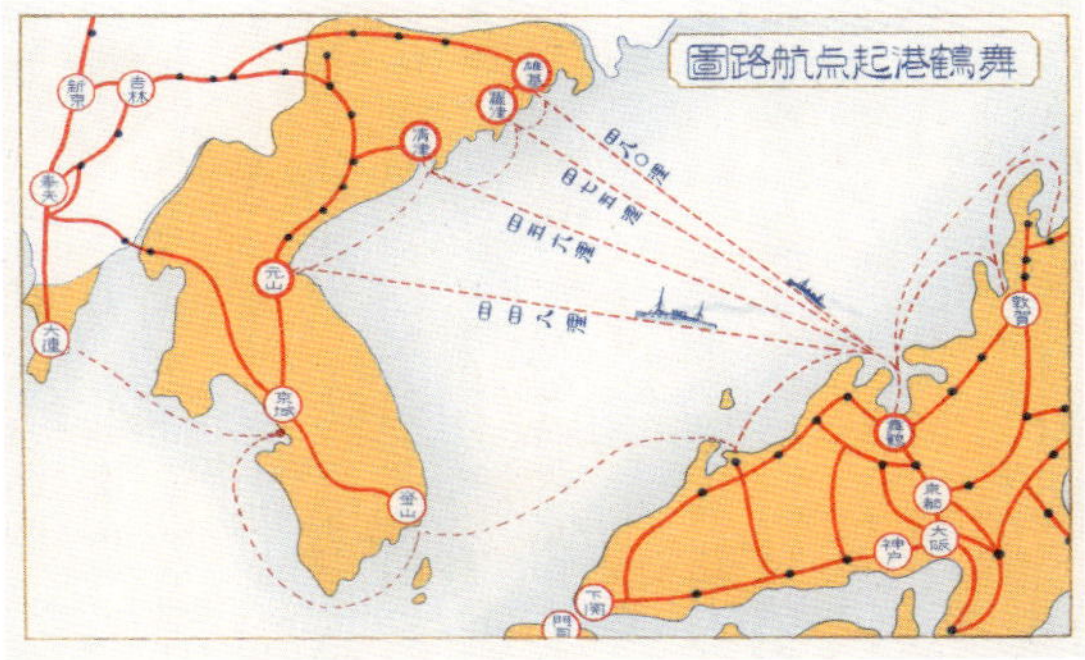

⑦-46　舞鶴港起点航路図

　軍縮期の舞鶴は再出発の道を模索した。軍事一辺倒だった港湾行政のあり方を見直し、民間船の航行を大幅に緩和し、民間の貿易港として活路を見いだそうとした。折しも朝鮮や満洲に向けた経済進出が盛んな頃だった。京都府が中心となって、舞鶴港（西港）の第二期修築工事を計画した。大型船舶の接岸に備えた施設改修が主な内容だった。一九二九（昭和四）年七月に着工した。不況もあって長い年月を要したが、一九三八（昭和一三）年三月に工事の完成を見た。

　この完成を祝う記念絵はがき（⑦-46）を、地元の商工業者でつくる舞鶴港修築起工式祝賀会が発行する。描かれた「舞鶴港起点航路図」では、元山四四八浬《カイリ》、清津四五六浬、羅津四七五浬、雄基四八〇浬とそれぞれの距離を記し、京都府北部の舞鶴と朝鮮北部の四都市までの近さを強調する。一九三八年三月二八日付の京都日出新聞朝刊によると、京都府知事や舞鶴要港部司令官をはじめ、東京や京阪神から有力者約五五〇人が出席する中、内務省主催の工事竣工式と舞鶴町主催の祝賀会が三月二七日午前一〇時から盛大に挙行されたとある。式典の後「開宴し朝代遊郭芸妓総動員で酒間を斡旋し余興として祝賀舞踊三曲が熱演」された。この日は朝から「飲めや歌え」とばかり、町中がお祭り騒ぎだった。記事は「日本海時代の日満鮮最捷経路を利し日満鮮交易通商に一大飛躍の決意物凄く同港の前途は輝かしい」と結ぶ。

舞鶴の地域経済は修築工事をきっかけに軍依存の体質から抜け出すはずだった。少なくともその方向へと向かう努力は重ねていた。だが、平和が訪れるどころか日中戦争は長期化した。軍需産業が脚光を浴び、舞鶴が再び活気づき、軍港の姿が蘇った。舞鶴要港部は格上げとなり、舞鶴鎮守府が一九三九（昭和一四）年一二月一日に復活開庁を果たす。同日付の京都日出新聞朝刊は「全府民の待望十七年」「海の生命線今ぞ盤石」との見出しで大々的に歓迎した。

平和的な経済発展を歩み出していたが、あと一歩のところで戦争へと引き戻されてしまう。そんな歴史の一場面を、この絵はがきは物語る。日本海の地方都市である舞鶴においても、大陸を見据えつつ、戦争か平和か「昭和」という名の振り子が揺れ動いていた。

第八章　欺瞞と虚栄

——日中戦争と太平洋戦争

盧溝橋事件から第二次上海事変へ

一九三七（昭和一二）年七月七日、北平（現在の北京）郊外の盧溝橋《ろこうきょう》付近で日本軍部隊が夜間演習中、突然、銃声が鳴り響いた。点呼すると、一人の二等兵が見当たらない。日本軍部隊は中国軍（国民革命軍）の攻撃と断定して直ちに応戦した。その後、兵士は見つかった。一時は緊張が高まったが、小規模な衝突に終わり、七月一一日に現地で停戦協定が成立する。日中両政府は「不拡大」の方針を示し、事態は一旦収束に向かった。そんな期待は裏切られ、全面戦争に至る。ちなみに日本軍は駐留を北京議定書（一九〇一）に基づくと主張していた。

蔣介石率いる中華民国国民政府はドイツと友好関係にあった。ドイツ人軍事顧問団を招き、最新の銃器や装甲車を買い揃えていた。ドイツにとって中国は最大の武器輸出先であると同時に、装甲や徹甲弾に欠かせない希少金属タングステンの重要な供給元だった。上海と長江流域にはドイツ人によって訓練された精鋭八万人を含む三〇万人の中国軍部隊が配置されていた。中国軍は万全の態勢で日本の租界（上海）を包囲、八月一三日に市街戦が始まった。北京を中心とする華北方面の北支戦線に続いて、上海戦線の火蓋が切って落とされた。第二次上海事変の始まりだ。

日中両国はお互いに宣戦布告をしないまま戦争への道を突き進む。中国軍機は上海の日本海軍陸戦隊司令部の建物を狙って空襲を行うが、高射砲を避けようと、高い高度から爆弾を投下した。このため、国際共同租界にある建物を誤爆する。日本は、中国の「非道」を糾弾する口実を得た。空襲の惨状は宣伝工作に欠かせない素材となり、現場写真を元にした絵はがきが発行される。

⑧-1　8月14日支那飛行機より爆撃されたる南京路パレースホテルの惨状

シリーズ「昭和十二年支那事変上海戦線」の中に、空襲の現場を捉えた一枚（⑧-1）がある。説明に「八月十四日支那飛行機より爆撃されたる南京路パレースホテルの惨状」と添える。街頭の車が燃え、爆風で瓦礫が飛散する。彩色されるが、元の写真は上海の英字新聞「ノースチャイナ・デイリー・ニュース（NORTH-CHINA DAILY NEWS）」（八月一五日付一面）からの転載となる。新聞に掲載された写真四枚のうち、右下の写真だ。新聞写真（四二二頁）を拡大すると、右下の歩道に遺体が写り、手足が吹き飛ばされたように見える。欧米人か中国人かは判別できない。日本軍の検閲を経て、絵はがきとなった段階では遺体が灰色に塗り潰されている。中国軍の非道を訴える格好の場面だが、杓子定規に削除されたようだ。

NORTH-CHINA DAILY NEWS

SHANGHAI, SUNDAY, AUGUST 15, 1937

600 Persons Killed in Air Raids on Shanghai

CHINESE BOMBS DROPPED IN FOREIGN AREAS

Nanking Road Corner and Great World Turned Into Shambles by Missiles of Death

HUNDREDS ARE RUSHED TO HOSPITALS

Foreign Hotels and Chinese Amusement Resort Hit When Attack on Japanese Flagship Fails

Britain Makes Demarches For Local Fighting

Representations Against City as War Zone

BOTH SIDES NOTIFIED

London Press Condemns Japanese Action

WHEN AEROPLANE BOMBS FELL ON NANKING ROAD

LITTLE CHANGE IN POSITION OF TROOPS IN LINE

88th Division Repulsed in Small Attack

UNIVERSITY DOOMED

Chinese Protest Against Use of Settlement

Japanese Navy Asked to Move Their Flagship

Council Seeking to Have It Removed Elsewhere

BRITISH DEMARCHE TO FIGHTING PARTIES

SHANGHAI'S MOURNING

Popular Local American Shot Through Heart

The Rev. Frank Rawlinson Victim of Bombardment

TRAGEDY NEAR NANKING THEATRE

Welch Fusiliers Leave for Shanghai

FOREIGNERS WARNED TO TAKE SHELTER

Many Consulates Issue Advice to Nationals

1937年８月15日付のノース・チャイナ・デイリー・ニュース

路上の遺体が写った新聞写真

記事はトップ扱いで「昨日、上海において現代の航空戦があらゆる恐怖と共に出現した。中国軍が飛行機を初めて使用し、日本軍の巡洋艦出雲と陣地を爆撃した。終日に渡って中国軍機は上海上空から急襲を繰り返し、日本軍の高射砲によって迎撃された。だが、その日の大惨事は四時半に起こった。二発の爆弾が租界（国際共同租界）に、もう二発がフランス租界に投下され、およそ六〇〇人（ほとんどは中国人）が死亡し、一千人が負傷した」と記す。時刻は午後四時半頃、中国軍による誤爆だった。続いて「二発の爆弾がパレスホテルとキャセイホテルの面する南京路に落ちた。上海最大の繁華街は流血の修羅場と化し、道路には死体や瀕死の人で溢れている。さらに二発がエドワード七世通にある娯楽施設・大世界に落ちた。現地のフランス警察は死者四四五人と負傷者八二八人を推定死傷者数と見ている」と報じた。

同じ日の空襲を異なる角度から写した場面が「支那空軍に爆破されたるキャセイホテルの惨状」（⑧-2）となる。壊れた自動車や自転車、瓦礫が散乱し、空襲の凄まじさを物語る。犠牲者には大学教授や雑誌編集者、医師など多数の外国人が含まれた。ノースチャイナ・デイリー・ニュースの会計士は事務所を出た直後に亡くなったと伝える。

中国軍の空襲は複数回に及ぶ。この絵はがき（⑧-3）では、説明に「八月二十三日正午十二時五十分頃先施公司第二楼に支那空軍の爆弾投下により炸裂、附近惨状を呈し即死百六十人以上と四百七十人余の負傷者ありたり」と添える。先施公司は上海を代表するデパートの一つであり、白昼に繁華街への攻撃だ。当時の上海は欧米各国の要人や特派員が常駐し、国際世論に直結する土地柄だったにもかかわらず、日本軍は宣伝工作を十分に尽くさないまま軍事報復に踏み切った。ちなみに一連の攻撃で中国軍が用いた爆撃機は米国製だった。

日中両国は華北（北支戦線）と上海（上海戦線）において本格的な戦闘に至り、全面戦争へと突入した。当初は蔣介石の大軍を前に日本軍は圧倒的に不利だった。かつてのような旧式の

⑧－2
支那空軍に爆破されたるキャセイホテルの惨状

⑧－3
先施公司付近の惨状

中国軍ではない。ドイツ製と米国製の兵器によって近代化された最新装備の軍隊が相手だった。そして、上海空襲の絵はがきを見る限り、発行者には中国軍の非道を広く知らしめる意図があったが、同時にその空軍力を示す側面もあった。見方や文脈によって宣伝工作の効果は変わってしまう。

兵士に尽くす従軍看護婦

第二次上海事変は日中双方が保有する陸海空の兵力が激突した。上海は第一次世界大戦の激戦地ベルダン

⑧－4
湊川神社に誓をたてて兵庫班の出発

⑧－5
兵站病院に向って出発せんとする兵庫班

に匹敵するほど流血が多い戦場と評された。夥《おびただ》しい犠牲者が出る中、負傷兵に対する救護活動が喫緊の課題となる。軍からの派遣要請に応えて一九三七年九月二六日、日本赤十字社兵庫支部が第一五救護班、愛知支部が第三五救護班を編成し、上海の戦線へ派遣する。

派遣団のうち日本赤十字社兵庫支部が発行した絵はがきが残る。「湊川神社に誓をたてて兵庫班の出発」（⑧－4）では、救護班の看護婦二〇人が収まる。湊川神社は戦前の皇国史観において欠かせない聖地の一つだ。「皇室に忠義を尽くした第一の功臣」と称された後醍醐天皇方の武将楠木正成が足利尊氏の大軍と戦い、壮絶な死を遂げた地だ。そんな正成の最期を彷彿させる地において、若い女性たちが決死の覚悟を求められる場面でもあった。

兵庫支部の救護班は神戸を出発してから船旅は平穏に過ぎた。ところが一〇月三日の上陸直前に急変する。輸送艦に掲げる赤十字の国際平和標識は黙殺され、中国軍から「暴戻《ぼうれい》」な集中射撃」「迫撃砲らなる弾雨」を受ける。戦地の洗礼だ。「兵站病院へ向って出発せんとする兵庫班（上海にて）」（⑧-5）は攻撃直後の姿となる。船上の仲間に見送られる中、トラックの荷台に乗せられた看護婦たちは微笑みながらも緊張感が漂う。派遣先は紡績工場を改造した建物だった。後に「上海兵站《へいたん》病院（後の上海陸軍病院）」と呼ばれる。この「病院」は前線から搬送される重症患者が絶えなかった。戦闘区域は広範囲に渡り、日本赤十字社の「病院」さえも中国軍の標的となった。激しい空襲に曝されながら彼女たちは傷病兵の救護活動に尽くした。

兵庫県支部の任務は一年七カ月間に及ぶ。戦地での功績が著しい彼女たちを囲み、神戸新聞社が座談会を開催した。出席者は二四人（救護班側）、看護婦の年齢は二五、二六歳が中心だった。座談会の記録として『愛は輝く』が一九三九（昭和一四）年一〇月に発刊された。「上陸と同時に砲撃を受けた時は怖くてビクビクした」「当初は医療機器や医薬品が不十分。便器さえなかった」「一八日間入浴できなかった」「失明した兵士が気の毒だった」などとする内容の意見も寄せられた。終始和やかな雰囲気が漂い、戦場から離れた安堵感と困難な仕事を完遂した自信に満ちている。

赤十字社は戦時救護を大きな柱とした。ナイチンゲールの創立以来、敵と味方の区別なく看護するとした人道の精神を受け継いできた。日本赤十字社もまたこの流れを汲み、西南戦争の最中、一八七七（明治一〇）年五月三日に設立された博愛社を前身とし、一貫して日本の戦時救護を支えてきた。赤十字社は国際的な民間団体だ。自国の傷病兵だけではなく、時には独自の救済活動を展開したが、日中・太平洋戦争に入ると戦時体制に組み込まれていく。戦争協力を惜しまない「白衣の天使」が従軍看護婦の理想とされ、強いては日本人女性の模範とされた。

情報統制下の日中戦争

日中戦争は「情報戦」だった。国民の士気を高めて、いかに戦意高揚を図るかが重要な課題とされた。多くの新聞記者やカメラマン、作家が従軍し、記事やルポルタージュ、写真を戦地から送稿してきた。絵はがきもまた広報戦略の一翼を担う。軍の検閲を経て、時には長い文章よりも一枚のはがきに載せた絵や写真が人びとの心を突き動かした。

日中戦争の絵はがきは国際世論を意識したのか、初期は英文を添えた品が目立つ。ただし、注意深く見ると、戦争を意味する単語「war（ウォー）」は使っていない。日中両国は宣戦布告していないから、あくまでも偶発的な軍事衝突であって「戦争」ではないとする立場を貫いている。英語の説明を見る限り、「Sino-Japanese Incident（支日事変）」「North China Incident（北支事変）」「Shanghai Incident（上海事変）」のように事件を意味する「incident（インシデント）」を使う。満洲事変は「Manchurian Incident」が大半を占めるが、「Mukden Incident（奉天事変）」や「Manchuria Affair（満洲事件）」も登場する。戦争イメージの矮小化に努めたのだ。

　そんな絵はがきに日本軍の戦果を伝える場面が多いのは当然として、兵士の日常風景もまたさりげなく描かれる。「子供と遊ぶ我が兵士」（⑧-6）では、若い日本軍兵士二人が中国人の子ども二人にあめ玉を手渡す。お互いに笑顔がなく、どこかぎこちない。「戦中に寸暇を盗んで昼食」（⑧-7）では、草原を背景に兵士たちが飯盒のご飯を頬張る。さらに「余裕綽々《しゃくしゃく》前線で支那西瓜をパクツク我兵」（⑧-8）ではピクニック気分さえ漂う。「前線の憩い」をテーマに兵士・笑顔・食べ物の三要素が結びつく。これら三枚はもちろん陸軍検閲済だ。戦地は平穏であり、食糧事情に恵まれていた状況を描く。

　しかし、現実は真逆だった。食糧の輸送が届かず、前線の兵士は飢えていた。自身の従軍体験を元に石川達三が著した小説『生きている兵隊』によれば「北支では戦後の宣撫工作のためにどんな小さな徴発でも一々金を払うことになっていたが、南方の戦線では自由な徴発によるより他に仕方がなかった」とある。「炊事当番の兵たちは畑を這いまわって野菜を車一ぱいに積んで帰り、豚の首に縄をつけて尻を蹴とばしながら連れて帰るのであった」と記し、やがて「徴発」は外出の口実となった。「徴発」とは現地の農家や住民から食糧や家畜を強制的に集める行為を意味し、後方からの補給が途絶えると、前線の日本軍は日常的に「徴発」を繰り返す

⑧ - 6
子供と遊ぶ我が兵士

⑧ - 7
戦中に寸暇を盗んで昼食

⑧ - 8
余裕綽々前線で支那西瓜をパクツク我兵

ようになった。そんな状況が描写される。同じ戦争でも切り取った〝事実〟によって、まるで異なる景色が見えてくる。時代を超えて、騙し絵のように引っかかってしまいそうな絵はがきだ。

速報された「南京入城」

戦争は国民最大の関心事だった。だからこそ速報が報道機関に求められた。今も昔も報道の現場は時間との勝負だ。軍の検閲は不可欠ながら、「大勝利」となれば、軍もまた一刻も早く知らせたい。一九三七年一一月に入って上海戦線が大きく動いた。一一月五日、日本軍が上海南方の杭州湾に上陸した後、頑強に抵抗していた中国軍は背後を突かれて総崩れとなる。この勢いに乗じて日本軍は首都南京の攻略を目指す。予定にはなかった作戦だが、一二月一〇日から総攻撃を開始し、一三日に南京を占領した。本来ならば一国の首都を陥落した事実は「世紀の大勝利」となる。

そんな「大勝利」を記念した絵はがき（⑧-9）がある。一二月一七日の入城式の場面だ。説明に「南京入城・松井司令官を先頭に中山門より堂々入城」とあり、「同盟提供検閲濟」と断る。同盟通信（一九三六年一月一日発足）は国策によって誕生し、国内外に一律のニュースを配信した通信社だ。通信・取材を一元化し、戦前における言論統制の象徴でもあった。

一二月一七日は雲一つない青空だった。午後一時過ぎに陸海軍の入城式が始まった。午後一時半、中支那方面軍司令官の松井石根大将を先頭に朝香宮（中将）が続き、各幕僚は騎乗したまま城内に入る。午後二時、国民政府正門に日章旗が掲揚、「君が代」が奏でられ、松井大将が「天皇陛下万歳」を発声し、全将兵が「万歳」と唱和する。日露戦争の旅順と奉天、第一次世界大戦の青島、満洲事変の錦州に続いて五回目の「歴史的な入城」だったと報道される。中華民国の首都が陥落したわけだから、戦争が終わり、平和が訪れたと多くの日本人が思った瞬間だった。

⑧-9　南京入城・松井司令官を先頭に中山門より堂々入城

日中戦争を巡って新聞各社は総動員体勢で臨んだ。内地の本社だけではなく、外地の総支局からも特派員を中国戦線に派遣し、臨場感ある記事や写真が送られてきた。南京入城は最大のクライマックスだ。いかに早く、この場面を内地の読者に伝えるかが新聞社と通信社の使命となる。記事は電話でも送稿可能だが、写真の伝送技術は発展途上にあった。印画紙に焼きつけた写真かフィルムを直接送る以外に当時は手段がない。朝日新聞の速報体制は際立っていた。記者が南京入城の場面を撮影すると、写真原稿を搭載した自社飛行機「幸風」が午後一時五二分、南京の大校場飛行場を飛び立った。平均時速は三七〇キロ、三時間一五分で結び、午後五時七分、「幸風」が福岡支局に写真原稿を投下し、号外発行に漕ぎ着けた。号外は見出しに「輝く皇軍南京大入城式の壮観」と打ち、入城場面の写真を大きく扱う。同盟通信と朝日新聞の入城写真は共にほぼ同じ構図となっている。

こうした「大勝利」の陰で伝えられない「戦争」もあった。南京入城は歴史的な瞬間だったが、南京には旅順陥落後の「乃木希典」や「ステッセル」に匹敵する人物がいなかった。国民政府の兵士は徹底抗戦しないまま逃亡し、最高責任者の蔣介石は姿を消していた。現地で停戦協定が結べない事態が生じる。大量に投降する兵士を前に日本軍は戸惑いを隠せなかった。石川達三著『生きている兵隊』によれば、南京陥落時には至る所で中国軍の正規兵の服が脱ぎ捨ててあった。正規兵が庶民の服に着替えて避難民の中に紛れ込んだので捕虜の処分に苦労したとある。

南京陥落は逆に日本と中国を平和から遠ざける結果を招く。日本軍が快進撃を続けていた頃、駐華ドイツ大使オスカー・トラウトマンによる和平工作が進んでいた。中国の国民政府は協議を受け入れる構えを見せたが、南京陥落を機に日本政府は強硬姿勢に転じる。近衛内閣は「国民政府を相手とせず」(一九三八年一月一六日)との声明を出し、日中戦争は泥沼化の道を歩む。各新聞社は批判精神を失い、政府の宣伝機関として、ただ速報のみを競う。本来、南京入城は「戦争」の終結と「平和」の到来を意味した。また、国民はそれを期待した。そんな絵はがきが皮肉にも新たな戦争の幕開けを告げる結果となる。どこか腑に落ちない「大勝利」だった。

画家の戦争協力「彩管報国」

明治の開国以来、日本人画家は新しい美を求めてヨーロッパを旅した。そんな「洋行帰り」の人たちが画壇に新風を巻き起こし、近代日本美術の基礎を形成したとされる。「大日本帝国」の版図が広がるに連れて、日本人

⑧-10　中村研一筆「マレー沖海戦」

⑧-11　白瀧幾之助筆「代々木の朝」

画家が活躍する舞台は、台湾や朝鮮、南洋群島、満洲へと広がっていった。日中戦争以降は軍からの要請があり、絵筆（彩管）を執って国に尽くす「彩管報国《さいかんほうこく》」という理念の下、多くの画家が従軍して数々の作品を発表した。

戦争美術は国民の戦意高揚に狙いがある。自ずと戦場や戦闘場面を描いた作品が増えてくる。そんな典型が「マレー沖海戦」（⑧-10）だろう。福岡県に生まれた洋画家中村研一（一八九五〜一九六七）が綿密な取材を元に描いた。一九四一（昭和一六）年一二月一〇日、日本軍の陸上攻撃機が英国海軍の東洋艦隊を攻撃し、戦艦プリンス・オブ・ウェールズと巡洋戦艦レパルスに爆弾を命中させた場面だ。この作品を展示した第一回大東亜戦争美術展は朝日新聞社が主催し、一九四二年一二月三日から二五日にかけて東京府美術館で開催された。油絵・日本画・彫塑・水彩画・ポスターの五部門で計三〇六点が出品された。だが、華々しいマレー沖海戦から一年後の開催となる。この段階で日本の連合艦隊はミッドウェー海戦で大敗北を喫していた。

中村の作品とは対照的な「代々木の朝」（⑧-11）もある。陸軍美術協会が発行したシリーズからの一枚で、作者は兵庫県に生まれた洋画家白瀧幾之助《しらたきいくのすけ》（一八七三〜一九六〇）だ。着物姿の母親と洋服姿の少女が手を合わせる。出征した夫もしくは父の無事を祈るのか、あるいは戦死したのかと想像させられる。戦争は長期化し、戦死者が増えるばかりだ。銃後を守る者は祈ることしかできない。見方によっては平和を願う場面とも受け取れる。ただし、当時の意味する平和とは戦争に勝利してこそ実現する話であって、国民はひたすらに戦いが求められた。

京都画壇で活躍した日本画家橋本関雪《かんせつ》（一八八三〜一九四五）の「難民（支那避難民）」（⑧-12）もまた戦意高揚に結びついたとは言い難い。靖国神社の遊就館が「支那事変記念画」の絵はがきとして発行した一枚だ。本来の題名は「戦塵」で、一九三九年一〇月の橋本関雪聖戦記念画展に出品された。「江上雨来る」「軍馬二題」「恵日東臨」「宿舎の灯」「秋風」「河霧」「迷彩」「流民」「焼土春かへる」などと共に展示された後、「戦塵」が靖国神社へ献納された。

「難民（支那避難民）」では、軍馬に跨がる兵士に守られ、日の丸の腕章を付けた人びとが俯き加減に歩く。赤ちゃんを背負う母親、幼い子どもの手を引く女性、白いヤギも描かれる。戦禍を避けて手に持てるだけの荷物を持って逃げ出してきた。誰が日本人であり、誰が中国人かは分からない。作品の意図を明確にしようと、途中で題名を「戦塵」から「難民」に変更したのだろう。それでも説明不分と思ったのか、括弧つきで「支那避難民」を入れた。その結果、難民を守る兵士は日本人であり、守られる難民は中国人であると立場が明確になった。

橋本関雪は儒学者橋本海関の長男として兵庫県の坂本村（現在の神戸市）に生まれ、中国古典に精通した。日露戦争の際には満洲軍総司令部の嘱託画家として従軍するなど大陸の経験が豊かだった。満洲国国務院総理の鄭孝胥との交友もあり、日本画壇きっての中国通だと言われた。日中戦争の際にも中国に渡り、一九三八年頃から「彩管報国」の運動に積極的に関わっていく。ただ「支那避難民」を見ていると、戦争に翻弄された民衆の悲哀しか読み取れない気がする。

⑧－12　橋本関雪筆「難民（支那避難民）」

戦時下の女性「銃後は私の手で」

赤いリボンの愛くるしい少女を描いた慰問用の絵はがき（⑧－13）がある。大きな大砲の弾を小さな両手に抱えながら「銃後は私の手で」と「増産又増産」を訴える。神戸市生まれの漫画家松本かつぢ（一九〇四～一九八六）の作品だ。特段の説明はないが、顔の特徴や体形を見る限り、「クルミちゃん」とよく似ている。一九三八年一月から少女向け雑誌『少女の友』で始まった連載『くるくるクルミちゃん』は少女漫画の草分け的な作品として位置づけられ、日本版「かわいい」の元祖とも評価される。

クルミちゃんの誕生は日中戦争の最中、南京陥落に沸く頃となる。初期のクルミちゃんは明るいお転婆娘だった。第一作では、クルミちゃんが遊んでいてお年玉を道端に落としたところ、一人の紳士がやって来て、先に見つけたと言い張る。二人は「持久戦」と称し、にらみ合いを続けたが、ついに紳士は居眠りする。最後はクルミちゃんが大きな羽子板で紳士の頭を叩いてやっつけ、見事に「凱旋」する。恐らく、ずるい紳士を中国に見立てたのだろう。だが、行動力に勝ったお転婆娘は御法度となる。内務省警保局図書課から「児童読物改善ニ関スル指示要綱」（一九三八年一〇月二五日）が出ると、クルミちゃんはおとなしい性格に変更されてしまう。「銃後の守り」に就いたのだ。

漫画の少女が発する「銃後」には、兵士以外の者であっても勤労奉仕や慰問活動を通して「戦争に協力せよ」という含みがあった。南京陥落後も日中戦争は続き、いつの間にか「平和」が非日常であり、「戦争」が日常となった。一九三七年中に召集された兵士だけでも九三万人を数えた。次々と兵士が出征する中、銃後の守りこそが勝利に導くと喧伝された。そして、女性や少年少女、お年寄りだけではなく、漫画のキャラクターまで動員された。

⑧-13　銃後は私の手で

こうした銃後の守りで活躍した団体として、まずは愛国婦人会（愛婦）が挙げられる。愛婦の歴史は一九〇〇（明治三三）年六月に始まった北清事変に遡る。清国に派遣された日本軍兵士二万一六三四人のうち死者が三四九人に上った。社会運動家奥村五百子（一八四五～一九〇七）は兵士の慰問・救護と遺族支援の必要を痛感し、一九〇一（明治三四）年二月二四日に愛婦を設立し、日露戦争を経て日本最大の婦人団体に成長した。上流階級の婦人を中心に組織化した経緯から「山の手の御婦人方」というサロン的な雰囲気が漂っていたが、満洲事変では素早い対応を見せた。慰問金や慰問袋の収集、出征家族への慰問など、さまざまな活動によって軍を支えた。

この由緒ある愛婦とは別に新たに勢力を伸ばした団体が大阪国防婦人会だ。満洲事変の際、大阪港で出征兵士に湯茶を振る舞う約四〇人の活動を起源とし、一九三二（昭和七）年三月一八日に設立された。その後、全国組織化し、大日本国防婦人会（国婦）となる。白エプロン（割烹着）に襷《たすき》がけ、やかんを手にするスタイルで出征兵士を見送り、まさに「大日本国防婦人会展覧会記念」の絵はがき（⑧-14）に描かれる通りだった。「国防は台所から」をスローガンに掲げて、設立からわずか三年後には会員が一〇〇〇万人を超える全国組織へと成長を遂げた。国婦は実践を重んじる行動派だった。端的にいえば、国防婦人会運動とは「台所から出て兵士の見送りや出迎えに行き、体を使ってお世話をする、そういう行動の質がひろがった現象」（藤井忠俊著『国防婦人会』）だった。

女性の社会参加という風潮も相まって一九三五年頃から、古参の愛婦は内務省、新興の国婦は陸軍省が主な後ろ盾となり、双方で激しい会員獲得競争を繰り広げた。結果として婦人の組織化が進み、銃後の守りは鉄壁となる。愛婦もまた広報活動の一環として絵はがきを発行した。

「兵隊さんは命がけ　私たちは襷がけ」（⑧-15）もそんな一枚だ。愛婦は寄付金を集めるだけで何も行動しないと批判された。国婦を強く意識して実践に力を入れた証しだ。説明に「出征勇士の留守宅の稲刈作業にいそしむ会員」とあり、幟は「出征軍人留守宅奉仕班」と記す。「山の手の御婦人方」もまた行動し、汗を流した。ただし、農作業中の女性たちは化粧を施し、赤い口紅と白い肌が印象深い。

愛婦への対抗から生まれた国婦だが、やがて国婦にも矛先が向けられた。象徴だった割烹着が空襲時の消火活動には不向きであるとの理由からだ。また、女性が活動に入り込む余り家庭を顧みなくなるとの懸念が生じた。このため、女性は銃後の守りとして家庭に戻るべきだとの意見が相次いだ。太平洋戦争が始まると、政府の強い指導の下、愛婦と国婦、さらに文部省系の大日本連合婦人会（連婦）を加えた婦人三団体が統合され、一九四二年二月二日には大日本婦人会が発足した。全国の女性の誰もが同一団体の会員と言う状況が生まれ、運動の魅力も活力も失われていった。

しかし、お転婆娘だったクルミちゃんをはじめ、愛婦や国婦が残した絵はがきには注目すべき点もある。出征兵士の慰問袋には、しばしば当代の芸者や映画女優、時にはエロっぽい絵はがきを忍ばせた。そこに描かれた女性は明らかに男性に見せる対象だった。これに代わって、女性自身が主張する絵はがきとなっている。戦時下の女性はひたすらに黙って兵士を見送っただけではない。満洲事変から日中戦争にかけて主体的に行動を起こす存在でもあった。

⑧-14　大日本国防婦人会展覧会記念

⑧-15　愛婦の標語「兵隊さんは命がけ　私たちは襷がけ」

迫り来る空襲と防空展

昭和初期には航空技術の向上によって長距離飛行が可能となった。全国各地で大規模な防空演習が実施される中、国民は都市空襲を「迫り来る危機」として実感させられた。そんな空襲に対する警告とも受け取れる絵はがき「我が国防は安全か」（⑧-16）が第一〇師団（姫路）所属の「歩兵第三十九聯隊」から発行される。一九三〇年代に入ると、ソ連軍は極東地域において航空戦力の増強を図っていた。ここでの仮想敵国はソ連だ。ウラジオストク（浦塩）から一一〇〇キロ圏内に、姫路、大阪、東京をはじめ、朝鮮の京城、満洲の新京が収まり、長距離爆撃がいつでも可能であると図解する。極東地域に限れば、日本とソ連の戦力は戦車を除き、ほぼ互角だった。

敵はソ連だけではない。第二次上海事変は日中両軍が「報復」と称し、互いに空襲を繰り返した。中国軍は米国から航続距離の長い最新鋭機を導入し、高い空爆能力を有していた。日本の本土空襲は現実味を帯びつつあった。一九三七年一〇月一日に防空法が施行されると、軍が敵機の攻撃を防ぐ「軍防空」だけではなく、「陸海軍以外の者」、つまり市民が被害拡大を抑える「民防空」も加わった。本格的な防空対策が始まり、国と自治体は「民防空」の一環として、灯火管制、消防、防毒、避難、救護などの周知徹底を図る。そんな防空を巡る広報活動の最前線となった舞台が百貨店だった。

防毒マスクをつけた三人の人物を赤と黒の色彩で描いたこの一枚（⑧-17）は、百貨店からの「防空展」案内状だ。中部防衛司令部、大阪府、大阪市、日本赤十字社大阪支部が主催し、大阪朝日新聞社と大阪毎日新聞社が後援した。期間は一九三八年三月一日から六日まで、会場は大丸心斎橋店六階催場だった。宣伝文句には「実際に即した防空上の智識の普及を計り、その関心を深めて戴くため、燈火管制、防火、防毒、救護に関する実物、統計、写真、図表により興味深く展覧……」とある。この防空展の開催から二カ月余を経て五月二〇日午前四時頃、

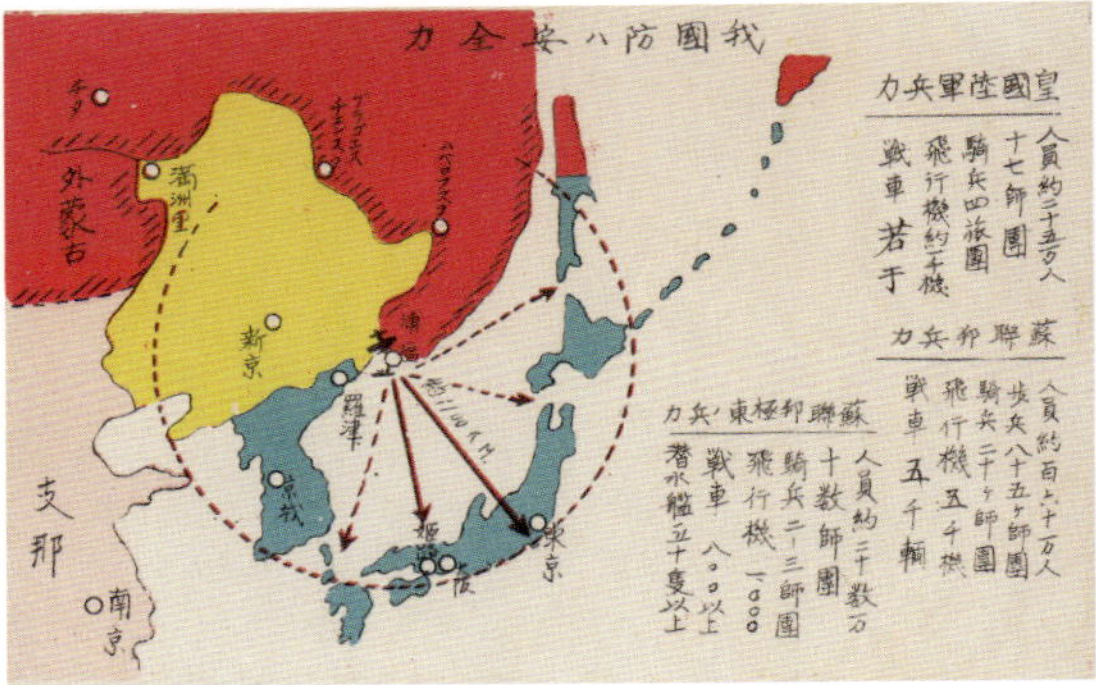

⑧－16
我が国防は安全か

⑧－17
防空展

日本の防空網を擦り抜けて、二機の国籍不明機が九州北部の上空に飛来した。反戦ビラが多数見つかり、後に中国軍の米国製爆撃機だと判明した。暗に都市空襲を警告している。

「東京防空展覧会」案内状（⑧－18）は後の東京大空襲を連想させるようだ。東部防衛司令部、警視庁、東京府、東京市が主催し、一九三九年三月一九日から四月六日までの開催だ。東京上野の松坂屋を第一会場とし、高射砲と照空灯が上野公園入口に陳列されたほか、

⑧－18　東京防空展覧会

⑧－19　市民防空壕展

家庭防火の実験と小型ポンプの放水が上野公園の不忍池畔の産業会館前で実演された。

防空展と並び、「市民防空壕展」（⑧－19）もある。会場は大阪三越七階とし、日本建築協会が主催した。大阪師団司令部、大阪府、大阪市の後援も受けている。角材と板を用いた防空壕が描かれ、モンペ姿の女性が長椅子に座る。そこへワンピース姿の少女が入って来る。説明に「緊迫せる情勢に対する市民自らの研究資料として一町会、隣組、家庭用の理想的各種防空壕の実物、模型及びその図面、資材、工事費、築造工程等……」とある。

だが、防空壕に避難しても火災が起これば、窒息死や熱死となる危険性があった。エレクトロン弾と呼ばれる焼夷弾はマグネシウムを主成分とし、猛烈な火花を発しながら数千度で燃焼した。水中でも燃え続けるため、燃え尽きるのを待つしかなかった。重慶爆撃に際して焼夷弾を使用した日本軍は、その特性を十分に認識していた。しかし、附近の可燃物に対する注水が有効であり、砂や濡れ筵《むしろ》が火花を抑える上で役立つと説明した。戦局が悪化するに連れて、逆に焼夷弾の炎はバケツリレーによって消火できるという誤った情報を国や軍は流布させていく。太平洋戦争を機に防空法が改正され、国民に応急消火義務を課し、都市からの退去を禁じた。こうして都市空襲において甚大な犠牲に繋がった。

日独伊三国防共協定と鬼退治

一九三〇年代に入って国際的に孤立した国は日本とドイツだけではない。イタリアもまたエチオピア侵攻を機に国際社会からの反発を招いた。日独防共協定にイタリアも加わり、一九三七年一一月六日、日独伊防共協定がローマで成立する。表面上は急接近した三カ国だが、協定の内容は曖昧であり、日本の国民意識に限っていえば、相変わらず親英親米のままだった。だからこそ「啓蒙」が必要とされ、繰り返し「日独親善」や「日伊親善」が謳われた。

そんな時流に沿って、国家規模のイベントが営まれる。一一月二五日には日独伊三国から代表が出席し、「防共協定記念国民大会」が東京・後楽園スタヂアムで催された。大会自体は国際反共連盟内の防共協定記念会が運営し、その宣伝を兼ねた絵はがき（⑧-20）が製作された。

一機の飛行機が日独伊の国旗を靡《なび》かせて飛ぶ場面だ。背景の「大日本帝国」地図を見ると、ロシア沿海州や中国沿海部までもがその勢力圏として描かれる。関連行事として、学術講演会（軍人会館）、音楽会（日比谷新音楽堂）、展覧会（高島屋）、晩餐会（東京会館）を案内する。

防共協定記念国民大会の開催に合わせて「防共協定記念絵葉書」（三枚一組）も発行されている。そのタトウ（収納袋）（⑧-21）には日独伊三人の子どもたちが描かれ、赤いコートを着た赤いオオカミに豆を投げて追い払う。ボロボロになった刃が落ち、オオカミは拾う間もない。外務省情報部の後援を得て報国漫画倶楽部が製作、一一月二五日に一組一〇銭で販売された。この倶楽部は軍に協力する目的から新聞紙上で活躍する漫画家らが組織した団体だ。

三枚の絵はがきはストーリー性がある。一枚目（⑧-22）は火山から「赤化」という名のマグマが噴火し、手の形となって平和な「伊日独」の子どもたちに摑みかかろうとする。しかし、二枚目（⑧-23）にある三つの拳のように、日独伊が結束すれば赤い鬼「共産主義」は一撃で退治できる。そして、平和が訪れる。三枚目（⑧-24）では、富士山の傍らから上る朝日（日本）、ハーケンクロイツの形をした鳥の群れ（ドイツ）、古代ローマの鷲紋章（イタリア）の三者が描かれる。裏面にはそれぞれ作者の名前が記される。順に挙げると、児童漫画の作品を残した小泉紫郎（一九一〇～一九九〇）、読売新聞で政治漫画を発表し続けた近藤日出造（一九〇八～一九七九）、東京日日新聞などで漫画記者として活躍した宍戸左行（一八八八～一九六九）となる。

日独伊防共協定を描いた絵はがきは名指しで一国（ソ連）を敵視しているわけではない。あ

⑧ - 20　防共協定記念国民大会

⑧ - 21
報国漫画倶楽部の防共協定記念絵葉書

⑧－22　小泉紫郎画

⑧－24　宍戸左行画

⑧－23　近藤日出造画

くまでも攻撃する対象は「赤化」や「共産主義」であって、その正体といえば実に曖昧だ。しかし太平洋戦争が始まると、漫画の表現パターンをそのまま踏襲し、鬼やオオカミ、マグマとして描かれる対象が「英国」や「米国」へと置き換えられていく。

援蔣ルートと日独伊三国同盟

日本軍は、徐州、広東、武漢など中国の重要拠点を次々と占領した。それでも蔣介石の重慶国民政府は徹底抗戦の構えを崩さない。一方で中国側には日本との妥協を図った上で和平を試みる動きがあった。重慶から南京に「遷都」する名目を掲げて一九四〇年三月三〇日、和平派の中心的存在だった汪兆銘《おうちょうめい》(一八八三〜一九四四)を首班に南京国民政府が誕生した。このまま蔣介石は力尽きるはずだったが、日本の思い通りに事は運ばない。汪政権はあくまでも日本の傀儡に過ぎない。当初は友好国ドイツの承認さえ得られず、かえって中国情勢は複雑化した。

敗北を繰り返す蔣介石がなぜ日本に降伏しないのか。その背景を日本側の視点から分かりやすく解き明かした絵はがき(⑧-25)がある。大政翼賛会が版権を有し、翼賛図書刊行会の発行だ。蔣介石は弱り果て、自力で立てない。そんな彼を無理やり起こす人物が二人いる。ドルをポケットに入れた米国大統領ルーズベルトと葉巻をくわえた英国首相チャーチルだ。二人は蔣介石の右手に飛行機、左手に折れ曲がったサーベルを持たせようとする。「米英、蔣を使嗾《しそう》して支那事変を起し、事敗れるや物資・借款を提供して蔣を助《たす》く」とある。日中戦争を長引かせた要因は英米両国にある。よって英米も倒すべしとの論理だが、日本もまた軍事物資の多くを英米に依存し、そんな相手を真正面から敵に回す発想は冷静さに欠いた。

日本の苛立ちを表しながら最も主張したいポイントは「ビルマルート」にある。山岳地帯から何台ものトラックが連なる道路が描かれる。南京が陥落した後、中国の国民政府は雲南省昆明と英国植民地ビルマのラングーン（現在のヤンゴン）を結ぶ「ビルマ公路」の建設に着手し、一九三八年八月には一応の完成を見ていた。軍事物資はインド洋に近いラングーンで陸揚げされた後、トラックに積み替えて北上し、山岳地帯を経て中国へと運び込まれた。長くて険しい山道にもかかわらず、日米開戦時には一カ月当たりの輸送量が一万五千トンに達した。中国への補給路は蔣介石を援《たす》けるとの意味から「援蔣《えんしょう》ルート」と呼ばれた。ほかに英領香港、仏領インドシナ（仏印）、ソ連の三ルートがあった。戦略上、これらの遮断に固執するあまり、日本軍は不用意に戦線を拡大し、英米両国との軍事的な緊張を高めていった。

アジアで日中戦争が続く中、ヨーロッパでは世界を混乱に招く動きがあった。一九三九年九月一日にドイツ軍がポーランドへ侵攻し、第二次世界大戦が始まった。ドイツ軍は破竹の勢いで進撃し、ベルギー、オランダ、ルクセンブルク、ノルウェー、デンマークを次々と占領する。一九四〇年六月一四日にはフランスのパリを陥落させ、ヨーロッパのほとんどがドイツの勢力に収まり、敵と言える相手は英国だけとなっていた。

日独伊防共協定が成立した後、日本政府内に独伊両国との軍事同盟を模索する動きがあった

⑧－25　援蔣ルート

⑧－26　日独伊三国同盟の成立

が、独伊両国との同盟は英米両国を正面から敵に回すに等しい。このため、事実上、棚上げにされてきたが、パリ陥落は根強い慎重論を駆逐する。

外相の松岡洋右（一八八〇～一九四六）は「虎穴に入らずんば虎子を得ず」と強硬に主張し、一九四〇年九月二七日の日独伊三国同盟に至った。それを記念する絵はがき（⑧－26）だが、おざなりに見える。日独伊三カ国の国旗が掲揚され、金髪の男性二人が日の丸を手にする。祝いの席だというのに描かれた人物に表情がない。その後の歴史を考えれば、確かに無表情が正解だった。こうして日独伊三国同盟は英米両国との対立を決定づけてしまう。

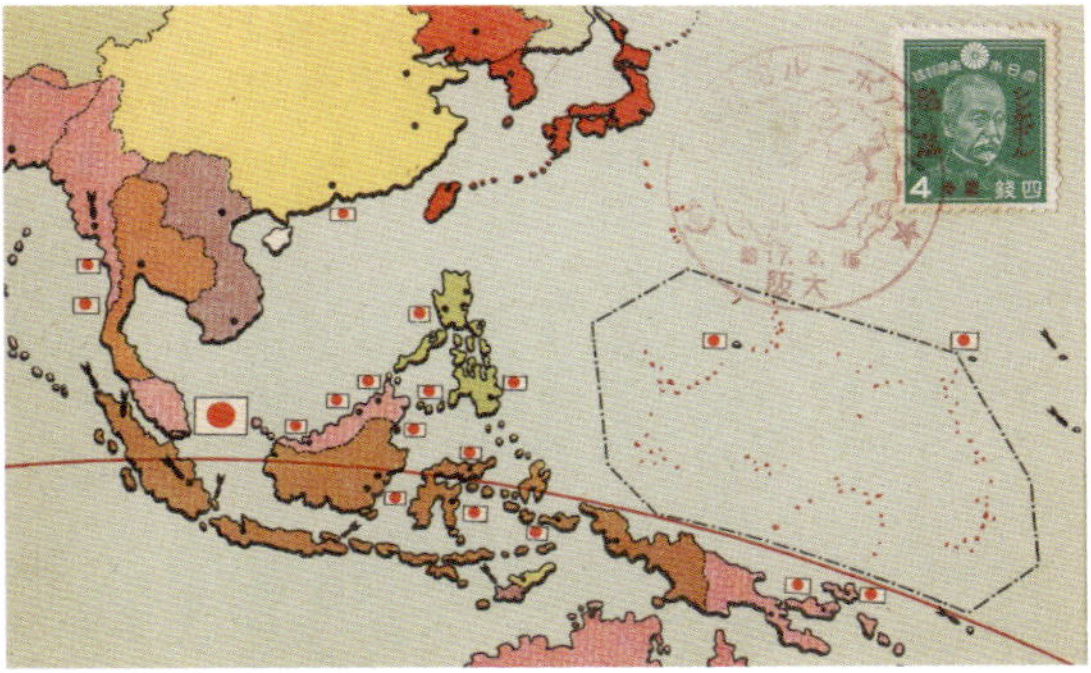
⑧-27　シンガポール陥落記念

虚飾される「大東亜共栄圏」

フランスはドイツの手に落ちた。北部はドイツが直接占領し、南部はドイツ傀儡の仏ヴィシー政権が統治した。海外植民地の多くは仏ヴィシー政権下に置かれ、日本はヨーロッパの政変に便乗する。「援蔣ルート」を完全遮断しようと試みた。日仏間で協定を結んだ後、日本軍は一九四〇（昭和一五）年九月二三日に北部仏印進駐、仏印とタイとの国境紛争に際し、一九四一（昭和一六）年七月二八日に南部仏印進駐を実行した。

しかし、日本軍の南部仏印進駐は米国の軍事的脅威として受けとめられ、国交断絶一歩手前の段階まで日米関係は悪化した。米国は在米日本資産の凍結や石油の対日全面禁輸を行う。一九四一年一一月二六日には、中国及び仏印からの全面撤兵、日独伊三国同盟の実質破棄や中華民国南京政府（汪兆銘政権）の実質否認を含む事実上の最後通牒「ハル・ノート」を日本に突きつけた。一連の要求は日本にとって受け入れ難い。日本政府は外交交渉の打ち切りを決定する。日米開戦が不可避とされ、その瞬間は刻一刻と迫った。

一九四一年一二月八日未明、日本軍は一斉に作戦行動を開始した。陸軍がマレー半島北東部のコタバルに上陸を開始したのに続き、海軍がハワイ真珠湾を奇襲攻撃した。英領のマレーやシンガポール、香港、米領フィリピン、蘭印（オランダ領東インド）が次々と日本軍の勢力下に収まった。アジアから英米の勢力が一掃され、その大戦果を示した絵はがき（⑧-27）がこの一枚だ。アジア各地に日章旗が描かれ、東郷平八郎の肖像切手に「シンガポール陥落」との文字が加刷される。日露戦争の英雄を通して、かつての栄光を想起させる。逓信省は事前に記念切手と記念絵はがきの発行準備に入っていた。記念印の日付「昭和一七年二月一六日」はまさに陥落の翌日だった。

英国にとってシンガポールはアジアの最重要拠点であり、難攻不落の要塞が築かれていた。日本軍は英軍から頑強な抵抗に遭い、弾薬が底を尽きかけていた頃だ。一時は長期戦を覚悟したが、意外にも英軍から降伏の申し入れがあった。日英両軍の会見は一九四二（昭和一七）年二月一五日午後七時、ブキッ・ティマ地区のフォード自動車工場で実現した。日本軍から山下奉文中将、英軍からアーサー・パーシバル中将の両司令官が出席し、この一枚（⑧-28）にある会見が実現する。記念印は大東亜戦争第一周年を謳い、日付は「昭和一七年一二月九日」だ。

恰幅の良い山下中将が立ったまま机を叩き、頬のこけたパーシバル中将に降伏文書への署名を迫る。山下中将の態度は威圧的に見え、有名な台詞「全面降伏、イエスかノーか」を彷彿させる。ただし、この逸話は史実とは異なっている。山下中将は紳士的な態度で会見に臨み、お互いに握手した後、テーブルを囲んで着席した。その上で停戦時刻や武装解除について協議を始めた。山下中将は「貴下は降伏諸条件を承諾したが、いまだ全面降伏に対するイエスかノーかが分からぬ」と問いかけ、パーシバル中将は「イエス、イエス」と返答する。山下中将は、水師営の会見で敗戦の将ステッセルを手厚く遇した乃木希典を模範とした。新たな英雄を求めるあまり、演出が過ぎたのだ。「マレーの虎」と称された尊大なイメージが一人歩きし、後に「英雄」の命取りとなる。

シンガポール陥落を前にした一九四二年一月二一日、東條英機首相は帝国議会で施政方針演説を行う。「大東亜の各国家及び各民族をして各々その所を得しめ、帝国を核心とする道義に基《もと》づく共存共栄の秩序を確立せん……」と述べた。日本を盟主とするアジアの新秩序（「大東亜共栄圏」の建設）を思い描いた。

そんなイメージを凝縮した場面が「笑和えはがき」（⑧‐29）に描かれる。内閣直属の情報機関だった情報局撰とあり、「日本初の職業漫画家」と称される北澤楽天（一八七六〜一九五五）の作品だ。「笑和」と「昭和」を引っかけ、国民服を着た日本人男性が日章旗を高らかに掲揚する。「大東亜共栄圏」と記された国旗掲揚台の周囲に、満洲、中国、ベトナム、インドなど

⑧－28　山下中将とパーシバル中将

⑧－29　"日の丸を守る心は皆丸い"

の出身と思われるアジア系の男女が手を携え、"日の丸を守る心は皆丸い" との台詞を添える。ジャングルの奥地に至っても大東亜共栄圏の理想が行き届く、虚飾に塗《まみ》れたイメージだった。

家庭のスパイに御用心

日本全体が戦勝気分に浸っていた頃だ。一九四二年四月一八日午前七時二〇分、ドーリット

⑧-31　この手にのるな

⑧-30　恐ろしい敵は下にも居るぞ!!

ル隊の一番機が米国海軍航空母艦ホーネットから飛び立った。計一六機の双発中型爆撃機B25が日本軍の警戒網を抜け、東京をはじめ、川崎、横須賀、名古屋、神戸などの主要都市を次々と襲う。日本にとって初めての本土空襲となり、政府と軍が受けた衝撃は大きかった。

大本営は「敵九機を撃墜」と速報を流し「損害は極めて軽微なり」と発表した。しかし、実際は一機も撃墜できなかった上、死者八七人、重軽傷者四五〇人、半壊・半焼以上の家屋は二八四戸の被害だったと推計される（『日米全調査ドーリットル空襲秘録』）。日本軍はB25を発見しながら味方機と誤認したために迎撃が遅れ、被害拡大に繋がった。一方の米国は日本本土空襲の成功を明らかにし、国民全体の戦意高揚に結び付けた。航空部隊を指揮したジミー・ドーリットル陸軍中佐の名前にちなみ「ドーリットル空襲」と呼ばれる。

防空演習を通して空襲への備えは万全だったはずだが、米軍機は日本軍の防空網を易々と擦り抜け、本土空襲が現実となって国民の目の前に現れた。桐生悠々が信濃毎日新聞の評論「関東大防空演習を嗤う」（一九三三年八月一一日付）で主張したように、日本は木造家屋が多い。一機でも敵の飛行機を撃ち漏らせば、火災が発生して甚大な被害をもたらすとの予言は的中した。だが、当時すでに彼は亡くなり、その真摯な主張は葬られていた。空からの攻撃に打つ手はなく、政府も軍も腹いせのように「反米」と「反英」を煽った。

これら二枚は陸軍需品本廠の発行、光村原色版印刷所（東京）の製作となる。光村印刷は最新式の印刷設備を誇り、戦時中は軍用地図や軍事郵便用の絵はがきなどの注文が殺到した。「恐ろしい敵は下にも居るぞ!!」（⑧-30）では、米国の星条旗と英国のユニオンジャックを模様にしたクモが地下に潜み、地上に出て攻撃する機会をじっと狙う。「防空に負けず防諜《ぼうちょう》我等のつとめ」「進軍だ　起て一億の防諜軍」と訴える。地下から地上に至る道には「諜報」「宣伝」「謀略」の文言を並べる。続いて「この手にのるな」（⑧-31）では、釣り糸の浮きは「星条旗」であり、仕かけの餌は「デマ謀略」だった。「お互に慎しみましょうデマ流言」「喋るな迷うな手に乗るな」と注意喚起する。日本の敗色が濃厚になるに連れて、宣伝工作には一層の力が入った。それに伴って空襲の被害を免れた印刷工場は多忙を極めたと伝えられる。

プロパガンダだとはいえ、一本調子のデザインでは見る者を退屈させる。効果も望めない。そこで人気漫画のキャラクターを活用した防諜協会の絵はがき（⑧-32）も登場する。作者は高知県生まれの漫画家横山隆一（一九〇九～二〇〇一）、左側に描かれる少年はフクちゃんだ。彼の台詞に「たった一言しゃべってこんなに取られちゃどんな大国でもすぐ破産だ要心要心」とある。どこにスパイが潜んでいるか分からない。秘密を守らないと大量の飛行機や船が失われるといい、国民の自制を徹底して促す。もう一枚（⑧-33）もフクちゃんが主人公だ。軍需工場からの帰り道、二人の男性工員が「月産〇〇〇ダトサヒカンスルヨ」「モウダメダナア」と洩らす。それをフクちゃんは「アヤシイ」と断じる。若い男性の召集が相次ぎ、労働力不足が生じた結果、軍需工場の生産力は低下していた。少年の言葉を借り、弱音を吐いただけでもスパイになると警告している。さらに「トントン　トンカラクリの　スパイ組　さーぐるばかりがスパイぢゃない　あれこれ作ったデマもまく　知らーせられたり知らせたり」と訴える。

このフクちゃんの台詞は一九四〇年六月一七日にＮＨＫラジオが『国民歌謡』で放送した『隣組』（岡本一平作詞、飯田信夫作曲）の替え歌だ。明るく親しみやすいメロディーは国民的な人気を呼び、四番まで歌詞があった。例えば、一番は「とんとんとんからりと隣組／格子を開ければ顔馴染み／廻して頂戴回覧板／知らせられたり知らせたり」という歌詞だ。戦後も替え歌が生まれ、テレビ番組「ドリフ大爆笑」のオープニング曲やサントリー「トリスハイボー

⑧-32
フクちゃんと
「タッタ一言」

⑧-33
『隣組』の
替え歌

ル」のCMソングにも使われた。本来、隣組とは国民を戦時体制に総動員する制度であり、時にはスパイ監視にも活用された。戦争から現在に通じる国民的名曲が生まれた。

防諜協会が発行した「知っても言うな」(⑧-34)は極めつけの一枚だ。家に帰っても油断ならない。「まさかと思って洩らした一言スパイは何処《どこ》にも居る!」と警告する。食卓でご飯を食べよう

⑧-34　知っても言うな

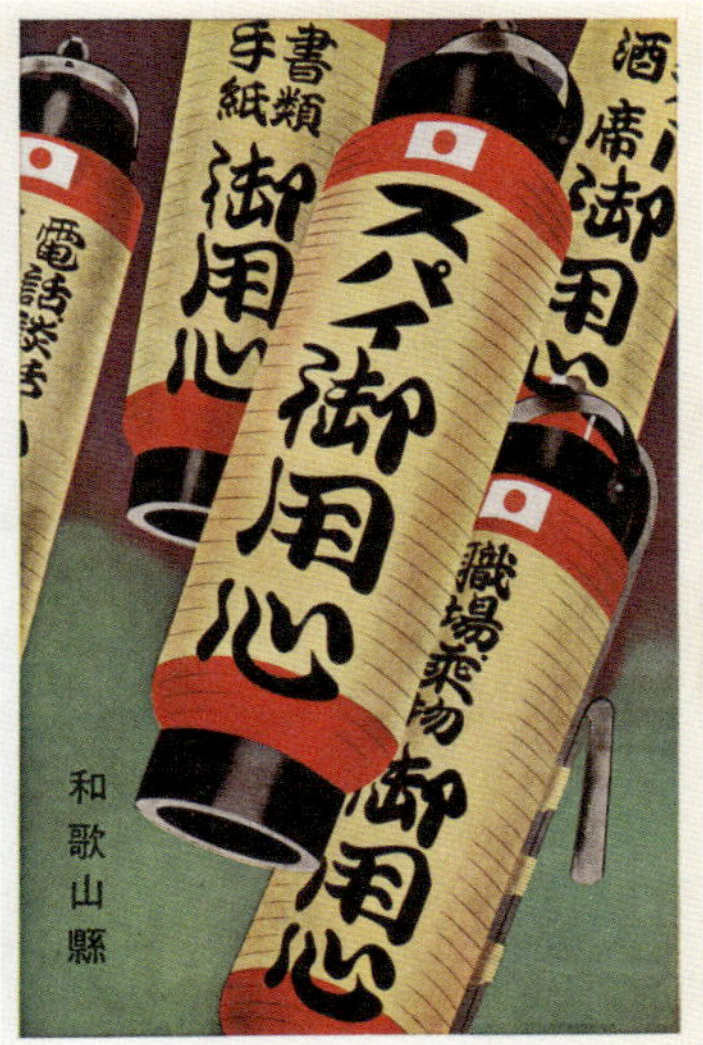

⑧-35　スパイ御用心

とすると、妻の正体は米国のルーズベルト大統領だったとのオチだ。いったい誰を信用してよいのか分からない。地方自治体もスパイ防止を訴える。和歌山県の「スパイ御用心」（⑧-35）では提灯を描き、書類、手紙、職場、乗物、酒席、電話、談話など、さまざまな場面にスパイが潜むと警告する。政府や軍を批判しただけでも「スパイ」だと怪しまれた。すでに言論の自由はない。主婦の井戸端会議や友人同士の日常会話、時には季節の挨拶さえも細心の注意を要した。防諜活動は国から地方へと行き渡り、住民生活に浸透した。地域の町内会や隣組を単位に国民相互の監視体制を整え、「本土決戦」に備えた次第だ。そこにはスパイに脅える「大日本帝国」があった。〝偉大〟な帝国の割に疑り深いかなりの小心者だった。

米国で描かれた「ジャップ」

米国にとっても日本は長年の友好国だった。幕末のペリー来航以来、両国は太平洋を挟み、親しき「友人」として付き合ってきた。そんな「ニッポン」が「ジャップ」に変わった瞬間が真珠湾攻撃だった。日本政府の宣戦布告は翻訳に手間取り攻撃開始よりも遅れてしまう。その上、守備が手薄だった日曜日の朝を狙い、米軍は反撃する間もなかった。一二月七日（米国時間）の人的被害だけでも米軍の若い兵士や民間人を含めて二三八八人が死亡し、一一七八人が負傷した（日本側は六四人死亡）と記録される。「奇襲」で語れる戦争ではなく、その実態は一方的な殺戮劇だった。全米に「日本の騙し討ち」と報じられ、日米開戦に懐疑的だった米国人たちも俄然として対日参戦支持に傾いた。

勝利に沸き立つ日本とは対照的に米国の怒りは収まらない。日本への強い敵愾心を表した絵はがき（⑧-36）が一九四二年にティクノー・ブラザーズ社（Tichnor Bros.,Inc.）から発行される。場面はミッドウェー海戦（一九四二年六月）だろう。ミッドウェー島沖で米国海軍の主力艦隊は日本海軍の連合艦隊と対戦し、航空母艦四隻を撃沈した。対する被害は航空母艦一隻の損失にとどまり、太平洋上の制空権と制海権を奪還する。米国の中枢部が太平洋戦争での勝利を確信した瞬間だった。米国人が反撃を誓う合言葉「リメンバー・パール・ハーバー（REMEMBER PEARL HARBOR!）」の前に、わざわざ「ジャスト・ア・リトル・サムシング（JUST A LITTLE SOMETHING）」と加える。日本語に訳すと「ちょっとした」という意味だ。真珠湾では騙し討ちに遭って敗けてしまったけど、ミッドウェーでの勝利は「ちょっとした仕返し」のつもりですと解釈できる。それが日本には大打撃だった。「さあ、これからがいよいよ本番だ。ジャップをやっつけるぞ」とする米国の意思表示でもある。実に意味深長な漫画だ。

米国は西の日本、東のドイツと戦う羽目になった。大国とはいえ苦しい戦いが予想された。米国には徴兵制度と同時に志願兵制度があった。日本とドイツが許せない、合衆国のため、自由と民主主義を守るため、銃を手にして戦おう、そんな思いを抱いた若者たちが職場から大学から軍に志願して続々と戦地へと向かった。「グリーティングス・ソルジャー！（GREETINGS SOLDIER!）」、日本語で「兵隊さん、御機嫌いかが！」と呼びかける絵はがき（⑧-37）では、同僚だった女性がタイプライターで手紙の文章を打つ。「どこに進軍しても御多幸御活躍をお祈りしています。ベルリンもしくは東京から一筆書き送るのを忘れないでね。昔の仲間より」と記す。年代は記されないが、戦時中の製作だろう。アッシュビル・ポストカード社（ASHEVILLE POST CARD CO.）の発行だ。

ニッポンのフジヤマと街並を背景に二人の日本人を描いた絵はがき（⑧-38）は一九四二年

⑧－36
ちょっとした
仕返し

⑧－37
兵隊さん、御
機嫌いかが！

にアリゾナ州ツーソンのロレスガード・スペシャリティ社（LOLLESGARD SPECIALTY CO.）が発行した。製作時期とイラスト内容から判断して、日本本土を攻撃した「ドーリットル空襲」を意識したのではないかと思われる。陸軍の一兵卒が「今？」とばかり、「ハラキリ（腹切り）」用の刀を持って海軍の将軍を追いかける。題名は「ヤンキー（米国人）がやって来る！」、将軍の台詞は「ああ、天子さま！　式服を急いで御準備ください。米国の飛行機が向かっています。避難所へお逃げ

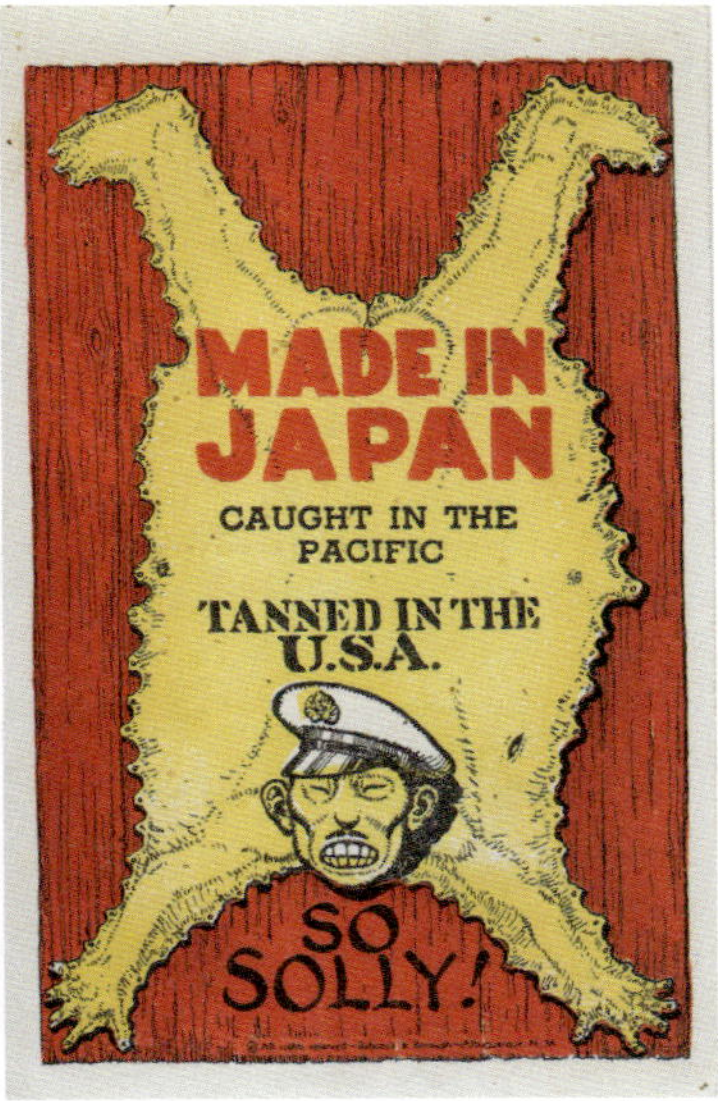

⑧ - 40　メイド・イン・ジャパン（日本産）

⑧ - 38　ヤンキー（米国人）がやって来る！

⑧ - 39
星条旗と旭日旗

ください」となる。実際に「天子さま」の「避難所」は存在した。昭和天皇とその一家が過ごした防空施設「御文庫附属庫」は一九四二年七月に皇居吹上御苑内に完成している。

この漫画はミズーリ州出身の画家レグ・マニング（一九〇五〜一九八六）の作品で、彼の人気シリーズ「リトル・イッチ・イッチ（LITTLE ITCHY ITCHY）」からの一枚となる。太平洋戦争当時は有名な風刺漫画家だった。主人公はハラキリ用の刀を手にした一兵卒イッチで、英語の「かゆい」「むずむずする」という意味と、日本語の「一《いち》」をかけ合わせた命名だろう。作品中のイッチは太平洋上のジャングルや海上などに登場し、「今？」と相手に切腹を迫る。

マニングによる日本人の描写は敵意に満ちている。歯が出て目が吊り上がる。しかも短足だ。イッチのモデルは日系移民との説もある。そうだとすれば笑えない。この作品が描かれていた頃、一九四二年二月一九日、ルーズベルト大統領が大統領令九〇六六号（軍事地域の特定住民を排除する権限を陸軍長官等に与える内容）に署名し、米国西海岸に住む日系移民（日系米国人を含む）の強制退去に繋がった。その数は一二万人に達し、多くが大切な家や財産を二束三文で売り渡すほかなかった。裏面の消印は一九四二年一〇月一八日、場所はロサンゼルスだ。日系人は街から姿を消し、砂漠や荒野の強制収容所に収監されていた。

星条旗と旭日旗を描いた絵はがき（⑧-39）もまたマニングの作品だ。説明は「夕日が視界から消える（地平線に沈む）時、赤い縞は残り、星が明るく輝く」となる。夕日は日本、赤い雲（縞）と星は米国の星条旗を表す。昇る太陽を沈む太陽に置き換え、日本軍の象徴だった旭日旗を皮肉ったのだろう。しかも夕日にわざわざサルの顔を添える。この一枚はイッチのシリーズと同じく、ロレスガード・スペシャリティ社が一九四三年に発行した。

絵はがきに生々しい戦闘場面はあまり登場しないが、現実の戦争は米軍による反撃が本格化していた。展示品にされた日本軍兵士（⑧-40）に描かれる。ニューメキシコ州アルバカーキにあるバブコック・アンド・ボロー（BABCOCK & BOROUGH）の発行だ。題名は「メイド・イン・ジャパン（日本産）」で、日本軍兵士を「太平洋上で捕らえ、米国で鞣《なめ》し革にした」と説明する。米国の市民は真珠湾攻撃の印象が強く、日本軍に対しては陸軍よりも海軍に対する憎悪が強かったといわれる。鞣し革兵士は海軍の士官帽を被る。鞣し革は日本産、米国は仕上げをしたに過ぎない。憐れな鞣し革を作った責任は日本側にあると主張する。

裏面の説明に「ここにジャップの革を吊します。米国人を馬鹿だと見誤りました。彼を保護する価値などありません。ですから私たちは彼の革と軍帽を単に保存しているだけです」とある。「ソウ・ソウリー！（SO SOLLY!）」の台詞が兵士の口元近くにある。おそらく彼が発したのだろう。ただし「ソウリー」のスペルを、正しい「SORRY」ではなく、わざと誤った「SOLLY」と記す。米国人にとって、日本人は〝R〟の発音が苦手で〝L〟と聞こえるのは周知の事実だ。兵士は「申しわけありません」と謝罪しているのに発音が悪くて伝わらない様を表している。

投函はニューメキシコ州ソコロで一九四二年一〇月六日、到着はネブラスカ州オマハで一〇

⑧‐41　一本の釘も粗末にするな

月八日の日付だ。西太平洋上のソロモン諸島ガダルカナル島を巡る戦いがすでに始まっていた頃となる。ごく普通の米国人が反日感情を剥き出した絵はがきを日常の挨拶代わりに使った。そんな状況は日本にも当てはまり、お互い様なのかもしれない。戦争という名の下、メディアとして漫画や絵はがきが情報操作に活用され、敵愾心や憎悪、侮蔑といったマイナス感情を増幅させていった。

金属回収で消えた風景

日中・太平洋戦争を通して、資源に乏しい日本が一貫して力を入れた運動が金属回収だ。国家総動員体制が強まる中、金属類回収令（一九四一年九月一日施行）の下、軍需以外の企業や施設を対象に国民生活や経済活動に支障がない範囲において、金属類の廃品や死蔵品を役立てることを狙いとした。当初から未熟な精錬技術から効率の悪さを疑問視する声はあったが、戦局が悪化するに連れて金属供出は国民の愛国心を示す象徴となった。「家庭鉱脈」をスローガンに〝自発的〟な運動が自治体や町内会、隣組を単位に繰り広げられた。門柱や塀をはじめ、鍋、釜、バケツ、火鉢、佛具、郵便受け、ネクタイピンに至るまで、あらゆる金属類を国民は供出していく。

そんな世相を表す「一本の釘も粗末にするな」(⑧-41)がある。一本の釘を掲げた左手を背景に大砲と飛行

⑧-42　神戸における大仏（兵庫大仏）

平成に入って復興された兵庫大仏（著者撮影）

機を描く。「時局ポスター展佳作」で、裏面に「国策のパンフレット週報国策のグラフ写真週報を読みましょう」と訴える。家庭からの金属供出は予想以上の「成果」を上げ、半強制的な性質を帯びていった。さらには百貨店のエレベーターやエスカレーター、橋梁の欄干や鉄格子、マンホールの蓋、鉄道の線路にも及び、街角で見かける金属類の多くが回収された。最後は由緒ある寺院の鐘楼や、公共の場で親しまれていた銅像までもが姿を消した。

金属回収に聖域がなくなる中、「Daibutsu at Kobe（神戸における大仏）」（⑧-42）もまた対象となった。「兵庫大仏」の名で親しまれ、神戸市兵庫区の能福寺《のうふくじ》に存在した大仏像だ。座像の高さは約八・八メートルで、鎌倉大仏の高さ約一一・三メートルに匹敵した。奈良と鎌倉に続き日本の三大大仏に数えられる時期もあった。昭和初期には神戸市内の遊覧バスで定番ルートに組み込まれ、大勢の参拝客で賑わったとの記録も残る。この兵庫大仏の歴史は明治の廃仏毀釈に遡る。神道と仏教の分離を狙いとした神仏分離令は仏教の排斥を意味しなかったが、結果的に全国各地の寺院を荒廃させる。そんな仏教の再興を思う地元の豪商南条荘兵衛が発願し、兵庫の人たちをはじめ、仏教界の全宗派を挙げて一八九一（明治二四）年五月に青銅製の大仏を建立した。地域の思いが詰まった大仏であり、映画解説者淀川長治や漫才師砂川捨丸、松竹新喜劇の創立者渋谷天外（二代目）らとの縁も深かった。だが、金属回収に容赦はない。一九四四（昭和一九）年五月、市民たちに見送られ、大仏は「出征」したとある。

現在の兵庫大仏（写真四六七頁）は初代建立から百周年を記念して一九九一（平成三）年五月

に再興された二代目だ。戦前の大仏は少し細身な印象を受けるが、平成の大仏はふっくらとしている。座像の高さは一一メートルあり、先代と比べて二代目はひと回り大きい。重量は約六〇トン、蓮台と台座を含めた高さは一八メートルだ。兵庫大仏はまだ幸運だった。金属供出された銅像の多くは台座だけが残され、そのまま人びとの記憶から失われたものが多い。

銅像にとどまらず、金属回収が観光地の風景を一変させた例もある。京都の愛宕山（標高九二四メートル）は信仰の山として知られ、「伊勢へ七度　熊野へ三度」に加えて「愛宕さんへは月詣り」と謳われた。大勢の参拝客を当て込み京阪電気鉄道と京都電燈が共同出資して愛宕山鉄道を設立した。京都電燈の嵐山駅を起点に、一九二九（昭和四）年四月一二日に嵐山―清滝間の平坦線（電車、三・四キロ）、七月二五日に清滝川―愛宕間の鋼索線（ケーブルカー、二・一キロ）が開業した。愛宕山鉄道は七月三一日付の京都日出新聞に「行け!!　愛宕へ」とする広告を掲載し、千日詣りに合わせて七月三一日と八月一日は終夜運転を行うと伝える。

開業から間もない「愛宕山ケーブルカー」を紹介した絵はがきもある。「第二鉄橋進行中の鋼索電車」（⑧‐43）はスイス製の最新式ケーブルカーが急勾配を上る場面だ。清滝川、愛宕両駅の高低差は「東洋一」の六三八メートル、これを一一分で結んだ。開業当初は愛宕山ブームもあって大勢の乗客が押し寄せたが、昭和恐慌の影響を受けて乗客は減少に転じる。それでも愛宕山の周辺では、スキー場や遊園地、ホテル、野外劇場、別荘地などの開発が進められ、ほんの一時期ながら郊外型の一大リゾートとして賑わった。

⑧ - 43　（愛宕山ケーブルカー）第二鉄橋進行中の鋼索電車

こうした数々の経営努力は戦争によって掻き消されてしまう。観光客を主体にした愛宕山鉄道は全線が「不要不急線」に指定され、一九四三年一二月三日に廃線対象路線となった。軍事優先の時代にあって平和を前提とした観光鉄道の存続はあり得ない。一九四四年一二月までに全線が廃止された。戦後は復興を願う声は根強くあったが、失われた風景は二度と戻ってこなかった。金属回収は観光を基盤とした地域経済を根本から破壊する一面を持っていた。絵はがきが往時の姿を伝えている。

日本最後の空襲の地

秋田平野を流れる雄物川の流域は古くから「燃える水」が湧き出る地として知られた。明治期には石油の需要増加に伴い数々の油田開発が進められ、秋田県は国内有数の石油生産を誇る。そんな地に大きな転機が訪れた。一九三五（昭和一〇）年三月二〇日、秋田市の八橋《やばせ》地区で大噴油が起こった。大爆音と共に噴出を始め、油煙が吹き上がり、一帯は溢れた石油で黒く染まった。原油は日産一千石（一八〇キロリットル）以上、天然ガスは約三〇〇万立方メートルに達したといわれる。石油不足の日本にとっては願ってもないニュースであり、「八橋油田大噴油の実況」(⑧-44)として絵はがきにも取り上げられた。大手石油会社による本格的な開発が始まり、秋田県の石油産出量は一時全国の七割以上を占めた。

⑧-44　八橋油田大噴油の実況

そんな石油業界の活況を象徴する「雄物川畔石油櫓」(⑧-45)は秋田県の風物詩となる。日本石油と日本鉱業が地上の鉱区を境に激しい競争掘を展開したため、採油櫓が林立してしまう。雄物川流域で産出した原油は土崎港地区(秋田市)と船川地区(秋田県男鹿市)の製油所で精製され、とりわけ日本石油(日石)の「秋田製油所」(⑧-46)の存在は際立った。貯油タンクが並び、重油や軽油、灯油、ガソリンなどとして全国各地へ輸送された。

秋田県の油田開発は太平洋戦争前から本格化していた。南部仏印進駐の報復措置として一九四一年八月一日、米国は対日石油輸出禁止に踏み切った。新たな対応を迫られた日本政府は石油資源の開発促進と振興を図る目的で各社の石油鉱業部門を一元化し、九月一日に半官半民の国策会社として帝国石油を発足させた。真珠湾攻撃を経て一九四二年四月一日には政府主導の下、日本石油・日本鉱業・旭石油・中野興業四社の石油鉱業部門をこの帝国石油に統合する。しかし、産出量は絶対的に不足した。国内需要を賄うどころか、軍が求める一定量にも達しなかった。

石油関連施設はその重要性が一層高まった。日本石油は精製専業となり、戦争終盤まで秋田製油所は稼働していた。ここに八橋油田を中心とする各油田で採掘された石油が集積された。だが、戦禍が忍び寄る。一九四五年八月六日午前八時一五分、広島に原爆投下。ソ連が日ソ中立条約を一方的に破棄し、九日未明、満洲に侵攻を開始した。同日午前一一時二分、長崎に原爆投下。一四日午後一一時頃、終戦の詔書が発布された。

そのわずか三〇分ほど前、警戒警報なしの空襲警報だったとも伝えられる。一四日午後一〇時二七分、米軍の大型戦略爆撃機B29の編隊一三四機が秋田市の土崎上空に襲来した。最大の標的は絵はがきに写る日石の秋田製油所だ。翌一五日午前二時三九分まで土崎港周辺を中心に一万二〇四七発（九五三・九トン）の爆弾を投下し続けた。初弾は日石製油所の正面付近に落ち、二回目の爆撃は貯油タンクに命中、大爆発を引き起こす。黒煙と巨大な炎が空高く舞い上がり、日石の秋田製油所は壊滅した。さらに上酒田町から新城町、七軒町へも被害が及び、建物の全焼一〇四、半焼六、全壊一二だった。

土崎空襲を記録した『はまなすはみた――土崎空襲のはなし』（一九八一）によると、「爆撃

⑧－45
雄物川畔石油櫓

⑧－46
（日本石油株式会社）秋田製油所

範囲は日石製油所と港湾地帯を中心として、市中は、当時の上酒田町川端（現中央二丁目）から点々と港湾にのび、日石製油所からは、相染町光沼一帯と、飯島近くの穀丁にまで拡がっている。被災は惨鼻を極めた。首だけの死体、胴体上半身、首のない赤ん坊を背負ったままであった婦人……」などと詳細に伝える。

　また、「八月十五日、くもった暑い日でした。

空襲はおわりました。戦争は終わりました。全身から力がぬけてゆきます。えます。製油所はまだもえていま す。三日もえつづけました。戸板に、荷車に、トラックに死体がのせられ、はこばれてゆきます。おし黙った人々、足音と車の音だけがひびきます……」と綴る。

戦後の調査によって、土崎空襲の死者は二五三人前後（民間人九三人、軍人一六〇人前後）だと判明した。しかし、負傷者の数は分かっていない。秋田市の土崎は日本最後の空襲の地として歴史に刻まれた。石油が招いた悲劇だった。

こうして「大日本帝国」は崩壊した。

補章　ラップナウ・コレクションから見た「大日本帝国」

ラップナウ夫妻と京都

本書で紹介した絵はがきは大部分を米国ニュージャージー州のドナルド及びミチコ・ラップナウ夫妻の個人コレクションに依拠している（詳細な出典は参考文献に記した）。夫のドナルド氏はドイツ系米国人、妻のミチコ氏は兵庫県西宮市生まれだ。二人は薬剤師の資格を持ち、ドナルド氏が埼玉県の米国陸軍病院に勤務していた頃、東京都の慶應義塾大学附属病院で働く青木道子氏（旧姓）と出会い、一九六七年四月五日、共に二五歳で結婚した。当時の日本は東京オリンピックを経て、高度経済成長の最中にあった。ラップナウ夫妻は米国に帰国し、医療関連のコンサルタント業で成功を収めた後、一九八〇年代後半から日本に関する古い絵はがきを本格的に集めるようになった。現在はビジネスの第一線を退き、収集と研究の日々を送る。

歴史好きだったドナルドさんの興味関心は幕末のペリー来航に始まり、明治維新から大正へと広がった。絵はがきに関していえば、当初は美しい日本の風景や女性を描いた芸術的な品々を中心としたが、コレクションが充実するに連れて収集対象は多岐に渡り、外交や皇室、産業、観光、伝統、民俗、博覧会、日清・日露戦争、北清事変、第一次世界大戦、シベリア出兵、関東大震災、日中戦争、太平洋戦争、台湾・樺太・朝鮮・南洋群島といった外地、満洲、ロシア沿海州に及び、結果として「大日本帝国」の一大絵はがきコレクションが構築された次第だ。

発行国で見た場合、当然ながら日本の絵はがきが圧倒的に多い。これに日本を題材にした外国の風刺画絵はがきが加わる。日露戦争を第三者の立場から冷静に見たフランス、第一次世界大戦中に「嫌日」感情を示したドイツ、太平洋戦争中に「反日」を煽った米国の絵はがきは異彩を放つ。「外国から見たニッポン」という視点、すなわち外国人であるラップナウ氏の観点もまたコレクションを特徴づける重要な要素となる。絵はがきを筆頭に、その収集品は、マッチのラベル、引き札、地図、伝単、陶器、風呂敷、着物、書籍、雑誌、新聞記事も含まれる。幕末から昭和初期までを中心に総数は七万点以上を数え、このうち絵はがきは七割近くの約五万点を占める。

ラップナウ夫妻は収集熱もあり、二〇〇一年五月から京都市西京区に別邸を構え、春と秋に来日する生活スタイルとなった。日本の収集家や研究者との交流を重ね、関西を中心に骨董市や専門業者を頻繁に訪ねている。著者は絵はがき商として著名な矢原章氏から紹介を受けて二〇一五年四月、ラップナウ夫妻と出会った。ドナルド氏曰く、京都は古い絵はがきの宝庫だ。毎月、東寺の「弘法市」や北野天満宮の「天神市」があり、高い確率で掘り出し物が出る。京都は戦時中に大規模な空襲がなく、焼失を免れた紙類の資料や古文書が数多く眠る土地柄だ。

収集の判断基準は希少性だけとは限らない。一枚の絵はがきを手にした時、どのような「歴史」が頭に閃くかが重要なポイントにもなる。例えば、第六章で紹介した満洲帝国時代の白系露人事務局が手がけた「反共」の絵はがきがある。ドナルド氏が四天王寺（大阪市天王寺区）の骨董市を訪ねた際、手にした瞬間に「満洲」と「白系ロシア人」の関連品ではないかと思ったらしい。ただし、値段は一枚四〇〇円。価格と希少性は必ずしも比例しない典型だ。

絵はがき収集の世界と魅力

古い絵はがきは魅力的だ。それなのに安い。その気になれば、専門業者をはじめ、古書店や骨董屋、ネット通販、ネットオークションを通して、誰でも簡単に入手できる。人気の品は一枚数千円から何万円もの値がつくが、たいていの場合、数百円から千円前後で収まる。とは言え、収集の世界だ。入手難の大珍品も存在する。一九〇六(明治三九)年八月一日、日米海底電線開通を記念した祝賀会が逓信大臣官邸で催され、その席上において逓信省が一枚組袋入りの記念絵はがきを来賓に贈呈した。東京印刷株式会社による印刷で一千枚限定の非売品だった。『日本記念絵葉書総図鑑』によると、タトウ(収納袋)付きの未使用品の場合、日米海底電線開通の記念絵はがき(写真四八〇頁)は六〇万円の価値だとある。同書の裏表紙から転載した絵はがきを見ると、日米両国の国旗を描き、中央丸枠の地図に太平洋の海底電線(赤線)を示した、どちらかと言えば平凡な図柄だ。第四章で紹介したように、同じテーマの記念絵はがきは民間業者も発行したが、こちらは逓信省の公式であり、なおかつ非売品だったから収集熱を刺激したのだろう。こうした一部の例外を除けば、やはり絵はがきは集めやすい。著者もまた本書の執筆に際して、専門業者やネットオークションで購入した。多くは一枚当たり数百円から二、三千円程度に収まった。

絵はがきの場合、収集の魅力は手頃な値段もさることながら調べる過程を通して未知の世界が広がる体験にある。個人によって趣味に使える予算と時間は異なり、愉しみ方は自由だ。気に入った品を無作為に購入するスタイルは面白い。ただし、収集家の多くは美人やアート、鉄道、船舶、航空機、企業広告、スポーツ、博覧会、風俗文化といった特定分野を選んで収集している。それが一大コレクションを目指すとなれば意味合いが変わる。ラップナウ・コレクションは楽しみながらも苦労と忍耐を交えた成果ではないかと思う。その感覚は登山に近い。

絵はがきは国や公的機関の発行品とは限らない。民間の業者が手がけた場合が多く、究極には一人の職人（画家）が発行した例さえある。このため、既存の絵はがきカタログは切手や硬貨のように過去の発行品をすべて網羅していない。ここが最大の難点でもある。どれだけの種類があり、いつ誰が製作、発行したのか、地図のように全体像が摑みにくい。だから収集上の地図を自分なりに思い描きゴールを決めるしかない。

しかも収集は競争の世界だ。ハンティング（狩猟）の要素もある。一枚数百円でも現存数は数枚という品も珍しくはない。同じ〝獲物〟を狙う収集家は一人ではない。後から、あれは〝獲物〟だったと気づく苦い思い出もある。一瞬の差によって入手する機会が永遠に奪われてしまう。ドナルド氏は、そんな経験の繰り返しだったと振り返る。限られたチャンスをいかに摑むのか、瞬時の判断力が絵はがき収集家に必要な資質だといえる。

描かれた「大日本帝国」のイメージ

絵はがきは歴史のイメージを凝縮させた存在だ。饒舌な説明よりも時には一枚の絵はがき（写真）が影響力で勝る場合もある。そんな絵はがきをメディアの一つとして扱った上で本書の狙いは当時の人びとがリアルタイムに見てきた「大日本帝国」のイメージを再現することにあった。

絵はがきの世界は、購入者が見たい、発行者が見せたい、検閲者が見せてはならないという三要素によって成立してきた。発行者が不特定多数の購入者（読者）を意識し、大量に発行するとマスメディアとしても機能した。だからといって事実をありのまま伝えているとは限らない。プロパガンダに利用されてきた側面は常に留意すべきだろう。時を超え、騙し絵のように引っかかる危険性も帯びている。また、誤った解釈によっては歴史認識を巡る時限爆弾にもなってしまう。

「日米海底電線開通記念」の絵はがき『カラー復刻版　日本記念絵葉書総図鑑』（日本郵趣出版）の裏表紙より

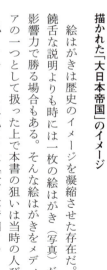

魅力に溢れたアイテムに間違いはないが、実は取り扱いに注意を要する厄介な代物でもある。ドナルド氏が「特に一九二〇年代後半からの日本では、プロパガンダを目的とした絵はがきの発行が目立つようになった。日本が数々の戦争を通してアジア諸国や旧ソ連にもたらした被害には触れていない。それでもなお絵はがきは日本が自国をどのように描こうとしたのかという点において、貴重な歴史資料となり得る」と語る通りだ。

さて、ラップナウ・コレクションが一大テーマとする「大日本帝国」は、明治維新を経て天皇を中心とする近代国家の道を突き進んできた。アジア諸国が欧米列強に次々と植民地化される時代にあって、独立を守り富国強兵を進めてきた。そんな努力の成果が日清・日露戦争を通して現れた。日本は超大国の清国とロシアを打ち破り、近代化を遂げたアジアの国として一躍国際社会の注目を集めた。

さらに、第一次世界大戦において日英同盟を名目に参戦し、模範としてきた強国ドイツを相手に勝利を収める。ヨーロッパを主戦場とした第一次世界大戦は、極東の日本に予想外の好景気をもたらし、未曾有の大正バブルを招く。経済でも欧米諸国と肩を並べる大国へと成長し、「世界の一等国」を自認するに至った。

第一次世界大戦後、連合国側に立った日本は戦勝国となった。ベルサイユ体制の下、国際連盟の常任理事国入りを果たし、国際社会の重要な地位を占める存在となった。こうして極東に出現した「大日本帝国」は台湾や朝鮮、南樺太、関東州、南洋群島などを版図に収めるアジアの一大帝国だった。満洲やロシア沿海州、中国へも新たな市場を求め、その経済圏の拡大に伴い絵や写真の被写体となる舞台や題材が増え、「大日本帝国」の隆盛と共に、その絵はがきは全盛期を迎えた。

富国強兵を中心とした明治の体質から抜け出し、日本は平和と自由に新たな価値観を見いだした。大正バブルと大正デモクラシーを経て、庶民もまた豊かさを享受した。しかし、そんな大正の〝春〟はあまりに短かった。日本人が築き上げた「大日本帝国」は突然失われてしまう。一九二三年九月一日、関東大震災が発生し、地獄絵のような光景が繰り広げられた。この時、日本人が受けた衝撃は計り知れない。新聞や雑誌、書籍、写真、絵はがきといったメディアを介して国民全体が震災体験を共有した。そして震災以降、「復興」の名の下、国家と国民のあるべき姿が再構築されたのではないか。

都市の崩壊は物質面だけではなかった。震災を通して、三越(消費)、丸善(文化)、浅草十二階(娯楽)、吉原(性)のように、建物の崩壊と同時に、それに象徴される精神的なシンボルもまた崩れていった。震災は日本人の価値観が大きく変わる転機となる。とにかく大らかさが失われた。そんな気がしてならない。関東大震災は天の思し召しであり、大正期の「軽佻浮薄な輩」に天罰を加えたのだとする「天譴論」さえもが論じられた。東京・横網町の本所被服廠跡で亡くなった犠牲者たちにも公然と批判の矛先が向けられた。

一方で、ふつふつと沸いて出てきたものもある。田山花袋が表現した「全く異った何か別なもの」だ。国際平和と軍縮の流れから軍は無用の長物とされ、大正デモクラシーを経て、大正天皇は存在感が薄かった。だが、震災を通して〝軍〟と〝天皇〟はみごとに復権を果たす。陸海軍は被災地で競うように活躍し、皇居の一部は避難所として開放された。そして、後の昭和天皇となる皇太子裕仁親王（当時は摂政宮）が白馬に跨がる青年君子として、国民の前に焼け野原から颯爽と姿を現した。被災地を目の当たりとし、強い不安に駆られた日本人が再び権威として求めた拠り所が天皇であり、安心・安全を与えてくれる存在が軍だった。権威と権力に縋りつき、失われた「繁栄」を取り戻そうとするに連れて、忘れかけていた過去の栄光「日露戦争」が亡霊のように再び国民の前に蘇ってくる。一時は冷静な満洲放棄論まで出ていたにもかかわらず、満蒙特殊権益に固執し、大陸へと思いを馳せる。そんなストーリーが絵はがきから浮かび上がってくる。

震災以降、絵はがきは新しい「大日本帝国」のイメージを映し出す。絵はがきの世界に限るという条件つきではあるが、震災後の日本が目指した道は二つの流れに集約できる。

一つは英米両国を中心とした従前の国際協調に則った上で一九四〇年開催の東京・札幌オリンピックと日本万国博覧会を成功に導き、国際社会において経済・通商・文化国家を目指す道だ。満洲事変から日中戦争に至る七年間にも平和を模索する日本人が存在した。そんな歴史的な事実を今一度想起したい。

もう一つは軍事国家としての歩みだ。満蒙特殊権益を死守すべく、満洲事変を経て清朝廃帝溥儀を担ぎ出し、満洲国を建国する。その満洲を足がかりに大陸への進出を図るも日中戦争を招く。さらには敵対する中国の「援蔣ルート」を封じ込めようと、明治以来の〝友人〟だった英米両国までも敵に回し、太平洋戦争へと繫がった。戦争に次ぐ戦争を繰り返し、「大日本帝国」は巨大な風船のように膨張した。そして、最期は勢い余って制御不能に陥り、一気に弾け飛んでしまった。

そんな「大日本帝国」の崩壊から七〇年以上の歳月を経た今、その歴史を次世代の者が自由に語っても許容されるのか。極端な「否定」や「肯定」を超えて正面から向き合う条件が整ったのか。良いこともあったし、悪いこともあった。しかし、事はそう単純ではない。だからメディアとしての絵はがきを通して、歴史を論じる前に体験してもらいたかった。「大日本帝国」の時代を生きた人びとが何を見たのか、何を見せたのか、また、どんな可能性を秘め、それを潰してきたのか。絵はがきから「大日本帝国」を追体験したら、今を生きる私たちは何をどう感じるのか。これが絵はがきに取り組む出発点の一つだった。まずは絵はがきを歴史教材として活用し、次に複眼的な視点を養う手立てになればと切に願う。ただし、歴史的な事実に対する「もし（If…）」という想像は禁じ手となる。繰り返し「なぜ（Why?）」と問う姿勢こそが、魅惑されやすい「大日本帝国」を捉える上で特に必要だろう。

あとがき

本書の出版はラップナウ夫妻の協力なしにはあり得なかった。二〇一五年四月に出会って以来、夫妻からは絵はがきの画像データ（DVD収録）を提供して頂いたほか、来日される度に京都市西京区の別邸を訪問し、貴重な現物を借用してきた。

ラップナウ・コレクションの紹介は二〇一五年八月四日から二〇一六年一〇月八日にかけて著者が京都新聞で執筆した計一一二回の連載記事が初めてとなる。また、立命館大学国際平和ミュージアムが二〇一六年度秋季特別展として「絵葉書にみる日本と中国―1894～1945」（期間は二〇一六年一〇月一日～一二月一一日）を開催し、この間、著者は講演する機会を得て、コレクションの内容と魅力について紹介した。

新聞や雑誌、書籍などの場合、文章が主役であり、その内容に合わせて脇役の写真やイラストを選ぶのが通例ながら本書はこれが真逆となる。絵はがきが主役であり、文章が脇役である。写真やイラストに合わせて文章を書く羽目となり、最初から最後まで戸惑いの連続だった。御陰で脱稿の時期が大幅に遅れてしまった。

二〇一七年二月の段階では現物の確認と三〇〇点の画像データが揃い、本書の下原稿はほぼ完成していた。だが、ラップナウ夫妻からの調査依頼もあり、立命館大学BKC社系研究機構社会システム研究所の客員研究員として米国ニュージャージー州のラップナウ邸を訪問した。御夫妻の写真はコレクションが所蔵される書斎での撮影（写真四八八頁）となる。滞在は二〇一七年三月一日から六日までと極めて短期間だったため、可能な限りコレクションの閲覧に時間を費やした。

調査とはいっても朝から晩まで所蔵の絵はがき約五万点をすべて確認し、必要な画像データをパソコンに取り込む作業の連続だった。米国滞在中、夫妻には調査から寝食に至るまで全面的な支援を頂いた。その結果、期待以上の成果が得られ、予定を大幅に変更し、一〇〇点近くの絵はがきを新たに加えた上で執筆に一年以上を費やした。この間、自身も必要と感じた絵はがきを適宜入手してきた。

古い絵はがきは、大学や公共図書館、研究機関でも大量に所蔵され、一部はインターネット上に公開される。ただし、出版に際して制約が厳しく、大半は閲覧に限られる。絵はがきに関する先行研究を見る限り、発表者自身の所蔵品が圧倒的に多く、かなりの金銭と労力を費やされた上で発表されている。だが、幸いにして著者は夫妻の支援を受け、ほぼ執筆だけに専念できた。しかも機会がある度に助言と励ましを受けてきた。惜しみない友情には感謝の言葉しかない。そんな夫妻を紹介してくれた人物が若い頃から御世話になっている矢原章氏だ。

出版にあたって、福知山公立大学の井口和起学長には新聞連載の段階から細部に渡る御指導頂き、フランス語は滋賀大学の位田隆一学長、ドイツ語は同志社大学の望田幸男名誉教授、英語は佛教大学の野間正二教授、ロシア語は大阪大学非常勤講師の有宗昌子氏から翻訳と共に専門的な見地から御教示を頂いた。植民地朝鮮関連では立命館大学非常勤講師の朴美貞氏の御助言を受けたほか、トロント大学科学技術史研究所の元客員研究員で歴史学者の二至村菁氏には資料提供や原稿チェックで大変お世話になった。また、佛教大学の原田敬一教授には原稿の最終段階で心温まる御指導を頂いた。かつての勤務先だった高島支局（滋賀県高島市）は記者兼支局長という職場環境にあり、多忙な日々を事務員の藤原明美氏が親身になって支えてくれた。前書『移民たちの「満州」』に続き、本書の担当が平凡社新書編集部の金澤智之編集長であり、とても心強かった。

最後に、私を客員研究員として快く迎えて下さった立命館大学経済学部の金丸裕一教授には、厄介な事務手続きだけではなく、出版に際して全面的な御支援を頂き、感謝の言葉しかない。続いて指導担当となって下さった立命館大学経済学部の細谷亨准教授にも御礼申し上げたい。本書の執筆を通して、外部に対する立命館大学の開放的な学風を身をもって感じた。

絵はがきの場合、詳細な発行時期が分からない上、何も説明がない品さえある。だが、当時の人びとが手にしたならば、その写真やイラストが何を意味するのか瞬時に理解したに違いない。時代を象徴する記号のような代物だったから、あえて文字を省いたのだろう。そんな絵は

絵はがきのコレクションを前にするラップナウ夫妻（2017年３月４日・米国ニュージャージー州の本邸で著者撮影）

がきに描かれた世界は、発信者（発行元）と受信者（購入者）が情報を共有していたからこそ成り立つ世界（市場）でもあった。本書は絵はがきの背景説明に終始したが、次段階では絵はがきに描かれた世界の意味を解読し、さらなる分析を試みる必要がある。

ようやく長い歴史の〝旅〟は終わった。ラップナウ夫妻と出会ってから三年余の間、いつもどこかで「大日本帝国」に関する画像が頭をよぎってきた。なぜ、アジアの頂点を極めた一大帝国が短期のうちに崩壊したのか。絵はがきを眺めながら自問自答を繰り返す中で人びとの驕りと国家の欺瞞が大きかったのではないかとの思いを強くした。そして、本書の執筆を通して、一つの教訓を得た気がする。イメージの中の「大日本帝国」は今も人びとを魅惑する、ということかもしれない。

過去の残像から不用意に影響を受けたり、過去に幻影を追い求めたりしてはならない。歴史とは、決してノスタルジアに浸る素材ではない。

ラップナウ夫妻との限りない友情に

二〇一八年六月

二松啓紀

澤村修治著『日本のナイチンゲール　従軍看護婦の近代史』図書新聞、2013

【全編もしくは複数の章】
大阪商船株式会社編『航路案内』大阪商船、1919
田山花袋著『満鮮の行楽』大阪屋号書店、1924
日本赤十字社編『日本赤十字社五十年小史』日本赤十字社、1926
クリスティー著、矢内原忠雄訳『奉天三十年』（上・下巻）岩波新書、1938
御手洗辰雄著『新聞太平記』鱒書房、1952
大正ニュース事典編纂委員会編『大正ニュース事典』Ⅰ～Ⅶ、毎日コミュニケーションズ出版事業部、1986～1989
臼嶋信雄著『ナチズム極東戦略　日独防共協定を巡る諜報戦』講談社選書メチエ、1997
生田誠編著『100年前の日本　絵葉書に綴られた風景―明治・大正・昭和―』生活情報センター、2006
細馬宏通著『絵はがきの時代』青土社、2006
前坂俊之著『太平洋戦争と新聞』講談社学術文庫、2007
原田敬一著『日清・日露戦争　シリーズ日本近現代史③』岩波新書、2007
成田龍一著『大正デモクラシー　シリーズ日本近現代史④』岩波新書、2007
加藤陽子著『満州事変から日中戦争へ　シリーズ日本近現代史⑤』岩波新書、2007
吉田裕著『アジア・太平洋戦争　シリーズ日本近現代史⑥』岩波新書、2007
山路勝彦著『近代日本の植民地博覧会』風響社、2008
島田健造著、友岡正孝編『カラー復刻版　日本記念絵葉書総図鑑』日本郵趣出版、2009
学習院大学史料館編『絵葉書で読み解く大正時代』彩流社、2012
京都新聞『絵はがきに見る“大日本帝国”』2015年８月４日～９月９日、計30回掲載
京都新聞『続・絵はがきに見る“大日本帝国”』2016年１月21日～５月19日、計30回掲載
京都新聞『旅する“大日本帝国”』2016年６月９日～10月８日、計52回掲載
宮内庁編『昭和天皇実録』（巻三～五）東京書籍、2015～2016

【絵はがきの出典】

使用した絵はがきは390点（タトウ６点含む）となる。③-38・39（第三章）、⑥-31（第六章）、⑧-43（第八章）の計４点は矢原章氏を通して借用した。また、②-23・37・50・53（第二章）、③-36・45・46（第三章）、④-39・46・47（第四章）、⑤-3・24・28（第五章）、⑥-9・30・43・44（第六章）、⑦-2～4・13・17・18・24・29～33・37・45（第七章）、⑧-21～24・33・41・44・46（第八章）の計39点は著者の所蔵品だ。それ以外の計347点はラップナウ・コレクションの所蔵品となる。なお、⑦-1・9～12・27（第七章）の計６点は二至村菁氏が著者を介してラップナウ夫妻に寄贈された。

藤井淑禎編『漱石紀行文集』岩波文庫、2016

【第七章】

義勇奉公会編『爆弾三勇士』軍事教育刊行会、1932
小笠原長生著『忠烈爆弾三勇士』実業之日本社、1932
鈴木氏亨著『火線を越して　満洲・上海事件美談集』先進社、1932
京都府編『近畿防空演習京都府記録』京都府、1935
京都府編『京都防空演習記録　昭和十年度』京都府、1936
山縣信敬著『少年満洲事変と上海事変』大同館書店、1936
紀元二千六百年記念日本万国博覧会事務局編『紀元二千六百年記念日本万国博覧会概要』紀元二千六百年記念日本万国博覧会事務局、1938
国際観光局編『観光事業十年の回顧』鉄道省国際観光局、1940
佐々木千之著『銅像物語』時代社、1941
京阪神急行電鉄株式会社編『京阪神急行電鉄五十年史』京阪神急行電鉄、1959
大阪市交通局編『大阪市地下鉄建設五十年史』大阪市交通局、1983
谷崎潤一郎著『細雪』（全）中公文庫、1983
前坂俊之著『兵は凶器なり―戦争と新聞　1926-1935』社会思想社、1989
古川隆久著『皇紀・万博・オリンピック　皇室ブランドと経済発展』中公新書、1998
奥平康弘著『治安維持法小史』岩波現代文庫、2006

【第八章】

建築学会編『焼夷弾の作用とその対策』建築学会、1937
『国民防空知識』鳥羽書房、1938
日本赤十字社編『救護班御奉公の一端』日本赤十字社兵庫支部、1938
日本赤十字社編『愛は輝く』日本赤十字社兵庫支部、1939
警視庁警務部警防課編『東京防空展覧会記録』警視庁警務部警防課、1939
建築学会編『自家用簡易防空壕及待避所の築造要領』建築学会、1940
朝日新聞社東京本社編『大東亜戦争美術展覧会』朝日新聞社東京本社、1942
戦時物資活用協会編『物資戦に備へよ』戦時物資活用協会、1943
佐々木久春、斎藤昇著『はまなすはみた―土崎空襲のはなし』秋田文化出版社、1981
藤岡一男著『秋田の油田』さきがけ新書、1983
藤井忠俊著『国防婦人会　―日の丸とカッポウ着―』岩波新書、1985
石川達三著『生きている兵隊』（伏字復元版）中公文庫、1999
柴田武彦、原勝洋共著『日米全調査　ドーリットル空襲秘録』アリアドネ企画、2003
弥生美術館　内田静枝編『松本かつぢ　昭和の可愛い！をつくったイラストレーター』河出書房新社、2006
西原大輔著『橋本関雪　師とするものは支那の自然』ミネルヴァ書房、2007

内務省社会局・他編著『写真と地図と記録で見る関東大震災誌　神奈川編』（全二巻）千秋社、1988
木村松夫、石井敏夫編著『絵はがきが語る関東大震災　石井敏夫コレクション』柘植書房、1990
田山花袋著『東京近郊　一日の行楽』現代教養文庫、1991
原武史著『大正天皇』朝日選書、2000
吉村昭著『関東大震災』文春文庫、2004
原武史著『昭和天皇』岩波新書、2008
加藤雍太郎・中島宏・木暮亘男著『横網町公園―東京都慰霊堂・復興記念館―』東京公園文庫、2009
F・R・ディキンソン著『大正天皇　一躍五大洲を雄飛す』ミネルヴァ書房、2009
北原糸子著『関東大震災の社会史』朝日新聞出版、2011
細馬宏通著『浅草十二階　塔の眺めと〈近代〉のまなざし』青土社、2011
宮内庁書陵部図書課宮内公文書館編『摂政宮と関東大震災―宮内庁の記録から―改訂版』宮内庁書陵部図書課宮内公文書館、2013
橋本一夫著『幻の東京オリンピック　1940年大会　招致から返上まで』講談社学術文庫、2014

【第六章】

市俄古進歩一世紀万国博覧会出品協会編『市俄古進歩一世紀万国博覧会出品協会事務報告』一九三三年市俄古進歩一世紀万国博覧会出品協会、1934
文部省『尋常科用小学国語読本』（巻八）東京書籍、1937
菅野正男著『土と戦ふ』滿洲移住協会、1940
島田俊彦著『関東軍　在満陸軍の独走』中公新書、1965
西原征夫著『全記録ハルビン特務機関　関東軍情報部の軌跡』毎日新聞社、1980
原田勝正著『満鉄』岩波新書、1981
臼井勝美著『満洲国と国際連盟』吉川弘文館、1995
中山隆志著『関東軍』講談社選書メチエ、2000
ハインリッヒ・シュネー著、金森誠也訳『「満州国」見聞記　リットン調査団同行記』講談社学術文庫、2002
塚瀬進著『満洲の日本人』吉川弘文館、2004
加藤聖文著『満鉄全史　「国策会社」の全貌』講談社選書メチエ、2006
前間孝則著『満州航空の全貌　1932～1945　大陸を翔けた双貌の翼』草思社、2013
海野弘著『万国博覧会の二十世紀』平凡社新書、2013
地田信也著『弾丸列車計画　東海道新幹線につなぐ革新の構想と技術』成山堂書店、2014
辻田真佐憲著『愛国とレコード　幻の大名古屋軍歌とアサヒ蓄音器商会』えにし書房、2014
二松啓紀著『移民たちの「満州」　満蒙開拓団の虚と実』平凡社新書、2015

麻田雅文著『シベリア出兵　近代日本の忘れられた七年戦争』中公新書、2016
ゾーヤ・モルグン著、藤本和貴夫訳『ウラジオストク　日本人居留民の歴史 1860〜1937年』東京堂出版、2016
渡辺克義著『物語 ポーランドの歴史　東欧の「大国」の苦難と再生』中公新書、2017

【第四章】

貿易製産品共進会編『貿易製産品共進会事務報告』貿易製産品共進会、1911
廣瀬謙三著『運動競技の研究』東都書房、1924
「三越のあゆみ」編集委員会編『三越のあゆみ　株式会社三越創立五十周年記念』三越本部総務部、1954
明治鉱業株式会社社史編纂委員会編『社史　明治鉱業株式会社』明治鉱業、1957
日本毛織社史編修室編『日本毛織六十年史　1896-1956』日本毛織、1957
ダイヤモンド社編『歴史をつくる人々　カルピス食品工業社長三島海雲　初恋五十年　甘くて酸っぱい人生遍歴』ダイヤモンド社、1965
内田守著『人物叢書　光田健輔』吉川弘文館、1971
小林正彬著『八幡製鉄所』教育社歴史新書、1977
山片平右衛門編『白鶴二百三十年の歩み』白鶴酒造、1977
市山盛雄著『野田の醤油史』崙書房、1980
日本経営史研究所編『創業百年史』大阪商船三井船舶株式会社、1985
伊佐九三四郎著『幻の人車鉄道　豆相人車の跡を行く』森林書房、1986
仙台基督教育児院八十八年史編纂委員会編『仙台基督教育児院八十八年史』仙台基督教育児院、1994
石原藤夫著『国際通信の日本史　植民地化解消へ苦悶の九十九年』東海大学出版会、1999
加古川市史編纂専門委員編『加古川市史』(第3巻) 加古川市、2000
横田賢一著『岡山孤児院物語　石井十次の足跡』山陽新聞社、2002
林洋海著『〈三越〉をつくったサムライ日比翁助』現代書館、2013
石川達三著『蒼氓』秋田魁新報社、2014

【第五章】

平和記念東京博覧会出品写真帳発行所編『平和記念東京博覧会出品写真帳』赤誠堂出版部、1922
平和記念東京博覧会協賛会編『平和記念東京博覧会協賛会事務報告書』平和記念東京博覧会協賛会、1923
営繕管財局編『大正大震災震害及火害之研究』洪洋社、1925
東京市編『東京市紀元二千六百年奉祝記念事業志』東京市、1941
『昭和を走った地下鉄　東京地下鉄開通五〇周年記念』帝都高速度交通営団、1977
丸善株式会社編『丸善百年史　日本の近代化と共に』(下巻) 丸善、1981

中村勝著『「愛国」と「他者」 ―台湾高地先住民の歴史人類学Ⅱ―』ヨベル、2006
東近江市立近江商人博物館編『中江四兄弟と三中井百貨店　平成18年度秋季企画展』東近江市立近江商人博物館、2006
チェーホフ著、原卓也訳『サハリン島』中央公論新社、2009
徐智瑛著、姜信子・高橋梓訳『京城のモダンガール　消費・労働・女性から見た植民地近代』みすず書房、2016

【第三章】

濟軒学人編『浦潮斯徳事情』清水太左衛門、1915
高橋德三郎著『尼港へ行け！』高千代商会、1920
闕幸之丞著『西伯利亜出征第十四師団記念写真帳』星野屋、1920
田井市雄著『西伯利出征紀念写真帳　尼港写真実写』写照舘、1920
松江春次著『南洋開拓拾年誌』南洋興発、1932
松村金助著『南にも生命線あり　日・満・南・経済ブロックの提唱』森山書店、1933
三平将晴著『南洋群島移住案内』大日本海外青年会、1937
南洋興発株式会社編『伸びゆく“南興” 南洋開拓と南洋興発株式会社の現況』南洋興発、1940
京都市立第二商業学校編『京二商三十年史』京都市立第二商業学校、1940
紀脩一郎著『日本海軍地中海遠征記　第一次世界大戦の隠れた戦史』原書房、1979
武村次郎編著『南興史（南洋興発株式会社興亡の記録）』南興会、1984
冨田弘著、冨田弘先生遺著刊行会編『板東俘虜収容所　日独戦争と在日ドイツ俘虜』法政大学出版局、1991
原暉之著『ウラジオストク物語　ロシアとアジアが交わる街』三省堂、1998
堀江満智著『遙かなる浦潮（ウラジオストック）―明治・大正時代の日本人居留民の足跡を追って』新風書房、2002
堀江満智著『ウラジオストクの日本人街　明治・大正時代の日露民衆交流が語るもの（ユーラシア・ブックレット）』東洋書店、2005
佐藤芳行、イゴリ・サヴェリエフ著『ウラジオストクへの旅』新潟日報事業社、2004
大津留厚著『青野原俘虜収容所の世界　第一次世界大戦とオーストリア捕虜兵』山川出版社、2007
井上脩、古江孝治著『人道の港――敦賀　命のビザで敦賀に上陸したユダヤ人難民足跡調査報告』日本海地誌調査研究会、2007
ポダルコ・ピョートル著『白系ロシア人とニッポン』成文社、2010
山田邦紀著『ポーランド孤児・「桜咲く国」がつないだ765人の命』現代書館、2011
宮内泰介、藤林泰著『かつお節と日本人』岩波新書、2013
井上寿一著『第一次世界大戦と日本』講談社現代新書、2014
井上亮著『忘れられた島々 「南洋群島」の現代史』平凡社新書、2015

参考文献

【第一章】
才神時雄著『松山収容所　捕虜と日本人』中公新書、1969
高橋是清著、上塚司編『高橋是清自伝』（上・下巻）中公文庫、1976
三石善吉著『中国、一九〇〇年　義和団運動の光芒』中公新書、1996
奈倉文二著『兵器鉄鋼会社の日英関係史　日本製鋼所と英国側株主　1907〜52』日本経済評論社、1998
松山大学編『マツヤマの記憶　日露戦争一〇〇年とロシア兵捕虜』成文社、2004
横手慎二著『日露戦争史　20世紀最初の大国間戦争』中公新書、2005
山室信一著『日露戦争の世紀　―連鎖視点から見る日本と世界―』岩波新書、2005
片山慶隆著『小村寿太郎　近代日本外交の体現者』中公新書、2011
井上祐子著『日清・日露戦争と写真報道　戦場を駆ける写真師たち』吉川弘文館、2012
板谷敏彦著『日露戦争、資金調達の戦い　高橋是清と欧米バンカーたち』新潮選書、2012
飯倉章著『黄禍論と日本人　欧米は何を嘲笑し、恐れたのか』中公新書、2013
原朗著『日清・日露戦争をどう見るか　近代日本と朝鮮半島・中国』NHK出版新書、2014

【第二章】
自由通信社編『自由通信』（第2巻台湾号）自由通信社、1929
吉田初三郎著『朝鮮博覧会』朝鮮総督府、1929
朝鮮博覧会京城協賛会編『朝鮮博覧会京城協賛会報告書』朝鮮博覧会京城協賛会、1930
樺太庁敷香支庁編『オロッコ（其他）土人調査』樺太庁敷香支庁、1933
明治製糖株式会社編『明治製糖株式会社三十年史』明治製糖株式会社東京事務所、1936
鶴見良行著『バナナと日本人―フィリピン農園と食卓のあいだ』岩波新書、1982
伊藤潔著『台湾　四百年の歴史と展望』中公新書、1993
高崎宗司著『植民地朝鮮の日本人』岩波新書、2002
林廣茂著『幻の三中井百貨店　朝鮮を席捲した近江商人・百貨店王の興亡』晩聲社、2004
N・ヴィシネフスキー著、小山内道子訳『トナカイ王　北方先住民のサハリン史』成文社、2006
三木理史著『国境の植民地・樺太』塙選書、2006

【著者】
二松啓紀（ふたまつ ひろき）
1969年京都市生まれ。同志社大学大学院修了（社会福祉学修士）。京都新聞記者。2016年4月から立命館大学BKC社系研究機構社会システム研究所客員研究員。中国残留日本人女性との出会いを機に2003年から満蒙開拓団や戦後問題などをテーマに取材活動を続ける。著書に『移民たちの「満州」――満蒙開拓団の虚と実』（平凡社新書）、『裂かれた大地――京都満州開拓民 記録なき歴史』（京都新聞出版センター）、共著に『乳がんの歩きかた――余命を生きる50の物語』（文理閣）がある。

平凡社新書888

カラー版 絵はがきの大日本帝国

発行日――2018年8月10日 初版第1刷

著者――二松啓紀
発行者――下中美都
発行所――株式会社平凡社
東京都千代田区神田神保町3-29 〒101-0051
電話 東京（03）3230-6580［編集］
東京（03）3230-6573［営業］
振替 00180-0-29639
印刷・製本―図書印刷株式会社
装幀――菊地信義

ISBN978-4-582-85888-4
NDC分類番号210.6 新書判（17.2cm） 総ページ496
平凡社ホームページ http://www.heibonsha.co.jp/